U0772094

ICBC

数据30年

主编 姜建清

——中国工商银行1984-2013

Industrial and Commercial Bank of China
30 Years in Data

中国金融出版社

责任编辑：王雪珂
责任校对：潘　洁
责任印制：程　颖

图书在版编目（CIP）数据

数据30年：中国工商银行：1984～2013（Shuju 30nian：Zhongguo Gongshang Yinhang：1984~2013）/姜建清主编. —北京：中国金融出版社，2014.7

ISBN 978 - 7 - 5049 - 7510 - 2

Ⅰ.①数…　Ⅱ.①姜…　Ⅲ.①工商银行—银行史—中国—1984～2013　Ⅳ.①F832.33

中国版本图书馆CIP数据核字（2014）第080875号

出版
发行　　中国金融出版社

社址　北京市丰台区益泽路2号
市场开发部　　（010）63266347，63805472，63439533（传真）
网 上 书 店　http://www.chinafph.com
　　　　　　　（010）63286832，63365686（传真）
读者服务部　　（010）66070833，62568380
邮编　100071
经销　新华书店
印刷　北京侨友印刷有限公司
尺寸　210毫米×285毫米
印张　18.25
字数　534千
版次　2014年7月第1版
印次　2014年7月第1次印刷
定价　168.00元
ISBN 978-7-5049-7510-2/F.7070
如出现印装错误本社负责调换　联系电话（010）63263947

序

30年前，在改革开放的大潮中，工商银行宣告成立。30年来，工商银行与这个伟大的时代同行，在传承中创新发展，在挑战中革弊求新，历经成立与中央银行分离的国家专业银行、由国家专业银行向国有商业银行转变、国有商业银行实行股份制改造和公开上市等重要发展阶段，实现了自身经营发展的历史性跨越，综合实力和国际影响力空前提升。

全行总资产由成立之初的2,728亿元发展到2013年的18.9万亿元，增长68倍。存款和贷款规模分别达到14.6万亿元和9.9万亿元，分别增长85倍和39倍。30年来累计上缴国家利税8,152亿元，其中股改上市至今累计上缴利税5,861亿元、累计现金分红5,010亿元，不仅全面覆盖了改制中不良资产剥离成本，并且实现了国有资产的保值增值。自2003年引入国际审计以来，净利润从当年的224亿元增长至2013年的2,629亿元，年复合增长率近30%，是全球成长性最好的金融机构之一，并且连续6年蝉联全球最盈利银行。ROA、ROE保持在国际领先水平。不良贷款率从历史最高的47.59%降至2013年的0.94%，资本充足率和拨备覆盖率分别达到13.12%和257.19%。经过30年的发展，工商银行不仅奠定了在国内市场的领军地位，还昂首步入世界领先大银行之列，在存款、贷款、总资产、一级资本、营业收入、利润等多项指标上领先全球同业，实现了几代工行人矢志追求的自强与振兴的光荣梦想，开辟了新的发展境界。

30年来，工商银行始终以服务社会经济发展为己任，持续改进金融服务，建立了多元化、全球化、信息化的现代服务体系，业务范围从成立初期的存贷汇等基础业务扩展到以提供商业银行为主体，涵盖货币市场、资本市场和保险市场等的全面金融服务，服务网络从完全本土化发展到一个跨越五大洲、覆盖40个国家和地区329家境外机构的全球化服务网络，并通过持有南非标准银行股权战略布局非洲大陆。坚持科技引领战略，在科技手段的代际更新中推动了服务面貌的深刻变化。持续推动经营转型，盈利能力和结构显著优化，国际化综合化发展实现重大突破，上市后境外机构和境内综合化子公司税前利润和总资产均增长了6倍；成功进入基金、租赁、牌照类投行、保险等领域，一些子公司快速成长为行业内领先者。工商银行不仅经受住了国际金融危机的严峻考验，而且逆境崛起为全球同行所瞩目、所尊敬。

工商银行30年来的历史性进步发展，是中国银行业蓬勃发展的代表，是中国改革开放辉煌成就的缩影。这些成绩的取得归功于党中央、国务院的正确领导，离不开监管部门、国家有关单位及广大客户的支持帮助，同时这也是几代工行人勠力同心、艰苦奋斗的结果！抚今追昔，饮水思源，我们不会忘记老一代工行人的艰辛探索，没有他们的艰苦创业，就没有今天的大好局面。他们留给我们的，不仅是继续发展的物质基础，更是一笔激励我们秉持信念、不断前行的宝贵精神财富。我们不会忘记全行员工的拼搏奉献，正是千万个工行人在平凡岗位的辛勤耕耘，才书写和创造了工商银行不平凡的历史。

大江流日夜，慷慨歌未央。在这个大有作为的时代，工行人应该更加奋发有为。让我们朝着"三个之最"的美好愿景，承前启后、继往开来，推动工行这艘巨轮驶向光荣与梦想的新航程，开创更加广阔的新天地，努力为民族金融事业的繁荣振兴、为经济社会的发展进步，作出更大成绩，贡献更多力量！

姜建清

2014年6月

Preface

30 years ago, in the tide of reform and opening up, Industrial and Commercial Bank of China (ICBC) was established. During the 30 years, ICBC has always been keeping up with the times, seeking innovation and development while inheriting traditions, and discarding dross and selecting essence in challenges. It has gone through key development stages including a national professional bank separated from the central bank, the transition from a national professional bank to a state-owned commercial bank, the joint-stock transformation and public offering as a state-owned commercial bank, during which it has realized a historic leap for its own operation and development and the unprecedented enhancement of its comprehensive strength and international influence.

The total assets of the Bank has increased from RMB272.8 billion at its establishments to RMB18.9 trillion in 2013, realizing a 68 times growth. Its deposits and loans reached RMB14.6 trillion and RMB9.9 trillion respectively, realizing an 85 times growth and a 39 times growth. In the 30 years, the taxes it has paid to the state added up to RMB815.2 billion. Specifically, after its share-holding reform and public listing, it has accumulatively paid taxes of RMB586.1 billion and distributed cash dividends of RMB501.0 billion respectively. As a result, not only the asset stripping cost arising from the reform has been fully covered but also the value maintenance and appreciation of state-owned assets have been realized. Since international audit scheme was introduced in 2003, its net profit has increased from RMB22.4 billion to RMB262.9 billion in 2013, with a compound annual growth rate of nearly 30%, which makes ICBC one of the financial institutions with the best growth in the world and for six consecutive years, the most profitable bank in the world. Besides, its ROA and ROE have kept leading in the world. The non-performing loan (NPL) ratio has fallen from a record high of 47.59% to the current 0.94%, and capital adequacy ratio and allowance to NPL have reached 13.12% and 257.19% respectively. After 30 years of development, we have not only laid a solid foundation for a leading position in the domestic market, but also headed out into leading large banks in the world. We stay ahead of our peers across the world in a number of indicators including deposits, loans, total assets, tier one capital, operating income and profit. The glorious dream of self-improvement and revitalization which several generations of ICBC people have been committing themselves to has been realized and a new development realm has been opened up.

In the 30 years, ICBC has always been dedicated to serving social and economic development, continuously improving its financial services and established a diversified, globalized and information-based modern service system. Its scope of business has been expanded from basic services including deposit, loan and remittance during early days to comprehensive financial services with commercial banking as the core while covering the monetary market, the capital market and the insurance market. Its services have been expanded from solely domestic operations to a global network covering 329 overseas institutions in 40 countries and regions, and reached the African continent through holding shares of Standard Bank of South Africa. Its adherence to technoloqy driven strategy has promoted profound changes in its services in intergenerational updates of scientific and technological means. The Bank continuously has driven forward business transformation, greatly improves its profitability and structure, and realized a great breakthrough in its internationalized and integrated development. Since it went public, the profit before tax and total assets of its overseas institutions and domestic integrated subsidiaries have been increased by six times. It has successfully entered into fields such as fund, leasing, licensed investment banking and insurance, and some of its subsidiaries have rapidly developed into industry leaders. It has not only withstood the severe test of international financial crisis but also risen from adversity, winning the attention and respect of its peers all over the world.

The historic progress of ICBC in the 30 years is a reflection of the booming development of China's banking industry and a microcosm of the brilliant achievements of China's reform and opening up. These achievements are attributed to the correct leadership of the CPC Central Committee and the State Council, the support and assistance of regulatory authorities, competent national institutions and all our customers and the solidarity and arduousness of several generations of ICBC people! Thinking back and being grateful for favors received, we will never forget the arduous exploration of ICBC people of the older generations. Thanks to their painstaking pioneering efforts, we have realized today's magnificent situation. What they have left to us is not only the material foundation for continued development but also the precious spiritual wealth that inspires us to adhere to our faith and to keep going. We will never forget the efforts and dedication of the staff across the Bank. It is the hard work of the hundreds of thousands of ICBC people in ordinary jobs that has written and created the extraordinary history of ICBC.

Big rivers ever keep running and impassioned songs never stop. In this promising era, ICBC people should be more diligent. Let's strive toward the glorious vision of "a global leading bank with the best profitability, performance and prestige", inherit the past experience and usher in the future, and drive ICBC, the huge ship, in a new voyage toward glory and dreams. Let's open up a broader new world, and make more significant achievements and contributions to the prosperity and invigoration of the national financial industry and the progress of the economy and the society!

Jiang Jianqing
June,2014

编写说明

《数据30年——中国工商银行1984–2013》以数据图表形式记录和展现了中国工商银行自1984年至2013年的经营成果和业务发展情况；如实记录了工商银行30年来各项业务从无到有、从小到大，财务实力从弱到强，经营管理日臻完善；见证了工商银行30年波澜壮阔的发展进程和翻天覆地的变化。

数据来源

除特别说明外，本书财务数据及指标（包括资产负债表及利润表）源于历年中国工商银行年报、A股招股说明书以及各期中国工商银行统计年鉴，其中2003年至2013年数据经国际会计师事务所审计。

1984年至2013年期间，我国金融财务制度和会计准则进行了几次重大调整，包括财政部和人民银行颁布的《金融保险企业财务制度》（1993年7月1日起执行）；财政部2001年颁布的《金融企业会计制度》（自2002年1月1日起执行）；财政部2006年颁布的《企业会计准则及应用指南》（自2007年1月1日起执行），为现行准则。上述变动导致部分财务数据在各时期差异较大。

数据口径

本书财务数据及指标（包括资产负债表及利润表）采用中国会计准则。同时，为便于列示和比较，1984至2005年的利息净收入、非利息收入、手续费及佣金收入、手续费及佣金支出、营业收入、业务及管理费数据为在历年年报和A股招股说明书数据的基础上，按现行中国会计准则列报口径进行了重分类，成本收入比等相关财务指标也进行了可比口径的调整。

监管指标依据当时适用的监管规定计算，未进行追溯。

地理区域的分类说明：总行指总行本部（包括总行直属机构及其分支机构），长江三角洲指上海、江苏、浙江、宁波、苏州，珠江三角洲指广东、深圳、福建、厦门，环渤海地区指北京、天津、河北、山东、青岛，中部地区指山西、河南、湖北、湖南、安徽、江西、海南，西部地区指重庆、四川、贵州、云南、广西、陕西、甘肃、青海、宁夏、新疆、内蒙古、西藏，东北地区指辽宁、黑龙江、吉林、大连，境外及其他指外分行及境内外子公司和对联营及合营公司的投资。

同业数据

本书同业数据章节选取2013年一级资本规模靠前的11家主要国际银行（日本银行因财政年度不同，未包含）进行了比较列示。

中国工商银行管理信息部

2014年6月

Guide to the Manual

The 30 Years in Data-Industrial and Commercial Bank of China 1984-2013 records and unfolds operating results and business development of ICBC from 1984 to 2013 with data and graph. It faithfully records drastic changes and magnificent development process of ICBC in the 30 years when its businesses have developed from nothing to thriving and expanded from small to large, and its financial strength has grew from weak to strong with operation and management approaching perfection day by day.

Data source

Unless otherwise stated, financial data and indicators (including balance sheets and income statements) in the book are from annual reports, A-share prospectuses and statistical yearbooks of ICBC, of which data from 2003 to 2013 have been audited by international CPA firms.

From 1984 to 2013, Chinese financial and accounting regulations as well as accounting standards witnessed several major adjustments, including the Financial Regulations for Finance and Insurance Enterprises (took effect as of July 1, 1993) issued by the Ministry of Finance and the People's Bank of China and the Financial Enterprise Accounting System (took effect as of January 1, 2002) promulgated by the Ministry of Finance in 2001. The Accounting Standards for Business Enterprises and its application guide (took effect as of January 1, 2007) issued by the Ministry of Finance in 2006 serve as the current standard. The foresaid changes resulted in large differences of some financial data among different periods.

Data criteria

Financial data and indicators (including balance sheets and income statements) in the book adopt the PRC GAAP. Meanwhile, to facilitate the presentation and comparison, data of net interest income, non-interest income, fee and commission income, fee and commission expense, operating income and general and administrative expenses from 1984 to 2005 are worked out based on data of annual reports and A-share prospectuses and re-classified based on the presentation criterion of current PRC GAAP. Relevant financial indicators such as Cost to income ratio are also adjusted according to comparable criteria.

Regulatory indicators are calculated based on the applicable rules at that time without retrospect.

Description on the classification of geographic regions: the Head Office includes directly-controlled institutions of the Head Office and its branches; Yangtze River Delta refers to Shanghai, Jiangsu, Zhejiang, Ningbo and Suzhou; Pearl River Delta refers to Guangdong, Shenzhen, Fujian and Xiamen; Bohai Rim refers to Beijing, Tianjin, Hebei, Shandong and Qingdao; Central China refers to Shanxi, Henan, Hubei, Hunan, Anhui, Jiangxi and Hainan; Western China refers to Chongqing, Sichuan, Guizhou, Yunnan, Guangxi, Shaanxi, Gansu, Qinghai, Ningxia, Xinjiang, Inner Mongolia and Tibet; Northeastern China refers to Liaoning, Heilongjiang, Jilin and Dalian; overseas and others refer to overseas branches, overseas subsidiaries and investments in associates and joint ventures.

Data of peers

Chapters on data of peers in the book compares and presents 11 major international banks with tier 1 capital ranking ahead in 2013 (Japanese banks are not included due to the difference in fiscal year).

Information Management Department, ICBC

June, 2014

目　录

财务数据

■ 利润表项目

Financial Data

■ Income Statement Items

■ 主要财务指标

■ 人均网均数据

■ Key Financial Indicators

■ Per Capita and Per Outlet Data

同业数据

■ 国际同业

Data of Peer Banks

■ Data of International Peer Banks

■ 国内同业

业务类数据

■ 客户基础

■ **Data of Domestic Peer Banks**

Business Data

■ **Customer Base**

■ 理财业务

■ 银行卡

■ 电子银行业务

■ Wealth Management

■ Bank Card

■ E-banking

■ 机构业务类

■ 信息科技与产品创新

排名及外部评级

■ 主要榜单排名

■ Institutional Banking

■ Information Technology and Product Innovation

Main Rankings and Credit Ratings

■ Main Rankings

资产负债表与利润表

■ **Credit Ratings**

Financial Statements

财 务 数 据

FINANCIAL DATA

单位：人民币百万元
Unit: In RMB millions

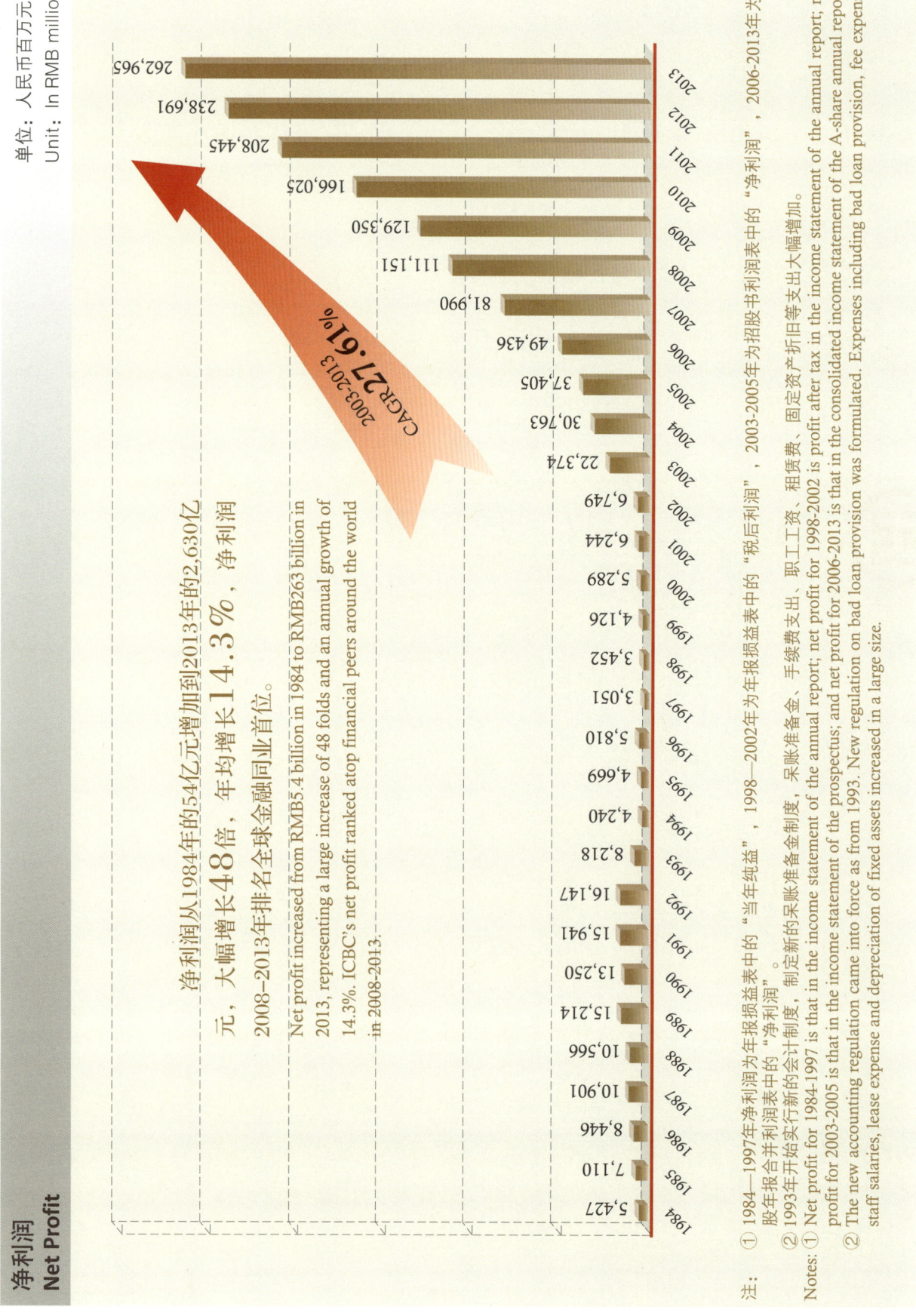

净利润
Net Profit

净利润从1984年的54亿元增加到2013年的2,630亿元，大幅增长48倍，年均增长14.3%，净利润2008—2013年排名全球金融同业首位。

Net profit increased from RMB5.4 billion in 1984 to RMB263 billion in 2013, representing a large increase of 48 folds and an annual growth of 14.3%. ICBC's net profit ranked atop financial peers around the world in 2008-2013.

CAGR27.61%
2003-2013

年份	净利润
2013	262,965
2012	238,691
2011	208,445
2010	166,025
2009	129,350
2008	111,151
2007	81,990
2006	49,436
2005	37,405
2004	30,763
2003	22,374
2002	6,749
2001	6,244
2000	5,289
1999	4,126
1998	3,452
1997	3,051
1996	5,810
1995	4,669
1994	4,240
1993	8,218
1992	16,147
1991	15,941
1990	13,250
1989	15,214
1988	10,566
1987	10,901
1986	8,446
1985	7,110
1984	5,427

注：① 1984—1997年净利润为年报损益表中的"当年纯益"，1998—2002年为年报报损益表中的"税后利润"，2003-2005年为招股书利润表中的"净利润"，2006-2013年为A股年报合并利润表中的"净利润"。
② 1993年开始实行新的会计制度，制定新的呆账准备金制度、职工工资、手续费支出、租赁费、固定资产折旧等支出大幅增加。

Notes: ① Net profit for 1984-1997 is that in the income statement of the annual report; net profit for 1998-2002 is that in the income statement of the annual report; net profit for 2003-2005 is that in the income statement of the prospectus; and net profit for 2006-2013 is that in the consolidated income statement of the A-share annual report.
② The new accounting regulation came into force as from 1993. New regulation on bad loan provision was formulated. Expenses including bad loan provision, fee expense, staff salaries, lease expense and depreciation of fixed assets increased in a large size.

営业收入
Operating Income

单位：人民币百万元
Unit：In RMB millions

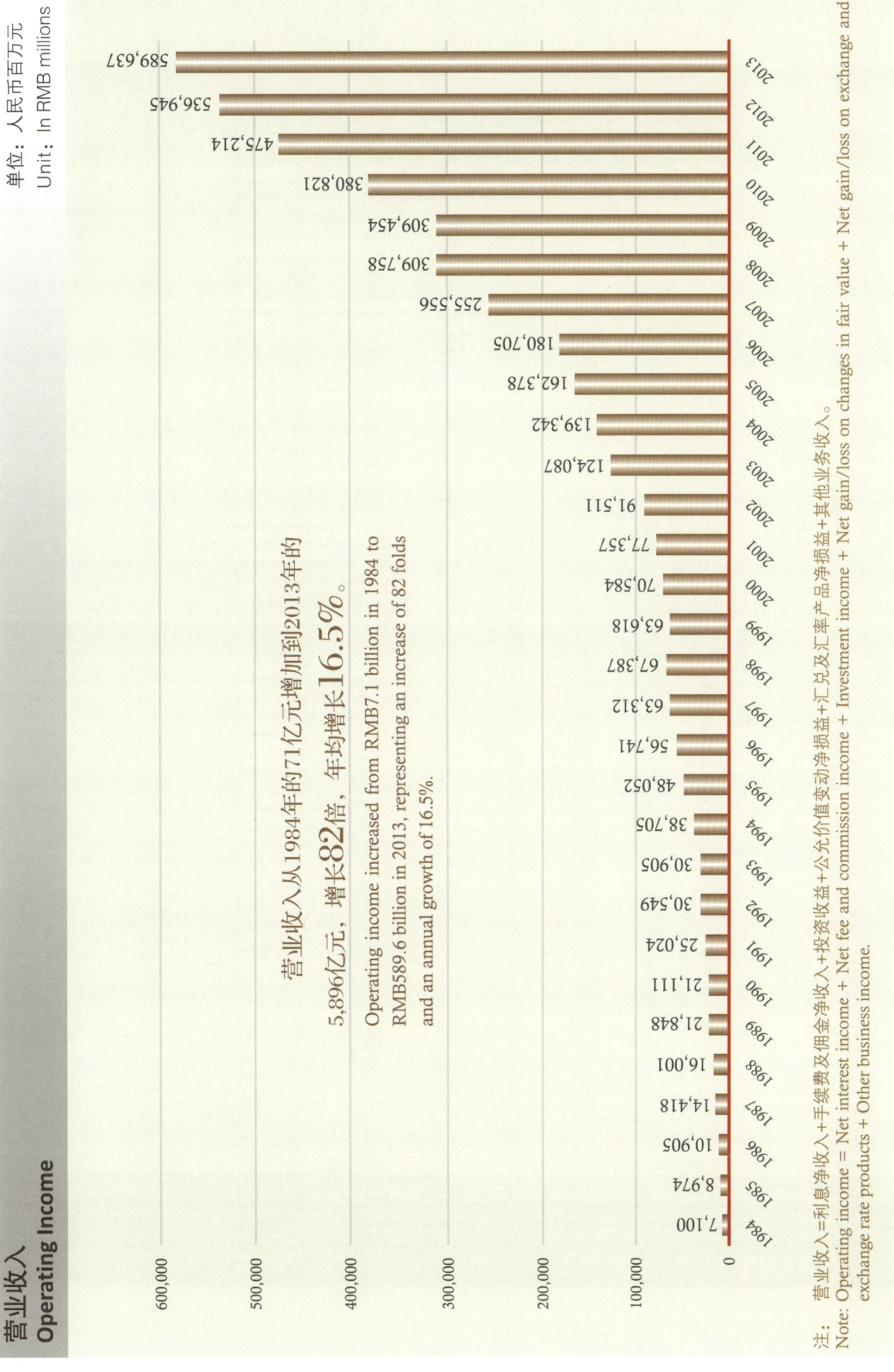

营业收入从1984年的71亿元增加到2013年的

5,896亿元，增长82倍，年均增长16.5%。

Operating income increased from RMB7.1 billion in 1984 to
RMB589.6 billion in 2013, representing an increase of 82 folds
and an annual growth of 16.5%.

Year	Value
2013	589,637
2012	536,945
2011	475,214
2010	380,821
2009	309,454
2008	309,758
2007	255,556
2006	180,705
2005	162,378
2004	139,342
2003	124,087
2002	91,511
2001	77,357
2000	70,584
1999	63,618
1998	67,387
1997	63,312
1996	56,741
1995	48,052
1994	38,705
1993	30,905
1992	30,549
1991	25,024
1990	21,111
1989	21,848
1988	16,001
1987	14,418
1986	10,905
1985	8,974
1984	7,100

注：营业收入＝利息净收入＋手续费及佣金净收入＋投资收益＋公允价值变动净损益＋汇兑及汇率产品净损益＋其他业务收入。
Note: Operating income = Net interest income + Net fee and commission income + Investment income + Net gain/loss on changes in fair value + Net gain/loss on exchange and exchange rate products + Other business income.

利息净收入及占比
Net Interest Income

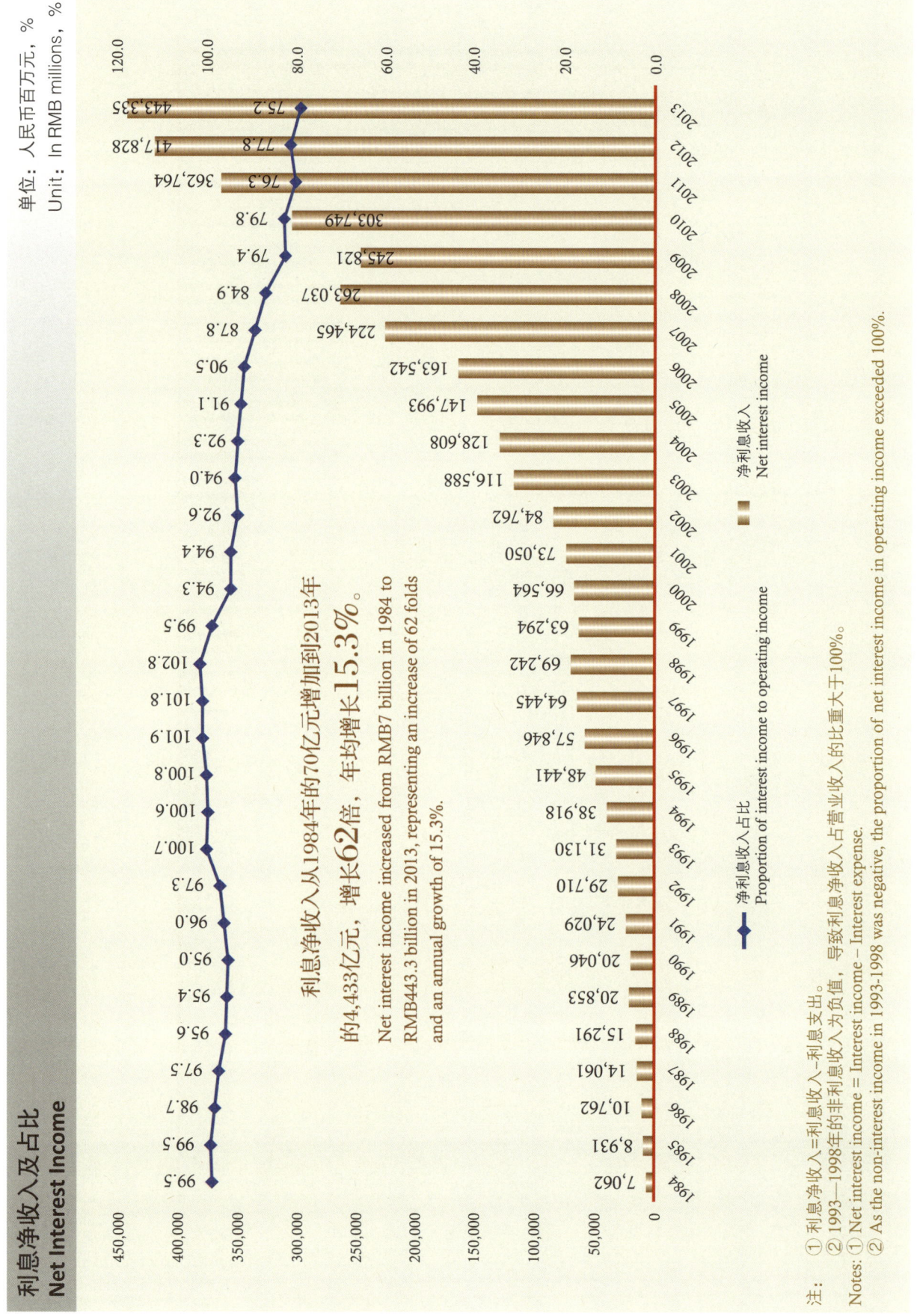

单位：人民币百万元，%
Unit：In RMB millions，%

利息净收入从1984年的70亿元增加到2013年的4,433亿元，增长62倍，年均增长15.3%。

Net interest income increased from RMB7 billion in 1984 to RMB443.3 billion in 2013, representing an increase of 62 folds and an annual growth of 15.3%.

净利息收入
Net interest income

净利息收入占比
Proportion of interest income to operating income

年份	净利息收入	占比%
1984	7,062	99.5
1985	8,931	99.5
1986	10,762	98.7
1987	14,061	97.5
1988	15,291	95.6
1989	20,853	95.4
1990	20,046	95.0
1991	24,029	96.0
1992	29,710	97.3
1993	31,130	100.7
1994	38,918	100.6
1995	48,441	100.8
1996	57,846	101.9
1997	64,445	101.8
1998	69,242	102.8
1999	63,294	99.5
2000	66,564	94.3
2001	73,050	94.4
2002	84,762	92.6
2003	116,588	94.0
2004	128,608	92.3
2005	147,993	91.1
2006	163,542	90.5
2007	224,465	87.8
2008	263,037	84.9
2009	245,821	79.4
2010	303,749	79.8
2011	362,764	76.3
2012	417,828	77.8
2013	443,335	75.2

注： ①利息净收入＝利息收入－利息支出。
　　 ②1993—1998年的非利息收入为负值，导致利息净收入占营业收入的比重大于100%。

Notes：① Net interest income = Interest income – Interest expense.
　　　　② As the non-interest income in 1993-1998 was negative, the proportion of net interest income in operating income exceeded 100%.

4

非利息收入及占比
Non-interest Income

单位：人民币百万元，%
Unit: In RMB millions, %

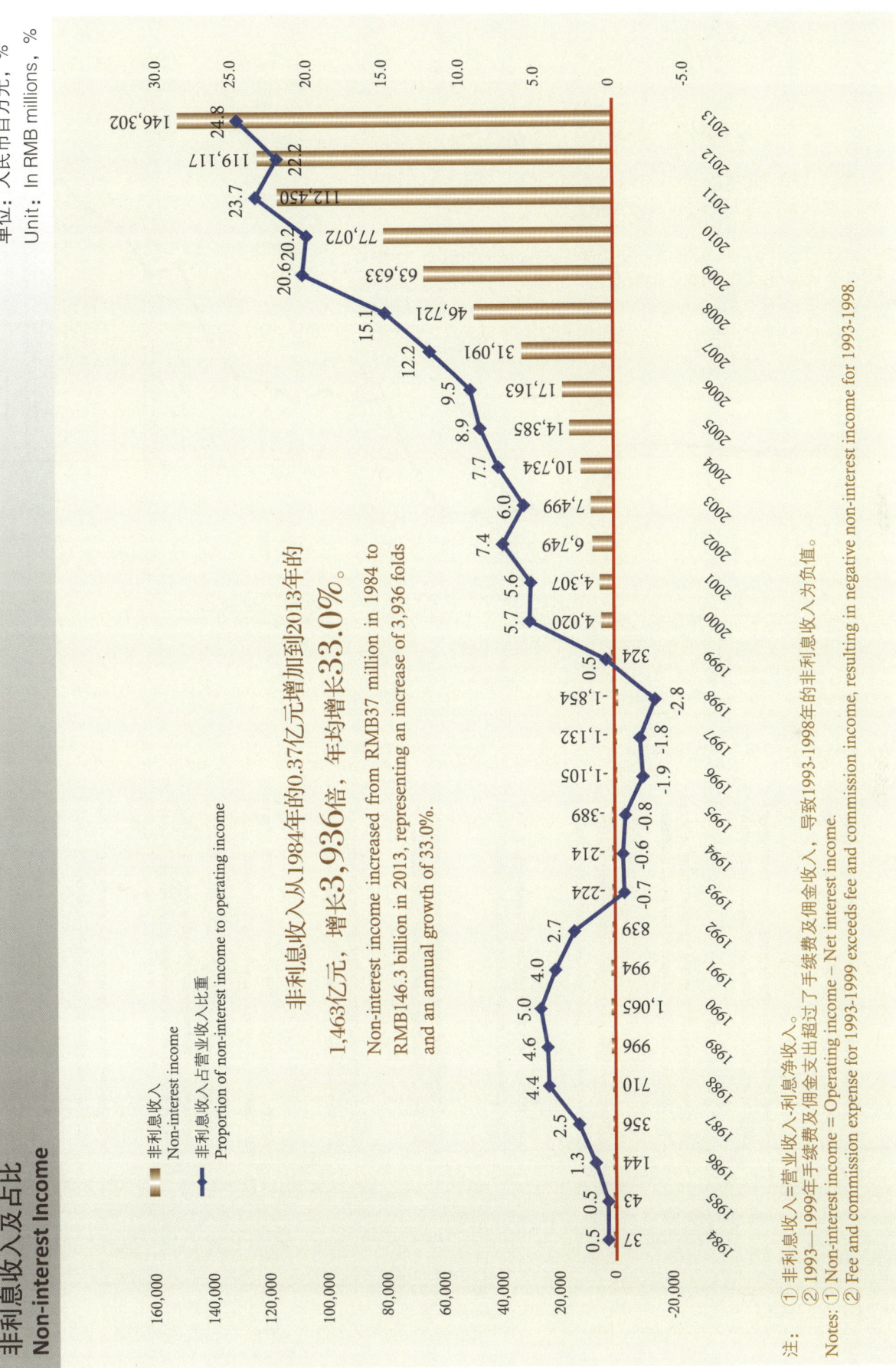

■ 非利息收入
Non-interest income

◆ 非利息收入占营业收入比重
Proportion of non-interest income to operating income

非利息收入从1984年的0.37亿元增加到2013年的
1,463亿元，增长**3,936**倍，年均增长**33.0%**。

Non-interest income increased from RMB37 million in 1984 to
RMB146.3 billion in 2013, representing an increase of 3,936 folds
and an annual growth of 33.0%.

注： ① 非利息收入＝营业收入-利息净收入。
　　② 1993—1999年手续费及佣金支出超过了手续费及佣金收入，号致1993-1998年的非利息收入为负值。

Notes: ① Non-interest income = Operating income – Net interest income.
　　　　② Fee and commission expense for 1993-1999 exceeds fee and commission income, resulting in negative non-interest income for 1993-1998.

手续费及佣金净收入及占比
Net Fee and Commission Income

单位：人民币百万元，%
Unit：In RMB millions，%

手续费及佣金净收入从1984年的0.37亿元增加到2013年的1,223亿元，增长**3,304**倍，年均增长**32.2%**。

Net fee and commission income increased from RMB37 million in 1984 to RMB122.3 billion in 2013, representing an increase of 3,304 folds and an annual growth of 32.2%.

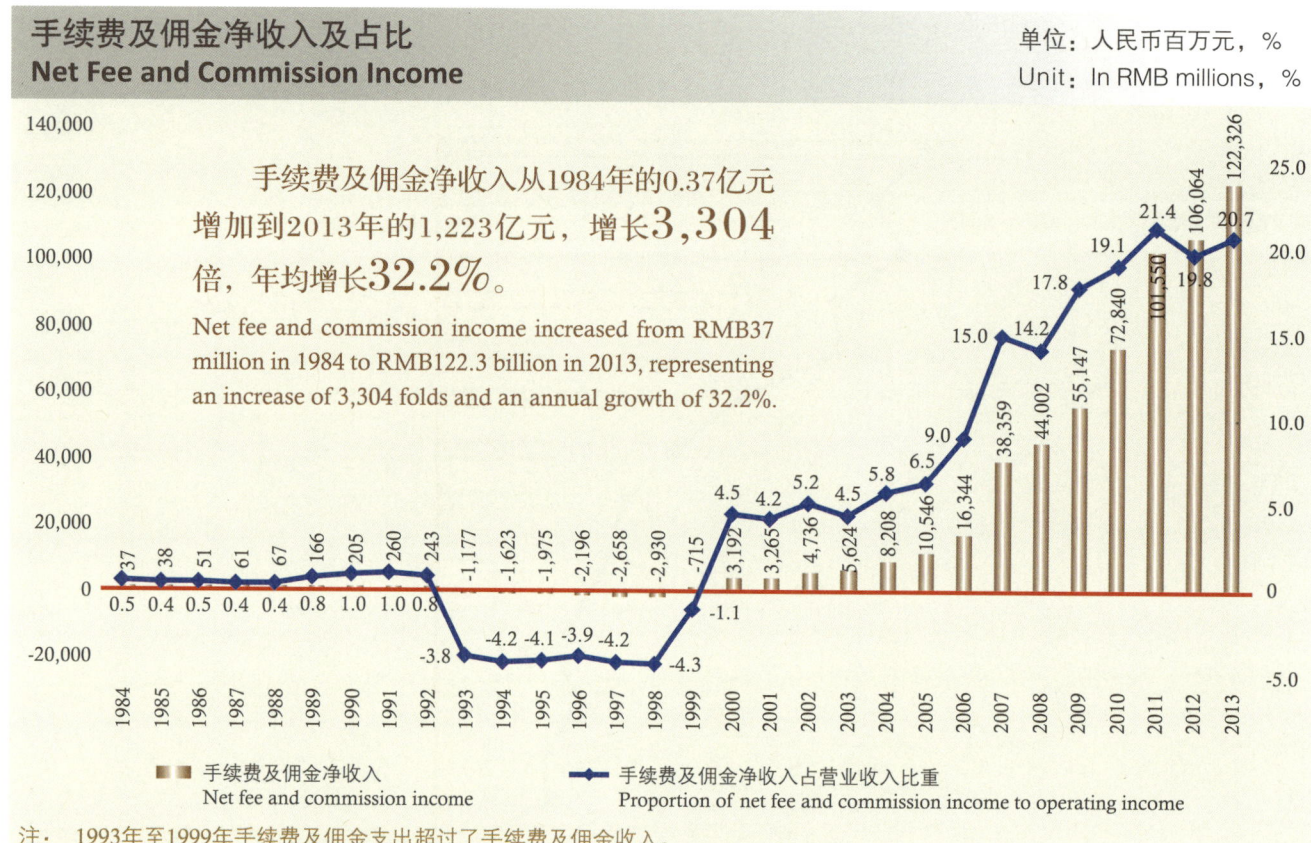

■ 手续费及佣金净收入
Net fee and commission income

◆ 手续费及佣金净收入占营业收入比重
Proportion of net fee and commission income to operating income

注： 1993年至1999年手续费及佣金支出超过了手续费及佣金收入。
Note: Fee and commission expense for 1993-1999 exceeds fee and commission income.

营业收入结构
Operating Income Structure

单位：%
Unit：%

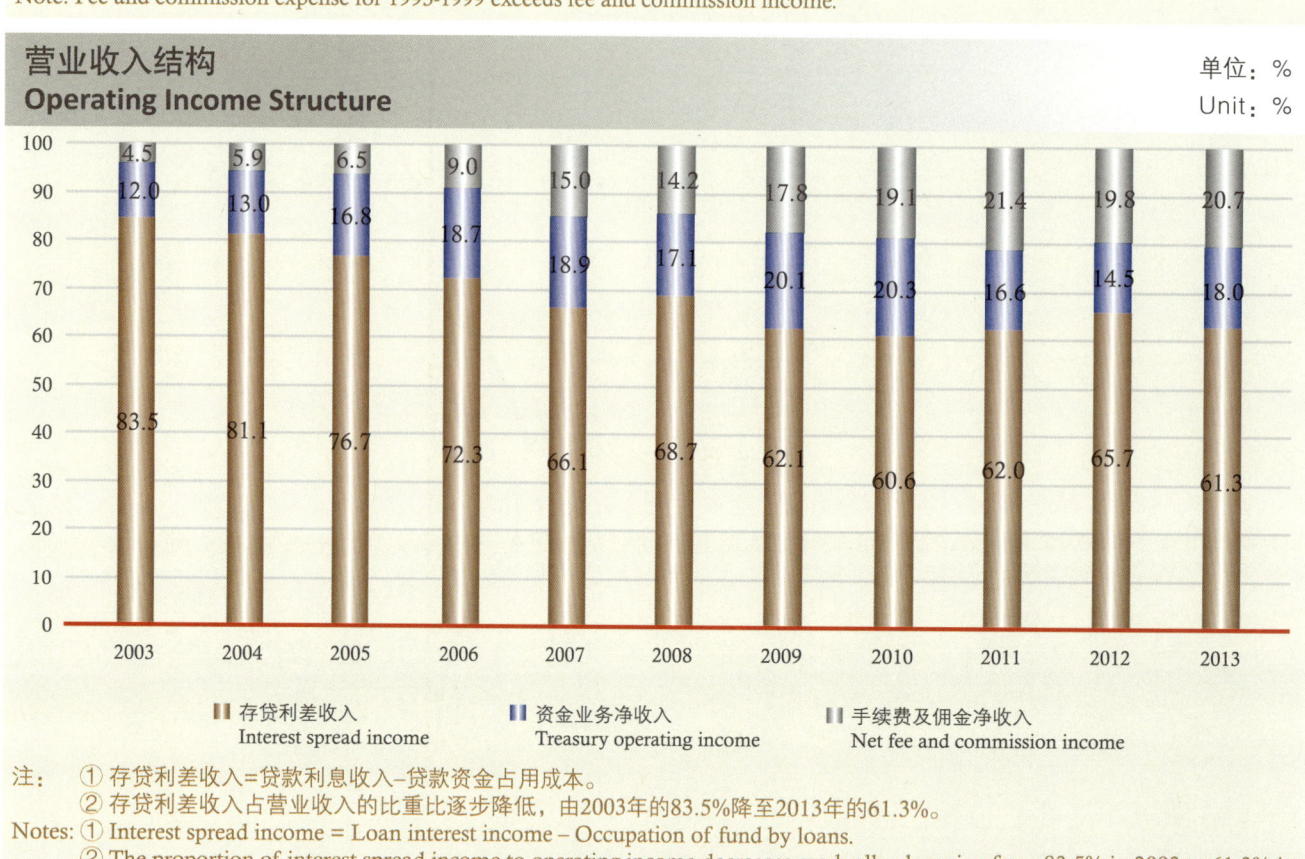

■ 存贷利差收入
Interest spread income

■ 资金业务净收入
Treasury operating income

■ 手续费及佣金净收入
Net fee and commission income

注： ① 存贷利差收入=贷款利息收入-贷款资金占用成本。
　　 ② 存贷利差收入占营业收入的比重比逐步降低，由2003年的83.5%降至2013年的61.3%。
Notes: ① Interest spread income = Loan interest income – Occupation of fund by loans.
　　　 ② The proportion of interest spread income to operating income decreases gradually, dropping from 83.5% in 2003 to 61.3% in 2013.

现金分红金额
Cash Dividends

单位：人民币百万元
Unit：In RMB millions

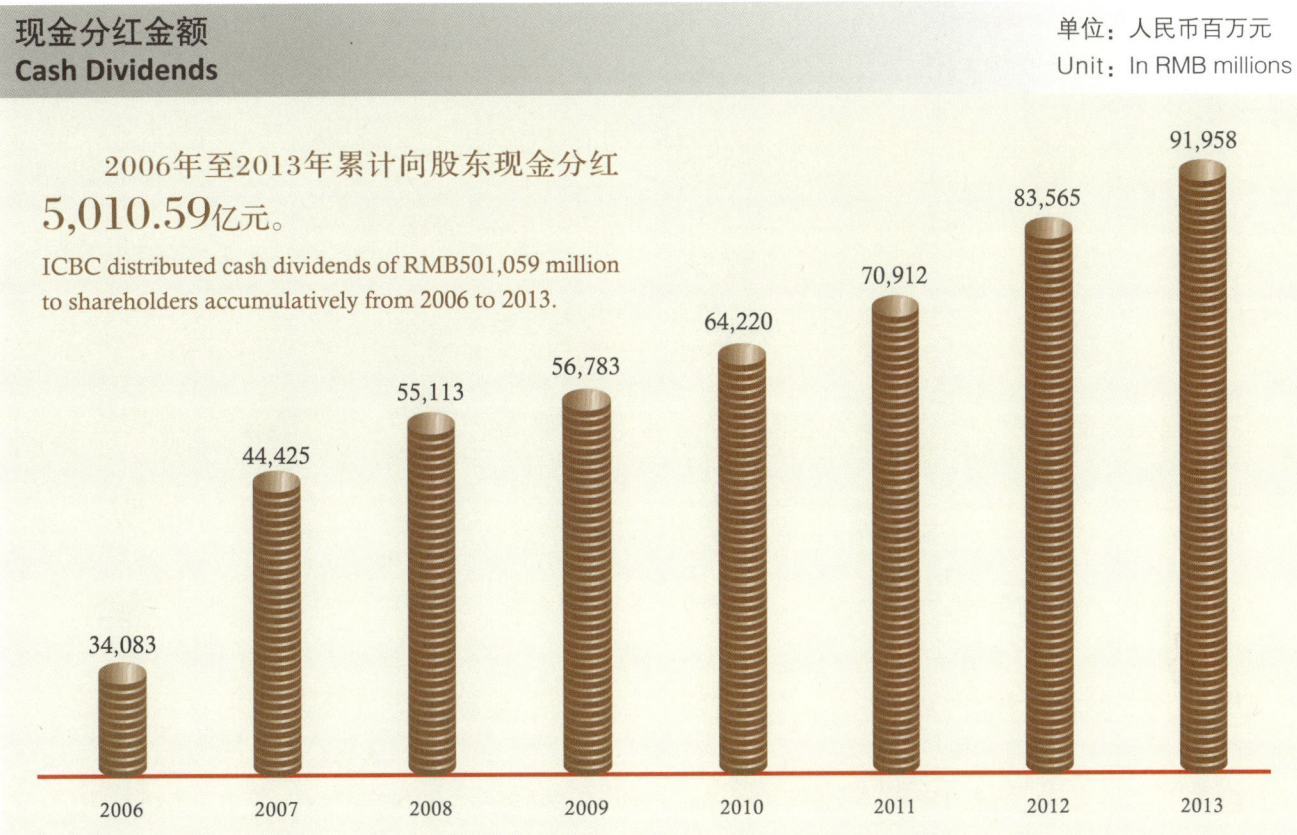

2006年至2013年累计向股东现金分红
5,010.59亿元。

ICBC distributed cash dividends of RMB501,059 million
to shareholders accumulatively from 2006 to 2013.

2006	2007	2008	2009	2010	2011	2012	2013
34,083	44,425	55,113	56,783	64,220	70,912	83,565	91,958

上缴税费
Taxes

单位：人民币百万元
Unit：In RMB millions

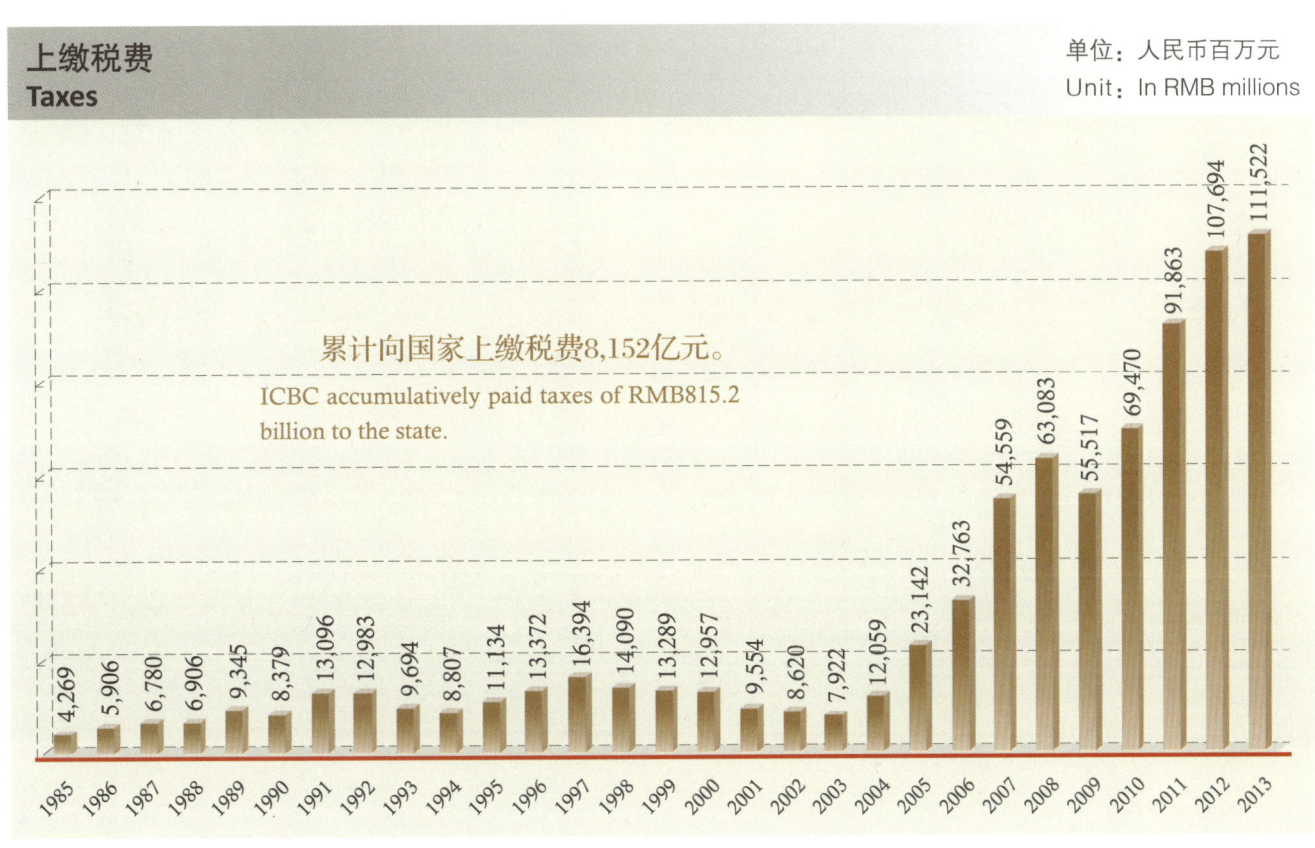

累计向国家上缴税费8,152亿元。

ICBC accumulatively paid taxes of RMB815.2
billion to the state.

1985	1986	1987	1988	1989	1990	1991	1992	1993	1994	1995	1996	1997	1998	1999	2000	2001	2002	2003	2004	2005	2006	2007	2008	2009	2010	2011	2012	2013
4,269	5,906	6,780	6,906	9,345	8,379	13,096	12,983	9,694	8,807	11,134	13,372	16,394	14,090	13,289	12,957	9,554	8,620	7,922	12,059	23,142	32,763	54,559	63,083	55,517	69,470	91,863	107,694	111,522

主要损益项目表
Main Data of Income Statements

单位：人民币百万元，%
Unit：In RMB millions，%

表1

年份 Year	项目 Item	利息净收入 Net Interest Income	净利息收入占比(%) Proportion of Net Interest Income to Operating Income	非利息收入 Non-interest Income	非利息收入占比(%) Proportion of Non-interest Income to Operating Income
1984		7,062	99.5	37	0.5
1985		8,931	99.5	43	0.5
1986		10,762	98.7	144	1.3
1987		14,061	97.5	356	2.5
1988		15,291	95.6	710	4.4
1989		20,853	95.4	996	4.6
1990		20,046	95.0	1,065	5.0
1991		24,029	96.0	994	4.0
1992		29,710	97.3	839	2.7
1993		31,130	100.7	(224)	(0.7)
1994		38,918	100.6	(214)	(0.6)
1995		48,441	100.8	(389)	(0.8)
1996		57,846	101.9	(1,105)	(1.9)
1997		64,445	101.8	(1,132)	(1.8)
1998		69,242	102.8	(1,854)	(2.8)
1999		63,294	99.5	324	0.5
2000		66,564	94.3	4,020	5.7
2001		73,050	94.4	4,307	5.6
2002		84,762	92.6	6,749	7.4
2003		116,588	94.0	7,499	6.0
2004		128,608	92.3	10,734	7.7
2005		147,993	91.1	14,385	8.9
2006		163,542	90.5	17,163	9.5
2007		224,465	87.8	31,091	12.2
2008		263,037	84.9	46,721	15.1
2009		245,821	79.4	63,633	20.6
2010		303,749	79.8	77,072	20.2
2011		362,764	76.3	112,450	23.7
2012		417,828	77.8	119,117	22.2
2013		443,335	75.2	146,302	24.8

表2

年份 Year	项目 Item 手续费及 佣金净收入 Net Fee and Commission Income	手续费及佣金净 收入占比(%) Proportion of Net Fee and Commission Income to Operating Income	营业收入 Operating Income	净利润 Net Profit
1984	37	0.5	7,100	5,427
1985	38	0.4	8,974	7,110
1986	51	0.5	10,905	8,446
1987	61	0.4	14,418	10,901
1988	67	0.4	16,001	10,566
1989	166	0.8	21,848	15,214
1990	205	1.0	21,111	13,250
1991	260	1.0	25,024	15,941
1992	243	0.8	30,549	16,147
1993	(1,177)	(3.8)	30,905	8,218
1994	(1,623)	(4.2)	38,705	4,240
1995	(1,975)	(4.1)	48,052	4,669
1996	(2,196)	(3.9)	56,741	5,810
1997	(2,658)	(4.2)	63,312	3,051
1998	(2,930)	(4.3)	67,387	3,452
1999	(715)	(1.1)	63,618	4,126
2000	3,192	4.5	70,584	5,289
2001	3,265	4.2	77,357	6,244
2002	4,736	5.2	91,511	6,902
2003	5,624	4.5	124,087	22,494
2004	8,208	5.9	139,342	31,118
2005	10,546	6.5	162,378	37,869
2006	16,344	9.0	180,705	49,436
2007	38,359	15.0	255,556	81,990
2008	44,002	14.2	309,758	111,151
2009	55,147	17.8	309,454	129,350
2010	72,840	19.1	380,821	166,025
2011	101,550	21.4	475,214	208,445
2012	106,064	19.8	536,945	238,691
2013	122,326	20.7	589,637	262,965

利润表项目
Income Statement Items

表3

年份 Year	项目 Item	上缴国家税费 （人民币百万元） Taxes (In RMB millions)	对外捐款（人民币万元） Donations (In RMB 10 Thousands)	现金分红金额 （人民币百万元） Cash Dividends (In RMB millions)	现金分红比例（%） Payout Ratio (%)
1984		—	1	—	—
1985		4,269	128	—	—
1986		5,906	60	—	—
1987		6,780	29	—	—
1988		6,906	39	—	—
1989		9,345	19	—	—
1990		8,379	137	—	—
1991		13,096	424	—	—
1992		12,983	211	—	—
1993		9,694	827	—	—
1994		8,807	2,196	—	—
1995		11,134	1,627	—	—
1996		13,372	2,132	—	—
1997		16,394	3,947	—	—
1998		14,090	2,653	—	—
1999		13,289	3,341	—	—
2000		12,957	2,850	—	—
2001		9,554	1,406	—	—
2002		8,620	1,491	—	—
2003		7,922	2,832	—	—
2004		12,059	1,100	—	—
2005		23,142	1,261	—	—
2006		32,763	1,262	34,083	—
2007		54,559	2,009	44,425	55
2008		63,083	9,072	55,113	50
2009		55,517	2,466	56,783	44
2010		69,470	6,252	64,220	39
2011		91,863	3,920	70,912	34
2012		107,694	4,098	83,565	35
2013		111,522	6,346	91,958	35

注： 2006年分红金额包括中期股息和特别股息。
Note：Dividends for 2006 include interim dividends and special dividends.

利润表简表
Briefing Income Statements

单位：人民币百万元
Unit：In RMB millions

项目 Item	年份 Year 2003	2004	2005	2006	2007
利息净收入 Net interest income	116,588	128,608	147,993	163,542	224,465
非利息收入 Non-interest income	7,499	10,734	14,385	17,163	31,091
营业收入 Operating income	124,087	139,342	162,378	180,705	255,556
减：营业支出 Less: Operating expenses	90,508	86,196	97,726	109,793	142,371
其中：业务及管理费 Operation and administrative expenses	46,936	47,067	61,293	64,469	89,030
营业税金及附加 Business tax and surcharges	7,279	8,270	9,419	11,419	14,511
资产减值损失 Impairement losses	36,293	30,859	27,014	32,189	37,406
其他业务成本 Other business cost	-	-	-	1,716	1,424
营业利润 Operating profit	33,579	53,146	64,652	70,912	113,185
加：营业外收支净额 Plus: Net non-operating income	207	1,165	(1,776)	709	1,929
税前利润 Profit before tax	33,786	54,311	62,876	71,621	115,114
减：所得税费用 Less: Income tax expense	11,292	23,193	25,007	22,185	33,124
税后利润 Net profit	22,494	31,118	37,869	49,436	81,990
归属于：母公司股东 Attributable to: Equity holders of the parent company	22,374	30,763	37,405	48,819	81,256
少数股东 Non-controlling interests	120	355	464	617	734

续表
Continued

项目 Item / 年份 Year	2008	2009	2010	2011	2012	2013
利息净收入 Net interest income	263,037	245,821	303,749	362,764	417,828	443,335
非利息收入 Non-interest income	46,721	63,633	77,072	112,450	119,117	146,302
营业收入 Operating income	309,758	309,454	380,821	475,214	536,945	589,637
减：营业支出 Less: Operating expenses	166,227	143,460	166,334	204,214	229,487	252,591
其中：业务及管理费 Operation and administrative expenses	91,506	101,703	116,578	139,598	153,336	165,280
营业税金及附加 Business tax and surcharges	18,765	18,157	21,484	28,875	35,066	37,441
资产减值损失 Impairement losses	55,528	23,219	27,988	31,121	33,745	38,321
其他业务成本 Other business cost	428	381	284	4,620	7,340	11,549
营业利润 Operating profit	143,531	165,994	214,487	271,000	307,458	337,046
加：营业外收支净额 Plus: Net non-operating income	1,770	1,254	939	1,311	1,229	1,491
税前利润 Profit before tax	145,301	167,248	215,426	272,311	308,687	338,537
减：所得税费用 Less: Income tax expense	34,150	37,898	49,401	63,866	69,996	75,572
税后利润 Net profit	111,151	129,350	166,025	208,445	238,691	262,965
归属于：母公司股东 Attributable to: Equity holders of the parent company	110,766	128,599	165,156	208,265	238,532	262,649
少数股东 Non-controlling interests	385	751	869	180	159	316

利息净收入—平均余额与收益率、付息率
Net Interest Income—Average balance, Average Yield and Cost

单位：人民币百万元，%
Unit：In RMB millions，%

项目 Item	年份 Year	2003			2004		
		平均余额 Average balance	利息收入/支出 Interest income/expense	平均利率 Average yield/cost	平均余额 Average balance	利息收入/支出 Interest income/expense	平均利率 Average yield/cost
资产 **Assets**							
客户贷款及垫款 Loans and advances to customers		3,217,010	147,354	4.58%	3,575,473	160,168	4.48%
投资 Investment		857,486	24,444	2.85%	1,025,418	28,077	2.74%
非重组类投资 Investment in bonds not related to restructuring		544,490	17,402	3.20%	712,422	21,035	2.95%
重组类投资 Investment in bonds related to restructuring		312,996	7,042	2.25%	312,996	7,042	2.25%
存放中央银行款项 Due to central banks		390,706	7,523	1.93%	451,005	8,286	1.84%
存放和拆放同业及其他金融机构款项 Due to banks and other financial institutions		194,629	3,628	1.86%	138,864	2,238	1.61%
总生息资产 **Total interest-generating Assets**		**4,659,831**	**182,949**	**3.93%**	**5,190,760**	**198,769**	**3.83%**
非生息资产 Non-interest-generating Assets		(670,539)			(648,214)		
减值损失准备 Allowance for impairment losses		316,413			316,736		
总资产 **Total assets**		**4,305,705**			**4,859,282**		
负债 **Liabilities**							
存款 Deposits		4,435,407	60,423	1.36%	4,968,326	65,821	1.32%
同业及其他金融机构存放和拆入款项 Due to banks and other financial institutions		347,101	5,938	1.71%	269,671	4,300	1.59%
已发行债务证券 Debt securities issued		-	-	-	970	40	4.12%
总计息负债 Total interest-bearing liabilities		4,782,508	66,361	1.39%	5,238,967	70,161	1.34%
非计息负债 Non-interest-bearing liabilities		97,394			125,940		
总负债 **Total liabilities**		**4,879,902**			**5,364,907**		
利息净收入 Net interest income			**116,588**			**128,608**	
净利息差 **Net interest spread**				**2.54%**			**2.49%**
净利息收益率 **Net interest margin**				**2.50%**			**2.48%**

项目 Item / 年份 Year	2005			2006		
	平均余额 Average balance	利息收入/支出 Interest income/ expense	平均利率 Average yield/ cost	平均余额 Average balance	利息收入/支出 Interest income/ expense	平均利率 Average yield/ cost
资产 **Assets**						
客户贷款及垫款 Loans and advances to customers	3,429,852	175,285	5.11%	3,464,384	187,623	5.42%
投资 Investment	1,751,037	51,480	2.94%	2,526,516	65,591	2.60%
非重组类投资 Investment in bonds not related to restructuring	1,005,027	30,650	3.05%	1,450,614	41,036	2.83%
重组类投资 Investment in bonds related to restructuring	746,010	20,830	2.79%	1,075,902	24,555	2.28%
存放中央银行款项 Due to central banks	534,063	8,967	1.68%	563,909	10,080	1.79%
存放和拆放同业及其他金融机构款项 Due to banks and other financial institutions	177,813	4,470	2.51%	241,787	8,355	3.46%
总生息资产 **Total interest-generating Assets**	5,892,765	240,202	4.08%	6,796,596	271,649	4.00%
非生息资产 Non-interest-generating Assets	(357,696)			(94,023)		
减值损失准备 Allowance for impairment losses	236,478			292,287		
总资产 **Total assets**	**5,771,547**			**6,994,860**		
负债 **Liabilities**						
存款 Deposits	5,465,941	80,753	1.48%	6,015,133	99,076	1.65%
同业及其他金融机构存放和拆入款项 Due to banks and other financial institutions	278,670	5,356	1.92%	391,574	7,898	2.02%
已发行债务证券 Debt securities issued	14,360	490	3.41%	35,000	1,133	3.24%
总计息负债 Total interest-bearing liabilities	5,758,971	86,599	1.50%	6,441,707	108,107	1.68%
非计息负债 Non-interest-bearing liabilities	142,038			208,565		
总负债 **Total liabilities**	**5,901,009**			**6,650,272**		
利息净收入 **Net interest income**		153,603			163,542	
净利息差 **Net interest spread**			**2.58%**			**2.32%**
净利息收益率 **Net interest margin**			**2.61%**			**2.41%**

续表
Continued

财务数据 FINANCIAL DATA

同业数据 DATA OF PEER BANKS

业务数据 BUSINESS DATA

排名及评级 MAIN RANKINGS AND CREDIT RATINGS

资产负债表与利润表 FINANCIAL STATEMENTS

项目 Item	年份 Year	2007			2008		
		平均余额 Average balance	利息收入/支出 Interest income/expense	平均利率 Average yield/cost	平均余额 Average balance	利息收入/支出 Interest income/expense	平均利率 Average yield/cost
资产 **Assets**							
客户贷款及垫款 Loans and advances to customers		3,893,311	237,880	6.11%	4,341,052	307,103	7.07%
投资 Investment		3,001,210	91,724	3.06%	3,072,444	102,688	3.34%
非重组类投资 Investment in bonds not related to restructuring		1,958,873	68,175	3.48%	2,066,299	80,222	3.88%
重组类投资 Investment in bonds related to restructuring		1,042,337	23,549	2.26%	1,006,145	22,466	2.23%
存放中央银行款项 Due to central banks		827,014	14,805	1.79%	1,254,668	22,634	1.80%
存放和拆放同业及其他金融机构款项 Due to banks and other financial institutions		307,887	12,878	4.18%	252,565	8,149	3.23%
总生息资产 **Total interest-generating Assets**		8,029,422	357,287	4.45%	8,920,729	440,574	4.94%
非生息资产 Non-interest-generating Assets		(110,063)			(130,165)		
减值损失准备 Allowance for impairment losses		317,296			393,467		
总资产 **Total assets**		**8,236,655**			**9,184,031**		
负债 **Liabilities**							
存款 Deposits		6,559,635	116,336	1.77%	7,380,312	160,253	2.17%
同业及其他金融机构存放和拆入款项 Due to banks and other financial institutions		886,071	15,305	1.73%	897,473	16,043	1.79%
已发行债务证券 Debt securities issued		35,000	1,181	3.37%	35,000	1,241	3.55%
总计息负债 Total interest-bearing liabilities		7,480,706	132,822	1.78%	8,312,785	177,537	2.14%
非计息负债 Non-interest-bearing liabilities		277,293			316,547		
总负债 **Total liabilities**		**7,757,999**			**8,629,332**		
利息净收入 Net interest income			224,465			263,037	
净利息差 **Net interest spread**				**2.67%**			**2.80%**
净利息收益率 **Net interest margin**				**2.80%**			**2.95%**

15

利润表项目
Income Statement Items

续表
Continued

项目 Item	年份 Year	2009			2010		
		平均余额 Average balance	利息收入/支出 Interest income/ expense	平均利率 Average yield/ cost	平均余额 Average balance	利息收入/支出 Interest income/ expense	平均利率 Average yield/ cost
资产 **Assets**							
客户贷款及垫款 Loans and advances to customers		5,318,554	277,139	5.21%	6,337,266	316,126	4.99%
投资 Investment		3,183,562	96,230	3.02%	3,652,316	106,611	2.92%
非重组类投资 Investment in bonds not related to restructuring		2,227,043	75,294	3.38%	3,032,674	93,197	3.07%
重组类投资 Investment in bonds related to restructuring		956,519	20,936	2.19%	619,642	13,414	2.16%
存放中央银行款项 Due to central banks		1,519,055	23,361	1.54%	1,839,062	28,718	1.56%
存放和拆放同业及其他金融机构款项 Due to banks and other financial institutions		837,673	9,148	1.09%	603,227	11,307	1.87%
总生息资产 **Total interest-generating Assets**		10,858,844	405,878	3.74%	12,431,871	462,762	3.72%
非生息资产 Non-interest-generating Assets		438,991			509,132		
减值损失准备 Allowance for impairment losses		(145,858)			(161,292)		
总资产 **Total assets**		**11,151,977**			**12,779,711**		
负债 **Liabilities**							
存款 Deposits		9,103,898	145,246	1.60%	10,385,487	140,518	1.35%
同业及其他金融机构存放和拆入款项 Due to banks and other financial institutions		1,002,534	13,021	1.30%	1,129,238	15,503	1.37%
已发行债务证券 Debt securities issued		53,087	1,790	3.37%	86,375	2,992	3.46%
总计息负债 Total interest-bearing liabilities		10,159,519	160,057	1.58%	11,601,100	159,013	1.37%
非计息负债 Non-interest-bearing liabilities		350,840			406,471		
总负债 **Total liabilities**		**10,510,359**			**12,007,571**		
利息净收入 **Net interest income**			245,821			303,749	
净利息差 **Net interest spread**				**2.16%**			**2.35%**
净利息收益率 **Net interest margin**				**2.26%**			**2.44%**

项目 Item	2011			2012		
年份 Year	平均余额 Average balance	利息收入/支出 Interest income/ expense	平均利率 Average yield/ cost	平均余额 Average balance	利息收入/支出 Interest income/ expense	平均利率 Average yield/ cost
资产 **Assets**						
客户贷款及垫款 Loans and advances to customers	7,329,882	416,388	5.68%	8,386,531	519,852	6.20%
投资 Investment	3,673,043	121,077	3.30%	3,839,495	138,159	3.60%
非重组类投资 Investment in bonds not related to restructuring	3,272,997	112,086	3.42%	3,488,859	130,267	3.73%
重组类投资 Investment in bonds related to restructuring	400,046	8,991	2.25%	350,636	7,892	2.25%
存放中央银行款项 Due to central banks	2,402,963	38,332	1.60%	2,652,396	41,766	1.57%
存放和拆放同业及其他金融机构款项 Due to banks and other financial institutions	475,867	13,783	2.90%	853,392	21,662	2.54%
总生息资产 **Total interest-generating Assets**	13,881,755	589,580	4.25%	15,731,814	721,439	4.59%
非生息资产 Non-interest-generating Assets	675,753			901,978		
减值损失准备 Allowance for impairment losses	(185,263)			(211,109)		
总资产 **Total assets**	**14,372,245**			**16,422,683**		
负债 **Liabilities**						
存款 Deposits	11,364,657	188,650	1.66%	12,509,843	249,422	1.99%
同业及其他金融机构存放和拆入款项 Due to banks and other financial institutions	1,389,833	32,809	2.36%	1,694,972	43,461	2.56%
已发行债务证券 Debt securities issued	150,578	5,357	3.56%	264,493	10,728	4.06%
总计息负债 Total interest-bearing liabilities	12,905,068	226,816	1.76%	14,469,308	303,611	2.10%
非计息负债 Non-interest-bearing liabilities	574,991			842,263		
总负债 **Total liabilities**	**13,480,059**			**15,311,571**		
利息净收入 **Net interest income**		362,764			417,828	
净利息差 **Net interest spread**			**2.49%**			**2.49%**
净利息收益率 **Net interest margin**			**2.61%**			**2.66%**

续表
Continued

项目 Item	年份 Year	2013		
		平均余额 Average balance	利息收入／支出 Interest income/expense	平均利率 Average yield/cost
资产 **Assets**				
客户贷款及垫款 Loans and advances to customers		9,457,500	548,640	5.80%
投资 Investment		3,969,162	148,514	3.74%
非重组类投资 Investment in bonds not related to restructuring		3,711,336	142,713	3.85%
重组类投资 Investment in bonds related to restructuring		257,826	5,801	2.25%
存放中央银行款项 Due to central banks		2,883,971	45,487	1.58%
存放和拆放同业及其他金融机构款项 Due to banks and other financial institutions		908,823	24,470	2.69%
总生息资产 **Total interest-generating Assets**		17,219,456	767,111	4.45%
非生息资产 Non-interest-generating Assets		1,172,816		
减值损失准备 Allowance for impairment losses		(234,280)		
总资产 **Total assets**		**18,157,992**		
负债 **Liabilities**				
存款 Deposits		13,843,197	273,797	1.98%
同业及其他金融机构存放和拆入款项 Due to banks and other financial institutions		1,685,542	38,209	2.27%
已发行债务证券 Debt securities issued		291,733	11,770	4.03%
总计息负债 Total interest-bearing liabilities		15,820,472	323,776	2.05%
非计息负债 Non-interest-bearing liabilities		1,171,539		
总负债 **Total liabilities**		**16,992,011**		
利息净收入 Net interest income			443,335	
净利息差 **Net interest spread**				**2.40%**
净利息收益率 **Net interest margin**				**2.57%**

按业务类型划分的客户贷款及垫款平均收益率
Average Yield of Loans and Advances to Customers by Business Line

单位：人民币百万元
Unit：In RMB millions

项目 Item	年份 Year	2003			2004		
		平均余额 Average balance	利息收入 Interest income	平均收益率 Average yield	平均余额 Average balance	利息收入 Interest income	平均收益率 Average yield
公司类贷款 Corporate loans		2,635,259	121,034	4.59%	2,803,264	125,420	4.47%
票据贴现 Discounted bills		161,999	5,724	3.53%	230,417	7,959	3.45%
个人贷款 Personal loans		351,362	18,466	5.26%	454,533	24,242	5.33%
境外及其他 Overseas business		68,390	2,130	3.11%	87,259	2,547	2.92%
客户贷款及垫款总额 **Total loans and advances to customers**		**3,217,010**	**147,354**	**4.58%**	**3,575,473**	**160,168**	**4.48%**

项目 Item	年份 Year	2005			2006		
		平均余额 Average balance	利息收入 Interest income	平均收益率 Average yield	平均余额 Average balance	利息收入 Interest income	平均收益率 Average yield
公司类贷款 Corporate loans		2,505,521	133,199	5.32%	2,399,392	139,312	5.81%
票据贴现 Discounted bills		339,123	9,044	2.67%	421,912	11,135	2.64%
个人贷款 Personal loans		498,851	29,060	5.83%	534,569	31,169	5.83%
境外及其他 Overseas business		86,357	3,982	4.61%	108,511	6,007	5.54%
客户贷款及垫款总额 **Total loans and advances to customers**		**3,429,852**	**175,285**	**5.11%**	**3,464,384**	**187,623**	**5.42%**

项目 Item	年份 Year	2007			2008		
		平均余额 Average balance	利息收入 Interest income	平均收益率 Average yield	平均余额 Average balance	利息收入 Interest income	平均收益率 Average yield
公司类贷款 Corporate loans		2,743,088	174,441	6.36%	3,135,615	226,646	7.23%
票据贴现 Discounted bills		354,253	14,343	4.05%	230,444	15,529	6.74%
个人贷款 Personal loans		664,134	41,869	6.30%	796,763	56,776	7.13%
境外及其他 Overseas business		131,836	7,227	5.48%	178,230	8,152	4.57%
客户贷款及垫款总额 **Total loans and advances to customers**		**3,893,311**	**237,880**	**6.11%**	**4,341,052**	**307,103**	**7.07%**

续表
Continued

项目 Item	年份 Year	2009			2010		
		平均余额 Average balance	利息收入 Interest income	平均收益率 Average yield	平均余额 Average balance	利息收入 Interest income	平均收益率 Average yield
公司类贷款 Corporate loans		3,698,346	213,084	5.76%	4,377,715	230,183	5.26%
票据贴现 Discounted bills		457,609	10,625	2.32%	200,812	7,451	3.71%
个人贷款 Personal loans		983,203	48,445	4.93%	1,452,709	69,229	4.77%
境外及其他 Overseas business		179,396	4,985	2.78%	306,030	9,263	3.03%
客户贷款及垫款总额 **Total loans and advances to customers**		**5,318,554**	**277,139**	**5.21%**	**6,337,266**	**316,126**	**4.99%**

项目 Item	年份 Year	2011			2012		
		平均余额 Average balance	利息收入 Interest income	平均收益率 Average yield	平均余额 Average balance	利息收入 Interest income	平均收益率 Average yield
公司类贷款 Corporate loans		4,964,056	294,291	5.93%	5,540,594	358,585	6.47%
票据贴现 Discounted bills		110,906	10,302	9.29%	192,260	14,481	7.53%
个人贷款 Personal loans		1,823,392	96,736	5.31%	2,099,005	125,744	5.99%
境外及其他 Overseas business		431,528	15,059	3.49%	554,672	21,042	3.79%
客户贷款及垫款总额 **Total loans and advances to customers**		**7,329,882**	**416,388**	**5.68%**	**386,531**	**519,852**	**6.20%**

项目 Item	年份 Year	2013		
		平均余额 Average balance	利息收入 Interest income	平均收益率 Average yield
公司类贷款 Corporate loans		6,113,013	371,110	6.07%
票据贴现 Discounted bills		171,565	10,322	6.02%
个人贷款 Personal loans		2,508,839	140,540	5.60%
境外及其他 Overseas business		664,083	26,668	4.02%
客户贷款及垫款总额 **Total loans and advances to customers**		**9,457,500**	**548,640**	**5.80%**

按产品类型划分的存款平均成本
Average Deposit Cost by Product Line

单位：人民币百万元
Unit：In RMB millions

项目 Item	年份 Year	2003			2004		
		平均余额 Average balance	利息支出 Interest expense	平均付息率 Average cost	平均余额 Average balance	利息支出 Interest expense	平均付息率 Average cost
公司存款 Corporate deposits							
定期 Time deposits		430,438	8,568	1.99%	509,568	9,873	1.94%
活期 Demand deposits		1,505,586	12,495	0.83%	1,671,562	13,850	0.83%
小计 Subtotal		1,936,024	21,063	1.09%	2,181,130	23,723	1.09%
个人存款 Personal deposits							
定期 Time deposits		1,717,908	33,358	1.94%	1,874,466	35,325	1.88%
活期 Demand deposits		737,782	5,329	0.72%	853,405	6,152	0.72%
小计 Subtotal		2,455,690	38,687	1.58%	2,727,871	41,477	1.52%
境外及其他 Overseas business		43,693	673	1.54%	59,325	621	1.05%
存款总额 Total deposits		**4,435,407**	**60,423**	**1.36%**	**4,968,326**	**65,821**	**1.32%**

项目 Item	年份 Year	2005			2006		
		平均余额 Average balance	利息支出 Interest expense	平均付息率 Average cost	平均余额 Average balance	利息支出 Interest expense	平均付息率 Average cost
公司存款 Corporate deposits							
定期 Time deposits		639,564	13,542	2.12%	771,980	18,827	2.44%
活期 Demand deposits		1,780,003	14,988	0.84%	1,927,699	16,385	0.85%
小计 Subtotal		2,419,567	28,530	1.18%	2,699,679	35,212	1.30%
个人存款 Personal deposits							
定期 Time deposits		2,066,699	43,228	2.09%	2,190,538	52,802	2.41%
活期 Demand deposits		919,829	6,666	0.72%	1,035,589	7,405	0.72%
小计 Subtotal		2,986,528	49,894	1.67%	3,226,127	60,207	1.87%
境外及其他 Overseas business		59,846	2,329	3.89%	89,327	3,657	4.09%
存款总额 Total deposits		**5,465,941**	**80,753**	**1.48%**	**6,015,133**	**99,076**	**1.65%**

续表
Continued

项目 Item	年份 Year	2007			2008		
		平均余额 Average balance	利息支出 Interest expense	平均付息率 Average cost	平均余额 Average balance	利息支出 Interest expense	平均付息率 Average cost
公司存款 Corporate deposits							
定期 Time deposits		979,717	25,445	2.60%	1,227,435	41,938	3.42%
活期 Demand deposits		2,192,679	21,607	0.99%	2,439,832	24,721	1.01%
小计 Subtotal		3,172,396	47,052	1.48%	3,667,267	66,659	1.82%
个人存款 Personal deposits							
定期 Time deposits		2,131,112	54,892	2.58%	2,276,616	82,313	3.62%
活期 Demand deposits		1,136,852	9,150	0.80%	1,281,000	7,590	0.59%
小计 Subtotal		3,267,964	64,042	1.96%	3,557,616	89,903	2.53%
境外及其他 Overseas business		119,275	5,242	4.39%	155,429	3,691	2.37%
存款总额 Total deposits		**6,559,635**	**116,336**	**1.77%**	**7,380,312**	**160,253**	**2.17%**

项目 Item	年份 Year	2009			2010		
		平均余额 Average balance	利息支出 Interest expense	平均付息率 Average cost	平均余额 Average balance	利息支出 Interest expense	平均付息率 Average cost
公司存款 Corporate deposits							
定期 Time deposits		1,618,171	39,705	2.45%	1,869,683	40,330	2.16%
活期 Demand deposits		2,911,786	18,456	0.63%	3,403,001	21,595	0.63%
小计 Subtotal		4,529,957	58,161	1.28%	5,272,684	61,925	1.17%
个人存款 Personal deposits							
定期 Time deposits		2,869,428	80,094	2.79%	2,952,284	69,430	2.35%
活期 Demand deposits		1,537,701	5,568	0.36%	1,943,350	7,210	0.37%
小计 Subtotal		4,407,129	85,662	1.94%	4,895,634	76,640	1.57%
境外及其他 Overseas business		166,812	1,423	0.85%	217,169	1,953	0.90%
存款总额 Total deposits		**9,103,898**	**145,246**	**1.60%**	**10,385,487**	**140,518**	**1.35%**

项目 Item	年份 Year	2011			2012		
		平均余额 Average balance	利息支出 Interest expense	平均付息率 Average cost	平均余额 Average balance	利息支出 Interest expense	平均付息率 Average cost
公司存款 Corporate deposits							
定期 Time deposits		2,071,114	56,395	2.72%	2,442,235	81,364	3.33%
活期 Demand deposits		3,636,027	29,318	0.81%	3,667,702	30,043	0.82%
小计 Subtotal		5,707,141	85,713	1.50%	6,109,937	111,407	1.82%
个人存款 Personal deposits							
定期 Time deposits		3,188,296	88,753	2.78%	3,562,337	122,442	3.44%
活期 Demand deposits		2,194,871	10,663	0.49%	2,509,844	9,987	0.40%
小计 Subtotal		5,383,167	99,416	1.85%	6,072,181	132,429	2.18%
境外及其他 Overseas business		274,349	3,521	1.28%	327,725	5,586	1.70%
存款总额 **Total deposits**		**11,364,657**	**188,650**	**1.66%**	**12,509,843**	**249,422**	**1.99%**

项目 Item	年份 Year	2013		
		平均余额 Average balance	利息支出 Interest expense	平均付息率 Average cost
公司存款 Corporate deposits				
定期 Time deposits		3,010,225	99,452	3.30%
活期 Demand deposits		3,771,013	28,450	0.75%
小计 Subtotal		6,781,238	127,902	1.89%
个人存款 Personal deposits				
定期 Time deposits		3,858,298	129,470	3.36%
活期 Demand deposits		2,807,016	9,884	0.35%
小计 Subtotal		6,665,314	139,354	2.09%
境外及其他 Overseas business		396,645	6,541	1.65%
存款总额 **Total deposits**		**13,843,197**	**273,797**	**1.98%**

手续费及佣金净收入主要构成
Net Fee and Commission Income

项目 Item	年份 Year 2003	2004	2005	2006
人民币清算和结算业务 RMB clearing and settlement	1,719	2,374	2,824	4,656
银行卡业务 Bank card business	1,001	1,616	2,346	3,228
投资银行业务 Investment banking business	796	1,234	2,018	3,099
理财业务 Wealth management business	1,446	1,843	1,929	3,214
代理业务 Agency business	815	963	1,081	1,001
外汇中间业务 Foreign exchange intermediary business	654	778	879	1,006
电子银行业务 E-banking business	114	235	421	693
托管业务 Trust and other custody business	86	182	263	657
担保及承诺业务 Guarantees and commitments	163	166	261	433
其他 Others	265	389	354	542
手续费及佣金收入 Fee and commission income	7,059	9,780	12,376	18,529
减：手续费及佣金支出 Less: fee and commission expense	(1,435)	(1,572)	(1,830)	(2,185)
手续费及佣金净收入 **Net fee and commission income**	**5,624**	**8,208**	**10,546**	**16,344**

续表
Continued

财务数据 FINANCIAL DATA

同业数据 DATA OF PEER BANKS

业务数据 BUSINESS DATA

排名及评级 MAIN RANKINGS AND CREDIT RATINGS

资产负债表与利润表 FINANCIAL STATEMENTS

项目 Item	年份 Year 2007	2008	2009	2010
结算、清算及现金管理 Settlement, clearing business and cash management	9,215	13,002	14,587	19,160
个人理财及私人银行 Personal wealth management and private banking services	15,994	10,327	12,059	14,858
对公理财 Corporate wealth management services	1,949	2,788	4,442	6,886
银行卡 Bank card business	5,372	7,199	9,408	13,687
投资银行 Investment banking business	4,505	8,028	12,539	15,506
代理收付及委托 Trust and agency services	584	756	882	979
资产托管 Asset custody business	1,465	2,066	2,212	3,385
担保及承诺 Guarantee and commitment business	563	1,849	2,396	3,029
其他 Others	368	696	517	518
手续费及佣金收入 Fee and commission income	40,015	46,711	59,042	78,008
减：手续费及佣金支出 Less: Fee and commission expense	(1,656)	(2,709)	(3,895)	(5,168)
手续费及佣金净收入 **Net fee and commission income**	**38,359**	**44,002**	**55,147**	**72,840**

注： 2008年对手续费及佣金收入的披露分类进行了调整。
Note: Disclosure classification for net fee and commission income was adjusted in 2008.

续表
Continued

项目 年份 Item Year	2011	2012	2013
结算、清算及现金管理 Settlement, clearing business and cash management	25,410	27,499	30,513
个人理财及私人银行 Personal wealth management and private banking services	21,264	16,760	18,231
对公理财 Corporate wealth management services	9,269	10,018	12,611
银行卡 Bank card business	17,268	23,494	28,533
投资银行 Investment banking business	22,592	26,117	29,486
代理收付及委托 Trust and agency services	1,376	1,623	1,857
资产托管 Asset custody business	5,892	5,974	6,893
担保及承诺 Guarantee and commitment business	5,101	2,848	4,357
其他 Others	905	1,548	2,069
手续费及佣金收入 Fee and commission income	109,077	115,881	134,550
减：手续费及佣金支出 Less: Fee and commission expense	(7,527)	(9,817)	(12,224)
手续费及佣金净收入 **Net fee and commission income**	**101,550**	**106,064**	**122,326**

营业收入结构
Operating Income Structure

项目 Item 年份 Year	2003	2004	2005	2006
存贷利差收入 Interest spread income	103,588	112,985	124,504	130,607
资金业务净收入 Treasury operating income	14,875	18,149	27,328	33,754
手续费及佣金净收入 Net fee and commission income	5,624	8,208	10,546	16,344
营业收入总计 Opertating income	124,087	139,342	162,378	180,705

项目 Item 年份 Year	2007	2008	2009	2010
存贷利差收入 Interest spread income	168,970	212,712	192,000	230,676
资金业务净收入 Treasury operating income	48,227	53,044	62,307	77,305
手续费及佣金净收入 Net fee and commission income	38,359	44,002	55,147	72,840
营业收入总计 Opertating income	255,556	309,758	309,454	380,821

项目 Item 年份 Year	2011	2012	2013
存贷利差收入 Interest spread income	294,661	353,073	361,382
资金业务净收入 Treasury operating income	79,003	77,808	105,930
手续费及佣金净收入 Net fee and commission income	101,550	106,064	122,326
营业收入总计 Opertating income	475,214	536,945	589,637

注： ① 存贷利差收入=贷款利息收入 – 贷款资金占用成本。
② 存贷利差收入占营业收入的比重比逐步降低，由2003年的83.5%降至2013年的61.3%。
Notes: ① Interest spread income = Loan interest income – Capital occupied by loans.
② The proportion of interest spread income to operating income decreases gradually, dropping from 83.5% in 2003 to 61.3% in 2013.

营业收入地区分部
Operating Income—Geographical Segment

单位：人民币百万元
Unit：In RMB millions

项目 Item \ 年份 Year	2003	2004	2005	2006	2007	2008
总行 Head office	9,412	8,214	12,498	12,513	29,104	28,512
长江三角洲 Yangtze river delta	26,623	31,144	38,305	41,852	59,093	74,088
珠江三角洲 Pearl river delta	18,248	20,329	22,641	24,679	36,096	45,729
环渤海地区 Bohai rim	26,957	30,103	34,395	37,188	46,587	57,350
中部地区 Central China	16,519	18,819	21,070	23,713	30,105	37,665
西部地区 Western China	19,200	21,938	24,710	26,348	35,856	43,516
东北地区 Northeastern China	7,580	8,578	8,639	9,886	12,553	14,100
境外及其他 Overseas and others	1,963	2,758	3,394	4,526	6,162	8,798
营业收入总计 Total operating income	126,502	141,883	165,652	180,705	255,556	309,758

项目 Item \ 年份 Year	2009	2010	2011	2012	2013
总行 Head office	24,749	15,571	34,085	47,493	39,201
长江三角洲 Yangtze river delta	68,044	84,681	98,633	108,107	114,372
珠江三角洲 Pearl river delta	43,341	54,695	64,796	69,824	74,942
环渤海地区 Bohai rim	63,288	79,926	99,911	104,794	114,550
中部地区 Central China	38,687	51,336	61,772	70,549	79,782
西部地区 Western China	47,225	58,337	72,299	83,175	95,730
东北地区 Northeastern China	13,351	22,909	27,153	29,913	31,983
境外及其他 Overseas and others	10,768	13,366	16,565	23,144	39,077
营业收入总计 Total operating income	309,454	380,821	475,214	536,945	589,637

注：本表2003—2005年营业收入未扣减其他营业支出。
Note: Operating income in 2003-2005 in the table does not deduct other operating expense.

营业收入业务分部
Operating Income—Operating Segment

项目 Item / 年份 Year	2003	2004	2005	2006
公司金融业务 Corporate banking	76,893	81,019	87,482	91,472
个人金融业务 Personal banking	32,655	40,269	53,681	62,257
资金业务 Treasury operations	14,446	18,193	22,686	26,899
其他 Others	2,508	2,402	1,803	77
营业收入总计 Total operating income	**126,502**	**141,883**	**165,652**	**180,705**

项目 Item / 年份 Year	2007	2008	2009	2010
公司金融业务 Corporate banking	126,283	151,896	165,541	204,274
个人金融业务 Personal banking	86,174	106,287	93,097	111,602
资金业务 Treasury operations	42,815	50,363	48,995	61,388
其他 Others	284	1,212	1,821	3,557
营业收入总计 Total operating income	**255,556**	**309,758**	**309,454**	**380,821**

项目 Item / 年份 Year	2011	2012	2013
公司金融业务 Corporate banking	249,016	285,328	281,595
个人金融业务 Personal banking	143,775	154,035	200,007
资金业务 Treasury operations	76,900	90,954	93,237
其他 Others	5,523	6,628	14,798
营业收入总计 Total operating income	**475,214**	**536,945**	**589,637**

注：本表2003—2005年营业收入未扣减其他营业支出。
Note: Operating income in 2003-2005 in the table does not deduct other operating expense.

利润表项目
Income Statement Items

税前利润地区分部
Profit before Tax—Geographical Segment

单位：人民币百万元
Unit：In RMB millions

项目 Item / 年份 Year	2003	2004	2005	2006	2007	2008
总行 Head office	7,238	4,612	8,005	4,349	20,693	4,822
长江三角洲 Yangtze river delta	11,649	20,535	26,671	25,456	34,928	42,977
珠江三角洲 Pearl river delta	7,794	8,264	9,454	12,503	18,022	26,043
环渤海地区 Bohai rim	4,330	14,580	13,333	18,785	20,119	30,263
中部地区 Central China	5,567	5,983	260	6,871	6,761	14,701
西部地区 Western China	638	2,870	6,019	5,647	11,493	18,546
东北地区 Northeastern China	(4,733)	(4,286)	(3,059)	(4,194)	58	3,385
境外及其他 Overseas and others	1,303	1,753	2,193	2,204	3,040	4,564
税前利润总计 Total profit before tax	33,786	54,311	62,876	71,621	115,114	145,301

项目 Item / 年份 Year	2009	2010	2011	2012	2013
总行 Head office	16,653	5,831	20,047	29,555	20,296
长江三角洲 Yangtze river delta	42,980	54,769	62,814	66,001	63,022
珠江三角洲 Pearl river delta	24,364	33,911	39,068	41,436	44,546
环渤海地区 Bohai rim	35,503	49,330	60,133	65,910	75,968
中部地区 Central China	15,241	23,729	28,929	35,646	44,866
西部地区 Western China	22,343	28,897	37,056	43,907	55,908
东北地区 Northeastern China	3,297	10,120	14,033	14,201	17,285
境外及其他 Overseas and others	6,867	8,839	10,231	12,031	16,646
税前利润总计 Total profit before tax	167,248	215,426	272,311	308,687	338,537

业务及管理费明细
Operation and Administrative Expenses

项目 Item	年份 Year 2003	2004	2005	2006	2007	2008
职工费用 Staff costs	20,181	22,223	27,990	34,760	54,899	53,252
折旧 Depreciation	8,654	8,977	10,101	9,337	8,045	7,815
业务费用 Operating expenses	17,908	18,544	18,432	19,983	26,086	30,439
资产摊销 Amortisation	—	—	—	—	1,447	1,675
补充退休福利 Supplementary retirement benefits	193	2,677	4,770	389	—	—
总计 Total	46,936	47,067	61,293	64,469	89,030	91,506

项目 Item	年份 Year 2009	2010	2011	2012	2013
职工费用 Staff costs	60,490	69,639	87,881	96,240	103,455
折旧 Depreciation	9,043	10,095	11,218	12,288	13,386
业务费用 Operating expenses	32,170	36,844	38,264	42,100	45,387
资产摊销 Amortisation	1,957	2,063	2,235	2,708	3,052
补充退休福利 Supplementary retirement benefits	—	—	—	—	—
总计 Total	101,703	116,578	139,598	153,336	165,280

注：　—为当年未披露项目。
Note: Dash (—) indicates undisclosed items at those years.

单位：人民币百万元
Unit: In RMB millions

总资产
Total Assets

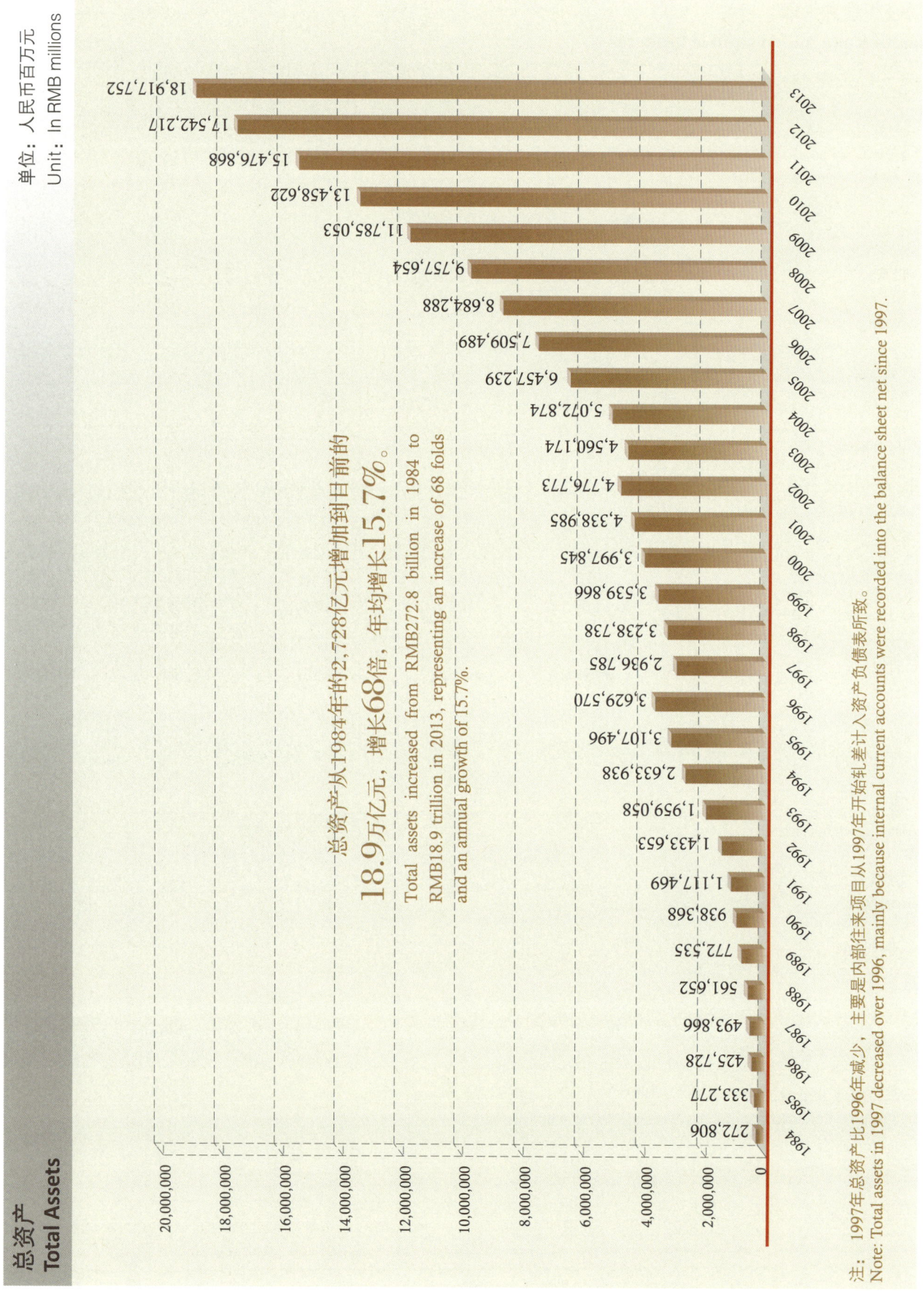

总资产从1984年的2,728亿元增加到目前的
18.9万亿元，增长68倍，年均增长15.7%。

Total assets increased from RMB272.8 billion in 1984 to
RMB18.9 trillion in 2013, representing an increase of 68 folds
and an annual growth of 15.7%.

Year	Value
2013	18,917,752
2012	17,542,217
2011	15,476,868
2010	13,458,622
2009	11,785,053
2008	9,757,654
2007	8,684,288
2006	7,509,489
2005	6,457,239
2004	5,072,874
2003	4,560,174
2002	4,776,773
2001	4,338,985
2000	3,997,845
1999	3,539,866
1998	3,238,738
1997	2,936,785
1996	3,629,570
1995	3,107,496
1994	2,633,938
1993	1,959,058
1992	1,433,653
1991	1,117,469
1990	938,368
1989	772,535
1988	561,652
1987	493,866
1986	425,728
1985	333,277
1984	272,806

注： 1997年总资产比1996年减少，主要是内部往来项目从1997年开始轧差计入资产负债表所致。
Note: Total assets in 1997 decreased over 1996, mainly because internal current accounts were recorded into the balance sheet net since 1997.

财 务 数 据
FINANCIAL DATA

同 业 数 据
DATA OF PEER BANKS

业 务 数 据
BUSINESS DATA

排 名 及 评 级
MAIN RANKINGS AND CREDIT RATINGS

资 产 负 债 表 与 利 润 表
FINANCIAL STATEMENTS

总资产年增量和增长率
Annual Growth and Growth Rate of Total Assets

单位：人民币百万元
Unit： In RMB millions

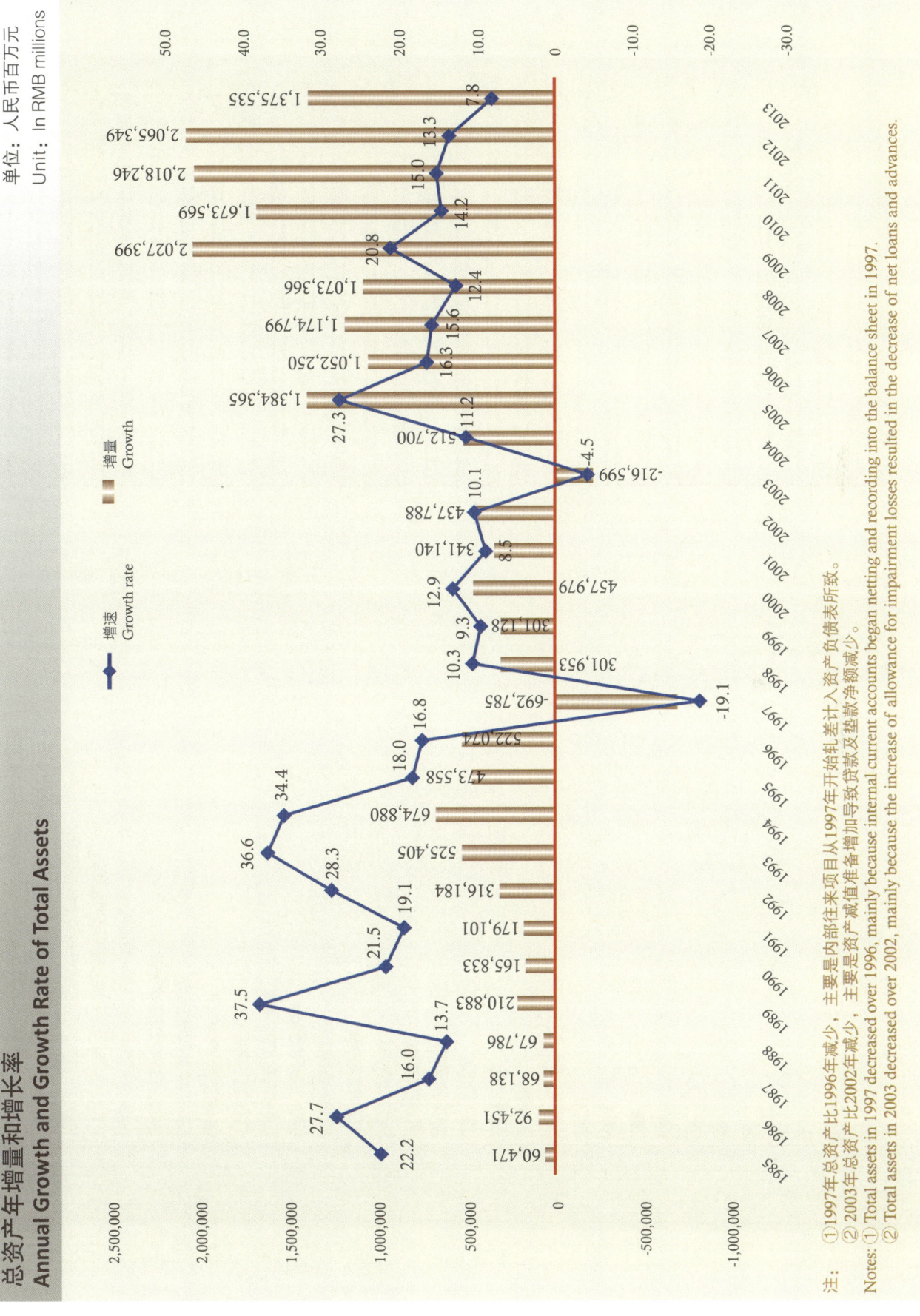

增量
Growth

增速
Growth rate

注： ①1997年总资产比1996年减少，主要是内部往来项目从1997年开始轧差计入资产负债表所致。
②2003年总资产比2002年减少，主要是资产减值准备增加导致贷款及垫款净额减少。

Notes: ① Total assets in 1997 decreased over 1996, mainly because internal current accounts began netting and recording into the balance sheet in 1997.
② Total assets in 2003 decreased over 2002, mainly because the increase of allowance for impairment losses resulted in the decrease of net loans and advances.

总资产结构趋势
Structural Trend of Total Assets

单位：%
Unit：%

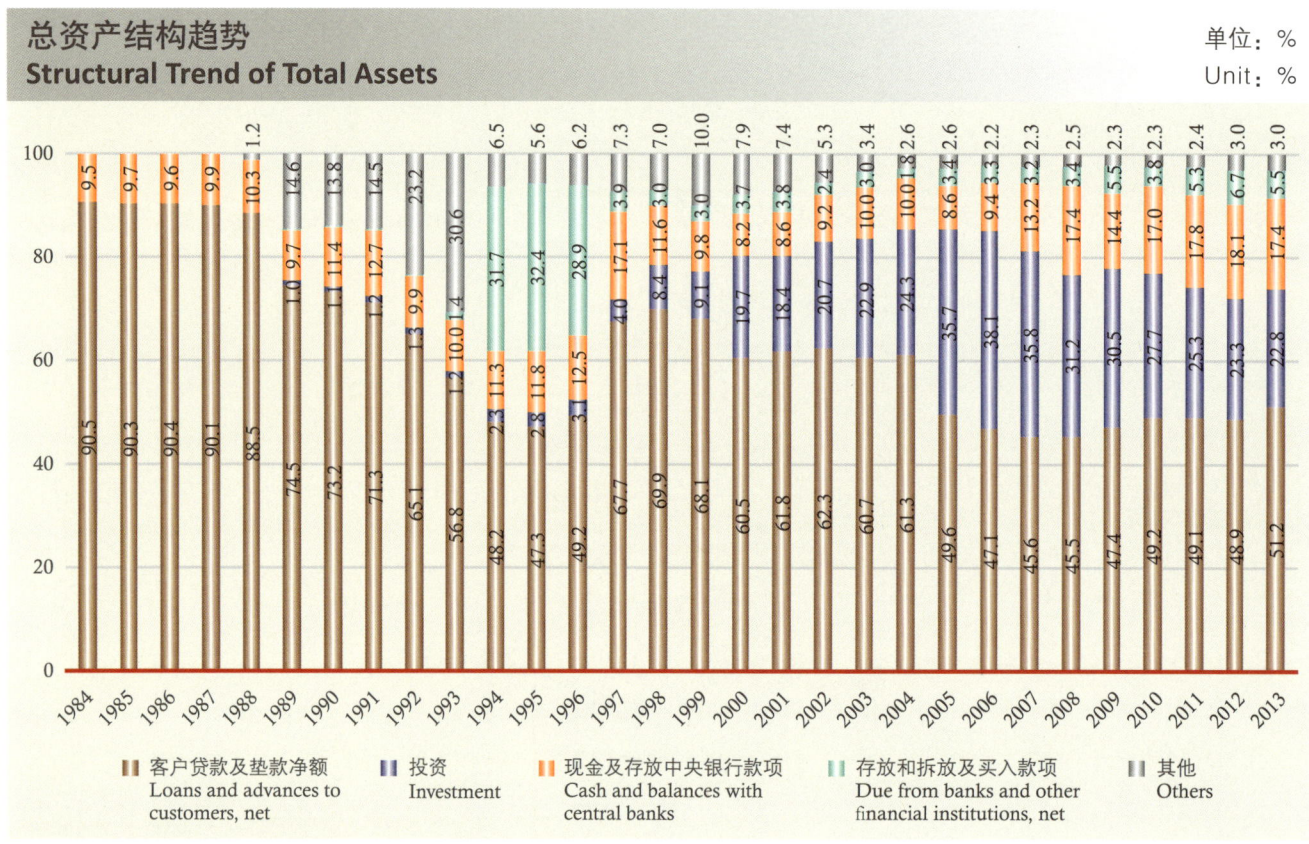

■ 客户贷款及垫款净额
Loans and advances to customers, net

■ 投资
Investment

■ 现金及存放中央银行款项
Cash and balances with central banks

■ 存放和拆放及买入款项
Due from banks and other financial institutions, net

■ 其他
Others

客户贷款及垫款总额
Total Loans and Advances to Customers

单位：人民币百万元
Unit：In RMB millions

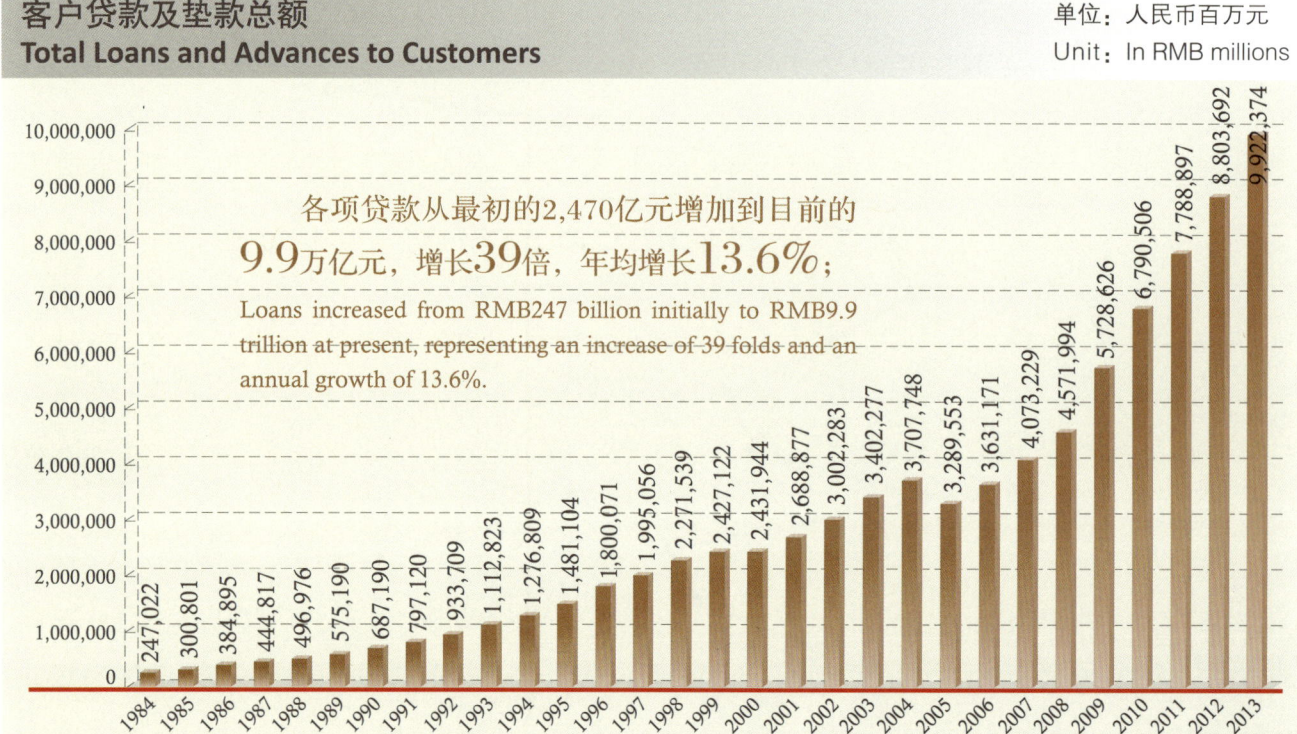

各项贷款从最初的2,470亿元增加到目前的
9.9万亿元，增长39倍，年均增长13.6%；
Loans increased from RMB247 billion initially to RMB9.9 trillion at present, representing an increase of 39 folds and an annual growth of 13.6%.

注： 本行共进行两次不良资产剥离。1999年及2000年剥离不良资产4,077亿元；2005年财务重组剥离不良资产7,050亿元，包括不良贷款6,350亿元及其他减值资产700亿元。

Note: ICBC made non-performing assets stripping for two times. In 1999 and 2000, ICBC had non-performing assets stripping of RMB407.7 billion; in 2005, financial restructuring resulted in non-performing assets stripping of RMB705 billion, including RMB635 billion non-performing loans and RMB70 billion other impaired assets.

短期贷款与中长期贷款
Short-term Loans and Medium to Long-term Loans

单位：人民币百万元
Unit: In RMB millions

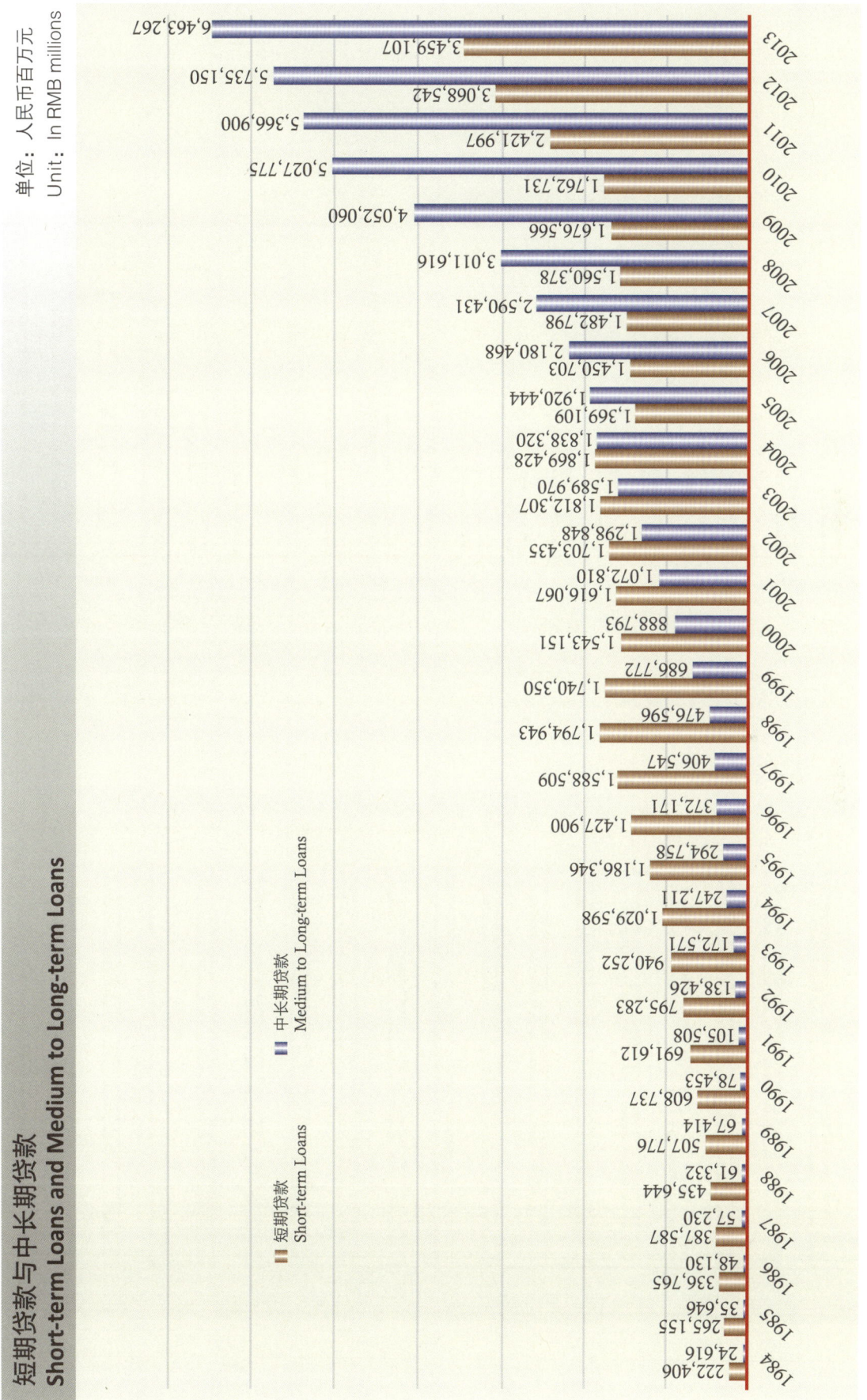

中长期贷款
Medium to Long-term Loans

短期贷款
Short-term Loans

Year	Short-term Loans	Medium to Long-term Loans
2013	3,459,107	6,463,267
2012	3,068,542	5,735,150
2011	2,421,997	5,366,900
2010	1,762,731	5,027,775
2009	1,676,566	4,052,060
2008	1,560,378	3,011,616
2007	1,482,798	2,590,431
2006	1,450,703	2,180,468
2005	1,369,109	1,920,444
2004	1,869,428	1,838,320
2003	1,812,307	1,589,970
2002	1,703,435	1,298,848
2001	1,616,067	1,072,810
2000	1,543,151	888,793
1999	1,740,350	686,772
1998	1,794,943	476,596
1997	1,588,509	406,547
1996	1,427,900	372,171
1995	1,186,346	294,758
1994	1,029,598	247,211
1993	940,252	172,571
1992	795,283	138,426
1991	691,612	105,508
1990	608,737	78,453
1989	507,776	67,414
1988	435,644	61,332
1987	387,587	57,230
1986	336,765	48,130
1985	265,155	35,646
1984	222,406	24,616

公司类贷款
Corporate Loans

单位：人民币百万元
Unit：In RMB millions

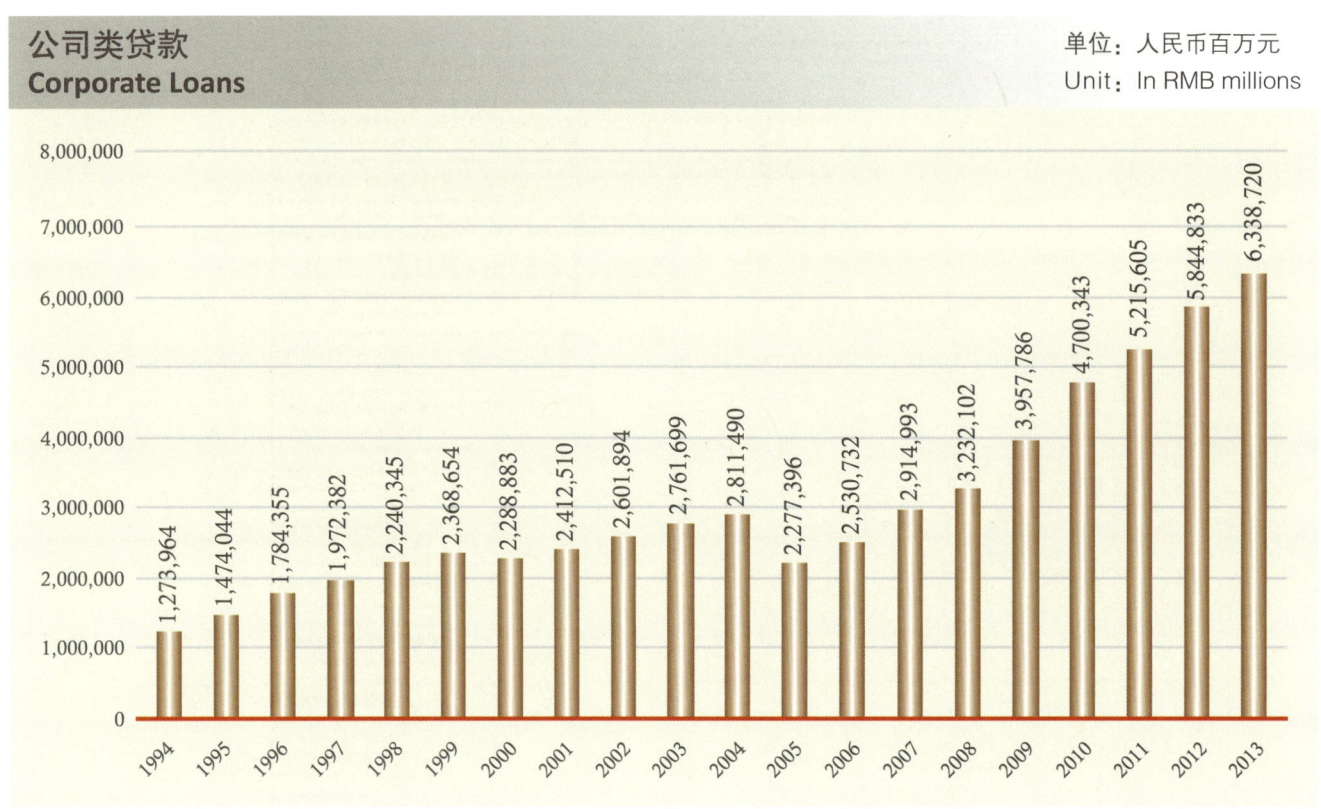

按期限划分的公司类贷款结构
Distribution of Domestic Corporate Loans by Maturity

单位：%
Unit：%

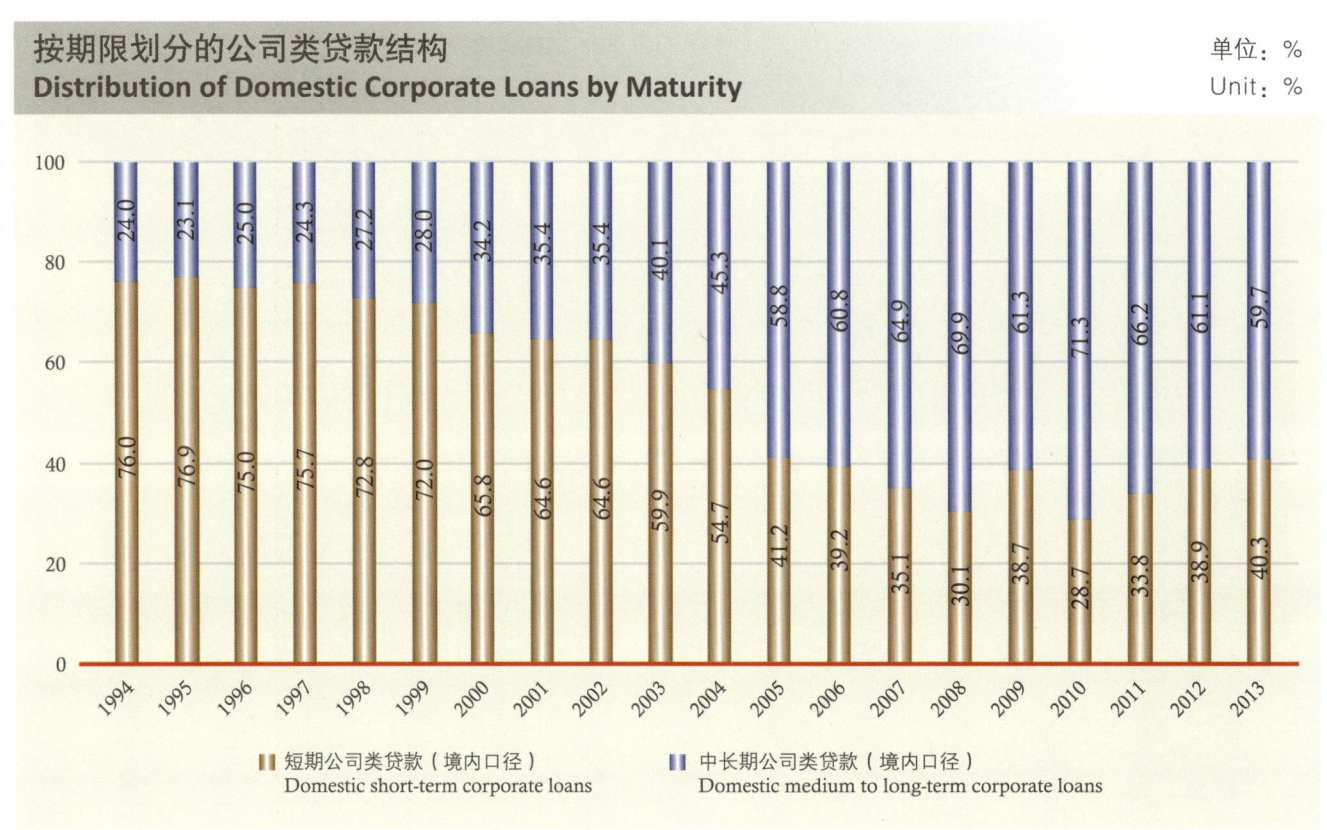

■ 短期公司类贷款（境内口径）　　　　　　■ 中长期公司类贷款（境内口径）
Domestic short-term corporate loans　　　　Domestic medium to long-term corporate loans

按品种划分的公司类贷款结构
Distribution of Corporate Loans By Product Line

单位：%
Unit：%

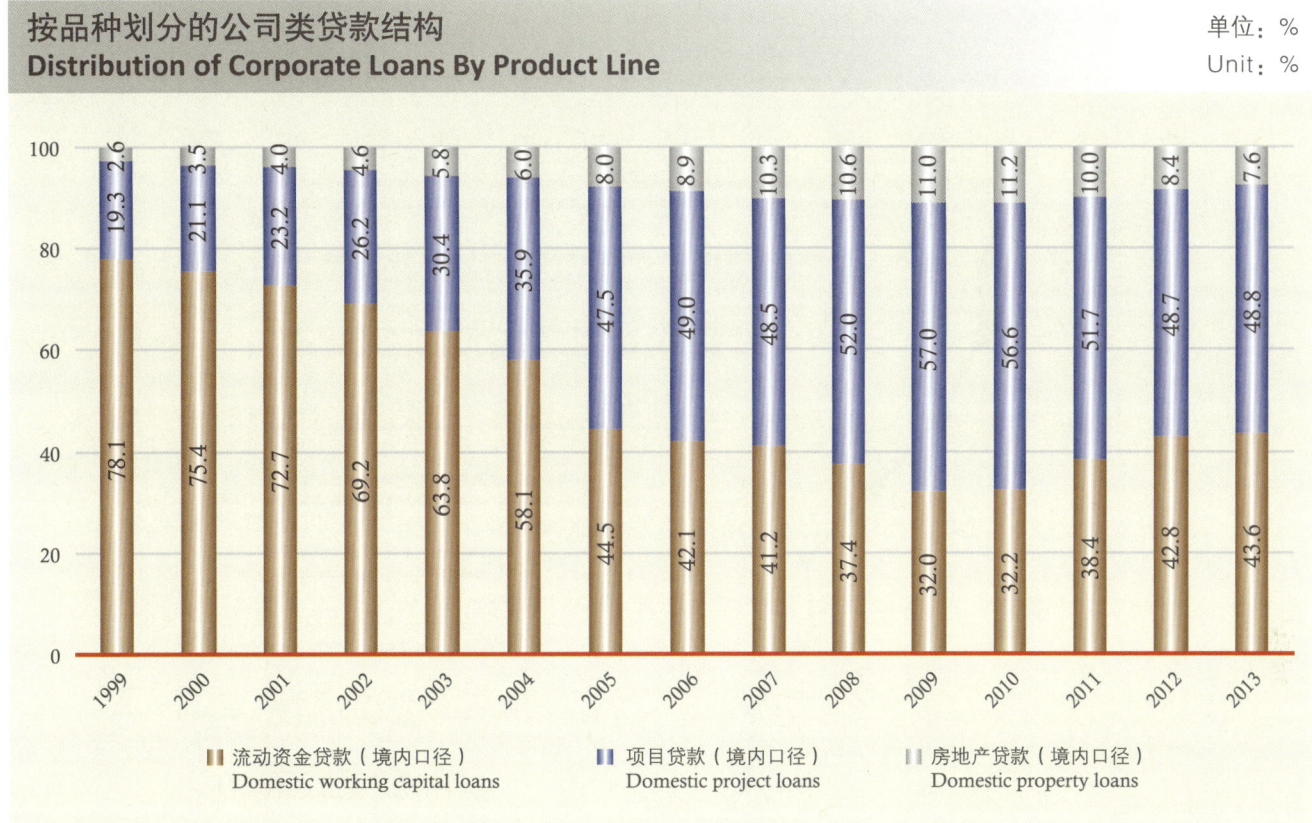

■ 流动资金贷款（境内口径）
Domestic working capital loans

■ 项目贷款（境内口径）
Domestic project loans

■ 房地产贷款（境内口径）
Domestic property loans

外币贷款
Foreign Currency Loans

单位：百万美元
Unit：In USD millions

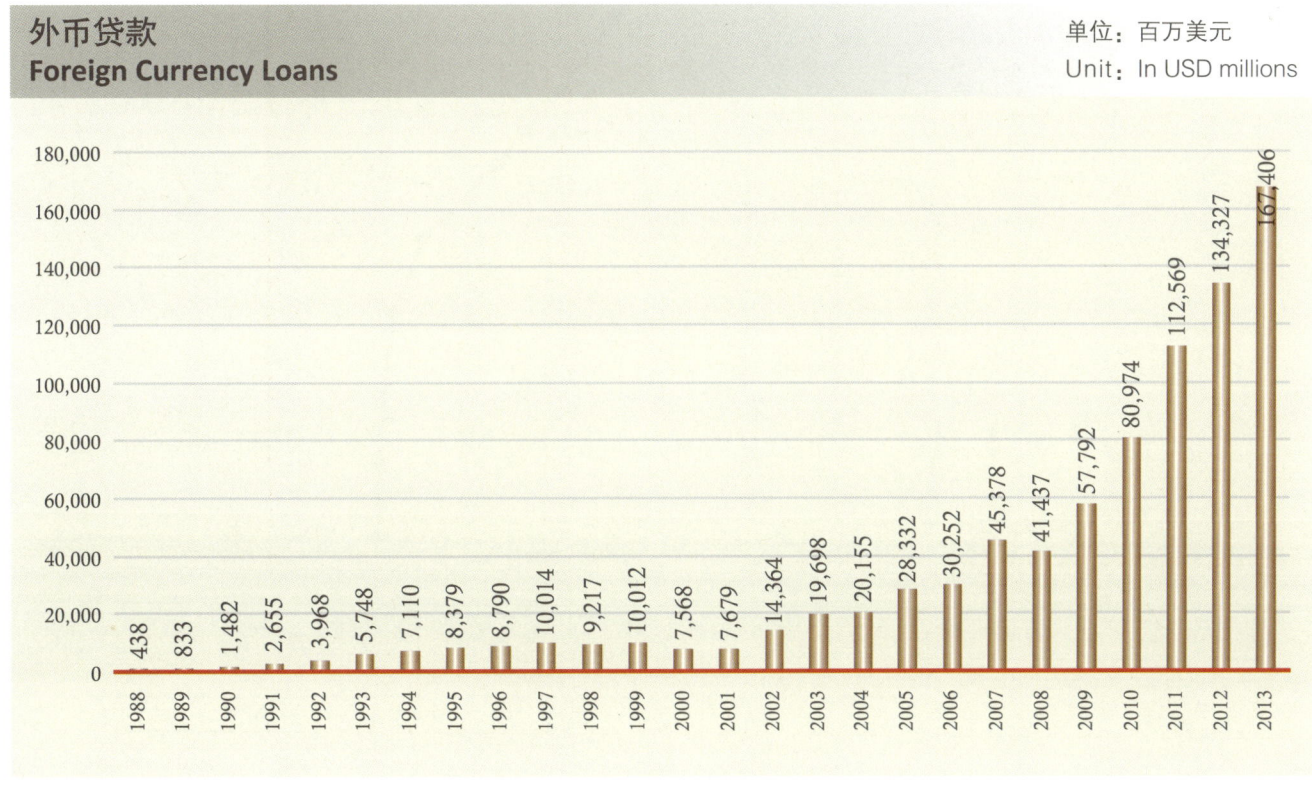

个人贷款及占比
Personal Loans

单位：人民币百万元，％
Unit：In RMB millions，％

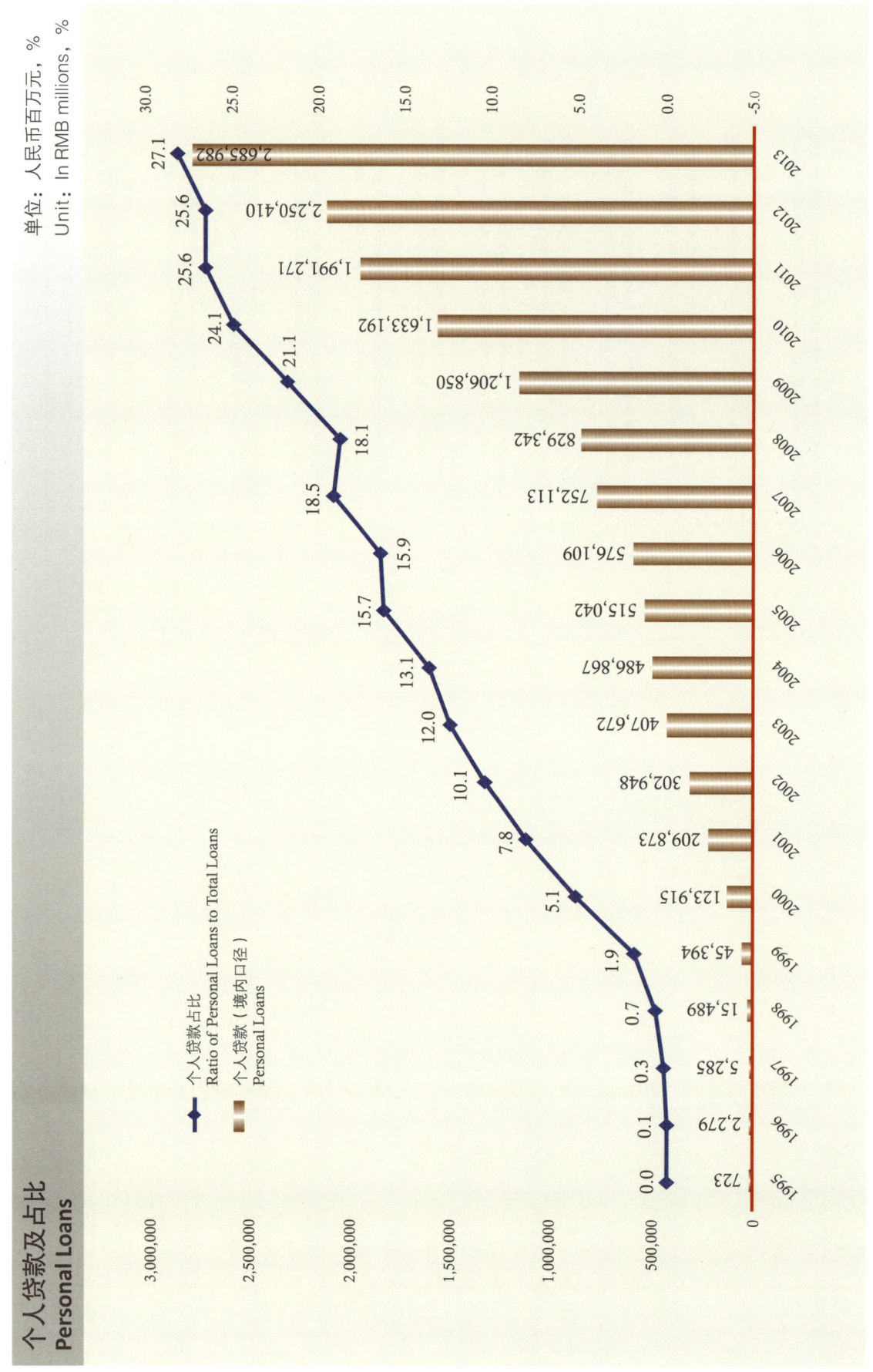

个人贷款占比
Ratio of Personal Loans to Total Loans

个人贷款（境内口径）
Personal Loans

个人住房贷款及当年增量
Balance and Growth of Domestic Personal Mortgage Loans

单位：人民币百万元
Unit: In RMB millions

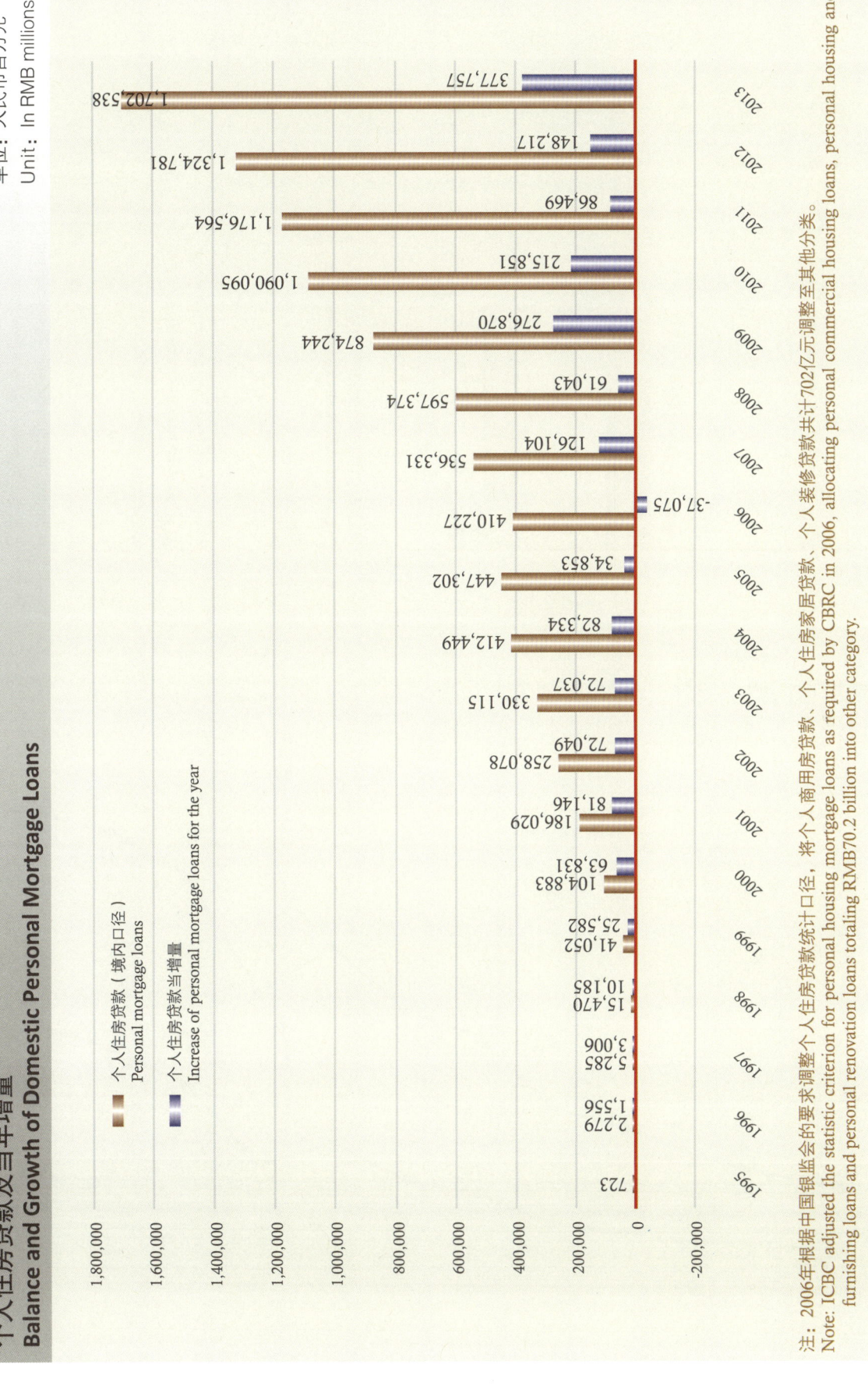

个人住房贷款（境内口径）
Personal mortgage loans

个人住房贷款当年增量
Increase of personal mortgage loans for the year

注：2006年根据中国银监会的要求调整个人住房贷款统计口径，将个人住房贷款、个人商用房贷款、个人住房家居贷款、个人装修贷款共计702亿元调整至其他分类。
Note: ICBC adjusted the statistic criterion for personal housing mortgage loans as required by CBRC in 2006, allocating personal commercial housing loans, personal housing and furnishing loans and personal renovation loans totaling RMB70.2 billion into other category.

受托发放个人住房公积金贷款余额及增长额情况
Balance and Growth of Domestic Personal Housing Accumulation Fund Loans

单位：人民币亿元
Unit：In RMB 100 millions

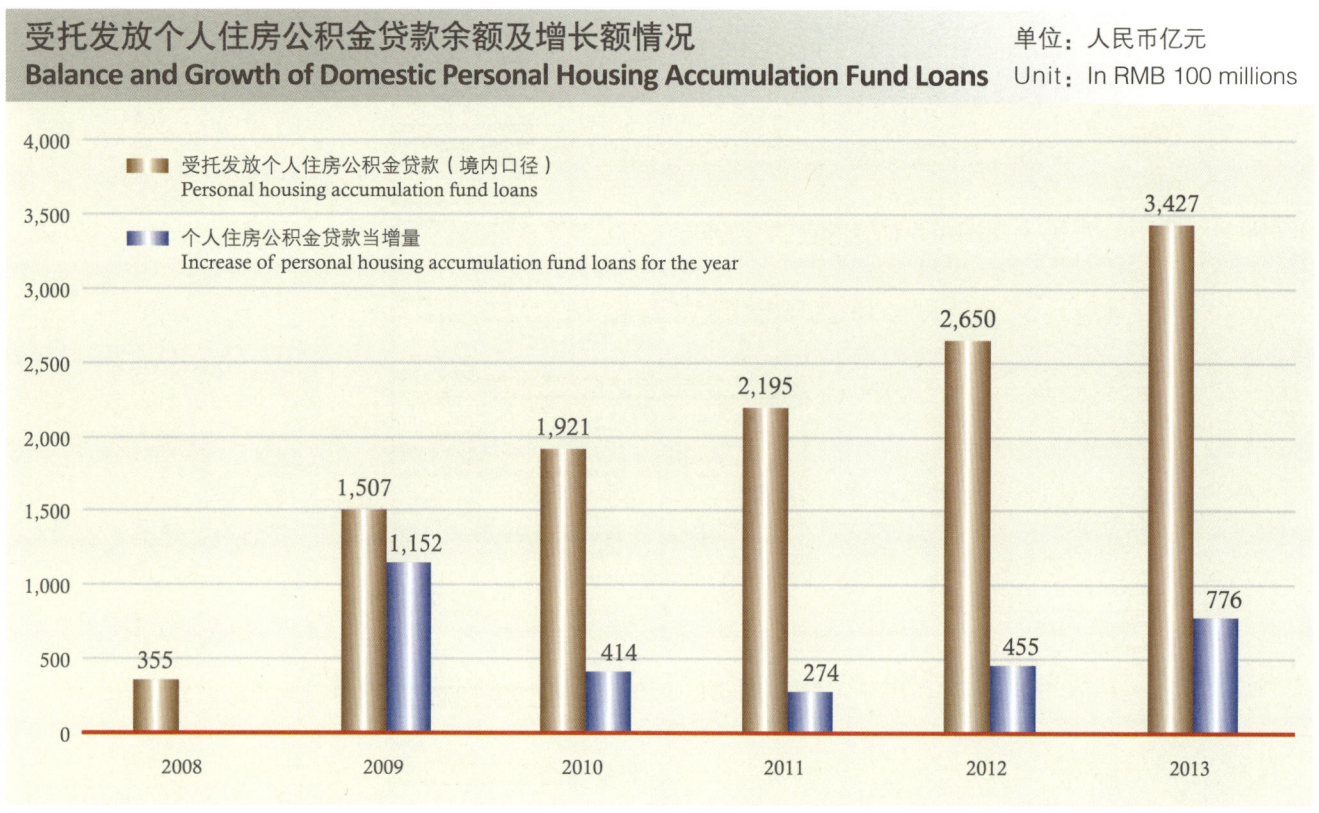

商品房销售面积及销售额
Sales Area and Volume of Commercial Housing

单位：万平方米，亿元
Unit：10,000m², In RMB 100 millions

数据来源：国家统计局。
Data source: National Bureau of Statistics of the People's Republic of China.

城乡人均住房面积
Urban and Rural Per Capita Living Space

单位：平方米
Unit: m²

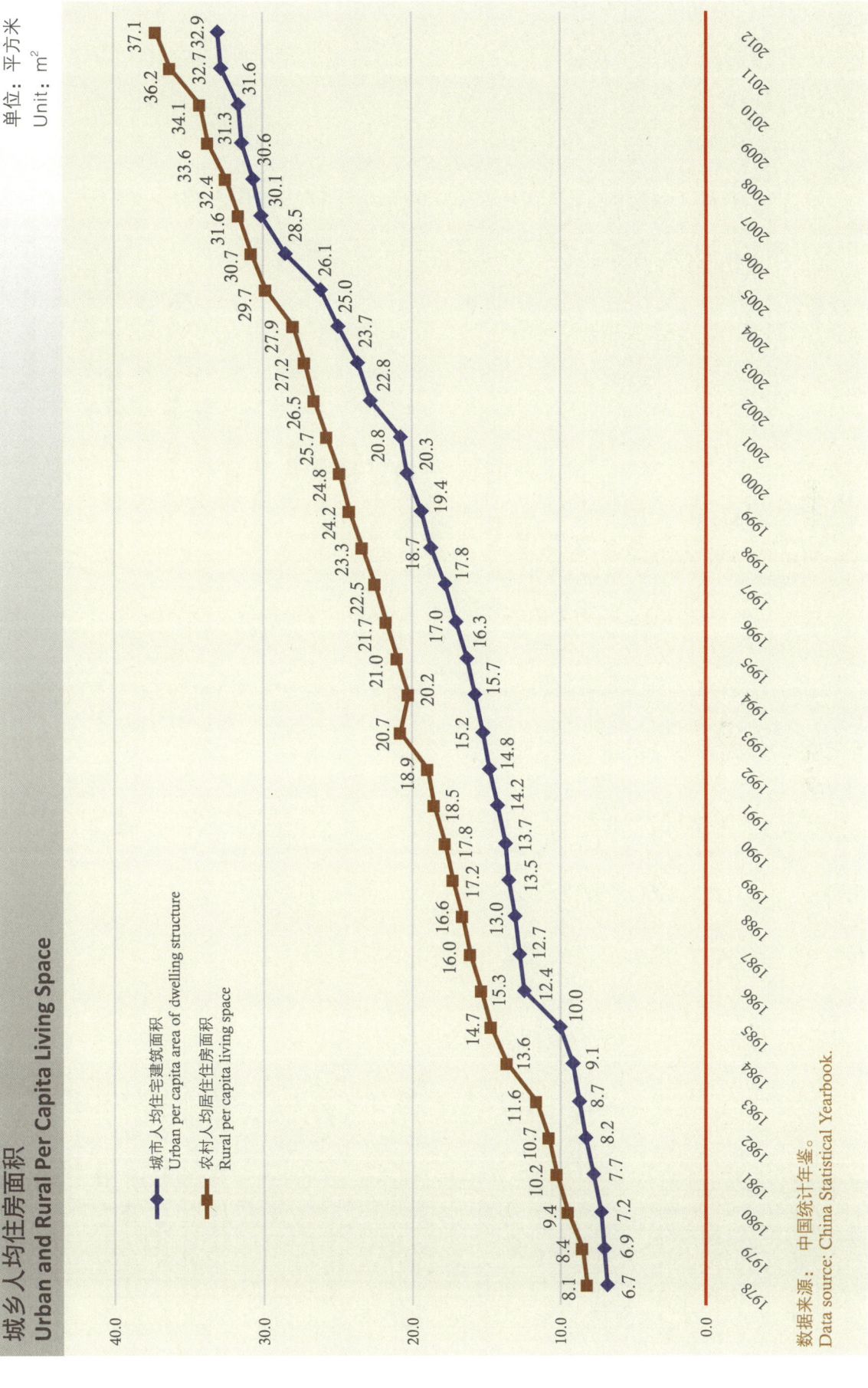

城市人均住宅建筑面积
Urban per capita area of dwelling structure

农村人均居住房面积
Rural per capita living space

数据来源：中国统计年鉴。
Data source: China Statistical Yearbook.

同业数据
DATA OF PEER BANKS

业务数据
BUSINESS DATA

排名及评级
MAIN RANKINGS AND CREDIT RATINGS

资产负债表与利润表
FINANCIAL STATEMENTS

41

客户存款
Due to Customers

单位：人民币百万元
Unit：In RMB millions

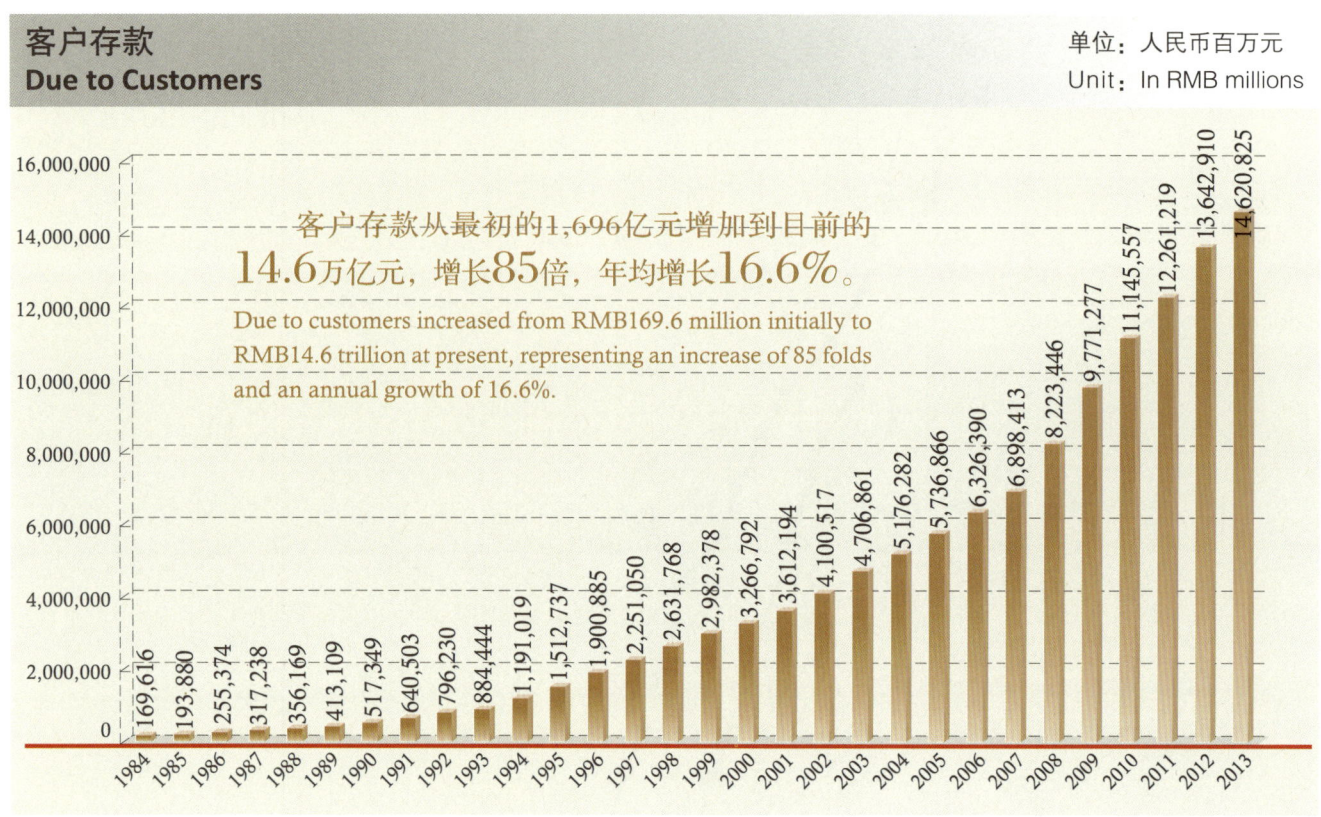

客户存款从最初的1,696亿元增加到目前的14.6万亿元，增长85倍，年均增长16.6%。
Due to customers increased from RMB169.6 million initially to RMB14.6 trillion at present, representing an increase of 85 folds and an annual growth of 16.6%.
16,000,000
14,000,000
12,000,000
10,000,000
8,000,000
6,000,000
4,000,000
2,000,000
0
1984 169,616
1985 193,880
1986 255,374
1987 317,238
1988 356,169
1989 413,109
1990 517,349
1991 640,503
1992 796,230
1993 884,444
1994 1,191,019
1995 1,512,737
1996 1,900,885
1997 2,251,050
1998 2,631,768
1999 2,982,378
2000 3,266,792
2001 3,612,194
2002 4,100,517
2003 4,706,861
2004 5,176,282
2005 5,736,866
2006 6,326,390
2007 6,898,413
2008 8,223,446
2009 9,771,277
2010 11,145,557
2011 12,261,219
2012 13,642,910
2013 14,620,825

公司存款
Corporate Deposits

单位：人民币百万元
Unit：In RMB millions

8,000,000
7,000,000
6,000,000
5,000,000
4,000,000
3,000,000
2,000,000
1,000,000
0
1984 102,523
1985 104,322
1986 135,708
1987 161,688
1988 175,432
1989 183,112
1990 223,039
1991 277,386
1992 365,064
1993 362,881
1994 467,364
1995 571,029
1996 728,183
1997 862,670
1998 1,082,549
1999 1,248,299
2000 1,443,118
2001 1,565,420
2002 1,815,343
2003 2,014,227
2004 2,233,484
2005 2,483,709
2006 2,915,451
2007 3,506,809
2008 4,058,201
2009 4,933,232
2010 5,653,237
2011 6,182,465
2012 6,908,936
2013 7,503,497

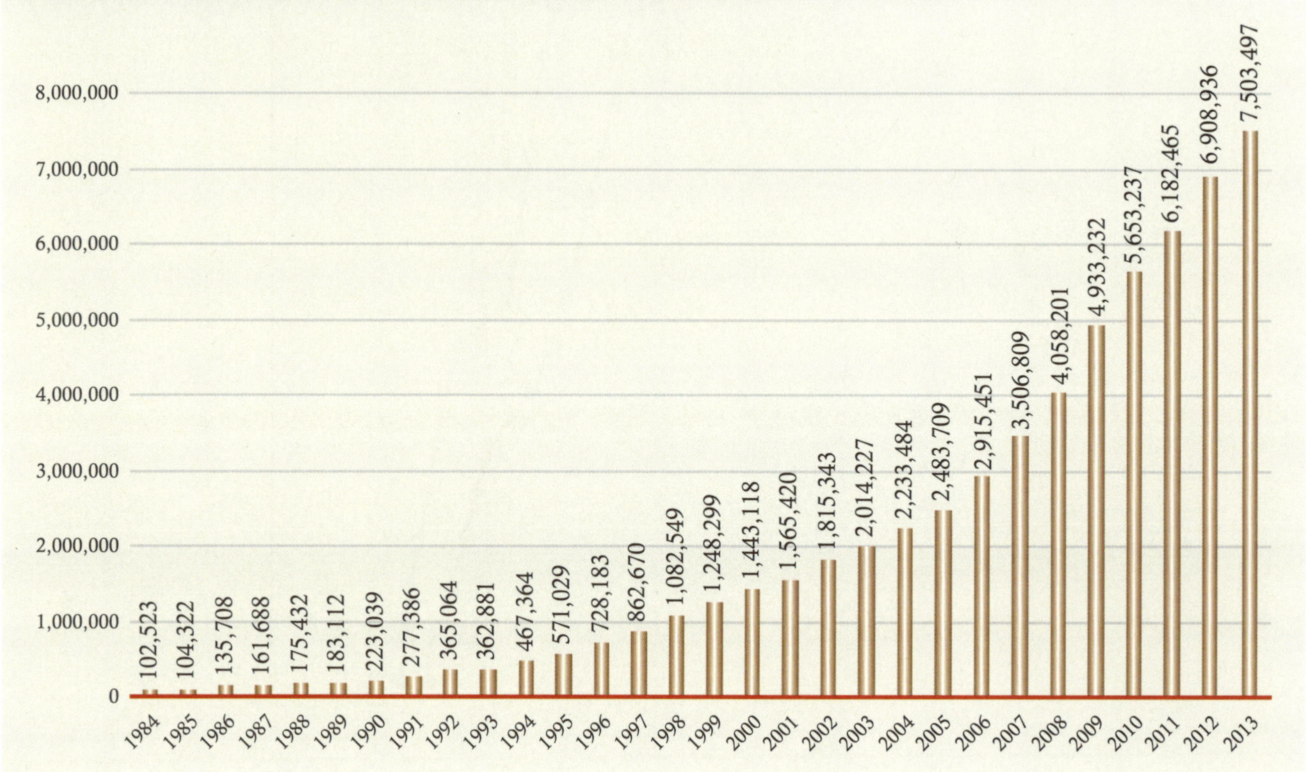

公司存款结构
Structure of Corporate Deposits

单位：%
Unit：%

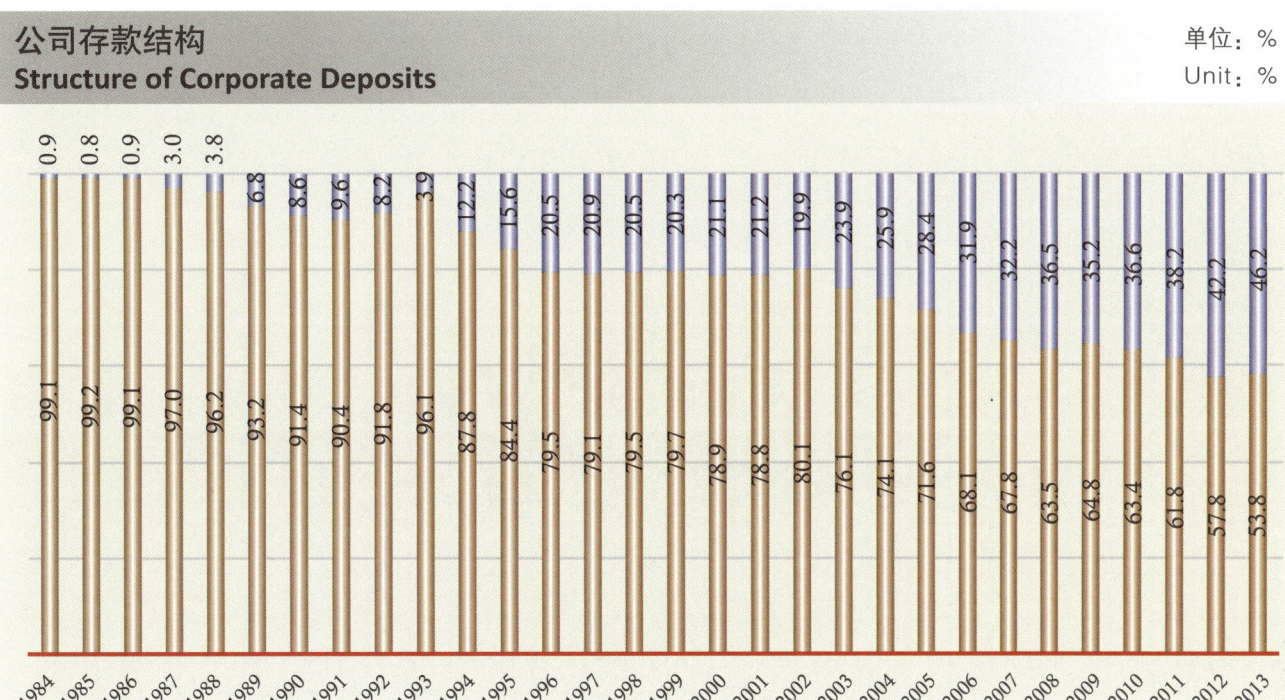

公司存款（活期）
Group corporate demand deposits

公司存款（定期）
Group corporate time deposits

个人存款
Personal Deposits

单位：人民币百万元
Unit：In RMB millions

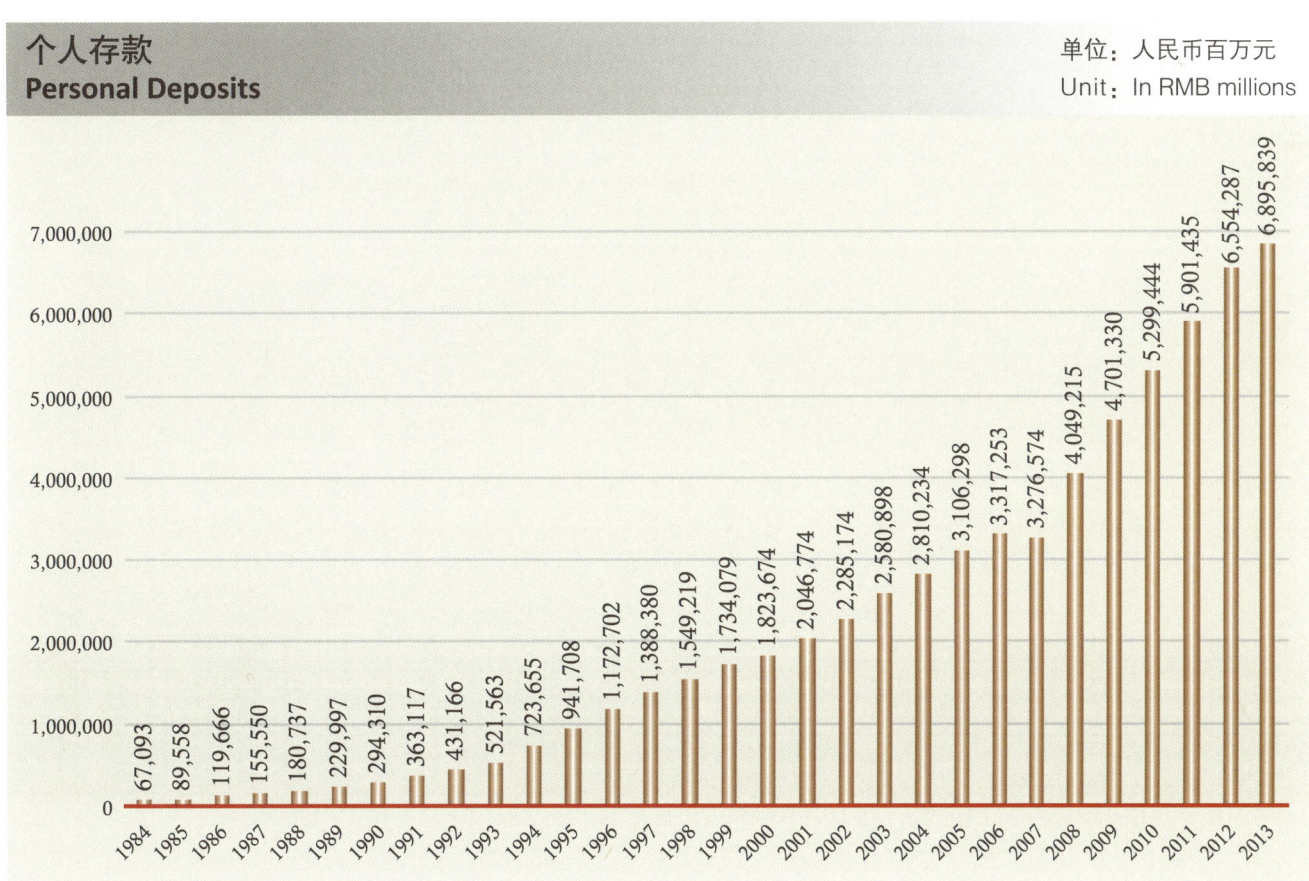

个人存款结构
Structure of Personal Deposits

单位：%
Unit：%

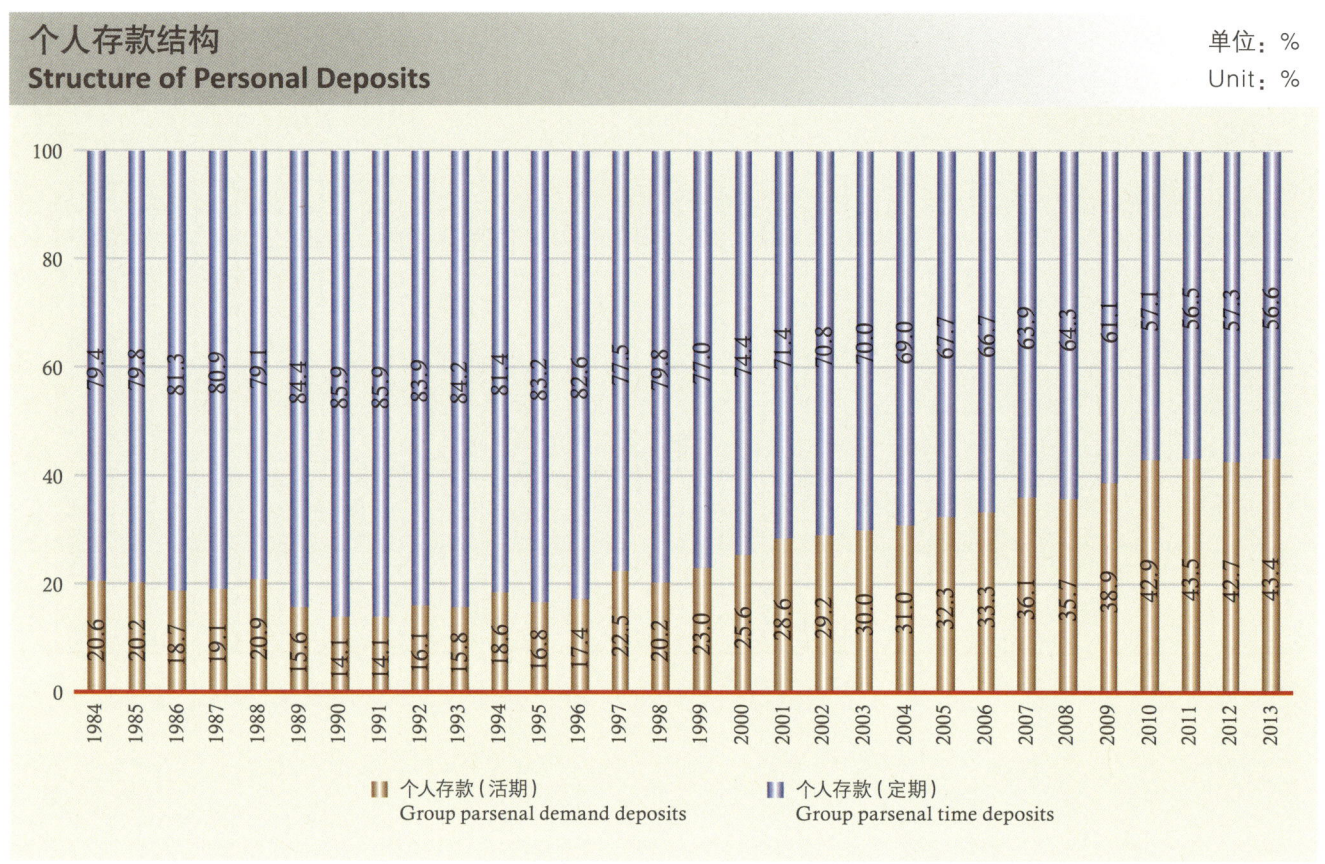

个人存款（活期）
Group parsenal demand deposits

个人存款（定期）
Group parsenal time deposits

外币存款
Foreign Currency Deposits

单位：百万美元
Unit：In USD millions

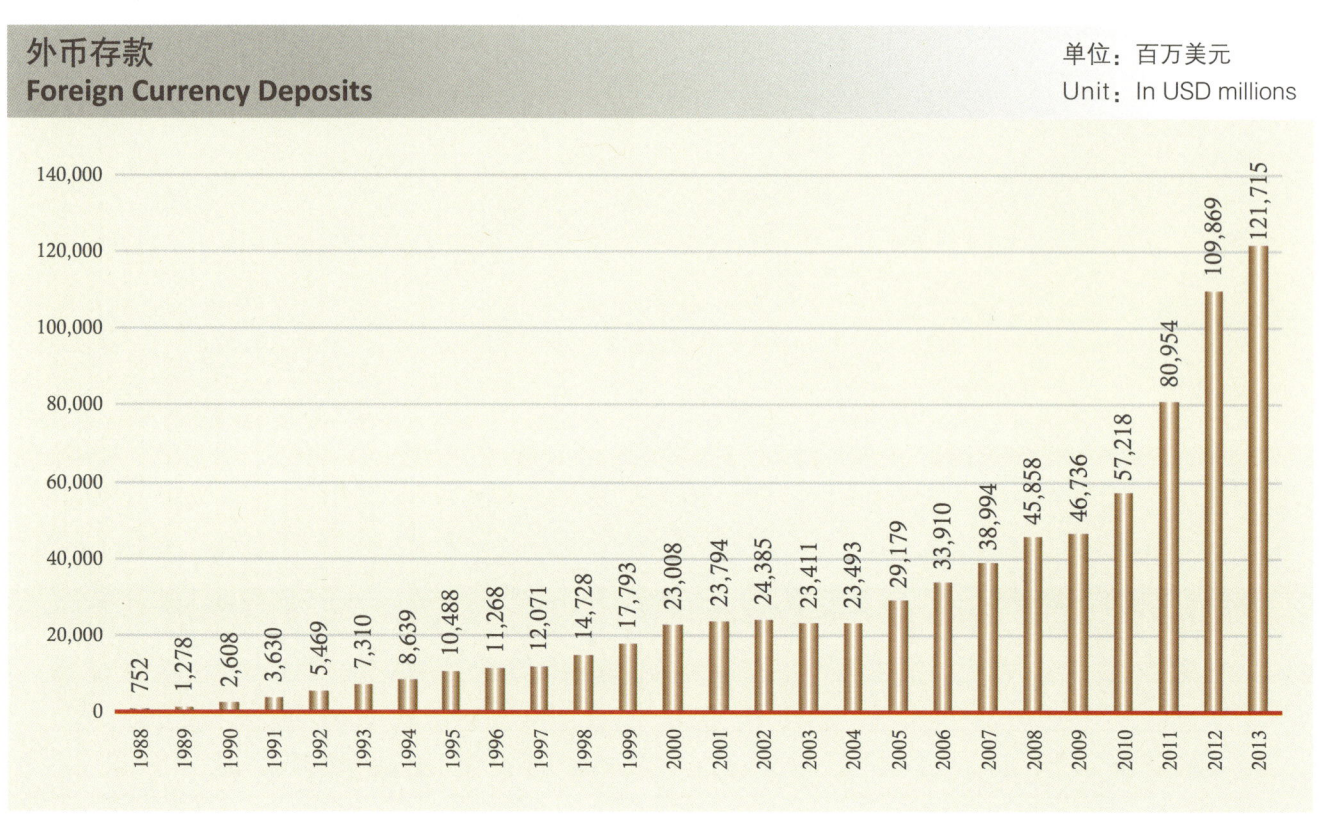

主要资产项目表
Key Balance Sheet Items

单位：人民币百万元
Unit：In RMB millions

年份 Year	项目 Item	资产总额 Total assets	总资产 Total assets		客户贷款及 垫款总额 Total loans and advances to customers	其中： of which	
			年增量 Annual growth	增速（%） Growth rate		短期贷款 Short-term loans	中长期贷款 Medium to Long-term loans
1984		272,806	—	—	247,022	222,406	24,616
1985		333,277	60,471	22.2%	300,801	265,155	35,646
1986		425,728	92,451	27.7%	384,895	336,765	48,130
1987		493,866	68,138	16.0%	444,817	387,587	57,230
1988		561,652	67,786	13.7%	496,976	435,644	61,332
1989		772,535	210,883	37.5%	575,190	507,776	67,414
1990		938,368	165,833	21.5%	687,190	608,737	78,453
1991		1,117,469	179,101	19.1%	797,120	691,612	105,508
1992		1,433,653	316,184	28.3%	933,709	795,283	138,426
1993		1,959,058	525,405	36.6%	1,112,823	940,252	172,571
1994		2,633,938	674,880	34.4%	1,276,809	1,029,598	247,211
1995		3,107,496	473,558	18.0%	1,481,104	1,186,346	294,758
1996		3,629,570	522,074	16.8%	1,800,071	1,427,900	372,171
1997		2,936,785	(692,785)	(19.1%)	1,995,056	1,588,509	406,547
1998		3,238,738	301,953	10.3%	2,271,539	1,794,943	476,596
1999		3,539,866	301,128	9.3%	2,427,122	1,740,350	686,772
2000		3,997,845	457,979	12.9%	2,431,944	1,543,151	888,793
2001		4,338,985	341,140	8.5%	2,688,877	1,616,067	1,072,810
2002		4,776,773	437,788	10.1%	3,002,283	1,703,435	1,298,848
2003		4,560,174	(216,599)	(4.5%)	3,402,277	1,812,307	1,589,970
2004		5,072,874	512,700	11.2%	3,707,748	1,869,428	1,838,320
2005		6,457,239	1,384,365	27.3%	3,289,553	1,369,109	1,920,444
2006		7,509,489	1,052,250	16.3%	3,631,171	1,450,703	2,180,468
2007		8,684,288	1,174,799	15.6%	4,073,229	1,482,798	2,590,431
2008		9,757,654	1,073,366	12.4%	4,571,994	1,560,378	3,011,616
2009		11,785,053	2,027,399	20.8%	5,728,626	1,676,566	4,052,060
2010		13,458,622	1,673,569	14.2%	6,790,506	1,762,731	5,027,775
2011		15,476,868	2,018,246	15.0%	7,788,897	2,421,997	5,366,900
2012		17,542,217	2,065,349	13.3%	8,803,692	3,068,542	5,735,150
2013		18,917,752	1,375,535	7.8%	9,922,374	3,459,107	6,463,267

续表
Continued

年份 Year	项目 Item	外币资产 （百万美元） Foreign Currency Assets (In USD millions)	外币贷款 （百万美元） Foreign Currency Loans (In USD millions)	证券投资 Investment
1984		—	—	—
1985		—	—	—
1986		—	—	—
1987		—	—	—
1988		1,308	438	6,709
1989		1,956	833	7,358
1990		4,165	1,482	10,247
1991		5,486	2,655	13,492
1992		7,805	3,968	18,941
1993		10,089	5,748	23,574
1994		18,616	7,110	60,588
1995		24,879	8,379	87,456
1996		27,628	8,790	113,029
1997		19,802	10,014	117,883
1998		22,717	9,217	273,470
1999		25,185	10,012	323,760
2000		30,015	7,568	789,311
2001		34,178	7,679	799,818
2002		41,532	14,364	988,391
2003		38,976	19,698	1,045,442
2004		39,878	20,155	1,231,331
2005		61,263	28,332	2,307,334
2006		85,784	30,252	2,860,865
2007		101,225	45,378	3,107,414
2008		93,830	41,437	3,048,330
2009		94,109	57,792	3,599,173
2010		118,880	80,974	3,732,268
2011		205,892	112,569	3,915,902
2012		285,410	134,327	4,083,887
2013		338,947	167,406	4,322,244

资产结构表
Asset Structure

单位：人民币百万元

Unit：In RMB millions

财务数据 FINANCIAL DATA

同业数据 DATA OF PEER BANKS

业务数据 BUSINESS DATA

排名及评级 MAIN RANKINGS AND CREDIT RATINGS

资产负债表与利润表 FINANCIAL STATEMENTS

项目 Item	年份 Year	1984	1985	1986	1987	1988
客户贷款及垫款净额 Loans and advances to customers, net		247,022	300,801	384,895	444,817	496,976
投资 Net investments		—	—	—	—	—
现金及存放中央银行款项 Cash and balances with central banks		25,784	32,476	40,833	49,049	57,967
存放和拆放同业及其他金融机构款项净额 Due to banks and other financial institutions, net						
买入返售款项 Reverse repurchase agreements						
其他 Others		—	—	—	—	6,709
资产合计 Total assets		**272,806**	**333,277**	**425,728**	**493,866**	**561,652**

项目 Item	年份 Year	1989	1990	1991	1992	1993
客户贷款及垫款净额 Loans and advances to customers, net		575,190	687,190	797,120	933,709	1,112,823
投资 Net investments		7,358	10,247	13,492	18,941	23,574
现金及存放中央银行款项 Cash and balances with central banks		74,609	107,156	142,475	141,443	195,473
存放和拆放同业及其他金融机构款项净额 Due to banks and other financial institutions, net		2,612	4,305	2,886	6,433	28,385
买入返售款项 Reverse repurchase agreements		—	—	—	—	—
其他 Others		112,766	129,470	161,496	333,127	598,803
资产合计 Total assets		**772,535**	**938,368**	**1,117,469**	**1,433,653**	**1,959,058**

项目 Item	年份 Year	1994	1995	1996	1997	1998
客户贷款及垫款净额 Loans and advances to customers, net		1,270,636	1,469,835	1,787,495	1,987,200	2,263,623
投资 Net investments		60,588	87,456	113,029	117,883	273,470
现金及存放中央银行款项 Cash and balances with central banks		297,652	367,559	453,854	502,736	375,624
存放和拆放同业及其他金融机构款项净额 Due to banks and other financial institutions, net		833,926	1,007,864	1,050,076	114,303	98,673
买入返售款项 Reverse repurchase agreements		—	—	—	—	—
其他 Others		171,136	174,782	225,116	214,663	227,348
资产合计 Total assets		**2,633,938**	**3,107,496**	**3,629,570**	**2,936,785**	**3,238,738**

资产负债表项目
Balance Sheets Items

续表
Continued

项目 Item	年份 Year 1999	2000	2001	2002	2003
客户贷款及垫款净额 Loans and advances to customers, net	2,410,513	2,418,965	2,680,191	2,977,905	2,766,055
投资 Net investments	323,760	789,311	799,818	988,391	1,045,442
现金及存放中央银行款项 Cash and balances with central banks	347,901	325,998	373,790	439,668	457,816
存放和拆放同业及其他金融机构款项净额 Due to banks and other financial institutions, net	105,325	149,291	165,358	116,201	66,009
买入返售款项 Reverse repurchase agreements	—	—	—	—	71,239
其他 Others	352,367	314,280	319,828	254,608	153,613
资产合计 Total assets	**3,539,866**	**3,997,845**	**4,338,985**	**4,776,773**	**4,560,174**

项目 Item	年份 Year 2004	2005	2006	2007	2008
客户贷款及垫款净额 Loans and advances to customers, net	3,109,191	3,205,861	3,533,978	3,957,542	4,436,011
投资 Net investments	1,231,331	2,307,334	2,860,865	3,107,414	3,048,330
现金及存放中央银行款项 Cash and balances with central banks	508,616	553,873	703,657	1,142,346	1,693,024
存放和拆放同业及其他金融机构款项净额 Due to banks and other financial institutions, net	69,430	132,162	206,506	199,758	168,363
买入返售款项 Reverse repurchase agreements	21,764	89,235	39,218	75,880	163,493
其他 Others	132,542	168,774	165,265	201,348	248,433
资产合计 Total assets	**5,072,874**	**6,457,239**	**7,509,489**	**8,684,288**	**9,757,654**

项目 Item	年份 Year 2009	2010	2011	2012	2013
客户贷款及垫款净额 Loans and advances to customers, net	5,583,174	6,623,372	7,594,019	8,583,289	9,681,415
投资 Net investments	3,599,173	3,732,268	3,915,902	4,083,887	4,322,244
现金及存放中央银行款项 Cash and balances with central banks	1,693,048	2,282,999	2,762,156	3,174,943	3,294,007
存放和拆放同业及其他金融机构款项净额 Due to banks and other financial institutions, net	235,301	248,860	478,002	636,450	717,984
买入返售款项 Reverse repurchase agreements	408,826	262,227	349,437	544,579	331,903
其他 Others	265,531	308,896	377,352	519,069	570,199
资产合计 Total assets	**11,785,053**	**13,458,622**	**15,476,868**	**17,542,217**	**18,917,752**

注： ① 1984—2002年数据根据当年年报资产负债表项目整理。
② 1994—1996年存放同业项目较大是由于内部往来项目未轧差所致。
Notes: ① Data for 1984-2002 are collated based on the balance sheet items of the annual reports for those years.
② Due to banks and other financial institutions for 1994-1996 is large due to no netting of internal current accounts.

资产地区分部
Total Assets—Geographical Segment

单位：人民币百万元
Unit：In RMB millions

项目 Item	年份 Year	2003	2004	2005	2006	2007	2008
总行 Head office		1,570,196	1,775,873	3,272,508	4,205,418	4,576,390	5,232,513
长江三角洲 Yangtze river delta		974,479	1,086,189	1,281,999	1,484,264	1,754,819	2,003,485
珠江三角洲 Pearl river delta		647,788	701,007	850,102	921,066	1,115,718	1,174,627
环渤海地区 Bohai rim		1,215,998	1,372,235	1,641,804	1,845,595	2,083,118	2,402,081
中部地区 Central China		600,576	687,384	837,007	912,364	1,022,925	1,245,770
西部地区 Western China		665,774	757,086	894,682	983,386	1,089,118	1,342,483
东北地区 Northeastern China		322,907	323,779	493,066	503,090	539,612	609,063
境外及其他 Overseas and others		146,621	170,314	181,006	208,629	251,958	302,138
总资产 **Total assets**		**4,560,174**	**5,072,874**	**6,457,239**	**7,509,489**	**8,684,288**	**9,757,654**

项目 Item	年份 Year	2009	2010	2011	2012	2013
总行 Head office		5,823,910	6,416,616	7,363,929	8,224,142	8,178,181
长江三角洲 Yangtze river delta		2,427,925	2,647,319	2,960,832	3,294,148	4,769,329
珠江三角洲 Pearl river delta		1,461,854	1,816,317	2,037,404	2,296,600	3,032,428
环渤海地区 Bohai rim		2,965,139	3,204,012	3,499,724	3,902,655	3,326,666
中部地区 Central China		1,491,357	1,687,592	1,865,008	2,095,440	1,808,412
西部地区 Western China		1,636,235	1,861,269	2,150,030	2,466,885	2,331,126
东北地区 Northeastern China		719,400	767,301	845,818	923,766	945,023
境外及其他 Overseas and others		385,725	588,788	926,709	1,234,420	1,599,413
总资产 **Total assets**		**11,785,053**	**13,458,622**	**15,476,868**	**17,542,217**	**18,917,752**

注： 总资产包含抵消及未分配部分。
Note: Total assets include offset and undistributed parts.

按业务类型划分的贷款结构（1984–1993年分类）
Distribution of Loans by Business Line (1984-1993)

单位：人民币百万元
Unit：In RMB millions

项目 Item / 年份 Year	1984	1985	1986	1987	1988
短期贷款 Short-term loans	222,406	264,824	335,197	384,645	435,644
工业贷款 Industial loans	126,357	154,240	212,583	248,190	283,393
商业贷款 Business loans	89,402	98,333	109,017	122,673	144,427
其他贷款 Others	6,647	12,251	13,597	13,782	7,824
中长期贷款 Medium to long-term loans	23,966	31,443	43,444	53,130	61,332
固定资产贷款 Fixed assets loans	23,966	31,112	41,876	50,188	57,530

项目 Item / 年份 Year	1989	1990	1991	1992	1993
短期贷款 Short-term loans	507,776	608,737	691,612	795,283	941,326
工业贷款 Industial loans	341,174	417,153	478,195	545,345	647,680
商业贷款 Business loans	159,130	182,145	200,986	231,315	265,346
其他贷款 Others	7,472	9,439	12,431	18,623	28,300
中长期贷款 Medium to long-term loans	67,414	78,453	105,508	138,426	172,571
固定资产贷款 Fixed assets loans	63,689	74,998	100,093	130,756	165,228

注： 境内口径人民币业务。
Note: The table is about domestic RMB business.

按业务类型划分的贷款结构（1994−2013年分类）
Distribution of Loans by Business Line (1994-2013)

单位：人民币百万元
Unit：In RMB millions

项目 Item \ 年份 Year	1994	1995	1996	1997	1998	1999	2000
公司类贷款 Corporate loans	1,273,964	1,474,044	1,784,355	1,972,382	2,240,345	2,368,654	2,288,883
票据贴现 Discounted bills	2,845	6,337	13,437	17,389	15,705	13,074	19,146
个人贷款 Personal loans	—	723	2,279	5,285	15,489	45,394	123,915
境外及其他 Overseas and others	—	—	—	—	—	—	—
合计 Total	**1,276,809**	**1,481,104**	**1,800,071**	**1,995,056**	**2,271,539**	**2,427,122**	**2,431,944**

项目 Item \ 年份 Year	2001	2002	2003	2004	2005	2006	2007
公司类贷款 Corporate loans	2,412,510	2,601,894	2,761,699	2,811,490	2,277,396	2,530,732	2,914,993
票据贴现 Discounted bills	66,494	97,441	156,489	310,148	392,717	412,313	252,103
个人贷款 Personal loans	209,873	302,948	407,672	486,867	515,042	576,109	752,113
境外及其他 Overseas and others	—	—	76,417	99,243	104,398	112,017	154,020
合计 Total	**2,688,877**	**3,002,283**	**3,402,277**	**3,707,748**	**3,289,553**	**3,631,171**	**4,073,229**

项目 Item \ 年份 Year	2008	2009	2010	2011	2012	2013
公司类贷款 Corporate loans	3,232,102	3,957,786	4,700,343	5,215,605	5,844,835	6,338,720
票据贴现 Discounted bills	326,315	329,792	117,135	106,560	182,117	145,014
个人贷款 Personal loans	829,342	1,206,850	1,633,192	1,991,271	2,250,410	2,685,982
境外及其他 Overseas and others	184,235	234,198	339,836	475,461	526,330	752,658
合计 Total	**4,571,994**	**5,728,626**	**6,790,506**	**7,788,897**	**8,803,692**	**9,922,374**

按期限划分的境内公司类贷款结构

Distribution of Corporate Loans by Maturity (Domestic Branches)

单位：人民币百万元
Unit：In RMB millions

项目 Item / 年份 Year	1994	1995	1996	1997	1998	1999	2000
短期公司贷款 Short-term corporate loans	968,033	1,133,897	1,339,079	1,493,086	1,630,640	1,704,491	1,505,100
中长期公司贷款 Medium to long-term corporate loans	305,931	340,147	445,276	479,296	609,705	664,163	783,783
合计 Total	1,273,964	1,474,044	1,784,355	1,972,382	2,240,345	2,368,654	2,288,883

项目 Item / 年份 Year	2001	2002	2003	2004	2005	2006	2007
短期公司贷款 Short-term corporate loans	1,559,180	1,679,710	1,652,999	1,536,922	938,909	991,775	1,126,851
中长期公司贷款 Medium to long-term corporate loans	853,330	922,184	1,108,700	1,274,568	1,338,487	1,538,957	1,788,142
合计 Total	2,412,510	2,601,894	2,761,699	2,811,490	2,277,396	2,530,732	2,914,993

项目 Item / 年份 Year	2008	2009	2010	2011	2012	2013
短期公司贷款 Short-term corporate loans	1,133,303	1,190,417	1,350,106	1,764,558	2,275,507	2,557,101
中长期公司贷款 Medium to long-term corporate loans	2,098,799	2,767,369	3,350,237	3,451,047	3,569,328	3,781,619
合计 Total	3,232,102	3,957,786	4,700,343	5,215,605	5,844,835	6,338,720

按品种划分的境内公司类贷款结构
Distribution of Corporate Loans by Business Line (Domestic Branches)

单位：人民币百万元
Unit：In RMB millions

项目 Item / 年份 Year	1999	2000	2001	2002	2003
流动资金贷款 Working capital loans	1,849,824	1,725,859	1,755,080	1,799,378	1,762,843
其中：贸易融资 Of which: Trade finance	5,026	4,421	5,224	6,287	15,524
项目贷款 Project loans	457,295	482,790	559,864	682,123	839,382
房地产开发贷款 Property loans	61,535	80,234	97,566	120,393	159,474
合计 Total	2,368,654	2,288,883	2,412,510	2,601,894	2,761,699

项目 Item / 年份 Year	2004	2005	2006	2007	2008
流动资金贷款 Working capital loans	1,633,405	1,013,906	1,064,668	1,201,582	1,208,683
其中：贸易融资 Of which: Trade finance	18,080	17,455	29,979	87,000	122,152
项目贷款 Project loans	1,008,324	1,082,300	1,240,936	1,414,000	1,681,445
房地产开发贷款 Property loans	169,760	181,190	225,128	299,411	341,974
合计 Total	2,811,490	2,277,396	2,530,732	2,914,993	3,232,102

项目 Item / 年份 Year	2009	2010	2011	2012	2013
流动资金贷款 Working capital loans	1,265,782	1,514,918	2,000,392	2,504,396	2,762,185
其中：贸易融资 Of which: Trade finance	311,354	488,730	729,407	923,371	907,894
项目贷款 Project loans	2,254,893	2,659,093	2,696,187	2,847,769	3,092,448
房地产开发贷款 Property loans	437,111	526,332	519,026	492,670	484,087
合计 Total	3,957,786	4,700,343	5,215,605	5,844,835	6,338,720

按行业划分的境内公司类贷款结构
Distribution of Corporate Loan by Industry (Domestic Branches)

单位：人民币百万元
Unit：In RMB millions

项目 Item	年份 Year 2003	2004	2005	2006	2007	2008
制造业 Manufacturing	1,141,417	1,063,272	662,376	672,589	738,121	758,764
化工 Chemical industry	163,226	161,899	106,103	112,827	121,243	124,981
机械 Machinery	186,129	174,057	82,034	81,798	95,709	102,747
纺织及服装 Textiles and apparels	124,294	116,648	59,245	68,363	79,112	78,072
金属加工 Metal processing	85,495	80,363	53,867	62,583	77,808	79,876
钢铁 Iron and steel	84,671	81,776	68,558	70,339	84,357	87,686
石油加工、炼焦及核燃料 Petroleum processing, coking and nuclear fuel	42,328	42,810	44,621	44,744	35,761	41,709
交通运输设备 Transportation equipment	75,353	72,802	43,276	39,202	42,496	46,888
计算机、通信和其他电子设备 Computer, telecommunications equipment, and other electronic equipment	57,405	55,424	37,806	38,710	43,181	40,831
非金属矿物 Non-metallic mineral	62,520	61,019	32,602	30,202	30,963	33,591
其他 Others	259,996	216,474	134,264	123,821	127,491	122,383
交通运输、仓储和邮政业 Transportation, storage and postal services	309,027	379,680	367,371	525,048	602,103	690,809
电力、热力、燃气及水生产和供应业 Production and supply of electricity, heat, gas and water	198,553	261,222	281,179	343,038	404,873	501,411
批发和零售业 Wholesale and retail	345,465	255,591	265,906	255,142	186,988	188,831
租赁和商务服务业 Leasing and commercial services	—	—	—	—	159,877	188,120
房地产业 Real estate	203,385	207,071	194,024	230,064	303,984	343,895
科教文卫 Science, education, culture and sanitation	94,992	116,973	103,070	107,403	69,742	70,148
建筑业 Construction	69,526	78,289	89,666	49,957	52,639	61,006
水利、环境和公共设施管理业 Water, environment and public utility management	—	—	—	—	230,156	275,469
采矿业 Mining	—	—	—	—	—	—
住宿和餐饮业 Lodging and catering industry	—	—	—	—	—	—
其他 Others	399,334	449,392	313,804	347,491	166,510	153,649
总计 Total	2,761,699	2,811,490	2,277,396	2,530,732	2,914,993	3,232,102

续表
Continued

财务数据 FINANCIAL DATA

同业数据 DATA OF PEER BANKS

业务数据 BUSINESS DATA

排名及评级 MAIN RANKINGS AND CREDIT RATINGS

资产负债表与利润表 FINANCIAL STATEMENTS

项目 Item	2009	2010	2011	2012	2013
制造业 Manufacturing	793,233	940,641	1,121,413	1,392,266	1,488,594
化工 Chemical industry	133,243	141,007	174,423	214,625	237,524
机械 Machinery	106,198	134,355	180,605	212,086	232,245
纺织及服装 Textiles and apparels	84,590	96,769	114,382	135,744	141,603
金属加工 Metal processing	95,682	114,635	143,597	173,477	180,786
钢铁 Iron and steel	83,816	92,866	106,396	135,925	120,375
石油加工、炼焦及核燃料 Petroleum processing, coking and nuclear fuel	38,226	69,577	41,687	55,161	58,267
交通运输设备 Transportation equipment	44,522	49,557	63,189	72,752	88,098
计算机、通信和其他电子设备 Computer, telecommunications equipment, and other electronic equipment	41,067	51,334	56,920	94,558	99,701
非金属矿物 Non-metallic mineral	35,471	40,317	52,047	63,599	67,942
其他 Others	130,418	150,224	188,167	234,339	262,053
交通运输、仓储和邮政业 Transportation, storage and postal services	800,244	990,916	1,052,529	1,135,626	1,219,345
电力、热力、燃气及水生产和供应业 Production and supply of electricity, heat, gas and water	531,562	571,072	587,723	579,726	618,246
批发和零售业 Wholesale and retail	261,261	388,023	596,119	705,800	786,202
租赁和商务服务业 Leasing and commercial services	290,410	357,624	349,508	382,835	456,519
房地产业 Real estate	421,804	512,018	512,178	487,186	463,585
科教文卫 Science, education, culture and sanitation	66,809	68,102	67,673	84,339	100,878
建筑业 Construction	62,403	84,048	115,047	145,798	181,605
水利、环境和公共设施管理业 Water, environment and public utility management	510,721	549,326	499,196	464,000	465,037
采矿业 Mining	113,764	129,488	179,474	233,124	245,930
住宿和餐饮业 Lodging and catering industry	—	—	—	101,489	146,625
其他 Others	105,575	109,085	134,745	132,646	166,154
总计 Total	3,957,786	4,700,343	5,215,605	5,844,835	6,338,720

按产品类型划分的境内个人贷款结构 单位：人民币百万元
Distribution of Personal Loans by Business Line (Domestic Branches)
Unit：In RMB millions

项目 Item	年份 Year 1995	1996	1997	1998	1999	2000	2001
个人住房贷款 Personal housing loans	723	2,279	5,285	15,470	41,052	104,883	186,029
个人消费贷款 Personal consumption loans	—	—	—	—	4,324	19,155	23,846
个人经营性贷款 Personal business loans	—	—	—	—	—	—	—
信用卡透支 Credit card overdrafts	—	—	—	—	—	—	908
合计 Total	723	2,279	5,285	15,470	45,376	124,038	210,783

项目 Item	年份 Year 2002	2003	2004	2005	2006	2007
个人住房贷款 Personal housing loans	258,078	330,115	412,449	447,302	410,227	536,331
个人消费贷款 Personal consumption loans	44,968	74,695	71,354	64,309	78,410	91,066
个人经营性贷款 Personal business loans	—	—	—	—	82,306	116,475
信用卡透支 Credit card overdrafts	2861	2,862	3,064	3,431	5,166	8,241
合计 Total	305,907	407,672	486,867	515,042	576,109	752,113

项目 Item	年份 Year 2008	2009	2010	2011	2012	2013
个人住房贷款 Personal housing loans	597,374	874,244	1,090,095	1,176,564	1,324,781	1,702,538
个人消费贷款 Personal consumption loans	101,145	157,635	267,565	373,368	368,687	357,838
个人经营性贷款 Personal business loans	113,726	138,095	183,971	263,539	315,517	322,019
信用卡透支 Credit card overdrafts	17,097	36,876	91,561	177,800	241,425	303,587
合计 Total	829,342	1,206,850	1,633,192	1,991,271	2,250,410	2,685,982

个人住房贷款及公积金贷款（境内分行）
Personal mortgage loans and Personal Housing Accumulation Fund Loans (Domestic Branches)

单位：人民币百万元
Unit：In RMB millions

年份 Year	项目 Item 个人住房贷款 Personal mortgage loans	个人住房贷款当年增量 Annual Increment of personal mortgage loan	受托发放个人住房 公积金贷款 Personal housing accumulation fund loans	个人住房公积金贷款 当年增量 Annual Increment of of personal housing accumulation fund loans
1995	723	—	—	—
1996	2,279	1,556	—	—
1997	5,285	3,006	—	—
1998	15,470	10,185	—	—
1999	41,052	25,582	—	—
2000	104,883	63,831	—	—
2001	186,029	81,146	—	—
2002	258,078	72,049	—	—
2003	330,115	72,037	—	—
2004	412,449	82,334	—	—
2005	447,302	34,853	—	—
2006	410,227	(37,075)	—	—
2007	536,331	126,104	—	—
2008	597,374	61,043	35,540	—
2009	874,244	276,870	150,703	115,163
2010	1,090,095	215,851	192,098	41,395
2011	1,176,564	86,469	219,542	27,444
2012	1,324,781	148,217	265,028	45,486
2013	1,702,538	377,757	342,676	77,648

城乡人均住房面积、商品房销售面积及销售额
Urban and Rural Per Capita Living Space, Sales Area and Volume of Commercial Housing

年份 Year	项目 Item	城市人均住宅建筑面积 （平方米） Urban per capita area of dwelling structure (m²)	农村人均居住住房面积 （平方米） Rural per capita living space (m²)	商品房销售面积 （万平方米） Sales area of commercial housing (10,000 m²)	商品房销售额（亿元） Sales volume of commercial housing (In RMB 100 millions)
1978		6.7	8.1	—	—
1979		6.9	8.4	—	—
1980		7.2	9.4	—	—
1981		7.7	10.2	—	—
1982		8.2	10.7	—	—
1983		8.7	11.6	—	—
1984		9.1	13.6	—	—
1985		10.0	14.7	—	—
1986		12.4	15.3	—	—
1987		12.7	16.0	—	—
1988		13.0	16.6	—	—
1989		13.5	17.2	—	—
1990		13.7	17.8	—	—
1991		14.2	18.5	—	—
1992		14.8	18.9	—	—
1993		15.2	20.7	—	—
1994		15.7	20.2	—	—
1995		16.3	21.0	—	—
1996		17.0	21.7	—	—
1997		17.8	22.5	—	—
1998		18.7	23.3	—	—
1999		19.4	24.2	—	—
2000		20.3	24.8	18,637.13	3,935.44
2001		20.8	25.7	22,411.90	4,862.75
2002		24.5	26.5	26,808.29	6,032.34
2003		25.3	27.2	33,717.63	7,955.66
2004		26.4	27.9	38,231.64	10,375.71
2005		27.8	29.7	55,486.22	17,576.13
2006		28.5	30.7	61,857.07	20,825.96
2007		30.1	31.6	77,354.72	29,889.12
2008		30.6	32.4	65,969.83	25,068.18
2009		31.3	33.6	94,755.00	44,355.17
2010		31.6	34.1	104,764.65	52,721.24
2011		32.7	36.2	109,366.75	58,588.86
2012		32.9	37.1	111,303.65	64,455.79

数据来源：城乡人均住房面积指标来源于《中国统计年鉴》，其中1978—2001年城市人均住宅建筑面积来源于《2002中国统计年鉴》，2002—2012年城市人均住宅建筑面积来源于《2013中国统计年鉴》。商品房销售面积及销售额指标来源于国家统计局。

Data source: Data of "Urban and Rural Per Capita Living Space" are from China Statistical Yearbook, data of "Urban Per Capita Living Space" 1978-2001 are from 2002 China Statistical Yearbook; data of "Urban Per Capita Living Space" 2001-2012 are from 2013 China Statistical Yearbook. Data of "Sales Area and Volume of Commercial Housing" are from National Bureau of Statistics of the People's Republic of China.

按地域划分的贷款分布结构
Distribution of Loans by Geographic Area

项目 Item \ 年份 Year	1984	1985	1986	1987	1988
总行本部 Head office	696	2,934	4,747	5,969	7,691
长江三角洲 Yangtze river delta	37,115	46,323	60,521	69,896	76,518
珠江三角洲 Pearl river delta	26,896	30,285	36,667	42,950	49,925
环渤海地区 Bohai rim	45,196	54,408	66,103	74,751	85,784
中部地区 Central China	51,596	61,518	78,767	92,495	104,917
东北地区 Western China	40,803	47,230	60,623	68,837	79,293
西部地区 Northeastern China	44,070	53,569	71,213	82,877	92,848
境外及其他 Overseas and others	—	—	—	—	—
合计 Total	246,372	296,267	378,641	437,775	496,976

项目 Item \ 年份 Year	1989	1990	1991	1992	1993
总行本部 Head office	11,114	15,160	17,418	21,109	34,506
长江三角洲 Yangtze river delta	85,941	100,691	116,009	136,104	162,242
珠江三角洲 Pearl river delta	55,930	64,042	73,459	88,986	107,147
环渤海地区 Bohai rim	100,458	120,013	136,849	158,483	187,466
中部地区 Central China	119,681	141,085	163,015	189,963	222,409
东北地区 Western China	93,894	115,715	137,254	158,889	186,122
西部地区 Northeastern China	108,172	130,484	153,116	180,175	214,005
境外及其他 Overseas and others	—	—	—	—	—
合计 Total	575,190	687,190	797,120	933,709	1,113,897

续表
Continued

项目 Item	年份 Year 1994	1995	1996	1997	1998
总行本部 Head office	34,493	43,305	59,991	59,961	59,191
长江三角洲 Yangtze river delta	183,679	215,960	276,949	318,919	364,681
珠江三角洲 Pearl river delta	121,898	150,482	218,678	246,337	282,016
环渤海地区 Bohai rim	205,308	239,892	299,799	331,004	376,821
中部地区 Central China	239,465	281,399	339,115	362,169	401,992
东北地区 Western China	193,348	220,166	264,929	292,449	330,429
西部地区 Northeastern China	236,161	279,838	341,397	381,131	432,694
境外及其他 Overseas and others	—	—	—	—	—
合计 Total	1,214,352	1,431,042	1,800,858	1,991,970	2,247,824

项目 Item	年份 Year 1999	2000	2001	2002	2003
总行本部 Head office	62,663	67,236	84,145	97,019	121,317
长江三角洲 Yangtze river delta	400,182	419,679	474,429	553,177	687,872
珠江三角洲 Pearl river delta	334,358	345,267	380,225	426,992	475,848
环渤海地区 Bohai rim	408,696	419,836	472,331	522,048	586,009
中部地区 Central China	411,636	394,896	428,141	469,827	524,733
东北地区 Western China	342,180	318,355	337,813	360,294	377,969
西部地区 Northeastern China	450,641	428,376	464,029	497,803	552,112
境外及其他 Overseas and others	—	—	—	—	76,417
合计 Total	2,410,356	2,393,645	2,641,113	2,927,160	3,402,277

续表
Continued

财务数据 FINANCIAL DATA

同业数据 DATA OF PEER BANKS

业务数据 BUSINESS DATA

排名及评级 MAIN RANKINGS AND CREDIT RATINGS

资产负债表与利润表 FINANCIAL STATEMENTS

项目 Item	年份 Year 2004	2005	2006	2007	2008
总行本部 Head office	140,324	263,117	259,289	172,490	124,156
长江三角洲 Yangtze river delta	757,085	791,990	907,125	1,040,412	1,137,693
珠江三角洲 Pearl river delta	509,229	453,773	513,514	611,726	667,171
环渤海地区 Bohai rim	628,580	574,513	640,213	730,965	838,494
中部地区 Central China	580,275	424,628	467,142	526,306	606,368
东北地区 Western China	399,326	193,000	198,427	224,675	281,252
西部地区 Northeastern China	593,686	484,134	533,444	612,635	732,625
境外及其他 Overseas and others	99,243	104,398	112,017	154,020	184,235
合计 Total	**3,707,748**	**3,289,553**	**3,631,171**	**4,073,229**	**4,571,994**

项目 Item	年份 Year 2009	2010	2011	2012	2013
总行本部 Head office	104,203	163,606	248,044	312,927	388,097
长江三角洲 Yangtze river delta	1,388,853	1,583,758	1,743,851	1,936,722	2,071,035
珠江三角洲 Pearl river delta	844,690	979,399	1,090,247	1,240,314	1,319,021
环渤海地区 Bohai rim	1,076,820	1,253,538	1,409,314	1,558,968	1,731,710
中部地区 Central China	777,925	919,738	1,047,939	1,190,327	1,340,628
东北地区 Western China	349,926	408,604	462,909	514,030	568,511
西部地区 Northeastern China	952,011	1,142,027	1,311,132	1,524,074	1,750,714
境外及其他 Overseas and others	234,198	339,836	475,461	526,330	752,658
合计 Total	**5,728,626**	**6,790,506**	**7,788,897**	**8,803,692**	**9,922,374**

按币种划分的贷款分布结构
Distribution of Loans by Currency

项目 Item / 年份 Year	2003	2004	2005	2006	2007	2008
人民币贷款 RMB loans	3,034,953	3,160,845	2,660,965	3,395,106	3,745,169	4,293,704
外币贷款 Foreign currency loans	134,418	137,512	131,473	236,065	328,060	278,290
其中：美元 Of which: USD	107,832	108,494	104,440	128,920	210,087	155,450
港元 HKD	—	—	—	88,215	92,349	99,397
其他外币 Other foreign currencies	26,586	29,018	27,033	18,930	25,624	23,443
合计 Total	**3,169,371**	**3,298,357**	**2,792,438**	**3,631,171**	**4,073,229**	**4,571,994**

项目 Item / 年份 Year	2009	2010	2011	2012	2013
人民币贷款 RMB loans	5,341,476	6,262,903	7,177,337	8,038,384	8,994,627
外币贷款 Foreign currency loans	387,150	527,603	611,560	765,308	927,747
其中：美元 Of which: USD	243,334	361,804	460,595	583,768	718,769
港元 HKD	114,083	116,894	102,574	109,610	117,572
其他外币 Other foreign currencies	29,733	48,905	48,391	71,930	91,406
合计 Total	**5,728,626**	**6,790,506**	**7,788,897**	**8,803,692**	**9,922,374**

注： 表中列示的外币贷款单位为人民币。2003—2005年数据不含票据贴现和境外业务，港元存款列示在"其他币种"中。
Note: Foreign currency loans in the table are presented in RMB. Data for 2003-2005 exclude discounted bills and overseas business, and HKD loans are listed under "Other Currencies".

按担保类型划分的贷款结构
Distribution of Loans by Collateral Type

项目 Item / 年份 Year	2003	2004	2005	2006	2007	2008
抵押贷款 Mortgage loans	1,206,412	1,332,275	1,123,344	1,241,259	1,519,748	1,688,435
其中：个人住房贷款 Of which: Personal housing loans	330,115	412,449	447,302	410,227	536,331	597,374
质押贷款 Pledged loans	391,858	591,348	726,379	710,391	575,598	676,129
其中：票据贴现 Of which: Discounted bills	156,489	310,148	392,717	412,313	252,103	326,315
保证贷款 Guaranteed loans	1,119,087	1,048,347	765,746	809,745	836,476	866,129
信用贷款 Unsecured loans	684,920	735,778	674,084	869,776	1,141,407	1,341,301
合计 **Total**	**3,402,277**	**3,707,748**	**3,289,553**	**3,631,171**	**4,073,229**	**4,571,994**

项目 Item / 年份 Year	2009	2010	2011	2012	2013
抵押贷款 Mortgage loans	2,191,909	2,780,346	3,234,332	3,754,475	4,446,023
其中：个人住房贷款 Of which: Personal housing loans	874,244	1,090,095	1,176,564	1,324,781	1,702,538
质押贷款 Pledged loans	786,739	665,641	792,016	1,087,051	1,184,175
其中：票据贴现 Of which: Discounted bills	329,792	117,135	106,560	182,117	145,014
保证贷款 Guaranteed loans	933,853	1,070,211	1,201,184	1,269,028	1,365,199
信用贷款 Unsecured loans	1,816,125	2,274,308	2,561,365	2,693,138	2,926,977
合计 **Total**	**5,728,626**	**6,790,506**	**7,788,897**	**8,803,692**	**9,922,374**

按剩余期限划分的贷款结构
Distribution of Loans by Remaining Maturity

单位：人民币百万元
Unit：In RMB millions

剩余期限 Remaining maturity	2005	2006	2007	2008	2009
已减值或已逾期 Impaired or overdue	167,789	150,736	122,308	115,742	95,442
1年以下 Less than 1 year	1,519,956	1,715,193	170,563	1,916,991	2,089,594
1至5年 1–5 years	843,533	895,651	1,066,759	1,202,882	1,633,587
5年以上 Over 5 years	758,275	869,591	1,123,599	1,336,379	1,910,003
合计 Total	3,289,553	3,631,171	4,073,229	4,571,994	5,728,626

剩余期限 Remaining maturity	2010	2011	2012	2013
已减值或已逾期 Impaired or overdue	81,015	86,172	94,683	124,116
1年以下 Less than 1 year	2,335,124	3,168,485	3,731,752	3,988,552
1至5年 1–5 years	1,923,254	1,848,131	1,987,754	2,386,384
5年以上 Over 5 years	2,451,113	2,686,109	2,989,548	3,423,322
合计 Total	6,790,506	7,788,897	8,803,692	9,922,374

贷款五级分类
Distribution of Loans by Five-Tier Classification

单位：人民币百万元
Unit：In RMB millions

项目 Item / 年份 Year	2003	2004	2005	2006	2007	2008
正常 Pass	2,254,081	2,619,708	2,833,853	3,165,586	3,728,576	4,229,609
关注 Special mention	323,548	303,384	301,283	327,840	232,879	237,903
不良贷款 Non-performing loans	824,648	784,656	154,417	137,745	111,774	104,482
次级 Substandard	94,498	106,348	93,049	66,756	38,149	37,694
可疑 Doubtful	355,260	335,192	56,704	62,036	62,042	55,641
损失 Loss	374,890	343,116	4,664	8,953	11,583	11,147
合计 Total	**3,402,277**	**3,707,748**	**3,289,553**	**3,631,171**	**4,073,229**	**4,571,994**

项目 Item / 年份 Year	2009	2010	2011	2012	2013
正常 Pass	5,411,226	6,489,450	7,484,060	8,501,566	9,632,523
关注 Special mention	228,933	227,815	231,826	227,551	196,162
不良贷款 Non-performing loans	88,467	73,241	73,011	74,575	93,689
次级 Substandard	31,842	18,932	24,092	29,418	36,532
可疑 Doubtful	43,413	41,765	38,712	36,482	43,020
损失 Loss	13,212	12,544	10,207	8,675	14,137
合计 Total	**5,728,626**	**6,790,506**	**7,788,897**	**8,803,692**	**9,922,374**

按业务类型划分的不良贷款结构
Distribution of NPLs by Business Line

单位：人民币百万元
Unit：In RMB millions

项目 Item / 年份 Year	2003	2004	2005	2006	2007	2008
公司类贷款 Corporate loans	818,112	776,509	142,275	127,115	102,198	93,747
票据贴现 Discounted bills	-	-	-	-	-	-
个人贷款 Personal loans	4,277	6,853	10,911	9,298	8,610	9,593
境外及其他 Overseas and others	2,259	1,294	1,231	1,332	966	1,142
合计 Total	824,648	784,656	154,417	137,745	111,774	104,482

项目 Item / 年份 Year	2009	2010	2011	2012	2013
公司类贷款 Corporate loans	76,792	61,610	59,816	58,252	69,842
票据贴现 Discounted bills	-	-	-	-	10
个人贷款 Personal loans	10,029	9,656	10,686	13,342	20,174
境外及其他 Overseas and others	1,646	1,975	2,509	2,981	3,663
合计 Total	88,467	73,241	73,011	74,575	93,689

按行业划分的境内公司类不良贷款结构
Distribution of Non-performing Corporate Loans by Industry (Domestic Branches)

单位：人民币百万元
Unit：In RMB millions

项目 Item	年份 Year	2003	2004	2005	2006
制造业 Manufacturing		521,236	477,794	81,479	68,334
化工 Chemicals industry		72,593	68,317	14,004	12,969
机械 Machinery		114,011	99,376	15,202	9,957
纺织及服装 Textiles and apparels		79,072	70,819	8,730	6,611
金属加工 Metal processing		36,340	30,559	4,485	4,280
钢铁 Iron and steel		20,298	18,747	2,985	3,084
石油加工、炼焦及核燃料 Petroleum processing, coking and nuclear fuel		2,962	2,850	691	836
交通运输设备 Transportation equipment		27,873	25,976	4,693	3,109
计算机、通信和其他电子设备 Computer, telecommunications equipment, and other electronic equipment		17,783	16,154	2,772	3,238
非金属矿物 Non-metallic mineral		34,387	33,453	7,319	5,281
其他 Others		115,917	111,543	20,598	18,969
交通运输、仓储和邮政业 Transportation, storage and postal services		19,728	18,925	3,864	6,687
电力、热力、燃气及水生产和供应业 Production and supply of electricity, heat, gas and water		9,708	11,012	6,118	6,433
批发和零售业 Wholesale and retail		178,760	179,433	29,293	25,332
租赁和商务服务业 Leasing and commercial services					
房地产业 Real estate		31,580	29,867	9,945	9,982
科教文卫 Science, education, culture and sanitation		9,638	15,352	3,511	3,199
建筑业 Construction		7,417	6,784	1,784	1,508
水利、环境和公共设施管理业 Water, environment and public utility management		—	—	—	—
采矿业 Mining		—	—	—	—
住宿和餐饮业 Lodging and catering industry		—	—	—	—
其他 Others		40,045	37,342	6,281	5,640
总计 **Total**		**818,112**	**776,509**	**142,275**	**127,115**

续表
Continued

项目　　　　　　　年份 Item　　　　　　　　Year	2007	2008	2009	2010
制造业 Manufacturing	55,766	44,974	34,571	26,844
化工 Chemicals industry	9,940	8,126	6,132	4,816
机械 Machinery	8,411	6,285	4,680	3,004
纺织及服装 Textiles and apparels	6,864	7,343	5,794	4,488
金属加工 Metal processing	3,377	2,720	1,887	1,319
钢铁 Iron and steel	1,601	975	489	973
石油加工、炼焦及核燃料 Petroleum processing, coking and nuclear fuel	1,031	721	346	299
交通运输设备 Transportation equipment	1,837	1,301	994	1,513
计算机、通信和其他电子设备 Computer, telecommunications equipment, 　and other electronic equipment	3,659	3,201	2,716	2,017
非金属矿物 Non-metallic mineral	4,467	3,497	2,943	2,000
其他 Others	14,579	10,805	8,590	6,415
交通运输、仓储和邮政业 Transportation, storage and postal services	6,320	9,480	11,178	9,075
电力、热力、燃气及水生产和供应业 Production and supply of electricity, heat, gas 　and water	5,344	7,672	6,541	5,275
批发和零售业 Wholesale and retail	15,949	13,720	12,135	10,117
租赁和商务服务业 Leasing and commercial services	1,349	1,887	1,316	1,105
房地产业 Real estate	8,559	7,600	6,348	5,355
科教文卫 Science, education, culture and sanitation	1,876	1,963	1,132	845
建筑业 Construction	1,351	1,574	1,330	1,168
水利、环境和公共设施管理业 Water, environment and public utility 　management	1,118	1,781	333	208
采矿业 Mining	—	—	357	297
住宿和餐饮业 Lodging and catering industry	—	—	—	—
其他 Others	4,566	3,096	1,551	1,321
总计 **Total**	**102,198**	**93,747**	**76,792**	**61,610**

续表
Continued

财务数据 FINANCIAL DATA

同业数据 DATA OF PEER BANKS

业务数据 BUSINESS DATA

排名及评级 MAIN RANKINGS AND CREDIT RATINGS

资产负债表与利润表 FINANCIAL STATEMENTS

项目 Item	年份 Year	2011	2012	2013
制造业 Manufacturing		23,432	22,442	27,054
化工 Chemicals industry		3,506	3,115	3,159
机械 Machinery		2,328	2,721	4,482
纺织及服装 Textiles and apparels		3,365	3,179	4,460
金属加工 Metal processing		1,698	2,570	3,646
钢铁 Iron and steel		1,946	1,402	321
石油加工、炼焦及核燃料 Petroleum processing, coking and nuclear fuel		301	312	399
交通运输设备 Transportation equipment		1,469	1,312	1,635
计算机、通信和其他电子设备 Computer, telecommunications equipment, and other electronic equipment		1,721	1,103	1,000
非金属矿物 Non-metallic mineral		1,726	1,710	1,843
其他 Others		5,372	5,018	6,109
交通运输、仓储和邮政业 Transportation, storage and postal services		12,173	9,538	5,381
电力、热力、燃气及水生产和供应业 Production and supply of electricity, heat, gas and water		5,099	2,727	1,813
批发和零售业 Wholesale and retail		9,119	14,186	26,739
租赁和商务服务业 Leasing and commercial services		747	959	867
房地产业 Real estate		4,775	4,297	4,029
科教文卫 Science, education, culture and sanitation		693	578	535
建筑业 Construction		1,054	932	881
水利、环境和公共设施管理业 Water, environment and public utility management		1,102	341	114
采矿业 Mining		524	473	629
住宿和餐饮业 Lodging and catering industry		—	796	739
其他 Others		1,098	983	1,061
总计 Total		59,816	58,252	69,842

注： 批发和零售业2003—2011年数据中包含住宿和餐饮业金额。
Note：Data for "wholesale and retail" from 2003 to 2011 includes the amount of "lodging and catering industry".

证券投资
Investment

单位：人民币百万元
Unit：In RMB millions

项目 Item 年份 Year	2003	2004	2005	2006	2007	2008
债务工具	1,034,264	1,222,439	2,300,385	2,855,321	3,100,861	3,039,540
非重组类债券 Investment in bonds not related to restructuring	636,268	824,443	1,225,924	1,796,157	2,074,094	2,063,981
重组类债券 Investment in bonds related to restructuring	397,996	397,996	1,074,461	1,059,164	1,026,767	975,559
其他债务工具 Other debt instruments	—	—	—	—	—	—
权益工具及其他 Equity instruments and others	11,178	8,892	6,949	5,544	6,553	8,790
合计 Total	1,045,442	1,231,331	2,307,334	2,860,865	3,107,414	3,048,330

项目 Item 年份 Year	2009	2010	2011	2012	2013
债务工具	3,594,560	3,727,086	3,912,033	4,067,207	4,144,950
非重组类债券 Investment in bonds not related to restructuring	2,699,254	3,322,915	3,402,795	3,719,302	3,836,995
重组类债券 Investment in bonds related to restructuring	895,306	402,321	397,996	260,096	231,046
其他债务工具 Other debt instruments	—	1,850	111,242	87,809	76,909
权益工具及其他 Equity instruments and others	4,613	5,182	3,869	16,680	177,294
合计 Total	3,599,173	3,732,268	3,915,902	4,083,887	4,322,244

按持有目的划分的投资结构
Distribution of Investment by Holding Purpose

项目 Item / 年份 Year	2006	2007	2008	2009
以公允价值计量且其变动计入当期损益的金融资产 Financial assets designated at fair value through profit or loss	21,156	34,321	33,641	20,147
可供出售金融资产 Available-for-sale financial assets	504,609	531,241	537,600	949,909
持有至到期投资 Held-to-maturity investments	1,228,937	1,330,085	1,314,320	1,496,738
应收款项类投资 Receivables	1,106,163	1,211,767	1,162,769	1,132,379
其中：重组类债券 Of which: Investment in bonds related to restructuring	1,059,164	1,026,767	975,559	895,306
合计 Total	2,860,865	3,107,414	3,048,330	3,599,173

项目 Item / 年份 Year	2010	2011	2012	2013
以公允价值计量且其变动计入当期损益的金融资产 Financial assets designated at fair value through profit or loss	12,986	152,208	221,671	372,556
可供出售金融资产 Available-for-sale financial assets	904,795	840,105	920,939	1,000,800
持有至到期投资 Held-to-maturity investments	2,312,781	2,424,785	2,576,562	2,624,400
应收款项类投资 Receivables	501,706	498,804	364,715	324,488
其中：重组类债券 Of which: Investment in bonds related to restructuring	402,321	397,996	260,096	231,046
合计 Total	3,732,268	3,915,902	4,083,887	4,322,244

按发行主体划分的非重组类债券投资结构
Distribution of Investment in Bonds not Related to Restructuring by Issuer

单位：人民币百万元
Unit：In RMB millions

项目 Item 年份 Year	2003	2004	2005	2006
政府债券 Government bonds	256,527	265,269	309,867	348,445
中央银行债券 Central bank bills	108,200	245,585	505,789	761,548
政策性银行债券 Policy bank bonds	218,696	260,870	306,350	428,111
其他债券 Other bonds	52,845	52,719	103,918	258,053
合计 Total	**636,268**	**824,443**	**1,225,924**	**1,796,157**

项目 Item 年份 Year	2007	2008	2009	2010
政府债券 Government bonds	431,917	422,585	570,952	728,399
中央银行债券 Central bank bills	554,311	601,127	967,146	1,184,717
政策性银行债券 Policy bank bonds	783,929	797,024	759,010	977,903
其他债券 Other bonds	303,937	243,245	402,146	431,896
合计 Total	**2,074,094**	**2,063,981**	**2,699,254**	**3,322,915**

项目 Item 年份 Year	2011	2012	2013
政府债券 Government bonds	858,194	875,876	976,351
中央银行债券 Central bank bills	682,676	553,216	389,662
政策性银行债券 Policy bank bonds	1,318,582	1,587,949	1,682,619
其他债券 Other bonds	543,343	702,261	788,363
合计 Total	**3,402,795**	**3,719,302**	**3,836,995**

按币种划分的非重组类债券投资结构
Distribution of Investment in Bonds not Related to Restructuring by Currency

单位：人民币百万元
Unit：In RMB millions

项目 Item \ 年份 Year	2006	2007	2008	2009
人民币债券 RMB	1,577,234	1,863,203	1,936,467	2,593,342
美元债券 USD	199,755	193,584	88,186	76,346
其他外币债券 Other foreign currencies	19,168	17,307	39,328	29,566
合计 Total	1,796,157	2,074,094	2,063,981	2,699,254

项目 Item \ 年份 Year	2010	2011	2012	2013
人民币债券 RMB	3,228,013	3,329,079	3,627,651	3,734,780
美元债券 USD	68,252	52,213	64,165	75,556
其他外币债券 Other foreign currencies	26,650	21,503	27,486	26,659
合计 Total	3,322,915	3,402,795	3,719,302	3,836,995

按剩余期限划分的非重组类债券结构
Distribution of Investment in Bonds not Related to Restructuring by Remaining Maturity

单位：人民币百万元
Unit：In RMB millions

剩余期限 Remaining maturity	2006	2007	2008	2009
无期限① Undated	-	6,175	31,474	10,489
3个月内 Less than 3 months	273,246	208,092	153,839	315,543
3至12个月 3–12 months	595,070	384,079	299,819	780,720
1至5年 1–5 years	536,383	967,982	1,180,561	1,011,601
5年以上 Over 5 years	391,458	507,766	398,288	580,901
合计 Total	**1,796,157**	**2,074,094**	**2,063,981**	**2,699,254**

剩余期限 Remaining maturity	2010	2011	2012	2013
无期限① Undated	6,884	391	436	77
3个月内 Less than 3 months	351,405	96,420	92,356	148,963
3至12个月 3–12 months	719,339	498,240	795,265	522,375
1至5年 1–5 years	1,453,337	1,868,781	1,786,793	2,129,398
5年以上 Over 5 years	791,950	938,963	1,044,452	1,036,182
合计 Total	**3,322,915**	**3,402,795**	**3,719,302**	**3,836,995**

注： ① 为已减值部分。
Note：① Refers to imparied bonds.

主要负债项目及权益
Key Liability Items and Equity

年份 Year	项目 Item	负债总额 Total Liabilities	客户存款 Due to Customers	其中：公司存款 Corporate Deposits	其中：个人存款 Personal Deposits	外币存款 （百万美元） Foreign Currency Deposits （USD millions）	股东权益 Equity
1984		254,357	169,616	102,523	67,093	—	18,449
1985		314,852	193,880	104,322	89,558	—	18,425
1986		407,293	255,374	135,708	119,666	—	18,435
1987		475,431	317,238	161,688	155,550	—	18,435
1988		529,498	356,169	175,432	180,737	752	32,154
1989		721,979	413,109	183,112	229,997	1,278	50,556
1990		883,048	517,349	223,039	294,310	2,608	55,320
1991		1,053,481	640,503	277,386	363,117	3,630	63,988
1992		1,363,207	796,230	365,064	431,166	5,469	70,446
1993		1,871,087	884,444	362,881	521,563	7,310	87,971
1994		2,546,274	1,191,019	467,364	723,655	8,639	87,664
1995		3,014,785	1,512,737	571,029	941,708	10,488	92,711
1996		3,535,416	1,900,885	728,183	1,172,702	11,268	94,154
1997		2,839,929	2,251,050	862,670	1,388,380	12,071	96,856
1998		3,054,845	2,631,768	1,082,549	1,549,219	14,728	183,893
1999		3,358,391	2,982,378	1,248,299	1,734,079	17,793	181,475
2000		3,809,189	3,266,792	1,443,118	1,823,674	23,008	188,656
2001		4,146,058	3,612,194	1,565,420	2,046,774	23,794	192,927
2002		4,594,767	4,100,517	1,815,343	2,285,174	24,385	182,006
2003		5,095,658	4,706,861	2,014,227	2,580,898	23,411	(535,484)
2004		5,577,369	5,176,282	2,233,484	2,810,234	23,493	(504,495)
2005		6,196,255	5,736,866	2,483,709	3,106,298	29,179	260,984
2006		7,037,685	6,326,390	2,915,451	3,317,253	33,910	471,804
2007		8,140,036	6,898,413	3,506,809	3,276,574	38,994	544,252
2008		9,150,516	8,223,446	4,058,201	4,049,215	45,858	607,138
2009		11,106,119	9,771,277	4,933,232	4,701,330	46,736	678,934
2010		12,636,965	11,145,557	5,653,237	5,299,444	57,218	821,657
2011		14,519,045	12,261,219	6,182,465	5,901,435	80,954	957,823
2012		16,413,758	13,642,910	6,908,936	6,554,287	109,869	1,128,459
2013		17,639,289	14,620,825	7,503,497	6,895,839	121,715	1,278,463

财务数据 FINANCIAL DATA

同业数据 DATA OF PEER BANKS

业务数据 BUSINESS DATA

排名及评级 MAIN RANKINGS AND CREDIT RATINGS

资产负债表与利润表 FINANCIAL STATEMENTS

负债结构表
Structure of Liability

单位：人民币百万元
Unit：In RMB millions

项目 Item / 年份 Year	1984	1985	1986	1987	1988
客户存款 Due to customers	169,616	193,880	255,374	317,238	356,169
同业及其他金融机构存放和拆入款项 Due to banks and other financial institutions	69,760	94,675	112,686	115,769	140,783
卖出回购款项 Repurchase agreements	—	—	—	—	—
已发行债务证券 Debt securities issued	—	—	—	—	3,085
其他 Others	14,981	26,297	39,233	42,424	29,461
负债合计 Total liabilities	**254,357**	**314,852**	**407,293**	**475,431**	**529,498**

项目 Item / 年份 Year	1989	1990	1991	1992	1993
客户存款 Due to customers	413,109	517,349	640,503	796,230	884,444
同业及其他金融机构存放和拆入款项 Due to banks and other financial institutions	176,828	206,221	219,300	242,118	411,721
卖出回购款项 Repurchase agreements	—	—	—	—	—
已发行债务证券 Debt securities issued	2,464	3,239	6,357	9,513	7,220
其他 Others	129,578	156,239	187,321	315,346	567,702
负债合计 Total liabilities	**721,979**	**883,048**	**1,053,481**	**1,363,207**	**1,871,087**

项目 Item / 年份 Year	1994	1995	1996	1997	1998
客户存款 Due to customers	1,191,019	1,512,737	1,900,885	2,251,050	2,631,768
同业及其他金融机构存放和拆入款项 Due to banks and other financial institutions	1,091,186	1,251,500	1,343,113	349,267	249,873
卖出回购款项 Repurchase agreements	—	—	—	—	—
已发行债务证券 Debt securities issued	5,694	5,568	5,721	991	102
其他 Others	258,375	244,980	285,697	238,621	173,102
负债合计 Total liabilities	**2,546,274**	**3,014,785**	**3,535,416**	**2,839,929**	**3,054,845**

项目 Item 年份 Year	1999	2000	2001	2002	2003
客户存款 Due to customers	2,982,378	3,266,792	3,612,194	4,100,517	4,706,861
同业及其他金融机构存放和拆入款项 Due to banks and other financial institutions	222,790	351,605	343,551	292,739	219,009
卖出回购款项 Repurchase agreements	—	—	—	—	16,253
已发行债务证券 Debt securities issued	67	21	-	-	-
其他 Others	153,156	190,771	190,313	201,511	153,535
负债合计 Total liabilities	3,358,391	3,809,189	4,146,058	4,594,767	5,095,658

项目 Item 年份 Year	2004	2005	2006	2007	2008
客户存款 Due to customers	5,176,282	5,736,866	6,326,390	6,898,413	8,223,446
同业及其他金融机构存放和拆入款项 Due to banks and other financial institutions	205,695	232,910	400,318	805,174	646,254
卖出回购款项 Repurchase agreements	26,339	32,301	48,610	193,508	4,648
已发行债务证券 Debt securities issued	3,294	38,076	35,000	35,000	35,000
其他 Others	165,759	156,102	227,367	207,941	241,168
负债合计 Total liabilities	5,577,369	6,196,255	7,037,685	8,140,036	9,150,516

项目 Item 年份 Year	2009	2010	2011	2012	2013
客户存款 Due to customers	9,771,277	11,145,557	12,261,219	13,642,910	14,620,825
同业及其他金融机构存放和拆入款项 Due to banks and other financial institutions	1,001,634	1,048,002	1,341,290	1,486,805	1,269,255
卖出回购款项 Repurchase agreements	36,060	84,888	206,254	237,764	299,304
已发行债务证券 Debt securities issued	75,000	100,410	204,161	232,186	253,018
其他 Others	222,148	258,108	506,121	814,093	1,196,887
负债合计 Total liabilities	11,106,119	12,636,965	14,519,045	16,413,758	17,639,289

注：　1994—1996年同业存放项目较大是由于内部往来项目未轧差所致。
Notes: Due to banks and other financial institutions for 1994-1996 is large due to no netting of internal current accounts.

按业务类型划分的客户存款结构
Distribution of Due to Customers by Business Line

单位：人民币百万元
Unit：In RMB millions

项目 Item	年份 Year	1984	1985	1986	1987	1988
公司存款 Corporate deposits						
活期 Demand deposits		101,552	103,442	134,475	156,862	168,828
定期 Time deposits		971	880	1,233	4,826	6,604
小计 Subtotal		102,523	104,322	135,708	161,688	175,432
个人存款 Personal deposits						
活期 Demand deposits		13,848	18,075	22,327	29,694	37,781
定期 Time deposits		53,245	71,483	97,339	125,856	142,956
小计 Subtotal		67,093	89,558	119,666	155,550	180,737
其他存款 Other deposits		—	—	—	—	—
合计 **Total**		**169,616**	**193,880**	**255,374**	**317,238**	**356,169**

项目 Item	年份 Year	1989	1990	1991	1992	1993
公司存款 Corporate deposits						
活期 Demand deposits		170,700	203,828	250,709	335,128	348,726
定期 Time deposits		12,412	19,211	26,677	29,936	14,155
小计 Subtotal		183,112	223,039	277,386	365,064	362,881
个人存款 Personal deposits						
活期 Demand deposits		35,917	41,378	51,143	69,559	82,364
定期 Time deposits		194,080	252,932	311,974	361,607	439,199
小计 Subtotal		229,997	294,310	363,117	431,166	521,563
其他存款 Other deposits		—	—	—	—	—
合计 **Total**		**413,109**	**517,349**	**640,503**	**796,230**	**884,444**

项目 Item	1994	1995	1996	1997	1998
公司存款 Corporate deposits					
活期 Demand deposits	410,279	482,073	579,094	681,975	860,185
定期 Time deposits	57,085	88,956	149,089	180,695	222,364
小计 Subtotal	467,364	571,029	728,183	862,670	1,082,549
个人存款 Personal deposits					
活期 Demand deposits	134,729	158,164	204,015	312,911	312,385
定期 Time deposits	588,926	783,544	968,687	1,075,469	1,236,834
小计 Subtotal	723,655	941,708	1,172,702	1,388,380	1,549,219
其他存款 Other deposits	—	—	—	—	—
合计 Total	1,191,019	1,512,737	1,900,885	2,251,050	2,631,768

项目 Item	1999	2000	2001	2002	2003
公司存款 Corporate deposits					
活期 Demand deposits	995,512	1,139,109	1,232,802	1,454,210	1,532,662
定期 Time deposits	252,787	304,009	332,618	361,133	481,565
小计 Subtotal	1,248,299	1,443,118	1,565,420	1,815,343	2,014,227
个人存款 Personal deposits					
活期 Demand deposits	398,896	466,623	585,056	668,101	775,333
定期 Time deposits	1,335,183	1,357,051	1,461,718	1,617,073	1,805,565
小计 Subtotal	1,734,079	1,823,674	2,046,774	2,285,174	2,580,898
其他存款 Other deposits	—	—	—	—	111,736
合计 Total	2,982,378	3,266,792	3,612,194	4,100,517	4,706,861

同业数据 DATA OF PEER BANKS

业务数据 BUSINESS DATA

排名及评级 MAIN RANKINGS AND CREDIT RATINGS

资产负债表与利润表 FINANCIAL STATEMENTS

续表
Continued

项目 Item	年份 Year 2004	2005	2006	2007	2008
公司存款 Corporate deposits					
活期 Demand deposits	1,654,146	1,778,145	1,985,647	2,378,392	2,575,763
定期 Time deposits	579,338	705,564	929,804	1,128,417	1,482,438
小计 Subtotal	2,233,484	2,483,709	2,915,451	3,506,809	4,058,201
个人存款 Personal deposits					
活期 Demand deposits	870,897	1,003,498	1,105,575	1,182,787	1,444,430
定期 Time deposits	1,939,337	2,102,800	2,211,678	2,093,787	2,604,785
小计 Subtotal	2,810,234	3,106,298	3,317,253	3,276,574	4,049,215
其他存款 Other deposits	132,564	146,859	93,686	115,030	116,030
合计 Total	**5,176,282**	**5,736,866**	**6,326,390**	**6,898,413**	**8,223,446**

项目 Item	年份 Year 2009	2010	2011	2012	2013
公司存款 Corporate deposits					
活期 Demand deposits	3,196,723	3,582,242	3,817,904	3,993,865	4,038,872
定期 Time deposits	1,736,509	2,070,995	2,364,561	2,915,071	3,464,625
小计 Subtotal	4,933,232	5,653,237	6,182,465	6,908,936	7,503,497
个人存款 Personal deposits					
活期 Demand deposits	1,826,683	2,273,322	2,565,691	2,800,169	2,994,741
定期 Time deposits	2,874,647	3,026,122	3,335,744	3,754,118	3,901,098
小计 Subtotal	4,701,330	5,299,444	5,901,435	6,554,287	6,895,839
其他存款 Other deposits	136,715	192,876	177,319	179,687	221,489
合计 Total	**9,771,277**	**11,145,557**	**12,261,219**	**13,642,910**	**14,620,825**

按地域划分的客户存款结构
Distribution of Due to Customers by Geographic Area

项目 Item / 年份 Year	1984	1985	1986	1987	1988
总行本部 Head office	-	-	-	21	298
长江三角洲 Yangtze river delta	26,260	30,456	40,260	48,374	51,815
珠江三角洲 Pearl river delta	17,253	19,667	26,513	31,767	38,878
环渤海地区 Bohai rim	41,282	45,877	58,419	71,532	77,877
中部地区 Central China	29,067	33,802	44,648	57,836	65,934
西部地区 Western China	34,241	37,782	49,962	62,424	68,624
东北地区 Northeastern China	21,513	25,944	33,913	42,451	52,733
境外及其他 Overseas and others	-	-	-	-	-
合计 Total	169,616	193,528	253,715	314,405	356,159

项目 Item / 年份 Year	1989	1990	1991	1992	1993
总行本部 Head office	760	575	582	633	2,424
长江三角洲 Yangtze river delta	59,446	75,628	93,530	115,950	138,153
珠江三角洲 Pearl river delta	44,728	57,681	74,815	102,629	110,678
环渤海地区 Bohai rim	91,932	115,827	144,382	179,418	197,419
中部地区 Central China	76,782	95,382	116,153	140,062	156,582
西部地区 Western China	78,772	99,976	123,058	150,136	165,529
东北地区 Northeastern China	60,689	72,280	87,983	107,402	113,659
境外及其他 Overseas and others	-	-	-	-	-
合计 Total	413,109	517,349	640,503	796,230	884,444

续表
Continued

项目 Item	年份 Year	1994	1995	1996	1997	1998
总行本部 Head office		1,496	5,925	11,985	11,966	16,981
长江三角洲 Yangtze river delta		198,189	280,623	327,949	402,412	458,873
珠江三角洲 Pearl river delta		152,922	168,565	268,778	329,800	386,073
环渤海地区 Bohai rim		283,181	414,428	455,365	542,932	653,657
中部地区 Central China		220,348	260,708	290,786	332,595	375,264
西部地区 Western China		204,077	247,083	325,575	384,132	436,783
东北地区 Northeastern China		146,098	135,405	220,446	265,771	298,764
境外及其他 Overseas and others		-	-	-	-	-
合计 Total		1,206,311	1,512,737	1,900,885	2,269,608	2,626,395

项目 Item	年份 Year	1999	2000	2001	2002	2003
总行本部 Head office		29,293	32,673	33,866	36,214	40,271
长江三角洲 Yangtze river delta		514,710	541,189	619,639	750,982	924,078
珠江三角洲 Pearl river delta		439,789	482,694	535,796	601,694	675,489
环渤海地区 Bohai rim		755,418	838,361	925,141	1,065,391	1,189,460
中部地区 Central China		459,281	459,346	508,809	565,731	658,715
西部地区 Western China		451,806	546,954	593,267	642,843	739,936
东北地区 Northeastern China		330,502	343,547	363,397	392,929	438,162
境外及其他 Overseas and others		-	-	-	-	40,750
合计 Total		2,980,799	3,244,764	3,579,915	4,055,784	4,706,861

项目 Item / 年份 Year	2004	2005	2006	2007	2008
总行本部 Head office	80,061	73,317	111,411	141,033	204,034
长江三角洲 Yangtze river delta	1,021,123	1,150,194	1,274,078	1,422,829	1,695,156
珠江三角洲 Pearl river delta	713,036	785,937	833,540	902,871	1,036,594
环渤海地区 Bohai rim	1,310,384	1,524,750	1,676,173	1,798,664	2,138,473
中部地区 Central China	726,017	796,921	877,459	947,394	1,145,525
西部地区 Western China	810,213	860,268	952,732	1,032,526	1,264,649
东北地区 Northeastern China	451,426	476,559	496,189	516,389	580,793
境外及其他 Overseas and others	64,022	68,920	104,808	136,707	158,222
合计 Total	5,176,282	5,736,866	6,326,390	6,898,413	8,223,446

项目 Item / 年份 Year	2009	2010	2011	2012	2013
总行本部 Head office	148,757	135,352	144,770	116,069	128,631
长江三角洲 Yangtze river delta	2,038,077	2,373,874	2,614,237	2,873,019	2,961,946
珠江三角洲 Pearl river delta	1,234,464	1,471,751	1,609,536	1,801,666	1,903,961
环渤海地区 Bohai rim	2,567,898	2,877,659	3,085,768	3,430,503	3,783,427
中部地区 Central China	1,376,586	1,559,480	1,727,284	1,931,610	2,070,744
西部地区 Western China	1,533,885	1,757,818	1,981,823	2,272,311	2,432,806
东北地区 Northeastern China	685,970	731,908	786,509	858,125	886,193
境外及其他 Overseas and others	185,640	237,715	311,292	359,607	453,117
合计 Total	9,771,277	11,145,557	12,261,219	13,642,910	14,620,825

按币种划分的客户存款结构
Distribution of Due to Customers by Currency

单位：人民币百万元
Unit：In RMB millions

项目 Item	年份 Year 2003	2004	2005	2006	2007	2008
人民币存款 RMB deposites	4,404,993	4,855,210	5,424,638	6,000,040	6,626,810	7,913,378
外币存款 Foreign currency deposites	190,132	188,508	165,369	127,863	271,603	310,068
其中：　美元 Of which: USD	147,536	146,955	119,261	91,715	140,470	176,924
港元 HKD	—	—	—	21,444	105,361	99,135
其他币种 Other foreign currencies	42,596	41,553	46,108	14,704	25,772	34,009
合计 Total	**4,595,125**	**5,043,718**	**5,590,007**	**6,127,903**	**6,898,413**	**8,223,446**

项目 Item	年份 Year 2009	2010	2011	2012	2013
人民币存款 RMB deposites	9,457,807	10,791,485	11,829,251	13,076,332	14,032,121
外币存款 Foreign currency deposites	313,470	354,072	431,968	566,578	588,704
其中：　美元 Of which: USD	163,755	166,357	183,146	250,042	299,284
港元 HKD	106,041	126,104	140,648	137,219	188,478
其他币种 Other foreign currencies	43,674	61,611	108,174	179,317	100,942
合计 Total	**9,771,277**	**11,145,557**	**12,261,219**	**13,642,910**	**14,620,825**

注： 本表中列示的外币存款单位为人民币。2003—2005年港元存款列示在"其他币种"中。2003-2006年为境内分行口径，2007—2012年为集团口径。

Note: Foreign currency-denominated deposits in the table are in RMB. HKD deposits in 2003-2005 are listed under "Other Currencies". Data of 2003-2006 refer to domestic branches, and data of 2007-2012 refer to the Group.

按剩余期限划分的客户存款结构
Distribution of Due to Customers by Remaining Maturity

单位：人民币百万元
Unit：In RMB millions

剩余期限 Remaining maturity	年份 Year 2006	2007	2008	2009
活期 Demand deposits	3,190,873	3,817,479	4,177,866	5,227,043
3个月以内 Less than 3 months	1,102,816	1,098,218	1,350,735	1,519,544
3-12个月 3–12 months	1,453,971	1,506,322	2,098,624	2,359,489
1-5年 1–5 years	577,387	472,861	590,151	655,590
5年以上 Over 5 years	1,343	3,533	6,070	9,611
合计 Total	6,326,390	6,898,413	8,223,446	9,771,277

剩余期限 Remaining maturity	年份 Year 2010	2011	2012	2013
活期 Demand deposits	6,134,482	6,660,720	7,076,646	7,602,977
3个月以内 Less than 3 months	1,697,494	1,896,819	2,041,502	2,112,169
3-12个月 3–12 months	2,527,394	2,615,102	2,964,264	3,237,621
1-5年 1–5 years	772,418	1,071,244	1,533,049	1,610,908
5年以上 Over 5 years	13,769	17,334	27,449	57,150
合计 Total	11,145,557	12,261,219	13,642,910	14,620,825

平均总资产回报率
Return on Assets

单位：%
Unit：%

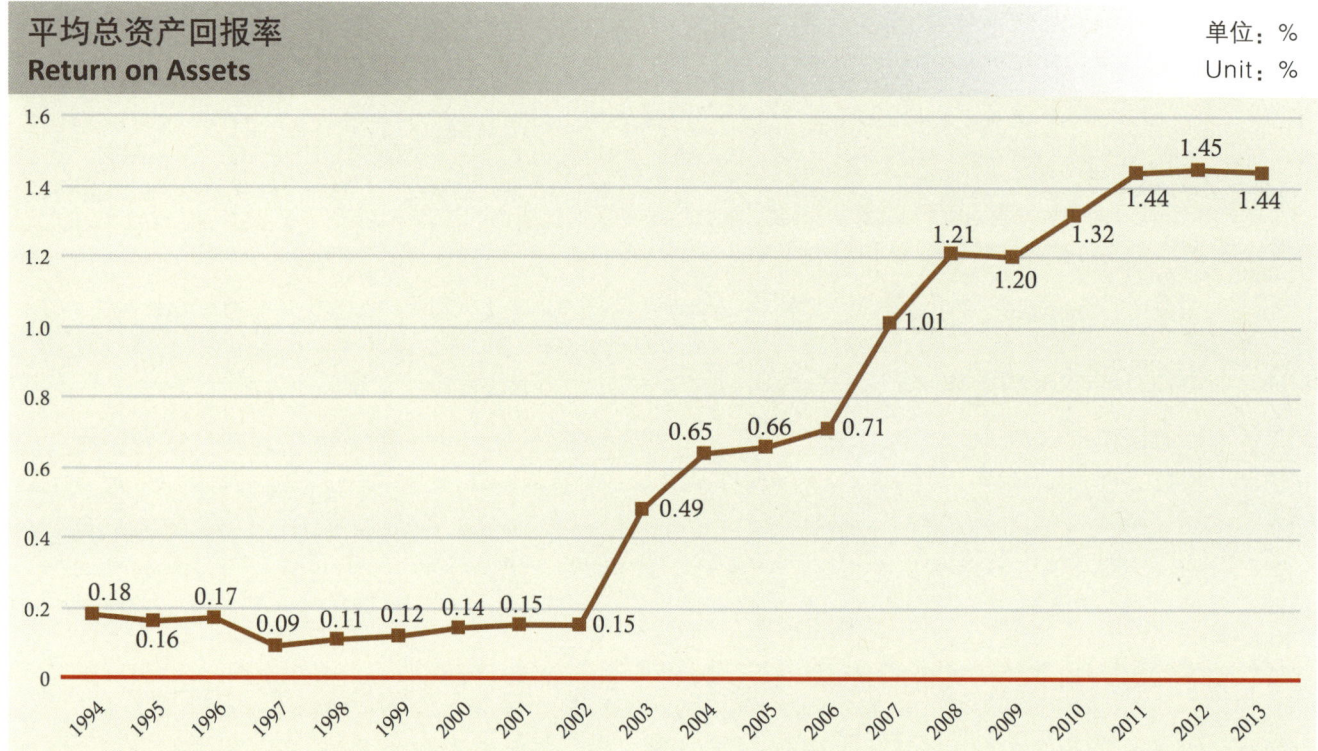

注： 平均总资产回报率为净利润除以期初期末总资产平均数。
Note: Return on assets is calculated by dividing net profit by the average between total assets at the beginning and at the end of the period.

净资产收益率
Return on Equity

单位：%
Unit：%

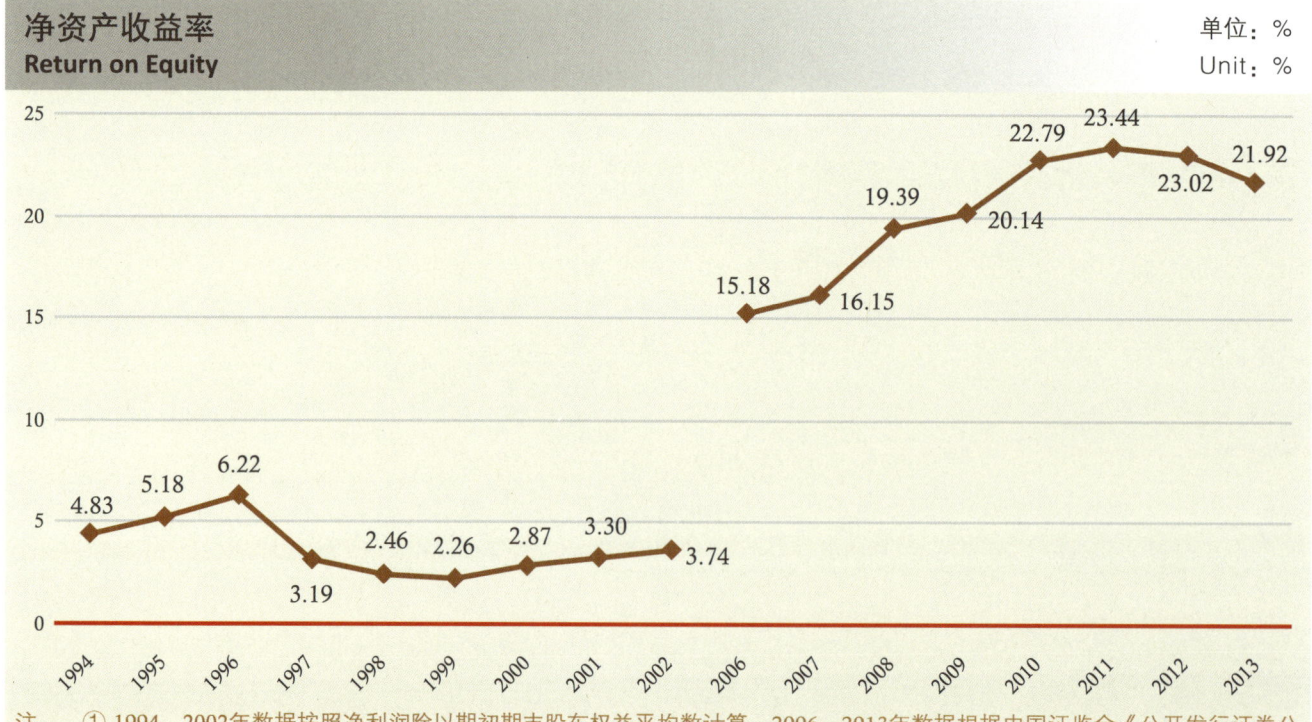

注： ① 1994—2002年数据按照净利润除以期初期末股东权益平均数计算，2006—2013年数据根据中国证监会《公开发行证券公司信息披露编报规则第9号》的规定计算。
② 2003—2004年出现了资本赤字，2003—2005年加权平均净资产回报率为不适用。

Notes: ① Data for 1994-2002 are calculated by dividing net profit by the average equity at the beginning and at the end of the period. Data for 2006-2013 are calculated based on the *Rules for the Compilation and Submission of Information Disclosure by Companies that Offer Securities to the Public No. 9* issued by CSRC.
② Capital deficit occurred in 2003-2004. Weighted ROE is inapplicable for 2003-2005.

净利息收益率和净利息差
Net Interest Margin and Net Interest Spread

单位：%
Unit：%

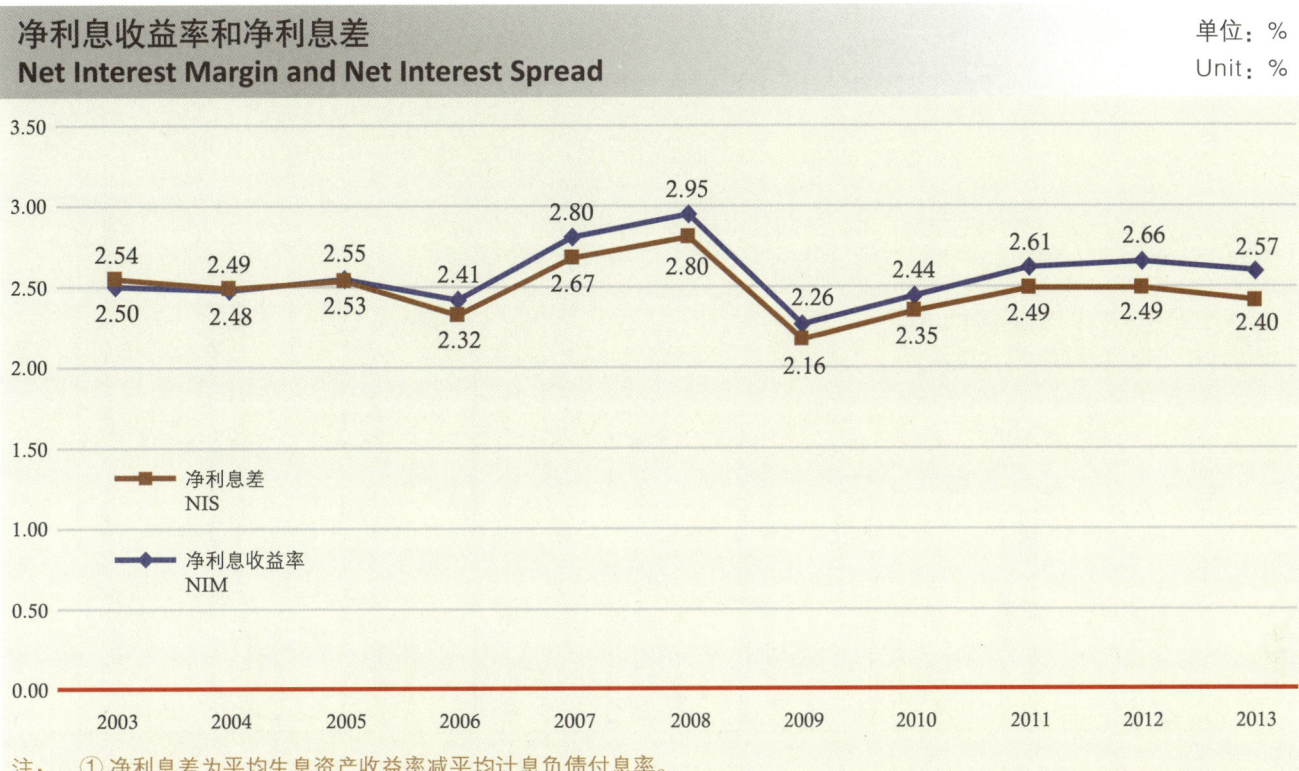

注： ① 净利息差为平均生息资产收益率减平均计息负债付息率。
　　 ② 净利息收益率为利息净收入除以平均生息资产。
Notes： ① Net interest spread is calculated by the spread between average yield of interest-generating assets and average cost of interest-bearing liabilities.
　　 ② Net interest margin is calculated by dividing net interest income by the average balance of interest-generating assets.

成本收入比
Cost to Income Ratio

单位：%
Unit：%

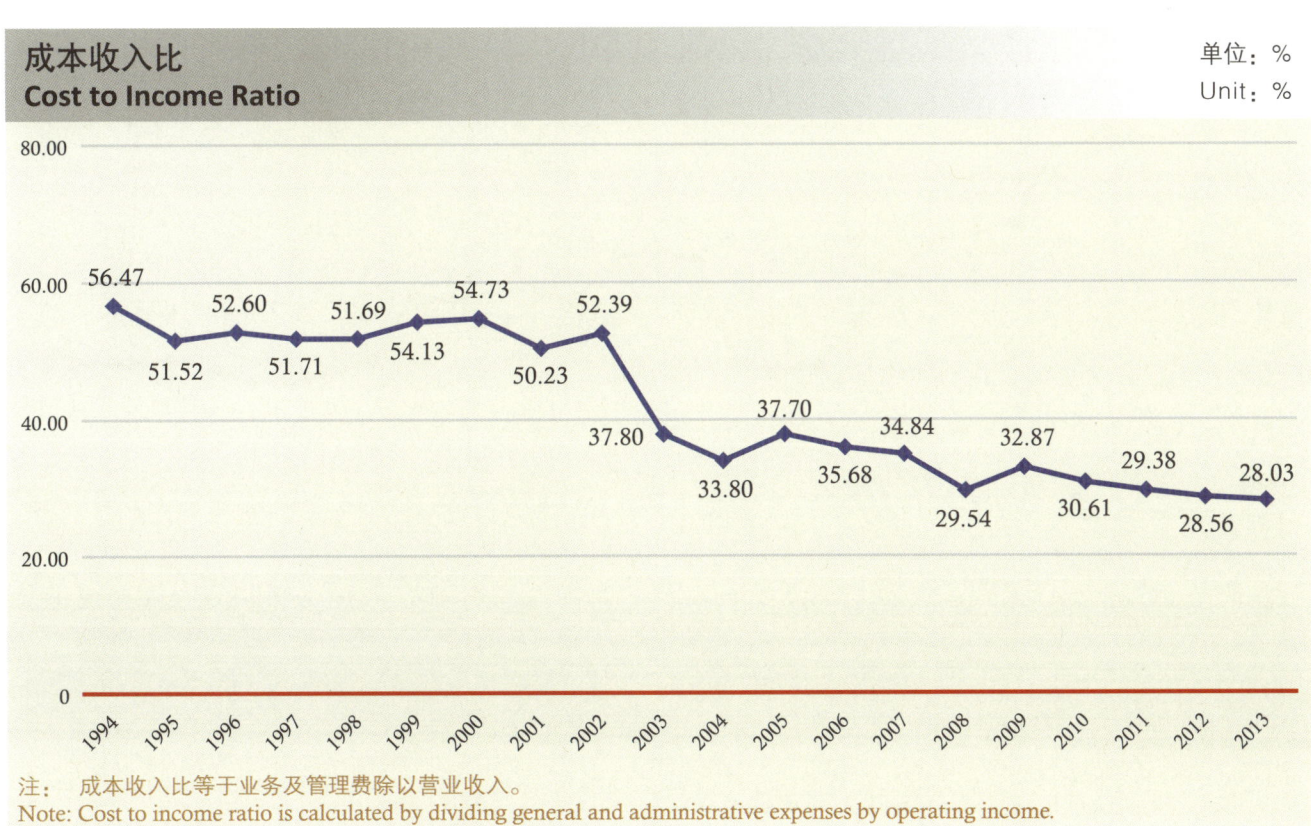

注： 成本收入比等于业务及管理费除以营业收入。
Note: Cost to income ratio is calculated by dividing general and administrative expenses by operating income.

每股收益、每股净资产
Earnings and Net Assets Value per Share

单位：人民币元
Unit：RMB Yuan

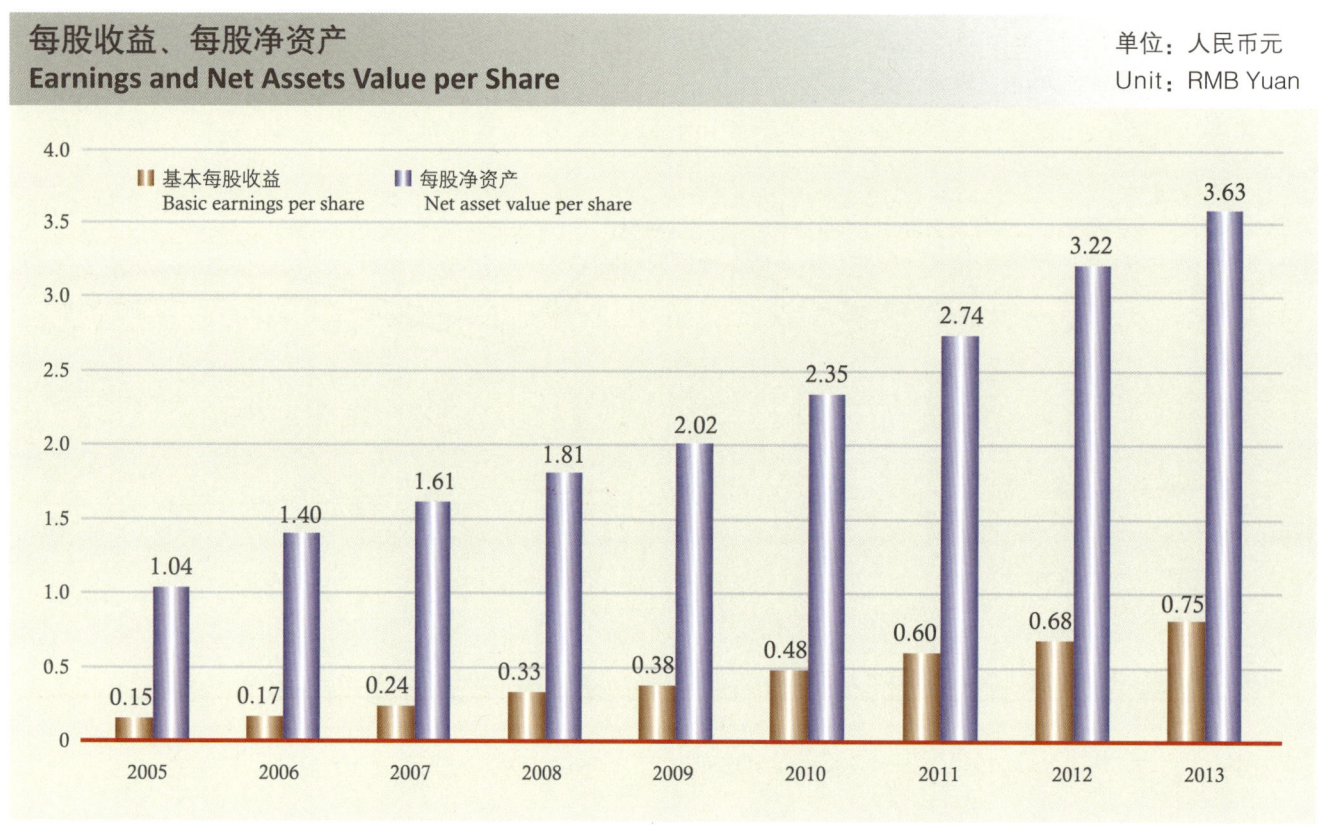

信贷资产占比
Proportion of Credit Assets to Total Assets

单位：%
Unit：%

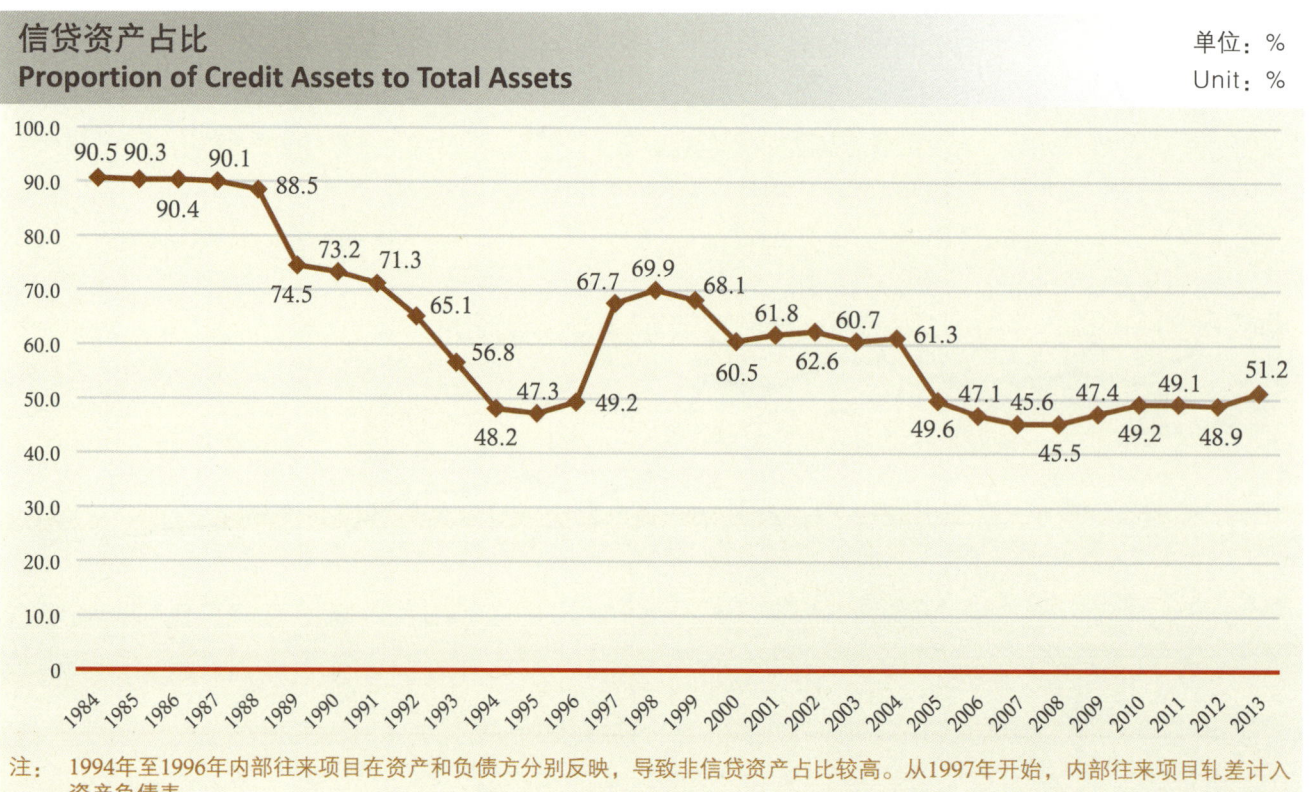

注： 1994年至1996年内部往来项目在资产和负债方分别反映，导致非信贷资产占比较高。从1997年开始，内部往来项目轧差计入资产负债表。

Note: Internal current accounts from 1994 to 1996 are reflected on assets and liabilities respectively, resulting in higher non-credit assets. Internal current accounts began netting and recording into the balance sheet in 1997.

主要财务指标表
Key Financial Indicators

表1

年份 Year	项目 Item	平均总资产回报率 Return on assets	平均净资产收益率 Return on equity	成本收入比 Cost to income ratio
1994		0.18	4.83	56.47
1995		0.16	5.18	51.52
1996		0.17	6.22	52.60
1997		0.09	3.19	51.71
1998		0.11	2.46	51.69
1999		0.12	2.26	54.13
2000		0.14	2.87	54.73
2001		0.15	3.30	50.23
2002		0.15	3.74	52.39
2003		0.49	不适用	37.80
2004		0.65	不适用	33.80
2005		0.66	不适用	37.70
2006		0.71	15.18	35.68
2007		1.01	16.15	34.84
2008		1.21	19.39	29.54
2009		1.20	20.14	32.87
2010		1.32	22.79	30.61
2011		1.44	23.44	29.38
2012		1.45	23.02	28.56
2013		1.44	21.92	28.03

表2

年份 Year	项目 Item	净利息收益率 Net interest margin	净利息差 Net interest spread	基本每股收益 （人民币元） Basic earnings per share (RMB Yuan)	每股净资产 （人民币元） Net asset value per share (RMB Yuan)
2003		2.50	2.54	—	—
2004		2.48	2.49	—	—
2005		2.55	2.53	0.15	1.04
2006		2.41	2.32	0.17	1.40
2007		2.80	2.67	0.24	1.61
2008		2.95	2.80	0.33	1.81
2009		2.26	2.16	0.38	2.02
2010		2.44	2.35	0.48	2.35
2011		2.61	2.49	0.60	2.74
2012		2.66	2.49	0.68	3.22
2013		2.57	2.40	0.75	3.63

表3

项目 Item	年份 Year	1984	1985	1986	1987	1988	1989	1990	1991	1992	1993
信贷资产占比 Proportion of credit assets to total assets (%)		90.5	90.3	90.4	90.1	88.5	74.5	73.2	71.3	65.1	56.8

项目 Item	年份 Year	1994	1995	1996	1997	1998	1999	2000	2001	2002	2003
信贷资产占比 Proportion of credit assets to total assets (%)		48.2	47.3	49.2	67.7	69.9	68.1	60.5	61.8	62.6	60.7

项目 Item	年份 Year	2004	2005	2006	2007	2008	2009	2010	2011	2012	2013
信贷资产占比 Proportion of credit assets to total assets (%)		61.3	49.6	47.1	45.6	45.5	47.4	49.2	49.1	48.9	51.2

贷款基准利率表

Benchmark Interest Rate of RMB Loans

单位：%

Unit：%

调整时间 Adjustment date	6个月(含) 6 months	6个月至1年(含) 6 months to 1 year	1至3年(含) 1 to 3 years	3至5年(含) 3 to 5 years	5年以上 above 5 years
1991.04.21	8.10	8.64	9.00	9.54	9.72
1993.05.15	8.82	9.36	10.80	12.06	12.24
1993.07.11	9.00	10.98	12.24	13.86	14.04
1995.01.01	9.00	10.98	12.96	14.58	14.76
1995.07.01	10.08	12.06	13.50	15.12	15.30
1996.05.01	9.72	10.98	13.14	14.94	15.12
1996.08.23	9.18	10.08	10.98	11.70	12.42
1997.10.23	7.65	8.64	9.36	9.90	10.53
1998.03.25	7.02	7.92	9.00	9.72	10.35
1998.07.01	6.57	6.93	7.11	7.65	8.01
1998.12.07	6.12	6.39	6.66	7.20	7.56
1999.06.10	5.58	5.85	5.94	6.03	6.21
2002.02.21	5.04	5.31	5.49	5.58	5.76
2004.10.29	5.22	5.58	5.76	5.85	6.12
2006.04.28	5.40	5.85	6.03	6.12	6.39
2006.08.19	5.58	6.12	6.30	6.48	6.84
2007.03.18	5.67	6.39	6.57	6.75	7.11
2007.05.19	5.85	6.57	6.75	6.93	7.20
2007.07.21	6.03	6.84	7.02	7.20	7.38
2007.08.22	6.21	7.02	7.20	7.38	7.56
2007.09.15	6.48	7.29	7.47	7.65	7.83
2007.12.21	6.57	7.47	7.56	7.74	7.83
2008.09.16	6.21	7.20	7.29	7.56	7.74
2008.10.09	6.12	6.93	7.02	7.29	7.47
2008.10.30	6.03	6.66	6.75	7.02	7.20
2008.11.27	5.04	5.58	5.67	5.94	6.12
2008.12.23	4.86	5.31	5.40	5.76	5.94
2010.10.20	5.10	5.56	5.60	5.96	6.14
2010.12.26	5.35	5.81	5.85	6.22	6.40
2011.02.09	5.60	6.06	6.10	6.45	6.60
2011.04.06	5.85	6.31	6.40	6.65	6.80
2011.07.07	6.10	6.56	6.65	6.90	7.05
2012.06.08	5.85	6.31	6.40	6.65	6.80
2012.07.06	5.60	6.00	6.15	6.40	6.55

存款基准利率表
Benchmark Interest Rate of RMB Deposits

单位：%
Unit：%

调整时间 Adjustment date	活期 Demand deposits	定 期 Time deposits					
		3个月 3 months	6个月 6 months	1年 1 year	2年 2 years	3年 3 years	5年 5 years
1990.04.15	2.88	6.30	7.74	10.08	10.98	11.88	13.68
1990.08.21	2.16	4.32	6.48	8.64	9.36	10.08	11.52
1991.04.21	1.80	3.24	5.40	7.56	7.92	8.28	9.00
1993.05.15	2.16	4.86	7.20	9.18	9.90	10.80	12.06
1993.07.11	3.15	6.66	9.00	10.98	11.70	12.24	13.86
1996.05.01	2.97	4.86	7.20	9.18	9.90	10.80	12.06
1996.08.23	1.98	3.33	5.40	7.47	7.92	8.28	9.00
1997.10.23	1.71	2.88	4.14	5.67	5.94	6.21	6.66
1998.03.25	1.71	2.88	4.14	5.22	5.58	6.21	6.66
1998.07.01	1.44	2.79	3.96	4.77	4.86	4.95	5.22
1998.12.07	1.44	2.79	3.33	3.78	3.96	4.14	4.50
1999.06.10	0.99	1.98	2.16	2.25	2.43	2.70	2.88
2002.02.21	0.72	1.71	1.89	1.98	2.25	2.52	2.79
2004.10.29	0.72	1.71	2.07	2.25	2.70	3.24	3.60
2006.08.19	0.72	1.80	2.25	2.52	3.06	3.69	4.14
2007.03.18	0.72	1.98	2.43	2.79	3.33	3.96	4.41
2007.05.19	0.72	2.07	2.61	3.06	3.69	4.41	4.95
2007.07.21	0.81	2.34	2.88	3.33	3.96	4.68	5.22
2007.08.22	0.81	2.61	3.15	3.60	4.23	4.95	5.49
2007.09.15	0.81	2.88	3.42	3.87	4.50	5.22	5.76
2007.12.21	0.72	3.33	3.78	4.14	4.68	5.40	5.85
2008.10.09	0.72	3.15	3.51	3.87	4.41	5.13	5.58
2008.10.30	0.72	2.88	3.24	3.60	4.14	4.77	5.13
2008.11.27	0.36	1.98	2.25	2.52	3.06	3.60	3.87
2008.12.23	0.36	1.71	1.98	2.25	2.79	3.33	3.60
2010.10.20	0.36	1.91	2.20	2.50	3.25	3.85	4.20
2010.12.26	0.36	2.25	2.50	2.75	3.55	4.15	4.55
2011.02.09	0.40	2.60	2.80	3.00	3.90	4.50	5.00
2011.04.06	0.50	2.85	3.05	3.25	4.15	4.75	5.25
2011.07.07	0.50	3.10	3.30	3.50	4.40	5.00	5.50
2012.06.08	0.40	2.85	3.05	3.25	4.10	4.65	5.10
2012.07.06	0.35	2.60	2.80	3.00	3.75	4.25	4.75

存款准备金率表
Deposit Reserve Requirement Ratio

时间 Date	调整前（%） Before adjustment (%)	调整后（%） After adjustment (%)	调整幅度(百分点) Change (in percentage points)
1984	央行按存款种类规定法定存款准备金率，企业存款20%，农村存款25%，储蓄存款40% PBC sets mandatory reserve requirement ratio by deposit type, 20% for corporate deposits, 25% for rural deposits and 40% for savings deposits		
1985	央行将法定存款准备金率统一调整为10% PBC uniformly adjusted the mandatory reserve requirement ratio into 10%		
1987	10.0	12.0	2
1988年9月1日 1 September 1988	12.0	13.0	1
1998年3月21日 21 March 1998	13.0	8.0	(5)
1999年11月21日 21 November 1999	8.0	6.0	(2)
2003年9月21日 21 September 2003	6.0	7.0	1
2004年4月25日 25 April 2004	7.0	7.5	0.5
2006年7月5日 5 July 2006	7.5	8.0	0.5
2006年8月15日 15 August 2006	8.0	8.5	0.5
2006年11月15日 15 November 2006	8.5	9.0	0.5
2007年1月15日 15 January 2007	9.0	9.5	0.5
2007年2月25日 25 February 2007	9.5	10.0	0.5
2007年4月16日 16 April 2007	10.0	10.5	0.5
2007年5月15日 15 May 2007	10.5	11.0	0.5
2007年6月5日 5 June 2007	11.0	11.5	0.5
2007年8月15日 15 August 2007	11.5	12.0	0.5
2007年9月25日 25 September 2007	12.0	12.5	0.5
2007年10月25日 25 October 2007	12.5	13.0	0.5
2007年11月26日 26 November 2007	13.0	13.5	0.5

续表
Continued

时间 Date	调整前（%） Before adjustment (%)	调整后（%） After adjustment (%)	调整幅度(百分点) Change (in percentage points)
2007年12月25日 25 December 2007	13.5	14.5	1
2008年1月25日 25 January 2008	14.5	15.0	0.5
2008年3月18日 18 March 2008	15.0	15.5	0.5
2008年4月25日 25 April 2008	15.5	16.0	0.5
2008年5月20日 20 May 2008	16.0	16.5	0.5
2008年6月7日 7 June 2008	16.5	17.5	1
2008年9月25日 25 September 2008	(大型金融机构) 17.5 (Large financial institutions)	不调整 No adjustment	-
	(中小金融机构) 17.5 (Small and medium financial institutions)	16.5	(1)
2008年10月15日 15 October 2008	(大型金融机构) 17.5 (Large financial institutions)	17.0	(0.5)
	(中小金融机构) 16.5 (Small and medium financial institutions)	16.0	(0.5)
2008年12月5日 5 December 2008	(大型金融机构) 17.0 (Large financial institutions)	16.0	(1)
	(中小金融机构) 16.0 (Small and medium financial institutions)	14.0	(2)
2008年12月25日 25 December 2008	(大型金融机构) 16.0 (Large financial institutions)	15.5	(0.5)
	(中小金融机构) 14.0 (Small and medium financial institutions)	13.5	(0.5)
2010年1月18日 18 January 2010	(大型金融机构) 15.5 (Large financial institutions)	16.0	0.5
	(中小金融机构) 13.5 (Small and medium financial institutions)	不调整 No adjustment	-
2010年2月25日 25 February 2010	(大型金融机构) 16.0 (Large financial institutions)	16.5	0.5
	(中小金融机构) 13.5 (Small and medium financial institutions)	不调整 No adjustment	-

财务数据 FINANCIAL DATA

同业数据 DATA OF PEER BANKS

业务数据 BUSINESS DATA

排名及评级 MAIN RANKINGS AND CREDIT RATINGS

资产负债表与利润表 FINANCIAL STATEMENTS

时间 Date	调整前（%） Before adjustment (%)	调整后（%） After adjustment (%)	调整幅度(百分点) Change (in percentage points)
2010年5月10日 10 May 2010	(大型金融机构) 16.5 (Large financial institutions)	17.0	0.5
	(中小金融机构) 13.5 (Small and medium financial institutions)	不调整 No adjustment	-
2010年11月16日 16 November 2010	(大型金融机构) 17.0 (Large financial institutions)	17.5	0.5
	(中小金融机构) 13.5 (Small and medium financial institutions)	14.0	0.5
2010年11月29日 29 November 2010	(大型金融机构) 17.5 (Large financial institutions)	18.0	0.5
	(中小金融机构) 14.0 (Small and medium financial institutions)	14.5	0.5
2010年12月20日 20 December 2010	(大型金融机构) 18.0 (Large financial institutions)	18.5	0.5
	(中小金融机构) 14.5 (Small and medium financial institutions)	15.0	0.5
2011年1月20日 20 January 2011	(大型金融机构) 18.5 (Large financial institutions)	19.0	0.5
	(中小金融机构) 15.0 (Small and medium financial institutions)	15.5	0.5
2011年2月24日 24 February 2011	(大型金融机构) 19.0 (Large financial institutions)	19.5	0.5
	(中小金融机构) 15.5 (Small and medium financial institutions)	16.0	0.5
2011年3月25日 25 March 2011	(大型金融机构) 19.5 (Large financial institutions)	20.0	0.5
	(中小金融机构) 16.0 (Small and medium financial institutions)	16.5	0.5
2011年4月21日 21 April 2011	(大型金融机构) 20.0 (Large financial institutions)	20.5	0.5
	(中小金融机构) 16.5 (Small and medium financial institutions)	17.0	0.5
2011年5月18日 18 May 2011	(大型金融机构) 20.5 (Large financial institutions)	21.0	0.5
	(中小金融机构) 17.0 (Small and medium financial institutions)	17.5	0.5

续表
Continued

时间 Date	调整前（%） Before adjustment (%)	调整后（%） After adjustment (%)	调整幅度(百分点) Change (in percentage points)
2011年6月20日 20 June 2011	(大型金融机构) 21.0 (Large financial institutions)	21.5	0.5
	(中小金融机构) 17.5 (Small and medium financial institutions)	18.0	0.5
2011年12月5日 5 December 2011	(大型金融机构) 21.5 (Large financial institutions)	21.0	(0.5)
	(中小金融机构) 18.0 (Small and medium financial institutions)	17.5	(0.5)
2012年2月24日 24 February 2012	(大型金融机构) 21.0 (Large financial institutions)	20.5	(0.5)
	(中小金融机构) 17.5 (Small and medium financial institutions)	17.0	(0.5)
2012年5月18日 18 May 2012	(大型金融机构) 20.5 (Large financial institutions)	20.0	(0.5)
	(中小金融机构) 17.0 (Small and medium financial institutions)	16.5	(0.5)

人均网均数据
Per Capita and Per Outlet Data

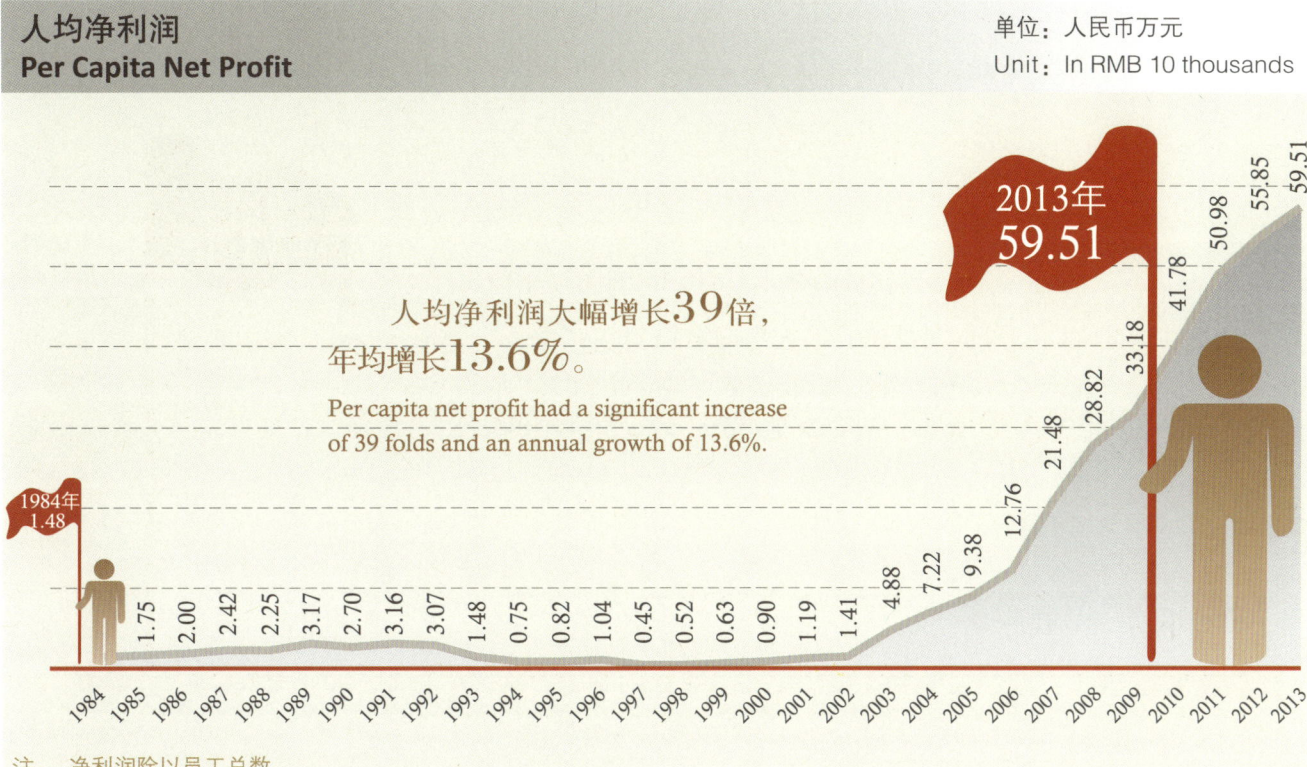

人均净利润
Per Capita Net Profit

单位：人民币万元
Unit：In RMB 10 thousands

人均净利润大幅增长**39**倍，
年均增长**13.6%**。

Per capita net profit had a significant increase
of 39 folds and an annual growth of 13.6%.

**2013年
59.51**

1984年
1.48

1984	1985	1986	1987	1988	1989	1990	1991	1992	1993	1994	1995	1996	1997	1998	1999	2000	2001	2002	2003	2004	2005	2006	2007	2008	2009	2010	2011	2012	2013
1.48	1.75	2.00	2.42	2.25	3.17	2.70	3.16	3.07	1.48	0.75	0.82	1.04	0.45	0.52	0.63	0.90	1.19	1.41	4.88	7.22	9.38	12.76	21.48	28.82	33.18	41.78	50.98	55.85	59.51

注： 净利润除以员工总数。
Note: Calculated by dividing net profit by the number of total employees.

网均净利润
Net Profit Per Outlet

单位：人民币万元
Unit：In RMB 10 thousands

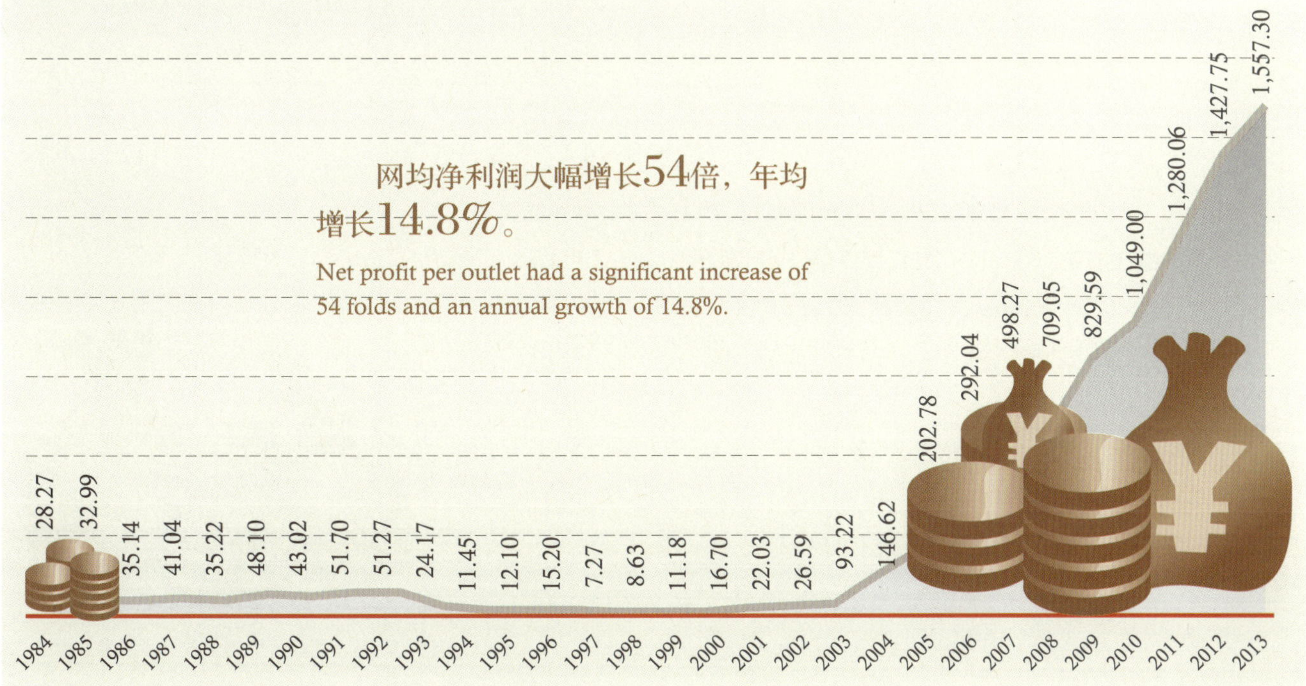

网均净利润大幅增长**54**倍，年均
增长**14.8%**。

Net profit per outlet had a significant increase of
54 folds and an annual growth of 14.8%.

1984	1985	1986	1987	1988	1989	1990	1991	1992	1993	1994	1995	1996	1997	1998	1999	2000	2001	2002	2003	2004	2005	2006	2007	2008	2009	2010	2011	2012	2013
28.27	32.99	35.14	41.04	35.22	48.10	43.02	51.70	51.27	24.17	11.45	12.10	15.20	7.27	8.63	11.18	16.70	22.03	26.59	93.22	146.62	202.78	292.04	498.27	709.05	829.59	1,049.00	1,280.06	1,427.75	1,557.30

注： 净利润除以网点数。
Note: Calculated by dividing net profit by the number of outlets.

人均营业收入
Per Capita Opertating Income

单位：人民币万元
Unit：In RMB 10 thousands

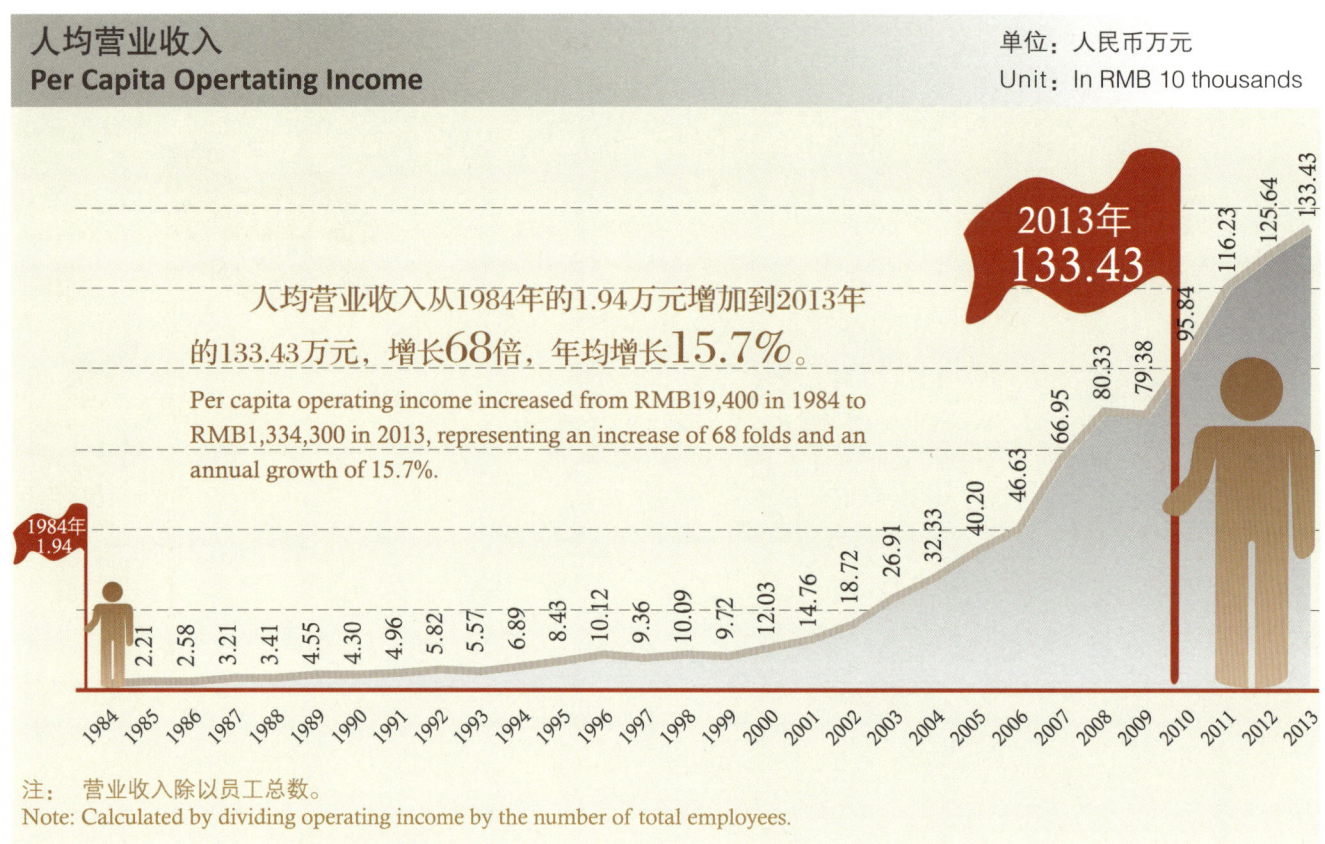

人均营业收入从1984年的1.94万元增加到2013年的133.43万元，增长68倍，年均增长15.7%。

Per capita operating income increased from RMB19,400 in 1984 to RMB1,334,300 in 2013, representing an increase of 68 folds and an annual growth of 15.7%.

2013年
133.43

1984年
1.94

133.43
125.64
116.23
95.84
79.38
80.33
66.95
46.63
40.20
32.33
26.91
18.72
14.76
12.03
9.72
10.09
9.36
10.12
8.43
6.89
5.57
5.82
4.96
4.30
4.55
3.41
3.21
2.58
2.21

1984 1985 1986 1987 1988 1989 1990 1991 1992 1993 1994 1995 1996 1997 1998 1999 2000 2001 2002 2003 2004 2005 2006 2007 2008 2009 2010 2011 2012 2013

注： 营业收入除以员工总数。
Note: Calculated by dividing operating income by the number of total employees.

网均营业收入
Opertating Income Per Outlet

单位：人民币万元
Unit：In RMB 10 thousands

网均营业收入从1984年的36.98万元增加到2013年的3,491.87万元，增长93倍，年均增长17.0%。

Operating income per outlet increased from RMB369,800 in 1984 to RMB34,918,700 in 2013, representing an increase of 93 folds and an annual growth of 17.0%.

3,491.87
3,211.78
2,918.29
2,406.15
1,984.70
1,976.00
1,553.06
1,067.49
869.49
656.56
514.26
352.51
272.91
222.87
172.37
168.53
150.78
148.46
124.54
104.50
90.89
97.00
81.16
68.55
69.07
53.34
54.28
45.37
41.64
36.98

1984 1985 1986 1987 1988 1989 1990 1991 1992 1993 1994 1995 1996 1997 1998 1999 2000 2001 2002 2003 2004 2005 2006 2007 2008 2009 2010 2011 2012 2013

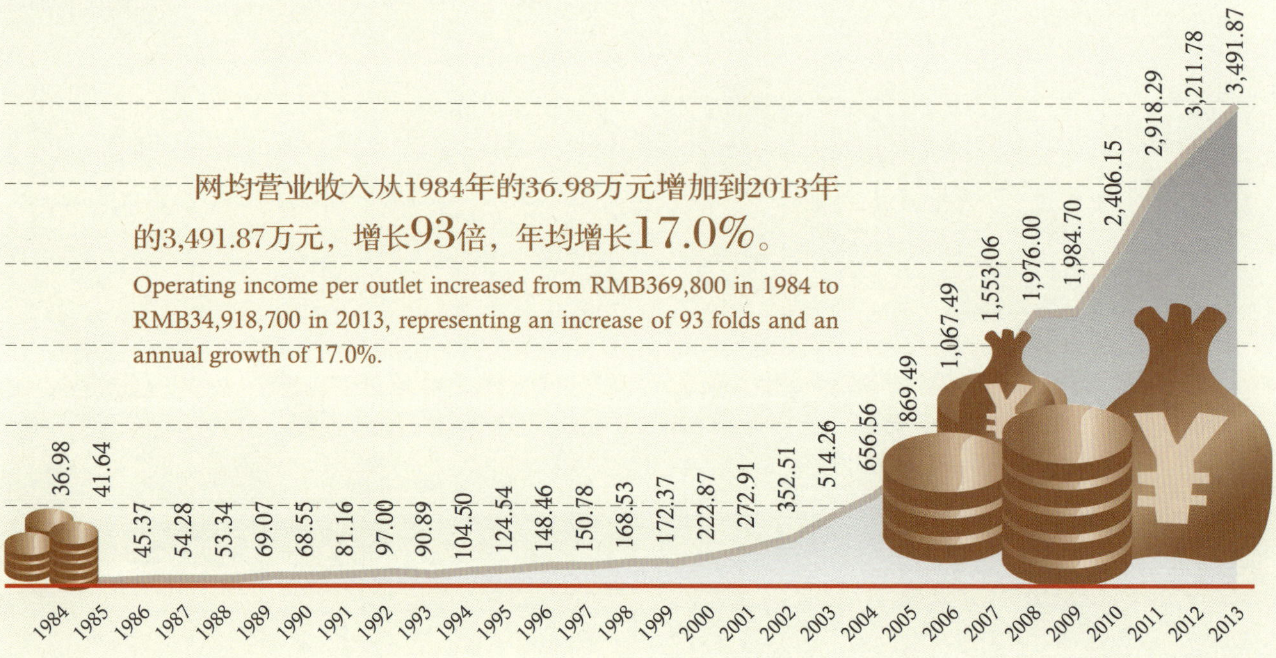

注： 营业收入除以网点数。
Note: Calculated by dividing operating income by the number of outlets.

人均营业费用
Per Capita Operating Expense

单位：人民币万元
Unit：In RMB 10 thousands

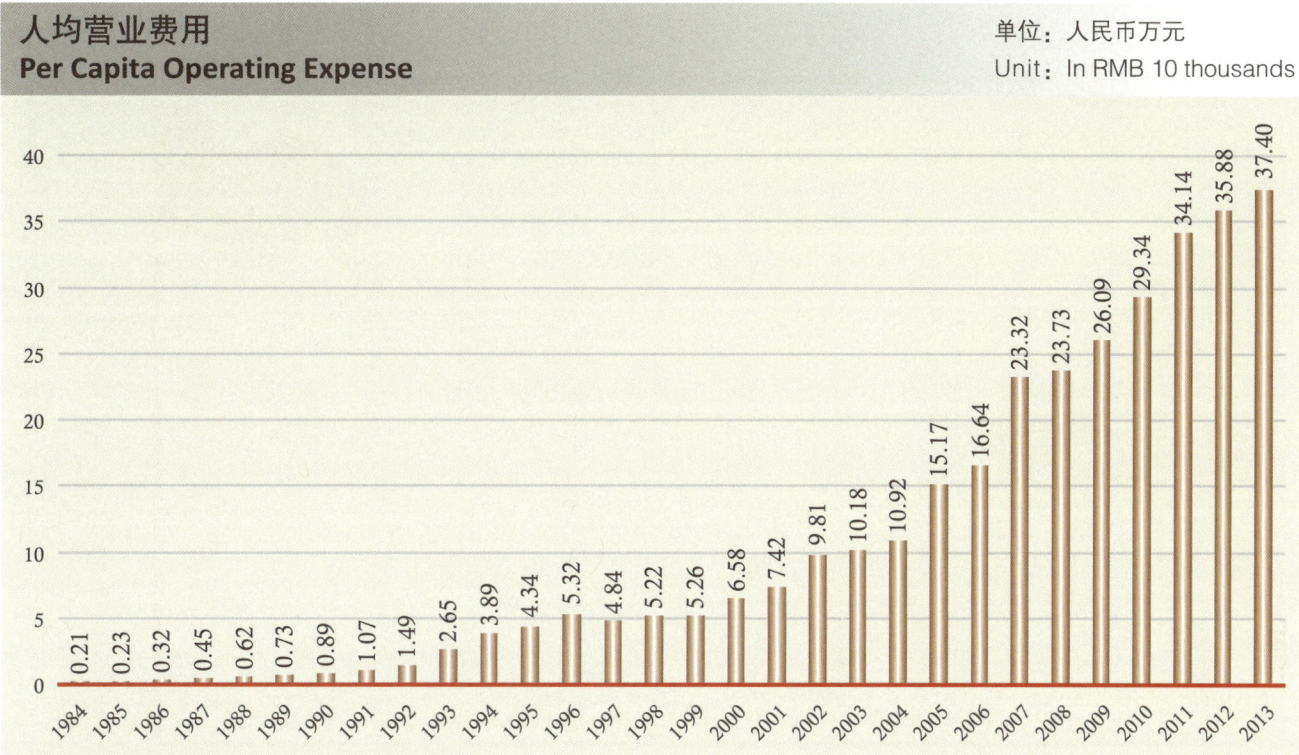

注： 业务及管理费除以员工总数。
Note: Calculated by dividing general and administrative expenses by the number of total employees.

网均营业费用
Operating Expense Per Outlet

单位：人民币万元
Unit：In RMB 10 thousands

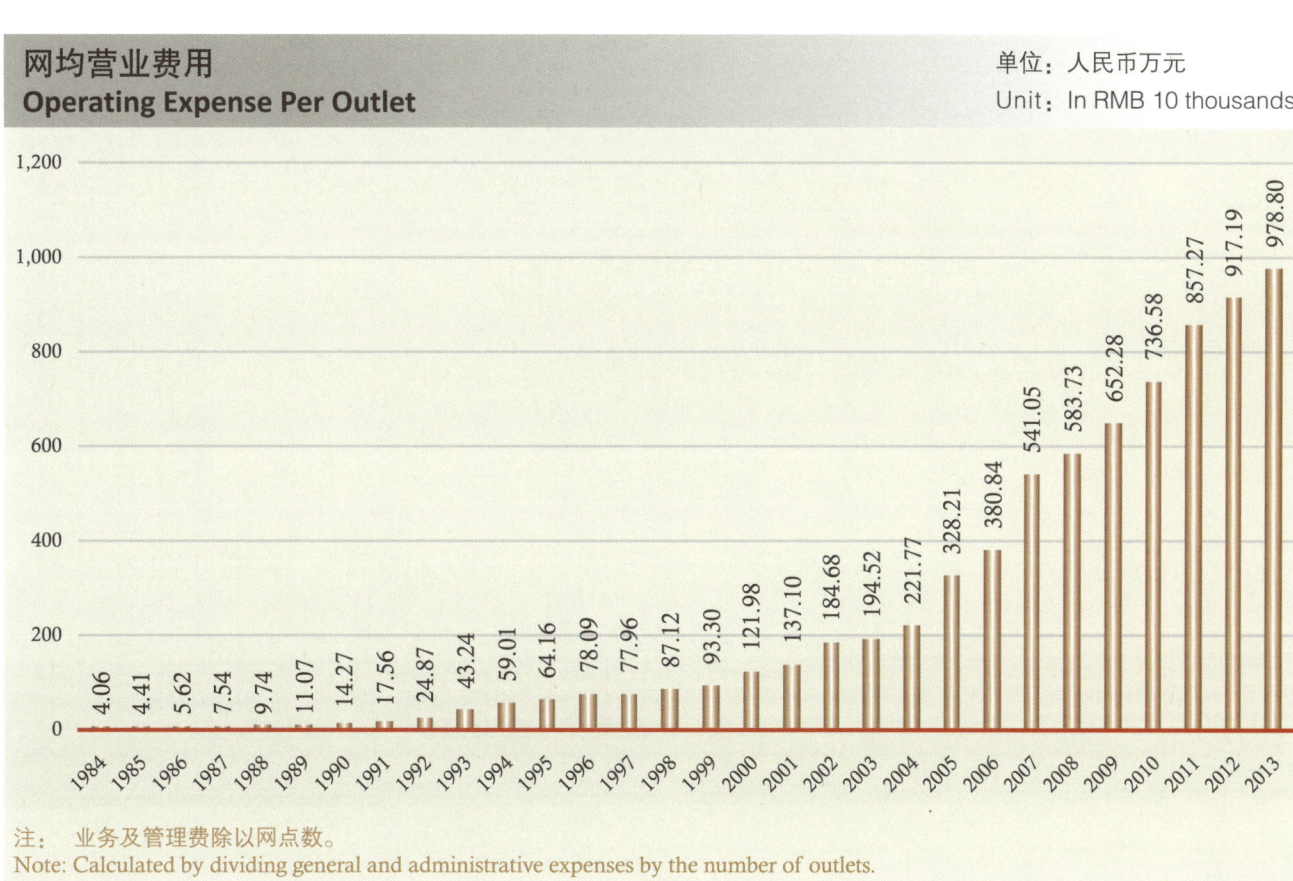

注： 业务及管理费除以网点数。
Note: Calculated by dividing general and administrative expenses by the number of outlets.

人均资产
Per Capita Assets

单位：人民币万元
Unit：In RMB 10 thousands

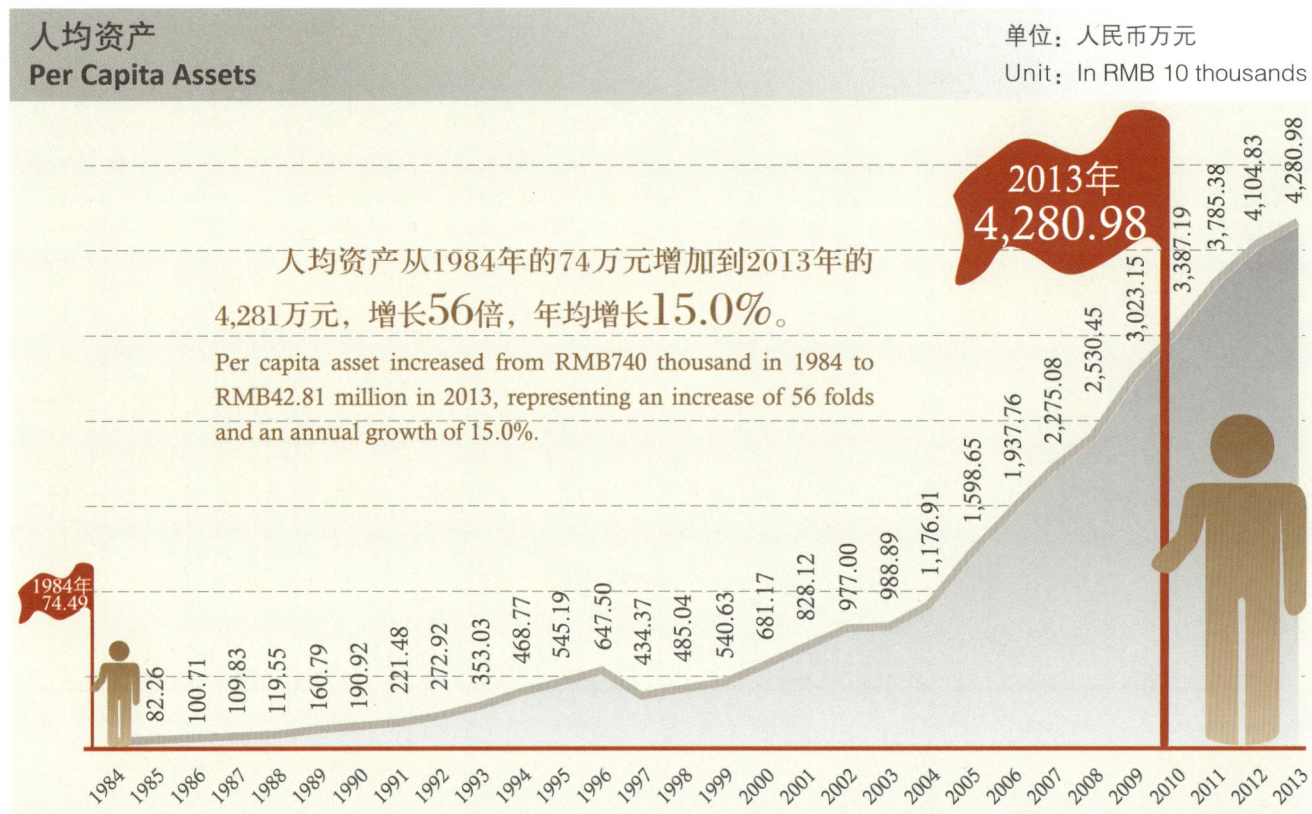

人均资产从1984年的74万元增加到2013年的
4,281万元，增长**56**倍，年均增长**15.0%**。

Per capita asset increased from RMB740 thousand in 1984 to
RMB42.81 million in 2013, representing an increase of 56 folds
and an annual growth of 15.0%.

1984年 74.49
2013年 4,280.98

注： 总资产除以员工总数。
Note: Calculated by dividing total assets by the number of total employees.

网均资产
Assets Per Outlet

单位：人民币百万元
Unit：In RMB millions

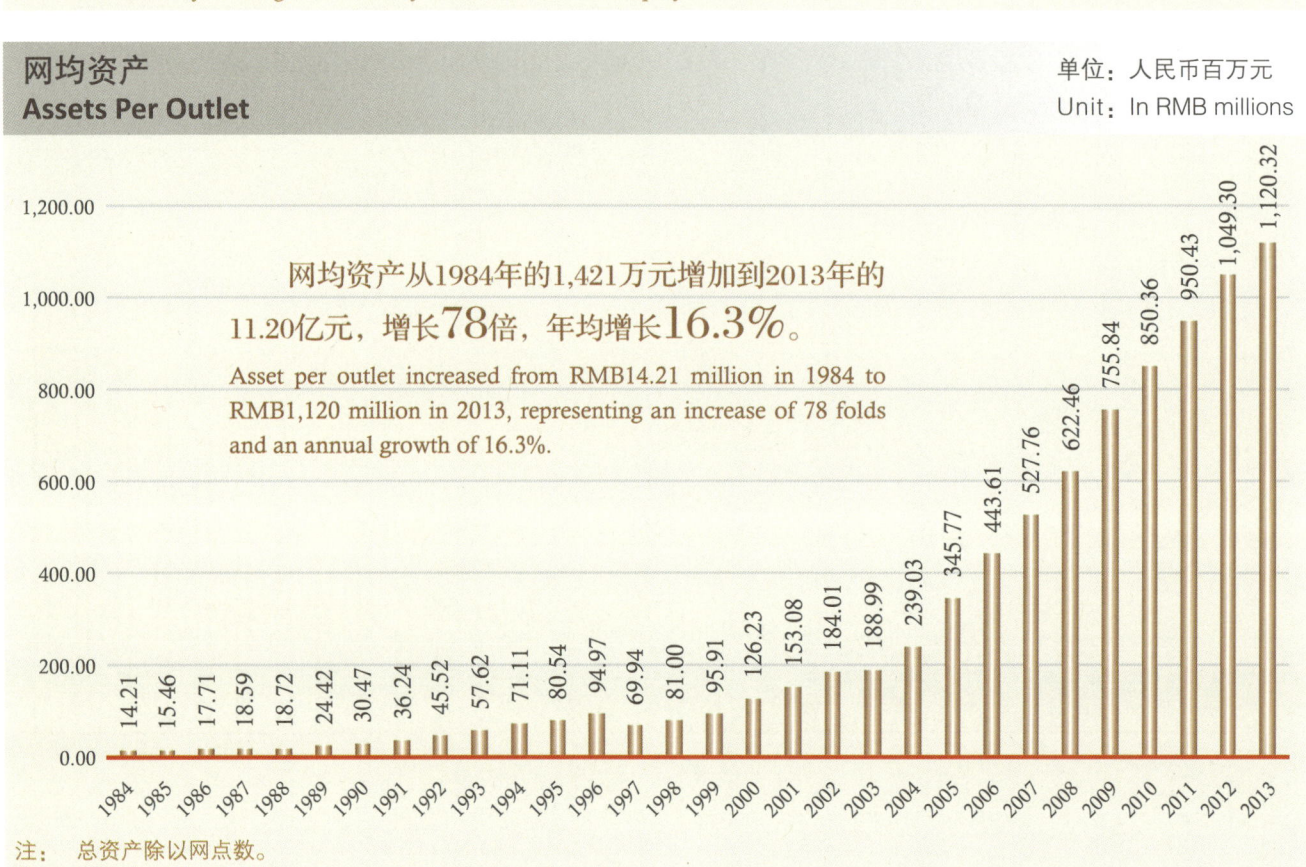

网均资产从1984年的1,421万元增加到2013年的
11.20亿元，增长**78**倍，年均增长**16.3%**。

Asset per outlet increased from RMB14.21 million in 1984 to
RMB1,120 million in 2013, representing an increase of 78 folds
and an annual growth of 16.3%.

注： 总资产除以网点数。
Note: Calculated by dividing total assets by the number of outlets.

网均存款
Due to Customers Per Outlet

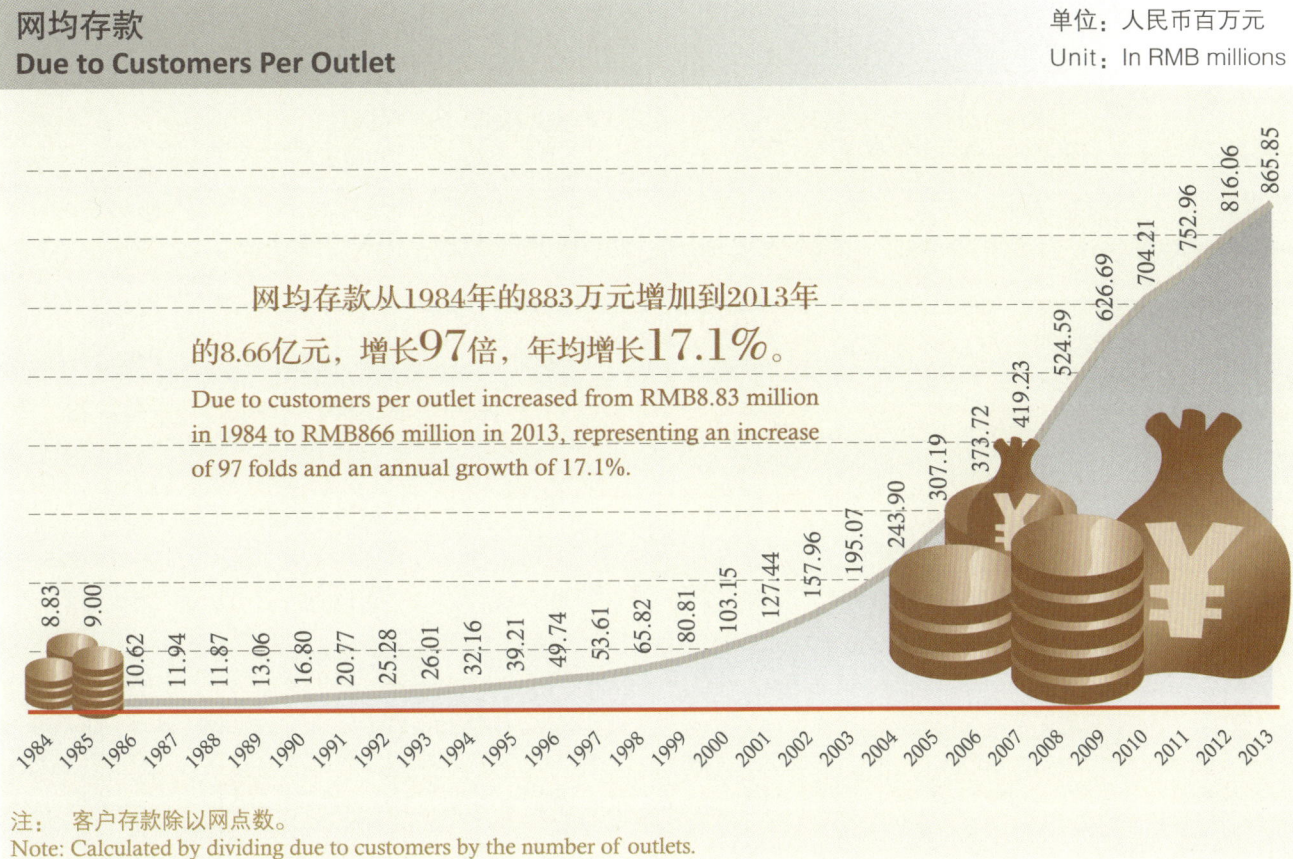

网均存款从1984年的883万元增加到2013年的8.66亿元，增长**97**倍，年均增长**17.1%**。

Due to customers per outlet increased from RMB8.83 million in 1984 to RMB866 million in 2013, representing an increase of 97 folds and an annual growth of 17.1%.

注： 客户存款除以网点数。
Note: Calculated by dividing due to customers by the number of outlets.

员工数
Employees

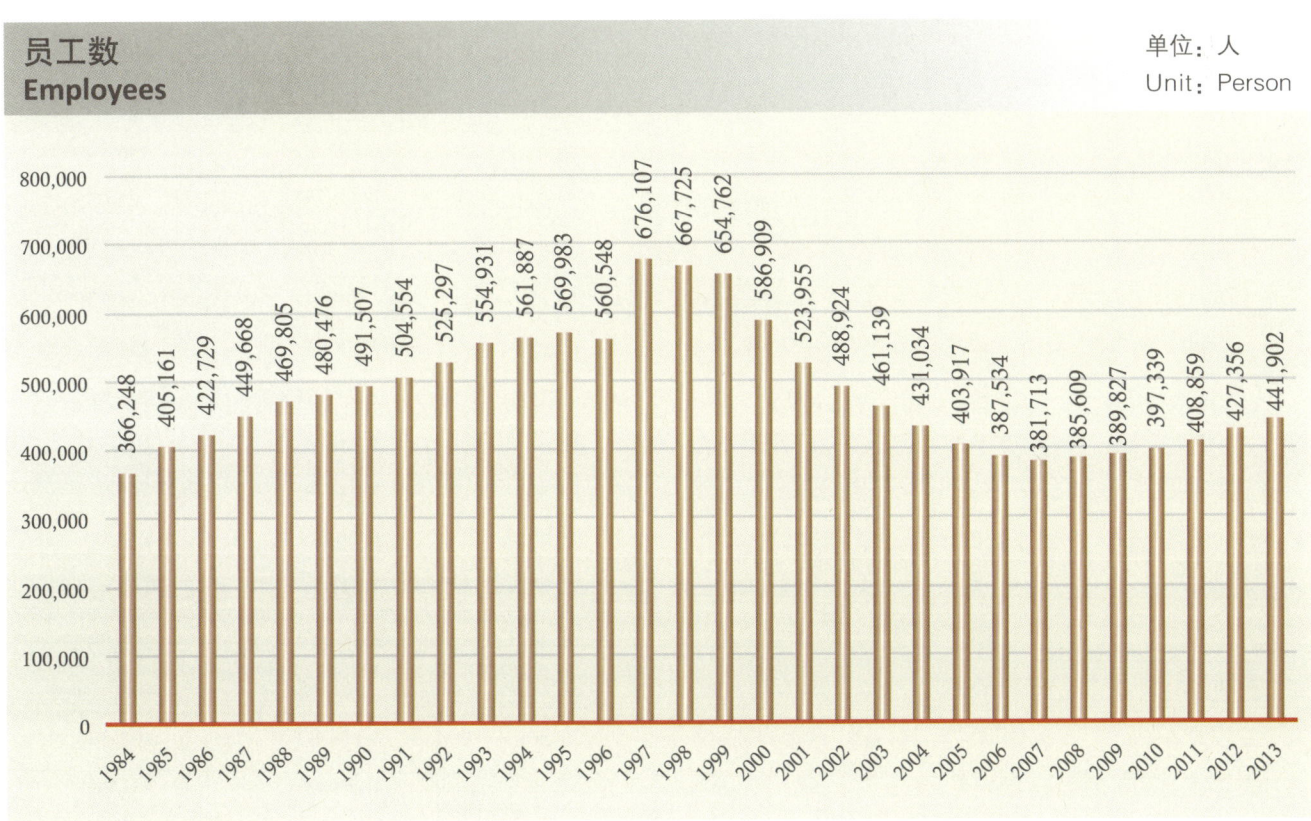

人均网均数据表
Per Capita and Per Outlet Data

年份 Year	项目 Item	人均净利润 （人民币万元） Per capita net profit（RMB 10 Thousands）	人均营业收入 （人民币万元） Per capita operating income（RMB 10 Thousands）	人均营业费用 （人民币万元） Per capita operating expense（RMB 10 Thousands）	人均资产 （人民币万元） Per capita asset（RMB 10 Thousands）	员工数（人） Number of employees
1984		1.48	1.94	0.21	74.49	366,248
1985		1.75	2.21	0.23	82.26	405,161
1986		2.00	2.58	0.32	100.71	422,729
1987		2.42	3.21	0.45	109.83	449,668
1988		2.25	3.41	0.62	119.55	469,805
1989		3.17	4.55	0.73	160.79	480,476
1990		2.70	4.30	0.89	190.92	491,507
1991		3.16	4.96	1.07	221.48	504,554
1992		3.07	5.82	1.49	272.92	525,297
1993		1.48	5.57	2.65	353.03	554,931
1994		0.75	6.89	3.89	468.77	561,887
1995		0.82	8.43	4.34	545.19	569,983
1996		1.04	10.12	5.32	647.50	560,548
1997		0.45	9.36	4.84	434.37	676,107
1998		0.52	10.09	5.22	485.04	667,725
1999		0.63	9.72	5.26	540.63	654,762
2000		0.90	12.03	6.58	681.17	586,909
2001		1.19	14.76	7.42	828.12	523,955
2002		1.41	18.72	9.81	977.00	488,924
2003		4.88	26.91	10.18	988.89	461,139
2004		7.22	32.33	10.92	1,176.91	431,034
2005		9.38	40.20	15.17	1,598.65	403,917
2006		12.76	46.63	16.64	1,937.76	387,534
2007		21.48	66.95	23.32	2,275.08	381,713
2008		28.82	80.33	23.73	2,530.45	385,609
2009		33.18	79.38	26.09	3,023.15	389,827
2010		41.78	95.84	29.34	3,387.19	397,339
2011		50.98	116.23	34.14	3,785.38	408,859
2012		55.85	125.64	35.88	4,104.83	427,356
2013		59.51	133.43	37.40	4,280.98	441,902

年份 Year	项目 Item	网均净利润 （人民币万元） Net profit per outlet（RMB 10 Thousands）	网均营业收入 （人民币万元） Operating income per outlet（RMB 10 Thousands）	网均营业费用 （人民币万元） Operating expense per outlet（RMB 10 Thousands）	网均资产 （人民币百万元） Asset per outlet （In RMB millions）	网均存款 （人民币百万元） Due to customers per outlet（In RMB millions）	机构数（个） Number of institutions
1984		28.27	36.98	4.06	14.21	8.83	19,199
1985		32.99	41.64	4.41	15.46	9.00	21,552
1986		35.14	45.37	5.62	17.71	10.62	24,038
1987		41.04	54.28	7.54	18.59	11.94	26,564
1988		35.22	53.34	9.74	18.72	11.87	29,998
1989		48.10	69.07	11.07	24.42	13.06	31,630
1990		43.02	68.55	14.27	30.47	16.80	30,798
1991		51.70	81.16	17.56	36.24	20.77	30,834
1992		51.27	97.00	24.87	45.52	25.28	31,496
1993		24.17	90.89	43.24	57.62	26.01	34,005
1994		11.45	104.50	59.01	71.11	32.16	37,042
1995		12.10	124.54	64.16	80.54	39.21	38,588
1996		15.20	148.46	78.09	94.97	49.74	38,224
1997		7.27	150.78	77.96	69.94	53.61	41,996
1998		8.63	168.53	87.12	81.00	65.82	39,992
1999		11.18	172.37	93.30	95.91	80.81	36,917
2000		16.70	222.87	121.98	126.23	103.15	31,681
2001		22.03	272.91	137.10	153.08	127.44	28,385
2002		26.59	352.51	184.68	184.01	157.96	25,999
2003		93.22	514.26	194.52	188.99	195.07	24,169
2004		146.62	656.56	221.77	239.03	243.90	21,266
2005		202.78	869.49	328.21	345.77	307.19	18,830
2006		292.04	1,067.49	380.84	443.61	373.72	17,096
2007		498.27	1,553.06	541.05	527.76	419.23	16,588
2008		709.05	1,976.00	583.73	622.46	524.59	16,386
2009		829.59	1,984.70	652.28	755.84	626.69	16,394
2010		1,049.00	2,406.15	736.58	850.36	704.21	16,430
2011		1,280.06	2,918.29	857.27	950.43	752.96	16,887
2012		1,427.75	3,211.78	917.19	1,049.30	816.06	17,442
2013		1,557.30	3,491.87	978.80	1,120.32	865.85	17,574

境外机构分布（2013年末）
Distribution of Overseas Institutions in 2013

美洲

机构名称	国家/地区	机构数
纽约分行	美国	1
工银美国	美国	13
工银金融	美国	1
工银加拿大	加拿大	8
工银阿根廷	阿根廷	106
工银巴西	巴西	1
工银秘鲁	秘鲁	1

区 131 家

港澳地区

机构名称	国家/地区	机构数
工银亚洲	中国香港	71
香港分行	中国香港	2
工银国际	中国香港	10
工银澳门	中国澳门	21

区 104 家

亚太地区（除港澳）

机构名称	国家/地区	机构数
新加坡分行	新加坡	5
东京分行	日本	3
首尔分行	韩国	3
釜山分行	韩国	1
河内分行	越南	1
万象分行	老挝	1
金边分行	柬埔寨	1
仰光代表处	缅甸	1
多哈分行	卡塔尔	1
阿布扎比分行	阿联酋	1
利雅得分行	沙特阿拉伯	1
迪拜国际金融中心分行	阿联酋	1
科威特分行	科威特	1
卡拉奇分行	巴基斯坦	2
孟买分行	印度	1
工银马来西亚	马来西亚	5
工银印尼	印度尼西亚	22
工银泰国	泰国	22
工银阿拉木图	哈萨克斯坦	1
悉尼分行	澳大利亚	3
工银新西兰	新西兰	1

区 78 家

欧洲

机构名称	国家/地区	机构数
卢森堡分行	卢森堡	1
法兰克福分行	德国	3
工银欧洲	卢森堡	1
巴黎分行	法国	1
华沙分行	波兰	1
马德里分行	西班牙	2
米兰分行	意大利	1
阿姆斯特丹分行	荷兰	1
布鲁塞尔分行	比利时	1
工银伦敦	英国	2
工银莫斯科	俄罗斯	1

区 15 家

非洲

机构名称	国家/地区	机构数
参股标准银行	南非	
非洲代表处	南非	1

区 1 家

境外机构分布（2013年末）
Distribution of Overseas Institutions in 2013

Africa

Institution (country/region)	Number of institutions
Investments in Standard Bank (South Africa)	1
African Representative Office (South Africa)	

🏦 1 家

Europe

Institution (country/region)	Number of institutions
Luxembourg Branch (Luxembourg)	1
Frankfurt Branch (Germany)	3
ICBC (Europe) (Luxembourg)	1
Paris Branch (France)	1
Warsaw Branch (Poland)	1
Madrid Branch (Spain)	2
Milan Branch (Italy)	1
Amsterdam Branch (the Netherlands)	1
Brussels Branch (Belgium)	1
ICBC (London) (UK)	2
ICBC (Moscow) (Russia)	1

🏦 104 家

Asia-Pacific Region (except Hong Kong and Macau)

Institution (country/region)	Number of institutions
Singapore Branch (Singapore)	5
Tokyo Branch (Japan)	3
Seoul Branch (South Korea)	3
Busan Branch (South Korea)	1
Hanoi Branch (Vietnam)	1
Vientiane Branch (Lao PDR)	1
Phnom Penh Branch (Cambodia)	1
Yangon Representative Office (Myanmar)	1
Doha Branch (Qatar)	1
Abu Dhabi Branch (UAE)	1
Riyadh Branch (Saudi Arabia)	1
Dubai (DIFC) Branch (UAE)	1
Kuwait Branch (Kuwait)	1
Karachi Branch (Pakistan)	2
Mumbai Branch (India)	1
ICBC (Malaysia) (Malaysia)	5
ICBC (Indonesia) (Indonesia)	22
ICBC (Thai) (Thailand)	22
ICBC (Almaty) (Kazakhstan)	1
Sydney Branch (Australia)	3
ICBC (New Zealand) (New Zealand)	1

🏦 78 家

Hong Kong and Macau

Institution (country/region)	Number of institutions
ICBC (Asia) (Hong Kong, China)	71
Hong Kong Branch (Hong Kong, China)	2
ICBC International (Hong Kong, China)	10
ICBC (Macau) (Macau, China)	21

🏦 15 家

America

Institution (country/region)	Number of institutions
New York Branch (USA)	1
ICBC (USA) (USA)	13
ICBCFS (USA)	1
ICBC (Canada) (Canada)	8
ICBC (Argentina) (Argentina)	106
ICBC (Brazil) (Brazil)	1
ICBC (Peru) (Peru)	1

🏦 131 家

境外机构成立时序图
Establishment of Overseas Institutions

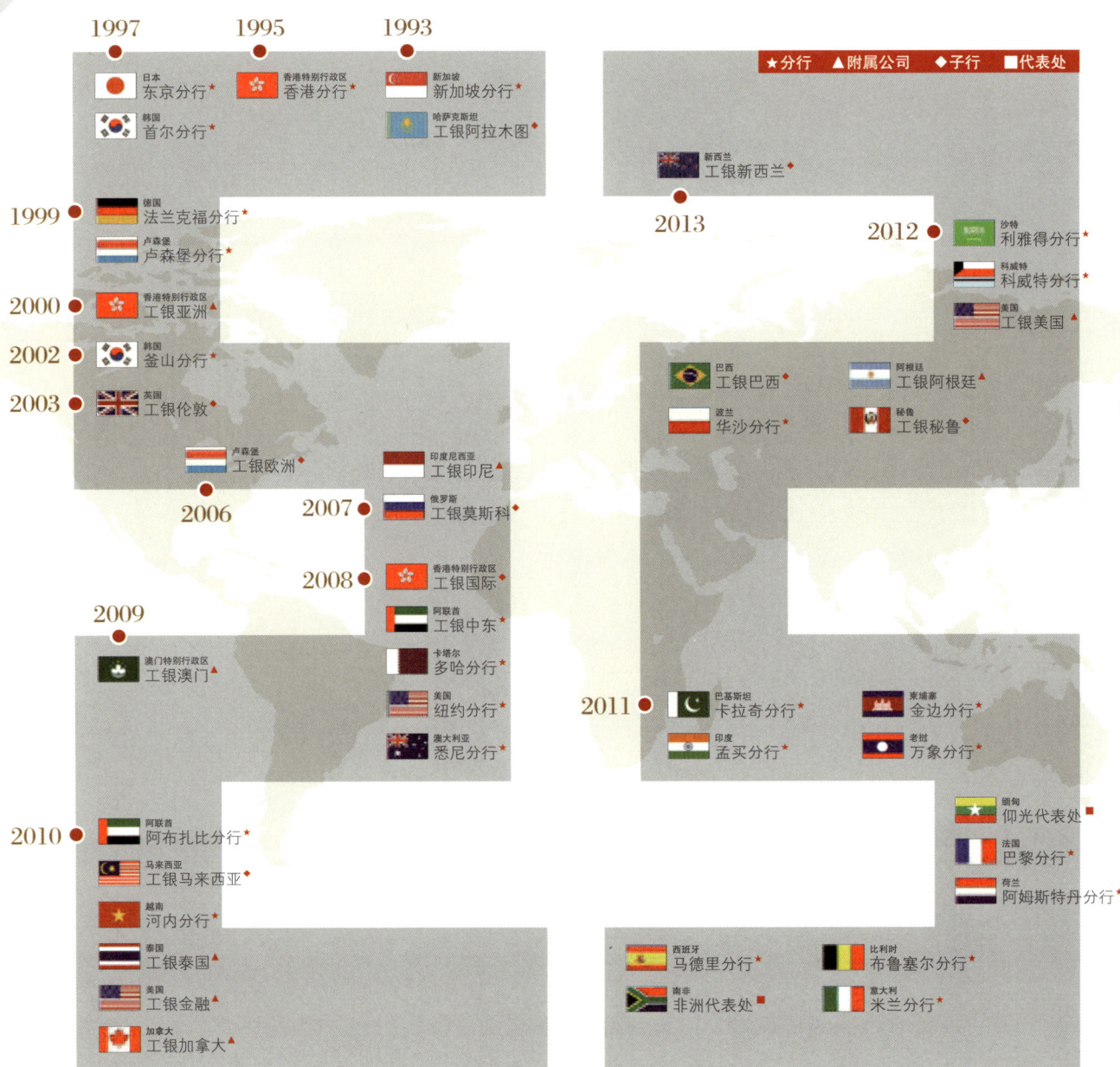

1997 日本 东京分行★ 韩国 首尔分行★

1995 香港特别行政区 香港分行★

1993 新加坡 新加坡分行★ 哈萨克斯坦 工银阿拉木图◆

★分行　▲附属公司　◆子行　■代表处

新西兰 工银新西兰◆

2013

2012 沙特 利雅得分行★ 科威特 科威特分行★ 美国 工银美国▲

1999 德国 法兰克福分行★ 卢森堡 卢森堡分行★

2000 香港特别行政区 工银亚洲

2002 韩国 釜山分行★

2003 英国 工银伦敦

卢森堡 工银欧洲◆

2006

印度尼西亚 工银印尼▲

俄罗斯 工银莫斯科◆

2007

巴西 工银巴西 波兰 华沙分行★ 阿根廷 工银阿根廷▲ 秘鲁 工银秘鲁◆

2008 香港特别行政区 工银国际 阿联酋 工银中东 卡塔尔 多哈分行★ 美国 纽约分行★ 澳大利亚 悉尼分行★

2009 澳门特别行政区 工银澳门

2011 巴基斯坦 卡拉奇分行★ 印度 孟买分行★ 柬埔寨 金边分行★ 老挝 万象分行★

缅甸 仰光代表处■ 法国 巴黎分行★ 荷兰 阿姆斯特丹分行★

2010 阿联酋 阿布扎比分行★ 马来西亚 工银马来西亚◆ 越南 河内分行★ 泰国 工银泰国▲ 美国 工银金融▲ 加拿大 工银加拿大▲

西班牙 马德里分行★ 南非 非洲代表处■ 比利时 布鲁塞尔分行★ 意大利 米兰分行★

境外机构成立时序图
Establishment of Overseas Institutions

1997
- Japan Tokyo Branch ★
- South Korea Seoul Branch ★

1995
- Hong Kong,China Hong Kong Branch ★

1993
- Singapore Singapore Branch ★
- Kazakhstan ICBC(Almaty) ◆

1999
- Germany Frankfurt Branch ★
- Luxembourg Luxembourg Branch ★

2000
- Hong Kong,China ICBC(Asia) ▲

2002
- South Korea ICBC Busan Branch ★

2003
- UK ICBC(London) ◆

2006
- Luxembourg ICBC(Europe) ◆

2007
- Indonesia ICBC(Indonesia) ▲
- Russia ICBC(Moscow) ◆

2008
- Hong Kong,China ICBC International ◆
- UAE ICBC(Middle East) ★
- Qatar Doha Branch ★
- USA New York Branch ★
- Australia Sydney Branch ★

2009
- Macau,China ICBC(Macau) ▲

2010
- UAE Abu Dhabi Branch ★
- Malaysia ICBC(Malaysia) ★
- Vietnam Hanoi Branch ★
- Thailand ICBC(Thai) ▲
- USA ICBCFS ▲
- Canada ICBC(Canada) ▲

★ Branch   ▲ Controlled Subsidiary
◆ Wholly-owned Subsidiary   ■ Representative Office

- New Zealand ICBC(New Zealand) ◆

2013

2012
- Saudi Arabia Riyadh Branch ★
- Kuwait Kuwait Branch ★
- USA ICBC(USA) ▲

- Brazil ICBC(Brazil) ◆
- Argentina ICBC(Argentina) ▲
- Poland Warsaw Branch ★
- Peru ICBC(Peru) ◆

2011
- Pakistan Karachi Branch ★
- India Mumbai Branch ★
- Cambodia Phnom Penh Branch ★
- Lao PDR Vientiane Branch ★

- Myanmar Yangon Representative Office ■
- France Paris Branch ★
- Netherlands Amsterdam Branch ★

- Spain Madrid Branch ★
- Belgium Brussels Branch ★
- South Africa African Representative Office ■
- Italy Milan Branch ★

综合化子公司行业领域分布图
Divesified Operation

中国工商银行 ICBC

投资银行业务

"工银国际"
提供上市保荐与承销、股本融资、债务融资、直接投资、证券经纪及基金管理等各类投行业务。

基金业务

"工银瑞信"
主要从事基金募集、基金销售、资产管理业务以及中国证监会批准的其他业务。

证券清算业务

"工银金融"
主营欧美证券清算业务，为机构客户提供包括证券清算、清算融资、会计和交易报表等专业的金融服务。

保险业务

"工银安盛"
提供子女教育、退休规划、家庭保障和财富管理等领域的个性化保险解决方案及服务。

租赁业务

"工银租赁"
主要经营航空、航运及大型设备领域的金融租赁业务及各类租赁产品，提供租金转让、投资基金等多项金融与产业服务。

综合化子公司行业领域分布图
Divesified Operation

Investment Banking

"ICBC International"

Renders a variety of investment banking services, including acting as a sponsor for listing and underwriting, equity financing, bond financing, direct investment, securities brokerage and fund management.

Fund Business

"ICBC Credit Suisse Asset Management"

Mainly engages in fund placement, fund distribution, asset management and such other businesses as approved by CSRC.

Securities Clearing

"ICBC Financial Services"

Offers professional banking services including securities clearing, settlement and financing, accounting and transaction statement in European and American markets for institutional customers.

Leasing

"ICBC Leasing"

Engages in financial leasing in the fields of aviation, shipping and large-scale equipment and various leasing products, and provides a variety of financial and industrial services including rental assignment and asset management.

Insurance

"ICBC-AXA Life"

Provides personalized insurance solutions and services for children's education, retirement planning, family security and wealth management.

境外机构主要指标表
Major Indicators for Overseas Institutions

单位：百万美元
Unit：In USD millions

项目 Item	年份 Year	资产 Assets				
		2009	2010	2011	2012	2013
港澳地区 Hong Kong and Macau		37,644	48,411	69,035	78,189	101,024
亚太地区(除港澳) Asia-Pacific region (except Hong Kong and Macau)		7,066	13,568	23,753	30,431	46,992
欧洲 Europe		3,435	6,216	14,324	16,966	22,770
美洲 America		1,012	6,592	21,976	46,592	54,407
非洲 Africa		5,294	5,971	5,122	5,244	4,606
抵消调整 Eliminations		(2,245)	(5,031)	(9,481)	(14,700)	(20,636)
合计 **Total**		**52,206**	**75,727**	**124,729**	**162,722**	**209,163**
占集团比重（%） Proportion to the group (%)		3.0%	3.7%	5.1%	5.8%	6.7%

项目 Item	年份 Year	税前利润 Profit before tax				
		2009	2010	2011	2012	2013
港澳地区 Hong Kong and Macau		481	658	679	727	1,129
亚太地区(除港澳) Asia-Pacific region (except Hong Kong and Macau)		65	117	187	344	358
欧洲 Europe		29	56	86	132	166
美洲 America		1	33	46	70	256
非洲 Africa		288	321	375	400	324
合计 **Total**		**864**	**1,185**	**1,373**	**1,673**	**2,233**
占集团比重（%） Proportion to the group (%)		3.5%	3.6%	3.2%	3.4%	4.0%

综合化子公司数据表
Data of Diversified Operation

工银瑞信主要指标
Main Data of ICBC Credit Suisse Asset Management Co., Ltd.

项目 Item	年份 Year	2005	2006	2007	2008	2009
管理公募基金（只） Number of mutual funds		1	4	6	9	11
公募基金管理规模（人民币亿元） AUM of mutual funds（RMB 100 millions）		43	296	583	752	627
工银瑞信净利润（人民币百万元） Net profit of ICBC credit suisse asset Management（In RMB millions）		(2)	24	199	194	176

项目 Item	年份 Year	2010	2011	2012	2013
管理公募基金（只） Number of mutual funds		16	21	28	42
公募基金管理规模（人民币亿元） AUM of mutual funds（RMB 100 millions）		579	699	1,080	1,103
工银瑞信净利润（人民币百万元） Net profit of ICBC credit suisse asset Management（In RMB millions）		190	179	197	318

工银租赁主要指标
Main Data of ICBC Financial Leasing Co., Ltd.

单位：人民币百万元
Unit：In RMB millions

项目 Item	年份 Year 2008	2009	2010	2011	2012	2013
应收融资租赁款余额 Balance of financial leasing	10,243	25,440	44,256	60,816	76,255	94,560
总资产 Total assets	11,648	33,064	55,909	83,969	119,049	148,842
净利润 Net profit	133	247	586	863	1,166	2,006

工银安盛主要指标
Main Data of ICBC-AXA Assurance Co., Ltd.

项目 Item	年份 Year 2012	2013
保费收入（人民币百万元） Premium income（In RMB millions）	4,753	10,287
客户数量（万户） Customers	24.7	32.6
净利润（人民币百万元） Net profit（In RMB millions）	(108)	20

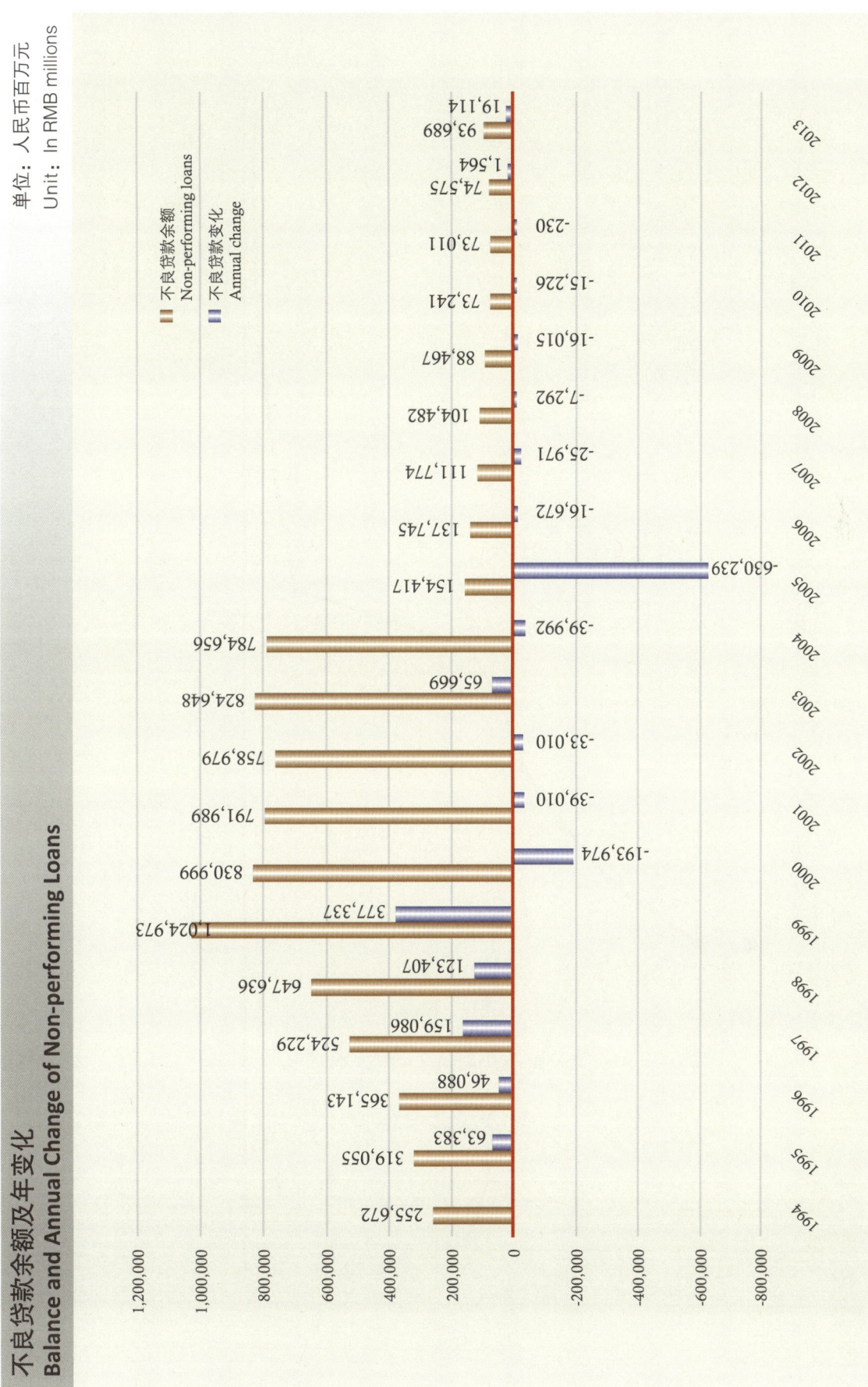

风险管理数据
Risk Management

单位：人民币百万元
Unit: In RMB millions

不良贷款余额及年变化
Balance and Annual Change of Non-performing Loans

不良贷款余额 Non-performing loans

不良贷款变化 Annual change

年份	不良贷款余额	不良贷款变化
2013	19,114	
2012	93,689	1,564
2011	74,575	-230
2010	73,011	-15,226
2009	73,241	-16,015
2008	88,467	-7,292
2007	104,482	-25,971
2006	111,774	-16,672
2005	137,745	-630,239
2004	154,417	-39,992
2003	784,656	65,669
2002	824,648	-33,010
2001	758,979	-39,010
2000	791,989	-193,974
1999	830,999	377,337
1998	1,024,973	123,407
1997	647,636	159,086
1996	524,229	46,088
1995	365,143	63,383
1994	319,055	
	255,672	

113

不良贷款率
NPL Ratio

单位：%
Unit：%

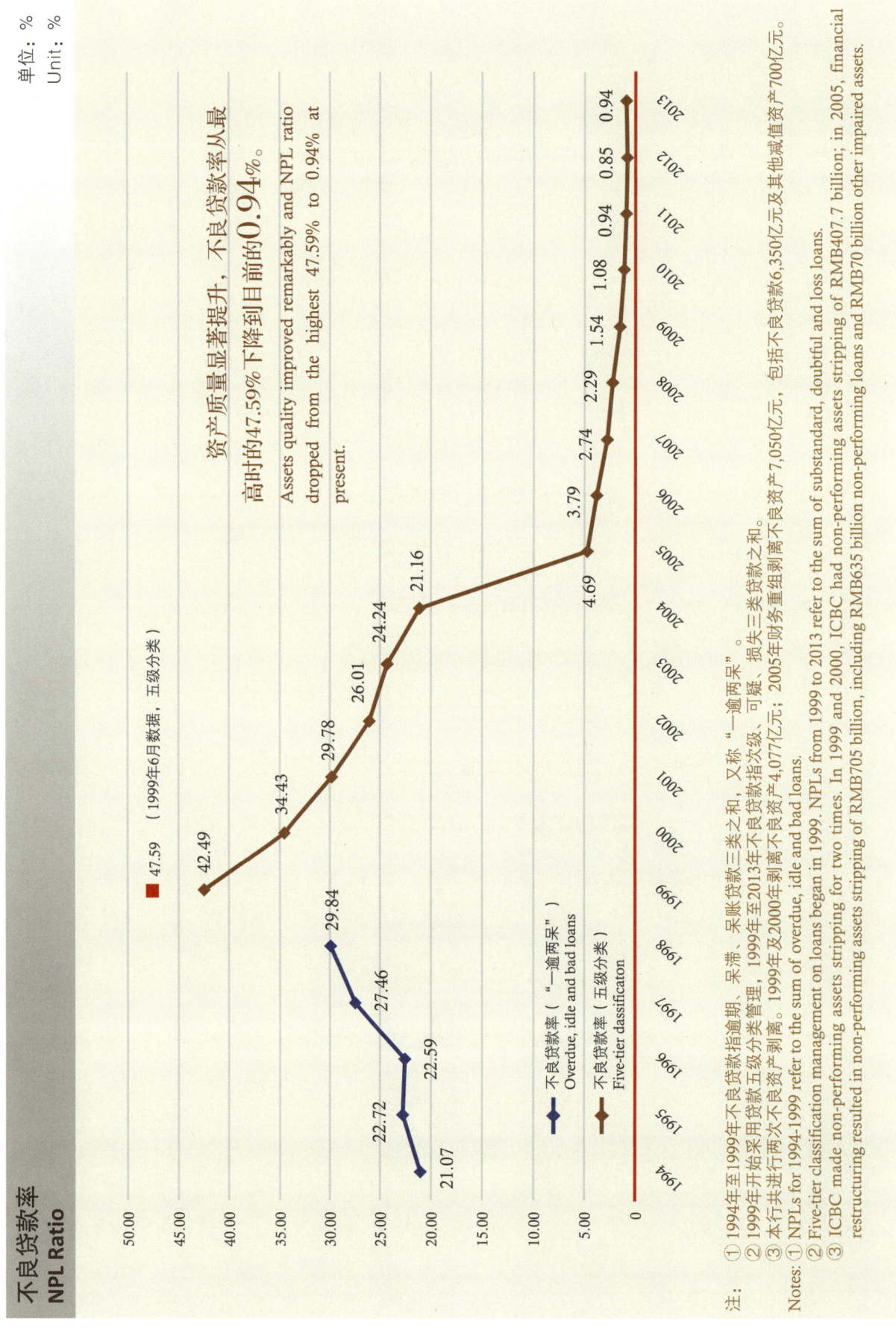

资产质量显著提升，不良贷款率从最高时的47.59%下降到目前的0.94%。

Assets quality improved remarkably and NPL ratio dropped from the highest 47.59% to 0.94% at present.

■ 47.59 （1999年6月数据，五级分类）

不良贷款率（"一逾两呆"）
Overdue, idle and bad loans

不良贷款率（五级分类）
Five-tier classificaton

注：
① 1994年至1999年不良贷款指逾期、呆滞、呆账，呆账贷款指三类之和，又称"一逾两呆"。
② 1999年开始采用贷款五级分类管理，1999年至2013年不良贷款指次级、可疑、损失三类贷款之和。
③ 本行共进行两次不良资产剥离。1999年及2000年剥离不良资产4,077亿元；2005年财务重组剥离不良资产7,050亿元，包括不良贷款6,350亿元及其他减值资产700亿元。

Notes:
① NPLs for 1994-1999 refer to the sum of overdue, idle and bad loans.
② Five-tier classification management on loans began in 1999. NPLs from 1999 to 2013 refer to the sum of substandard, doubtful and loss loans.
③ ICBC made non-performing assets stripping for two times. In 1999 and 2000, ICBC had non-performing assets stripping of RMB407.7 billion; in 2005, financial restructuring resulted in non-performing assets stripping of RMB705 billion, including RMB635 billion non-performing loans and RMB70 billion other impaired assets.

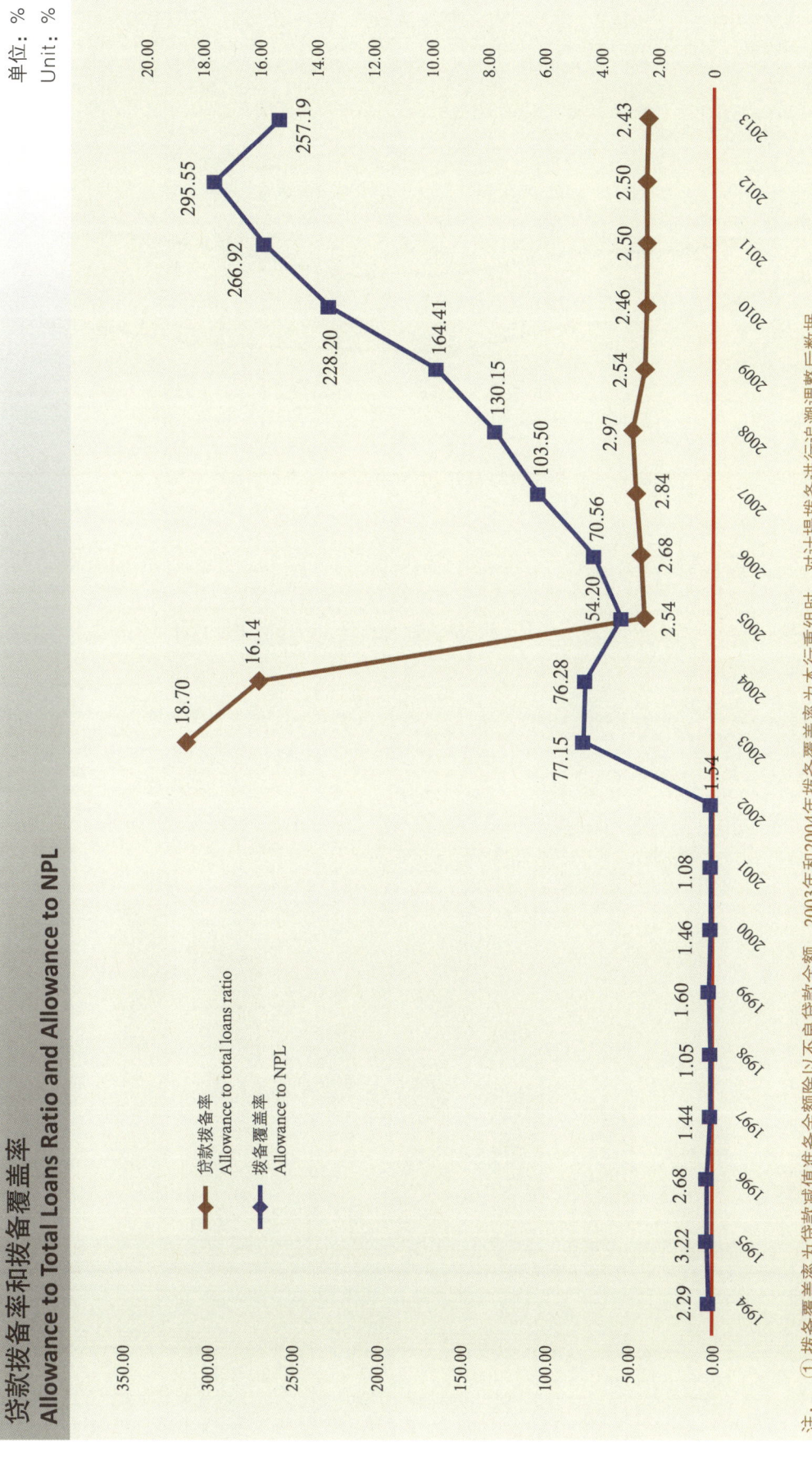

贷款拨备率和拨备覆盖率
Allowance to Total Loans Ratio and Allowance to NPL

单位：%
Unit：%

贷款拨备率
Allowance to total loans ratio

拨备覆盖率
Allowance to NPL

注： ①拨备覆盖率为贷款减值准备余额除以不良贷款余额。2003年和2004年拨备覆盖率为本行重组时，对计提拨备进行追溯调整后数据。
　　 ②贷款拨备率为贷款减值准备余额除以客户贷款及垫款总额。

Notes: ① Allowance to NPL is calculated by dividing allowance for impairment losses on loans and advances by total balance of NPL. Allowance to NPL for 2003 and 2004 is retroactively adjusted data by auditors on allowance when ICBC was restructured.
② Allowance to total loans is calculated by dividing allowance for impairment losses on loans and advances by total balance of loans and advances to customers.

财务数据
FINANCIAL DATA

同业数据
DATA OF PEER BANKS

业务数据
BUSINESS DATA

排名及评级
MAIN RANKINGS AND CREDIT RATINGS

资产负债表与利润表
FINANCIAL STATEMENTS

资本充足率
Capital Adequacy Ratio

单位：%
Unit：%

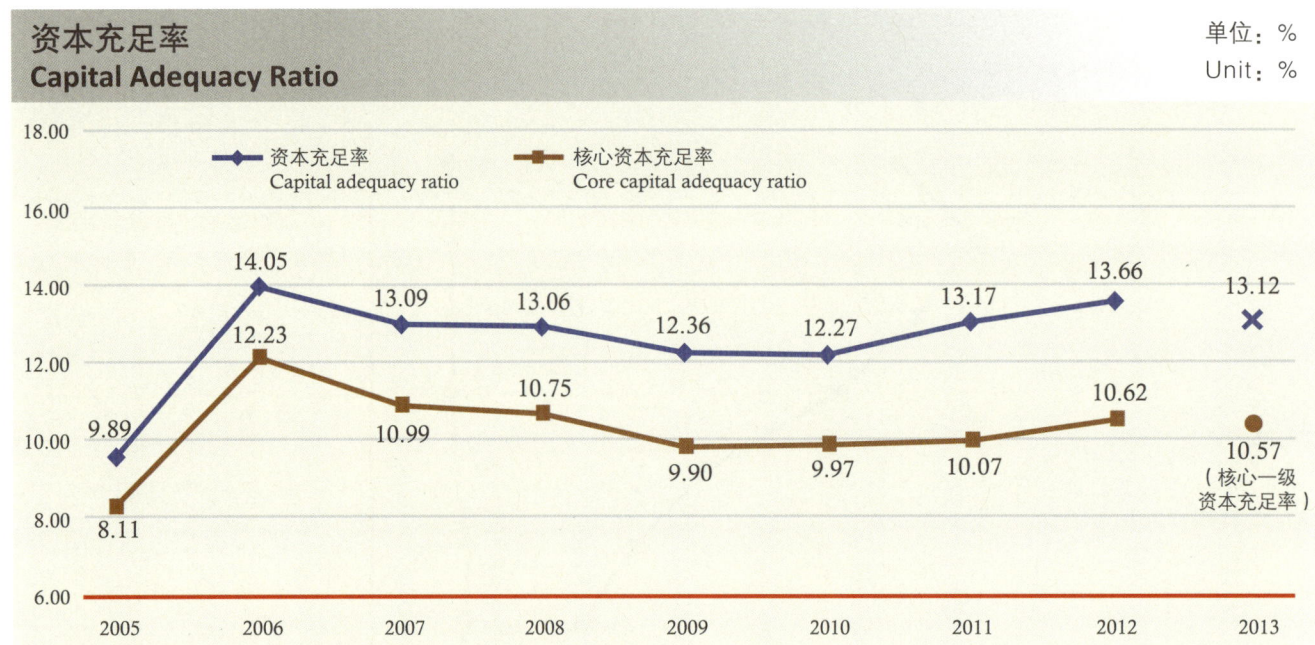

注： 本行自2005年开始披露资本充足率，2005-2012年数据根据中国银监会2004年3月颁布的《商业银行资本充足率管理办法》及相关规定计算。2013年数据根据中国银监会2012年6月颁布的《商业银行资本管理办法（试行）》的规定计算。

Note: ICBC began to disclose CAR as from 2005. Data for 2005-2012 were calculated based on the *Regulation Governing Capital Adequacy Ratio of Commercial Banks* promulgated by CBRC in March 2004 and relevant regulations. Data for 2013 are calculated based on the *Regulation Governing Capital of Commercial Banks (Provisional)* promulgated by CBRC in June 2012.

资本净额
Net Capital Base

单位：人民币百万元
Unit：In RMB millions

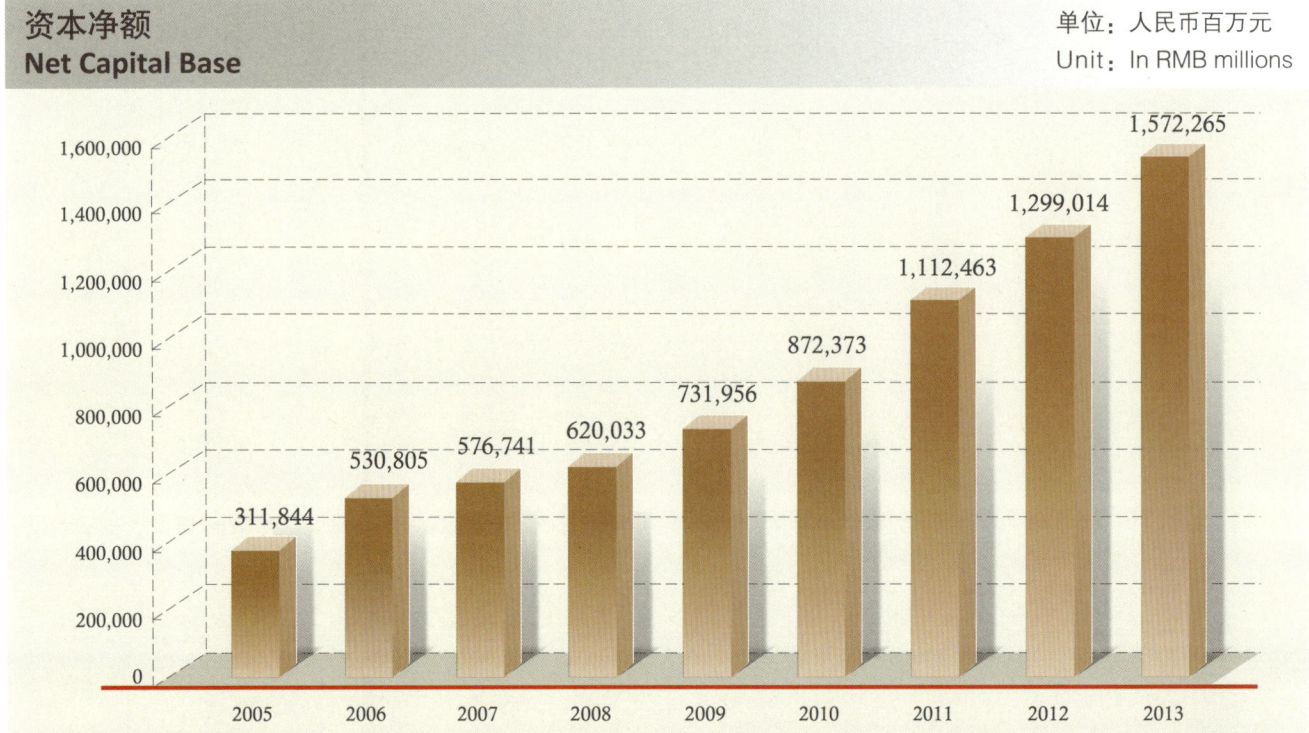

注： 本行自2005年开始披露资本充足率，2005—2012年数据根据中国银监会2004年3月颁布的《商业银行资本充足率管理办法》及相关规定计算。2013年数据根据中国银监会2012年6月颁布的《商业银行资本管理办法（试行）》的规定计算。

Note: ICBC began to disclose CAR as from 2005. Data for 2005-2012 were calculated based on the *Regulation Governing Capital Adequacy Ratio of Commercial Banks* promulgated by CBRC in March 2004 and relevant regulations. Data for 2013 are calculated based on the *Regulation Governing Capital of Commercial Banks (Provisional)* promulgated by CBRC in June 2012.

流动性比率
Liquidity Ratio

单位：%
Unit：%

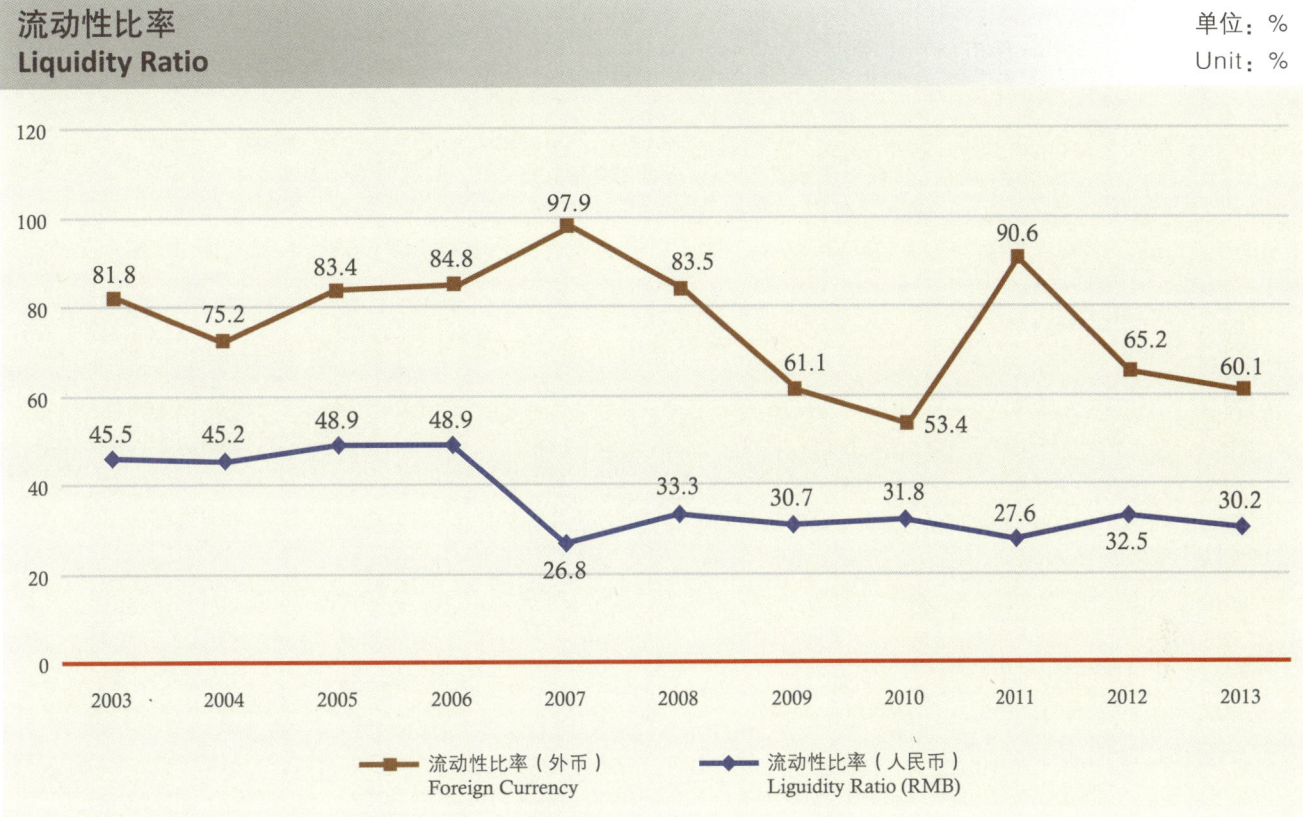

流动性比率（外币）Foreign Currency ／ 流动性比率（人民币）Liguidity Ratio (RMB)

本外币贷存比
Loan-to-Deposit Ratio

单位：%
Unit：%

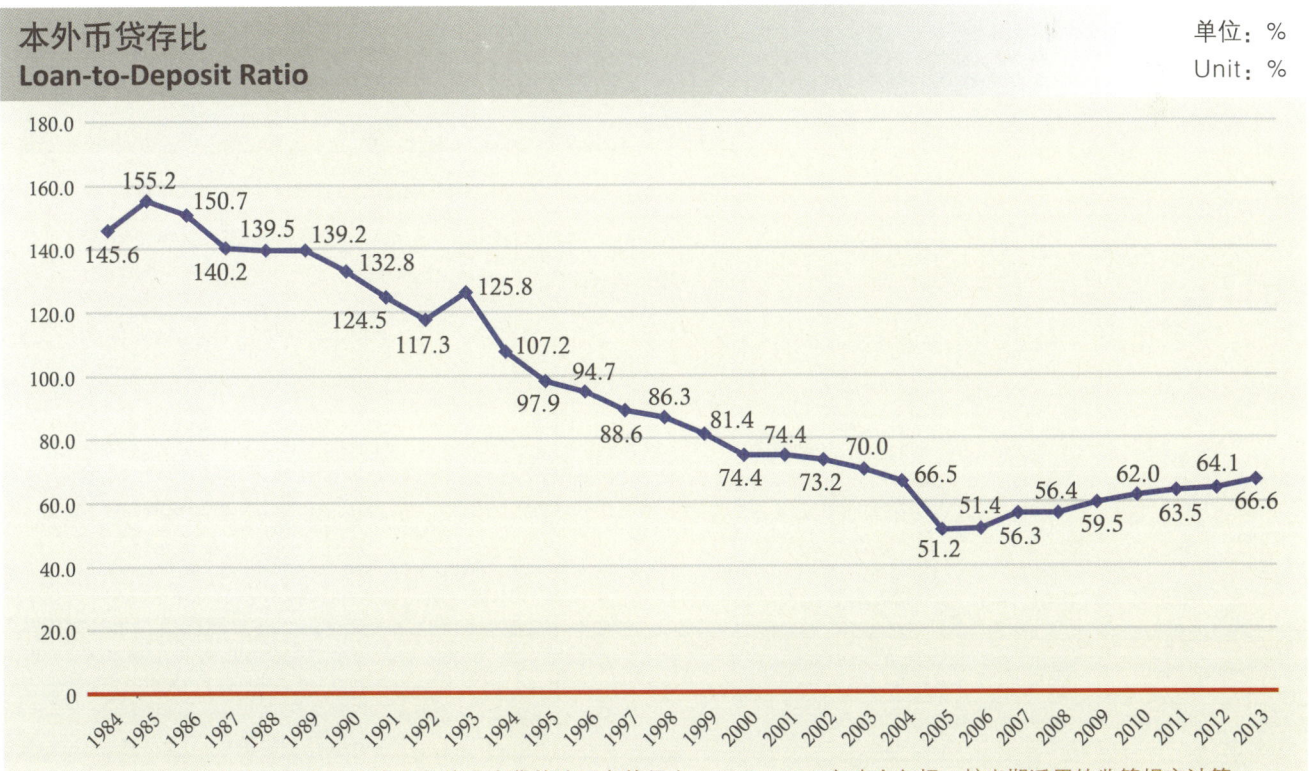

注： 1984—2004年本外币贷存比由资产负债表中贷款除以存款得出；2005—2013年来自年报，按当期适用的监管规定计算。
Note: Loan-to-deposit ratio for 1984-2004 is calculated by dividing loans in the balance sheet by deposits. Data for 2005-2013 are derived from the A-share annual reports and calculated based on the regulatory rules applicable at those periods.

主要监管指标表
Major Regulatory Indicators

单位：%
Unit：%

表1

年份 Year	项目 Item	不良贷款率 NPL ratio	拨备覆盖率 Allowance to NPL ratio	贷款拨备率 Allowance to total loans ratio	不良贷款余额 （人民币百万元） Non-performing loans (In RMB millions)	不良贷款年变化 （人民币百万元） Annual Change of NPL (In RMB millions)
1994		21.07	2.29	—	255,672	—
1995		22.72	3.22	—	319,055	63,383
1996		22.59	2.68	—	365,143	46,088
1997		27.46	1.44	—	524,229	159,086
1998		29.84	1.05	—	647,636	123,407
1999		42.49	1.60	—	1,024,973	377,337
2000		34.43	1.46	—	830,999	(193,974)
2001		29.78	1.08	—	791,989	(39,010)
2002		26.01	1.54	—	758,979	(33,010)
2003		24.24	77.15	18.70	824,648	65,669
2004		21.16	76.28	16.14	784,656	(39,992)
2005		4.69	54.20	2.54	154,417	(630,239)
2006		3.79	70.56	2.68	137,745	(16,672)
2007		2.74	103.50	2.84	111,774	(25,971)
2008		2.29	130.15	2.97	104,482	(7,292)
2009		1.54	164.41	2.54	88,467	(16,015)
2010		1.08	228.20	2.46	73,241	(15,226)
2011		0.94	266.92	2.50	73,011	(230)
2012		0.85	295.55	2.50	74,575	1,564
2013		0.94	257.19	2.43	93,689	19,114

表2

年份 Year	项目 Item	资本充足率 Capital adequacy ratio	核心资本充足率 Core capital adequacy ratio	资本净额（人民币百万元） Net Capital base (In RMB millions)
2003		—	—	—
2004		—	—	—
2005		9.89	8.11	311,844
2006		14.05	12.23	530,805
2007		13.09	10.99	576,741
2008		13.06	10.75	620,033
2009		12.36	9.90	731,956
2010		12.27	9.97	872,373
2011		13.17	10.07	1,112,463
2012		13.66	10.62	1,299,014
2013		13.12	10.57	1,572,265

注：　核心资本充足率列2013年数据为核心一级资本充足率。
Note: Core capital adequacy ratio for 2013 is the core tier 1 capital adequacy ratio.

表3

其他财务指标 Other financial indicator	监管标准 Regulatory criteria	2003	2004	2005	2006	2007	2008	2009	2010	2011	2012	2013
流动性比率（人民币） Liquidity ratio (RMB)	≥25.0	45.5	45.2	48.9	48.9	26.8	33.3	30.7	31.8	27.6	32.5	30.2
流动性比率（外币） Liquidity ratio (Foreign currency)	≤25.0	81.8	75.2	83.4	84.8	97.9	83.5	61.1	53.4	90.6	65.2	61.0
最大单一客户贷款比例 Percentage of loans to single largest customer	≤10.0	n.a	n.a	5.2	3.1	3.1	2.9	2.8	3.5	3.6	4.0	4.2
最大十家客户贷款比例 Percentage of loans to top 10 customers		n.a	n.a	35.4	21.7	21.1	20.4	20.9	22.8	19.3	17.9	16.2
贷款迁徙率 Loan migration ratio	正常 Pass	n.a	n.a	n.a	n.a	3.5	4.6	3.5	2.6	2.0	1.9	1.7
	关注 Special mention	n.a	n.a	n.a	n.a	10.4	9.3	9.9	4.8	7.3	4.1	9.7
	次级 Substandard	n.a	n.a	n.a	n.a	41.3	39.4	31.3	43.4	32.8	28.1	43.9
	可疑 Doubtful	n.a	n.a	n.a	n.a	10.2	10.2	18.1	10.9	4.9	4.4	9.5

表4

项目 / 年份 Item / Year	1984	1985	1986	1987	1988	1989	1990	1991	1992	1993
本外币贷存比（%） Loan-to-deposit ratio	145.6	155.2	150.7	140.2	139.5	139.2	132.8	124.5	117.3	125.8

项目 / 年份 Item / Year	1994	1995	1996	1997	1998	1999	2000	2001	2002	2003
本外币贷存比（%） Loan-to-deposit ratio	107.2	97.9	94.7	88.6	86.3	81.4	74.4	74.4	73.2	69.0

项目 / 年份 Item / Year	2004	2005	2006	2007	2008	2009	2010	2011	2012	2013
本外币贷存比（%） Loan-to-deposit ratio	65.6	51.2	51.4	56.3	56.4	59.5	62.0	63.5	64.1	66.6

资本充足率情况表
Capital Adequacy

单位：人民币百万元
Unit：In RMB millions

项目 Item / 年份 Year	2005	2006	2007	2008
核心资本 **Core capital**	**257,481**	**464,079**	**487,955**	**543,642**
股本 Share capital	248,000	334,019	334,019	334,019
储备 Reserves	5,444	125,523	148,631	205,668
少数股东权益 Minority interests	4,037	4,537	5,305	3,955
附属资本 **Supplementary capital**	**56,846**	**69,650**	**94,648**	**121,998**
贷款损失一般准备 General provisions for loan impairment	21,846	33,645	47,979	82,834
可供出售类投资公允价值变动重估储备 Reserve for changes in fair value of available-for-sale investments	—	1,005	—	—
长期次级债务 Long term subordinated bonds	35,000	35,000	35,000	35,000
可转换公司债券 Convertible bonds				
其他附属资本 Other supplementary capital			11,669	4,164
扣除前总资本基础 **Total capital base before deductions**	**314,327**	**533,729**	**582,603**	**665,640**
扣除 **Deductions**				
商誉 Goodwill	1,307	1,195	1,878	20,579
未合并的权益投资 Unconsolidated equity investments	1,176	1,729	3,868	19,499
其他 Others			116	5,529
资本净额 **Net capital base**	**311,844**	**530,805**	**576,741**	**620,033**
核心资本净额 **Net core capital base**	**255,586**	**462,019**	**484,085**	**510,549**
加权风险资产及市场风险资本调整 **Risk weighted assets and market risk capital adjustment**	**3,152,206**	**3,779,170**	**4,405,345**	**4,748,893**
核心资本充足率 **Core capital adequacy ratio**	**8.11%**	**12.23%**	**10.99%**	**10.75%**
资本充足率 **Capital adequacy ratio**	**9.89%**	**14.05%**	**13.09%**	**13.06%**

项目 Item	年份 Year	2009	2010	2011	2012
核心资本 **Core capital**		**622,121**	**750,970**	**882,300**	**1,044,564**
股本 Share capital		334,019	349,019	349,084	349,620
储备 Reserves		283,061	400,724	532,135	691,482
少数股东权益 Minority interests		5,041	1,227	1,081	3,462
附属资本 **Supplementary capital**		**172,994**	**174,505**	**271,830**	**298,365**
贷款损失一般准备 General provisions for loan impairment		97,994	67,905	77,889	88,037
长期次级债务 Long term subordinated bonds		75,000	78,286	167,655	187,585
可转换公司债券 Convertible bonds		—	24,870	24,615	22,558
其他附属资本 Other supplementary capital		—	3,444	1,671	185
扣除前总资本基础 **Total capital base before deductions**		**795,115**	**925,475**	**1,154,130**	**1,342,929**
扣除 **Deductions**		**63,159**	**53,102**	**41,667**	**43,915**
商誉 Goodwill		24,621	27,369	22,223	24,287
未合并的权益投资 Unconsolidated equity investments		19,559	22,649	18,957	19,574
其他 Others		18,979	3,084	487	54
资本净额 **Net capital base**		**731,956**	**872,373**	**1,112,463**	**1,299,014**
核心资本净额 **Net core capital base**		**586,431**	**709,193**	**850,355**	**1,010,463**
加权风险资产及市场风险资本调整 **Risk weighted assets and market risk capital adjustment**		**5,921,330**	**7,112,357**	**8,447,263**	**9,511,205**
核心资本充足率 **Core capital adequacy ratio**		**9.90%**	**9.97%**	**10.07%**	**10.62%**
资本充足率 **Capital adequacy ratio**		**12.36%**	**12.27%**	**13.17%**	**13.66%**

财务数据 FINANCIAL DATA

同业数据 DATA OF PEER BANKS

业务数据 BUSINESS DATA

排名及评级 MAIN RANKINGS AND CREDIT RATINGS

资产负债表与利润表 FINANCIAL STATEMENTS

121

续表
Continued

项目 Item	年份 Year	2013
核心一级资本　Core tier 1 capital		**1,276,344**
实收资本　Paid-in capital		351,390
资本公积可计入部分　Valid portion of capital reserve		108,202
盈余公积　Surplus reserve		123,870
一般风险准备　General reserve		202,940
未分配利润　Retained profits/(accumulated losses)		512,024
少数股东资本可计入部分　Valid portion of minority interests		1,956
其他　Others		(24,038)
核心一级资本扣除项目　Core tier 1 capital deductions		**9,503**
商誉　Goodwill		8,049
其他无形资产（土地使用权除外） Other intangible Assets other than land use right		1,474
对未按公允价值计量的项目进行现金流套期形成的储备 Cash flow hedge reserves that relate-the hedging of items that are not fair valued on the balance sheet		(3,920)
对有控制权但不并表的金融机构的核心一级资本投资 Investment in core tier 1 capital instruments issued by financial institutions that are under control but not subject-consolidation		3,900
核心一级资本净额　Net core tier 1 capital		**1,266,841**
其他一级资本　Additional tier 1 capital		**18**
一级资本净额　Net tier 1 capital		**1,266,859**
二级资本　Tier 2 capital		**324,806**
二级资本工具及其溢价可计入金额 Valid portion of tier 2 capital instruments and related premium		189,877
超额贷款损失准备 Surplus provision for loan impairment		134,857
少数股东资本可计入部分 Valid portion of minority interests		72
二级资本扣除项目　Tier 2 capital deductions		**19,400**
对未并表金融机构大额少数资本投资中的二级资本 Significant minority investments in tier 2 capital instruments issued by financial institutions that are not subject to consolidation		19,400
总资本净额　Net capital base		**1,572,265**
风险加权资产　Risk-weighted assets		**11,982,187**
核心一级资本充足率　Core tier 1 capital adequacy ratio		**10.57%**
一级资本充足率　Tier 1 capital adequacy ratio		**10.57%**
资本充足率　Capital adequacy ratio		**13.12%**

交易账户风险价值（VaR）情况
Value at Risk (VaR) of Trading Book

项目 Item	年份 Year	2008年4月至12月 April-August 2008				2009			
		期末 Period end	平均 Average	最高 Maximum	最低 Minimum	期末 Period end	平均 Average	最高 Maximum	最低 Minimum
利率风险 Interest rate risk		86	58	102	30	30	58	141	23
汇率风险 Currency risk		76	43	83	15	58	60	175	17
商品风险 Commodity risk		—	—	—	—	—	—	—	—
总体风险价值 **Total portfolio VaR**		**111**	**75**	**123**	**41**	**60**	**87**	**212**	**31**

项目 Item	年份 Year	2010				2011			
		期末 Period end	平均 Average	最高 Maximum	最低 Minimum	期末 Period end	平均 Average	最高 Maximum	最低 Minimum
利率风险 Interest rate risk		13	16	43	4	39	44	103	23
汇率风险 Currency risk		291	116	305	47	15	14	81	3
商品风险 Commodity risk		—	—	—	—	1	4	63	1
总体风险价值 **Total portfolio VaR**		**292**	**118**	**299**	**47**	**41**	**46**	**101**	**24**

项目 Item	年份 Year	2012				2013			
		期末 Period end	平均 Average	最高 Maximum	最低 Minimum	期末 Period end	平均 Average	最高 Maximum	最低 Minimum
利率风险 Interest rate risk		14	28	81	7	50	45	85	13
汇率风险 Currency risk		28	28	60	3	39	29	54	15
商品风险 Commodity risk		0	7	20	0	16	5	19	0
总体风险价值 **Total portfolio VaR**		**32**	**41**	**88**	**22**	**61**	**53**	**95**	**26**

利率风险缺口
Interest Rate Risk Exposure

单位：人民币百万元
Unit：In RMB millions

时间 Date \ 项目 Item	3个月内 Less than 3 months	3个月至1年 3 months-1 year	1至5年 1-5 years	5年以上 Over 5 years
2005年12月31日 At 31 December 2005	(1,962,224)	1,119,217	921,221	205,304
2006年12月31日 At 31 December 2006	(2,331,427)	1,658,193	821,675	356,530
2007年12月31日 At 31 December 2007	(2,725,495)	1,535,755	1,273,400	465,411
2008年12月31日 At 31 December 2008	(2,378,991)	1,277,257	1,294,212	397,746
2009年12月31日 At 31 December 2009	(3,396,134)	3,298,812	209,625	514,569
2010年12月31日 At 31 December 2010	(4,004,468)	3,171,738	513,833	1,091,312
2011年12月31日 At 31 December 2011	(1,887,041)	976,190	584,145	1,189,959
2012年12月31日 At 31 December 2012	(1,539,586)	1,340,067	(48,908)	1,174,159
2013年12月31日 At 31 December 2013	(1,106,776)	755,071	473,593	1,091,981

利率敏感性分析
Interest Rate Sensitivity Analysis

单位：人民币百万元
Unit：In RMB millions

利率基点变动 Changes of interest rate in basis points	2007年12月31日 At 31 December 2007		2008年12月31日 At 31 December 2008	
	对利息净收入的影响 Impact on net interest income	对权益的影响 Impact on equity	对利息净收入的影响 Impact on net interest income	对权益的影响 Impact on equity
上升100个基点 Increase by 100 basis points	(18,160)	(9,213)	(16,116)	(9,143)
下降100个基点 Decrease by 100 basis points	18,160	9,452	16,116	9,536

利率基点变动 Changes of interest rate in basis points	2009年12月31日 At 31 December 2009		2010年12月31日 At 31 December 2010	
	对利息净收入的影响 Impact on net interest income	对权益的影响 Impact on equity	对利息净收入的影响 Impact on net interest income	对权益的影响 Impact on equity
上升100个基点 Increase by 100 basis points	(17,273)	(16,505)	(23,156)	(18,848)
下降100个基点 Decrease by 100 basis points	17,273	17,385	23,156	20,130

利率基点变动 Changes of interest rate in basis points	2011年12月31日 At 31 December 2011		2012年12月31日 At 31 December 2012	
	对利息净收入的影响 Impact on net interest income	对权益的影响 Impact on equity	对利息净收入的影响 Impact on net interest income	对权益的影响 Impact on equity
上升100个基点 Increase by 100 basis points	(12,509)	(19,151)	(6,994)	(22,489)
下降100个基点 Decrease by 100 basis points	12,509	20,417	6,994	23,851

利率基点变动 Changes of interest rate in basis points	2013年12月31日 At 31 December 2013	
	对利息净收入的影响 Impact on net interest income	对权益的影响 Impact on equity
上升100个基点 Increase by 100 basis points	(3,625)	(23,845)
下降100个基点 Decrease by 100 basis points	3,625	25,219

流动性缺口分析表
Liquidity Exposure Analysis

单位：人民币百万元
Unit：In RMB millions

项目 Item / 年份 Year	2005	2006	2007	2008	2009
逾期/即时偿还 Overdue/ repayable on demand	(2,987,743)	(3,511,525)	(4,426,085)	(4,323,581)	(5,844,656)
1个月内 Less than 1 month	n.a	(252,295)	(362,557)	(198,843)	(64,006)
1至3个月 1 to 3 months	(335,417)	72,137	(52,450)	(232,110)	(66,927)
3个月至1年 3 months to 1 year	43,864	241,559	64,277	(586,546)	573,857
1至5年 1 to 5 years	1,873,119	1,816,001	2,487,308	2,679,107	1,965,097
5年以上 Over 5 years	967,986	1,296,693	1,664,672	1,757,965	2,457,040
无期限 Undated	699,175	809,234	1,169,087	1,511,146	1,658,529
总额 Total	**260,984**	**471,804**	**544,252**	**607,138**	**678,934**

项目 Item / 年份 Year	2010	2011	2012	2013
逾期/即时偿还 Overdue/ repayable on demand	(6,585,303)	(6,707,099)	(7,008,584)	(7,569,949)
1个月内 Less than 1 month	(162,433)	(459,158)	(439,485)	(339,167)
1至3个月 1 to 3 months	(301,119)	(618,315)	(461,287)	(767,112)
3个月至1年 3 months to 1 year	(383,368)	(311,001)	(697)	(529,145)
1至5年 1 to 5 years	2,537,639	2,613,952	2,158,073	2,978,075
5年以上 Over 5 years	3,515,949	3,815,715	4,046,904	4,387,952
无期限 Undated	2,200,292	2,623,729	2,833,535	3,117,809
总额 Total	**821,657**	**957,823**	**1,128,459**	**1,278,463**

注： 2005年1个月内及1至3个月内数据包含在本表1至3个月中。
Note: Data for less than 1 month and 1 to 3 months in 2005 are included in data for 1 to 3 months in the table.

外汇敞口

Foreign Exchange Exposure

项目 Item \ 年份 Year	2007		2008	
	人民币 RMB	等值美元 USD equivalent	人民币 RMB	等值美元 USD equivalent
资产负债表内外汇敞口净额 Exposure of on-balance sheet foreign exchange items, net	342,009	46,821	208,183	30,460
资产负债表外外汇敞口净额 Exposure of off-balance sheet foreign exchange items, net	(204,323)	(27,972)	(153,796)	(22,503)
外汇敞口净额合计 **Total foreign exchange exposure, net**	**137,686**	**18,849**	**54,387**	**7,957**

项目 Item \ 年份 Year	2009		2010	
	人民币 RMB	等值美元 USD equivalent	人民币 RMB	等值美元 USD equivalent
资产负债表内外汇敞口净额 Exposure of on-balance sheet foreign exchange items, net	214,195	31,369	231,896	35,015
资产负债表外外汇敞口净额 Exposure of off-balance sheet foreign exchange items, net	(163,399)	(23,930)	(163,326)	(24,662)
外汇敞口净额合计 **Total foreign exchange exposure, net**	**50,796**	**7,439**	**68,570**	**10,353**

项目 Item \ 年份 Year	2011		2012	
	人民币 RMB	等值美元 USD equivalent	人民币 RMB	等值美元 USD equivalent
资产负债表内外汇敞口净额 Exposure of on-balance sheet foreign exchange items, net	265,290	42,104	266,916	42,820
资产负债表外外汇敞口净额 Exposure of off-balance sheet foreign exchange items, net	(183,307)	(29,092)	(187,054)	(30,008)
外汇敞口净额合计 **Total foreign exchange exposure, net**	**81,983**	**13,012**	**79,862**	**12,812**

项目 Item \ 年份 Year	2013	
	人民币 RMB	等值美元 USD equivalent
资产负债表内外汇敞口净额 Exposure of on-balance sheet foreign exchange items, net	253,530	41,824
资产负债表外外汇敞口净额 Exposure of off-balance sheet foreign exchange items, net	(149,043)	(24,587)
外汇敞口净额合计 **Total foreign exchange exposure, net**	**104,487**	**17,237**

同 业 数 据

DATA OF PEER BANKS

总资产国际同业比较
Total Assets of International Peer Banks

单位：亿美元
Unit：In USD 100 millions

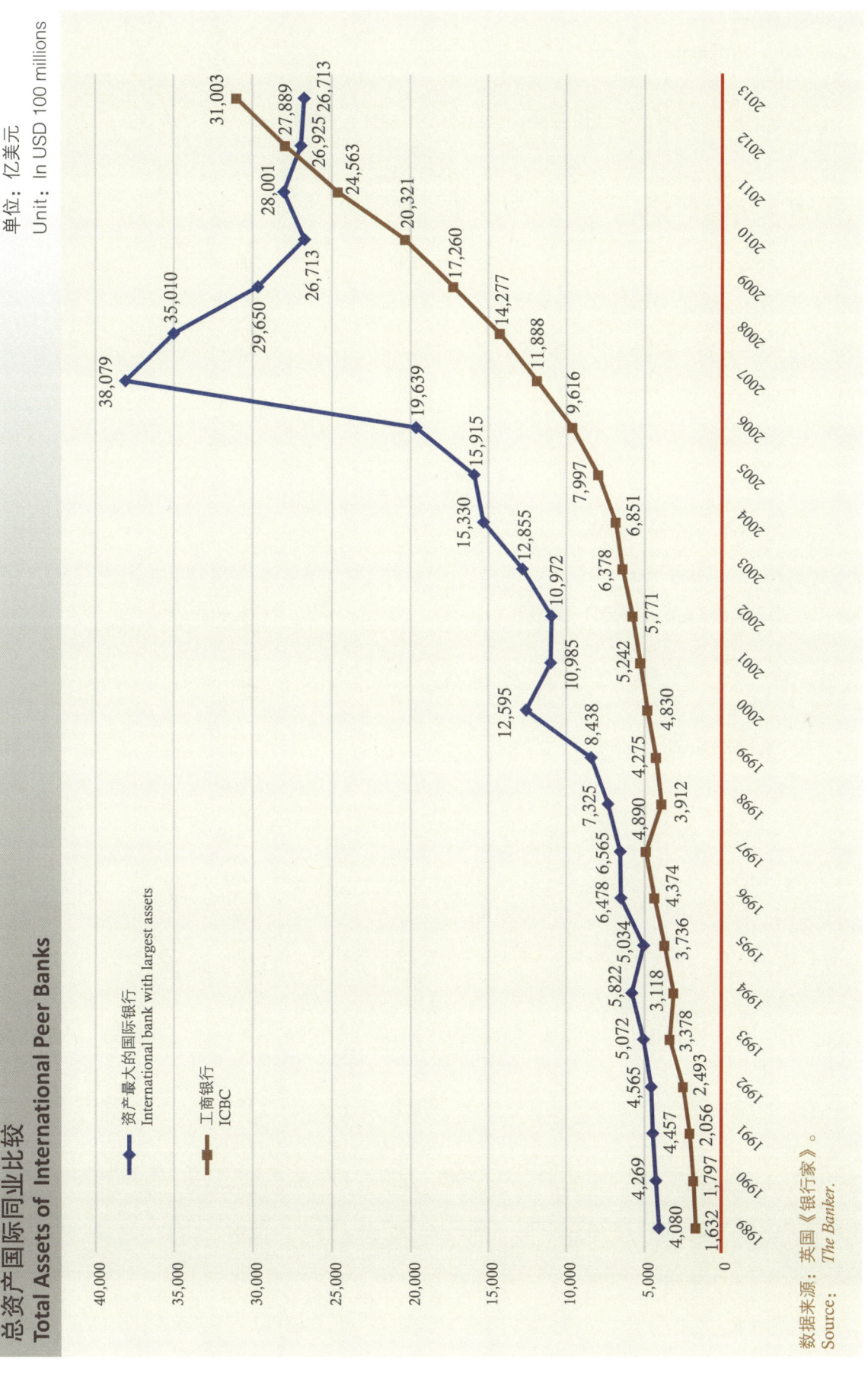

资产最大的国际银行
International bank with largest assets

工商银行
ICBC

数据来源：英国《银行家》。
Source：*The Banker*.

资产最大的国际银行
International bank with largest assets

单位：亿美元
Unit：In USD 100 millions

年份 Year	项目 Item	资产最大的国际银行 International bank with largest assets			工商银行 ICBC
		银行名称 Bank name	资产 Total assets	所属国家 Country	资产 Total assets
1989		Dai Ichi Kangyo Bank	4,080	Japan	1,632
1990		Dai Ichi Kangyo Bank	4,269	Japan	1,797
1991		Dai Ichi Kangyo Bank	4,457	Japan	2,056
1992		Dai Ichi Kangyo Bank	4,565	Japan	2,493
1993		Fuji Bank	5,072	Japan	3,378
1994		UFJ Bank	5,822	Japan	3,118
1995		Deutsche Bank	5,034	Germany	3,736
1996		Bank of Tokyo-Mitsubishi	6,478	Japan	4,374
1997		Bank of Tokyo-Mitsubishi	6,565	Japan	4,890
1998		Deutsche Bank	7,325	Germany	3,912
1999		Deutsche Bank	8,438	Germany	4,275
2000		Mizuho Financial Group	12,595	Japan	4,830
2001		Mizuho Financial Group	10,985	Japan	5,242
2002		Citigroup	10,972	USA	5,771
2003		Mizuho Financial Group	12,855	Japan	6,378
2004		UBS	15,330	Switzerland	6,851
2005		Barclays	15,915	UK	7,997
2006		UBS	19,639	Switzerland	9,616
2007		Royal Bank of Scotland	38,079	UK	11,888
2008		Royal Bank of Scotland	35,010	UK	14,277
2009		BNP Paribas	29,650	France	17,260
2010		BNP Paribas	26,713	France	20,321
2011		Deutsche Bank	28,001	Germany	24,563
2012		HSBC Holdings	26,925	UK	27,889
2013		HSBC Holdings	26,713	UK	31,003

数据来源：英国《银行家》。
Source:　　*The Banker.*

总资产主要国际同业比较表
Total Assets of Major International Peer Banks

银行 Bank	1989		1990		1991	
年份 Year	金额 Amount	排名 Ranking	金额 Amount	排名 Ranking	金额 Amount	排名 Ranking
工商银行（ICBC）	1,632	5	1,797	5	2,056	5
摩根大通（JP Morgan Chase & Co.）	1,063	6	972	8	973	8
美国银行（Bank of America）	972	7	1,091	6	1,140	7
汇丰集团（HSBC Holdings）	n.a	12	n.a	12	1,605	6
花旗集团（Citigroup）	2,270	2	2,148	4	2,154	4
富国银行（Wells Fargo & Co.）	485	9	560	10	534	12
法国巴黎银行（BNP Paribas）	2,315	1	2,869	1	2,759	2
苏格兰皇家银行（Royal Bank of Scotland）	458	10	564	9	564	11
桑坦德（Banco Santander）	413	11	552	11	600	10
巴克莱（Barclays）	2,058	3	2,600	3	2,583	3
莱斯银行（Lloyds Banking Group）	928	8	1,064	7	960	9
德意志银行（Deutsche Bank）	2,023	4	2,677	2	2,901	1

银行 Bank	1992		1993	
年份 Year	金额 Amount	排名 Ranking	金额 Amount	排名 Ranking
工商银行（ICBC）	2,493	4	3,378	1
摩根大通（JP Morgan Chase & Co.）	953	9	1,021	9
美国银行（Bank of America）	1,794	7	1,869	7
汇丰集团（HSBC Holdings）	2,799	3	3,073	3
花旗集团（Citigroup）	2,119	6	2,166	6
富国银行（Wells Fargo & Co.）	524	12	525	12
法国巴黎银行（BNP Paribas）	2,848	2	2,762	4
苏格兰皇家银行（Royal Bank of Scotland）	616	10	566	11
桑坦德（Banco Santander）	615	11	734	10
巴克莱（Barclays）	2,413	5	2,460	5
莱斯银行（Lloyds Banking Group）	1,044	8	1,181	8
德意志银行（Deutsche Bank）	3,038	1	3,208	2

总资产主要国际同业比较表（续表）
Total Assets of Major International Peer Banks

单位：亿美元
Unit：In USD 100 millions

银行 Bank	年份 Year 1994		1995		1996	
	金额 Amount	排名 Ranking	金额 Amount	排名 Ranking	金额 Amount	排名 Ranking
工商银行（ICBC）	3,118	3	3,736	2	4,374	2
摩根大通（JP Morgan Chase & Co.）	1,140	10	1,212	10	3,361	5
美国银行（Bank of America）	2,155	7	2,324	7	2,508	8
汇丰集团（HSBC Holdings）	3,149	2	3,516	3	4,017	3
花旗集团（Citigroup）	2,505	6	2,569	6	2,810	7
富国银行（Wells Fargo & Co.）	534	12	503	12	1,089	11
法国巴黎银行（BNP Paribas）	2,716	4	3,252	4	3,554	4
苏格兰皇家银行（Royal Bank of Scotland）	716	11	807	11	955	12
桑坦德（Banco Santander）	1,142	9	1,356	9	1,499	10
巴克莱（Barclays）	2,538	5	2,617	5	3,158	6
莱斯银行（Lloyds Banking Group）	1,271	8	2,295	8	2,502	9
德意志银行（Deutsche Bank）	3,826	1	5,034	1	5,699	1

银行 Bank	年份 Year 1997		1998		1999	
	金额 Amount	排名 Ranking	金额 Amount	排名 Ranking	金额 Amount	排名 Ranking
工商银行（ICBC）	4,890	2	3,912	5	4,275	6
摩根大通（JP Morgan Chase & Co.）	3,655	5	3,659	7	4,061	7
美国银行（Bank of America）	2,602	9	6,177	3	6,326	4
汇丰集团（HSBC Holdings）	4,736	3	4,847	4	5,691	5
花旗集团（Citigroup）	3,109	7	6,686	2	7,169	2
富国银行（Wells Fargo & Co.）	975	12	2,025	10	2,181	11
法国巴黎银行（BNP Paribas）	3,398	6	3,790	6	7,019	3
苏格兰皇家银行（Royal Bank of Scotland）	1,171	11	1,337	12	1,463	12
桑坦德（Banco Santander）	1,711	10	1,809	11	2,576	9
巴克莱（Barclays）	3,881	4	3,534	8	3,988	8
莱斯银行（Lloyds Banking Group）	2,615	8	2,401	9	2,417	10
德意志银行（Deutsche Bank）	5,820	1	7,325	1	8,438	1

总资产主要国际同业比较表（续表）
Total Assets of Major International Peer Banks

单位：亿美元
Unit：In USD 100 millions

银行 Bank / 年份 Year	2000 金额 Amount	排名 Ranking	2001 金额 Amount	排名 Ranking	2002 金额 Amount	排名 Ranking
工商银行（ICBC）	4,830	7	5,242	7	5,771	9
摩根大通（JP Morgan Chase & Co.）	7,153	3	6,936	5	7,588	4
美国银行（Bank of America）	6,422	6	6,218	6	6,605	6
汇丰集团（HSBC Holdings）	6,736	4	6,964	4	7,592	3
花旗集团（Citigroup）	9,022	1	10,515	1	10,972	1
富国银行（Wells Fargo & Co.）	2,723	11	3,075	11	3,493	10
法国巴黎银行（BNP Paribas）	6,458	5	7,273	3	7,449	5
苏格兰皇家银行（Royal Bank of Scotland）	4,615	8	5,200	8	6,494	7
桑坦德（Banco Santander）	3,247	10	3,156	10	3,400	11
巴克莱（Barclays）	4,588	9	5,054	9	6,379	8
莱斯银行（Lloyds Banking Group）	2,490	12	2,758	12	3,343	12
德意志银行（Deutsche Bank）	8,747	2	8,092	2	7,952	2

银行 Bank / 年份 Year	2003 金额 Amount	排名 Ranking	2004 金额 Amount	排名 Ranking	2005 金额 Amount	排名 Ranking
工商银行（ICBC）	6,378	9	6,851	10	7,997	10
摩根大通（JP Morgan Chase & Co.）	7,709	7	11,572	4	11,989	7
美国银行（Bank of America）	7,364	8	11,105	7	12,918	6
汇丰集团（HSBC Holdings）	10,342	2	12,768	2	15,020	2
花旗集团（Citigroup）	12,640	1	14,841	1	14,940	3
富国银行（Wells Fargo & Co.）	3,878	12	4,278	12	4,817	12
法国巴黎银行（BNP Paribas）	9,890	4	12,339	3	14,841	4
苏格兰皇家银行（Royal Bank of Scotland）	8,062	5	11,195	6	13,375	5
桑坦德（Banco Santander）	4,440	11	7,837	9	9,545	9
巴克莱（Barclays）	7,913	6	9,921	8	15,915	1
莱斯银行（Lloyds Banking Group）	4,498	10	5,404	11	5,333	11
德意志银行（Deutsche Bank）	10,148	3	11,442	5	11,704	8

总资产主要国际同业比较表（续表）
Total Assets of Major International Peer Banks

单位：亿美元
Unit：In USD 100 millions

银行 Bank	2006		2007		2008	
年份 Year	金额 Amount	排名 Ranking	金额 Amount	排名 Ranking	金额 Amount	排名 Ranking
工商银行（ICBC）	9,616	10	11,888	10	14,277	10
摩根大通（JP Morgan Chase & Co.）	13,515	8	15,621	8	21,751	6
美国银行（Bank of America）	14,597	7	17,157	7	18,221	8
汇丰集团（HSBC Holdings）	18,608	4	23,543	5	25,275	5
花旗集团（Citigroup）	18,826	3	21,876	6	19,385	7
富国银行（Wells Fargo & Co.）	4,820	12	5,754	12	13,096	11
法国巴黎银行（BNP Paribas）	18,969	2	24,944	3	28,887	4
苏格兰皇家银行（Royal Bank of Scotland）	17,107	5	38,079	1	35,010	1
桑坦德（Banco Santander）	10,982	9	13,439	9	14,609	9
巴克莱（Barclays）	19,568	1	24,591	4	29,927	3
莱斯银行（Lloyds Banking Group）	6,745	11	7,080	11	6,356	12
德意志银行（Deutsche Bank）	14,832	6	29,742	2	30,653	2

银行 Bank	2009		2010		2011	
年份 Year	金额 Amount	排名 Ranking	金额 Amount	排名 Ranking	金额 Amount	排名 Ranking
工商银行（ICBC）	17,260	9	20,321	8	24,563	4
摩根大通（JP Morgan Chase & Co.）	20,320	7	21,176	7	22,658	7
美国银行（Bank of America）	22,245	5	22,649	6	21,366	8
汇丰集团（HSBC Holdings）	23,645	3	24,547	3	25,556	2
花旗集团（Citigroup）	18,624	8	19,139	9	18,739	9
富国银行（Wells Fargo & Co.）	12,436	12	12,581	12	13,139	12
法国巴黎银行（BNP Paribas）	29,650	1	26,713	1	25,429	3
苏格兰皇家银行（Royal Bank of Scotland）	27,496	2	22,748	5	23,298	6
桑坦德（Banco Santander）	16,002	11	16,277	10	16,193	10
巴克莱（Barclays）	22,349	4	23,312	4	24,174	5
莱斯银行（Lloyds Banking Group）	16,649	10	15,518	11	15,006	11
德意志银行（Deutsche Bank）	21,623	6	25,476	2	28,001	1

总资产主要国际同业比较表（续表）
Total Assets of Major International Peer Banks

単位：亿美元
Unit：In USD 100 millions

银行 Bank / 年份 Year	2012		2013	
	金额 Amount	排名 Ranking	金额 Amount	排名 Ranking
工商银行（ICBC）	27,889	1	31,003	1
摩根大通（JP Morgan Chase & Co.）	23,591	5	24,157	4
美国银行（Bank of America）	22,120	7	21,050	7
汇丰集团（HSBC Holdings）	26,925	2	26,713	2
花旗集团（Citigroup）	18,647	9	18,806	8
富国银行（Wells Fargo & Co.）	14,230	12	15,270	11
法国巴黎银行（BNP Paribas）	25,162	4	24,830	3
苏格兰皇家银行（Royal Bank of Scotland）	20,699	8	16,934	9
桑坦德（Banco Santander）	16,750	10	15,388	10
巴克莱（Barclays）	23,507	6	21,619	6
莱斯银行（Lloyds Banking Group）	14,583	11	13,954	12
德意志银行（Deutsche Bank）	26,548	3	22,226	5

数据来源：英国《银行家》。
注：排名为基于表中列示的12家银行数据的排序结果，而非英国《银行家》杂志公布的基于全部银行的排名。
Source: *The Banker*.
Note: Ranking is a sequencing result of 12 banks' data presented in the table rather than the ranking issued by *The Banker* based on all banks.

贷款主要国际同业比较
Total Loans of Major International Peer Banks

单位：亿美元
Unit：In USD 100 millions

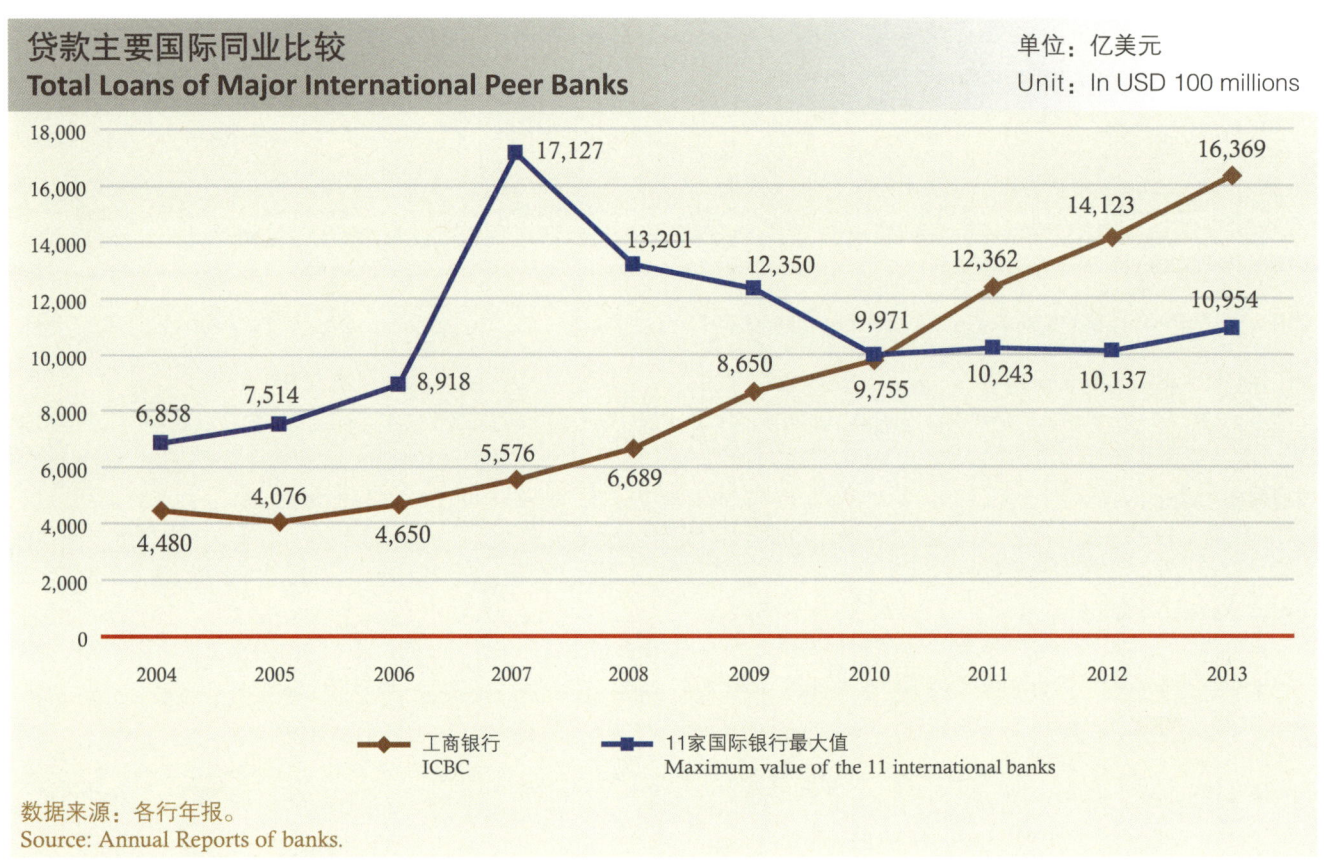

工商银行　ICBC
11家国际银行最大值　Maximum value of the 11 international banks

数据来源：各行年报。
Source: Annual Reports of banks.

存款主要国际同业比较
Total Deposits of Major International Peer Banks

单位：亿美元
Unit：In USD 100 millions

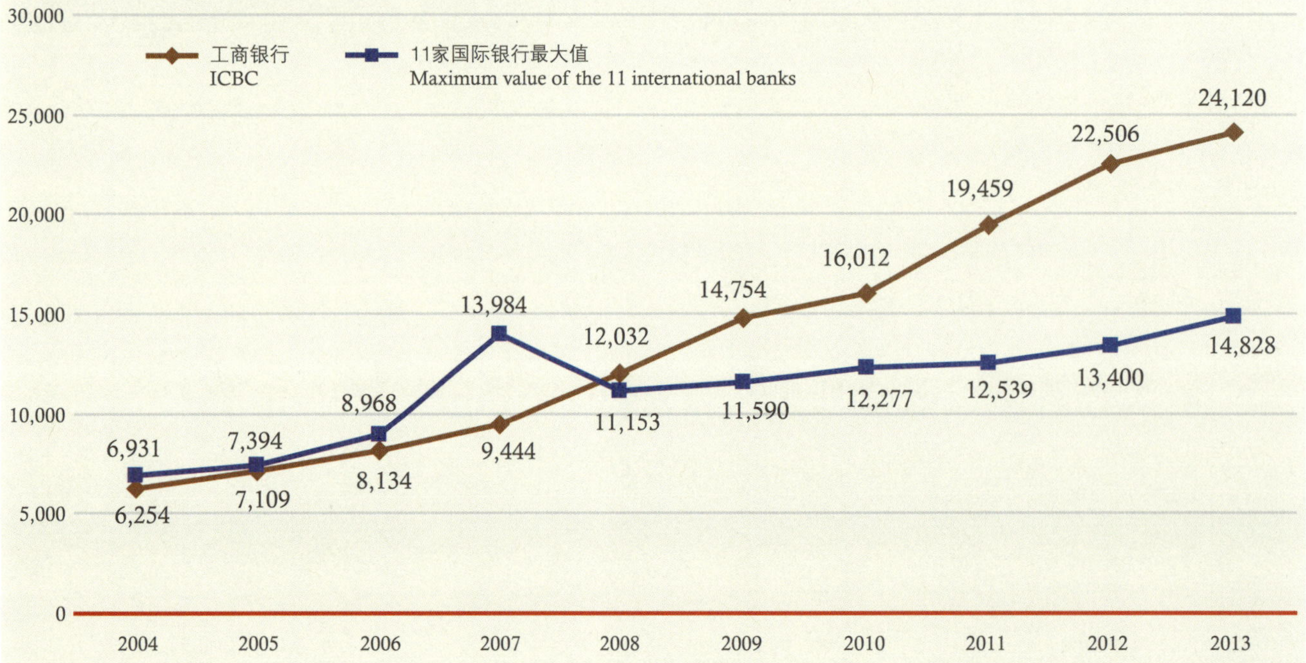

工商银行　ICBC
11家国际银行最大值　Maximum value of the 11 international banks

数据来源：各行年报。
Source: Annual Reports of the banks.

贷款主要国际同业比较表
Total Loans of Major International Peer Banks

银行 Bank	年份 Year	2004		2005		2006	
		金额 Amount	排名 Ranking	金额 Amount	排名 Ranking	金额 Amount	排名 Ranking
工商银行（ICBC）		4,480	7	4,076	8	4,650	9
摩根大通（JP Morgan Chase & Co.）		4,338	8	4,489	7	4,831	8
美国银行（Bank of America）		5,301	4	5,863	4	7,234	3
汇丰集团（HSBC Holdings）		6,858	1	7,514	1	8,817	2
花旗集团（Citigroup）		5,829	3	6,215	3	7,208	4
富国银行（Wells Fargo & Co.）		2,876	10	3,108	10	3,191	10
法国巴黎银行（BNP Paribas）		3,306	9	3,679	9	5,218	7
苏格兰皇家银行（Royal Bank of Scotland）		6,499	2	7,238	2	8,918	1
桑坦德（Banco Santander）		4,878	6	5,234	5	6,820	5
巴克莱（Barclays）		4,903	5	4,681	6	5,410	6
莱斯银行（Lloyds Banking Group）		n.a	n.a	n.a	n.a	n.a	n.a
德意志银行（Deutsche Bank）		n.a	n.a	n.a	n.a	2,312	11

银行 Bank	年份 Year	2007		2008		2009	
		金额 Amount	排名 Ranking	金额 Amount	排名 Ranking	金额 Amount	排名 Ranking
工商银行（ICBC）		5,576	8	6,689	9	8,650	6
摩根大通（JP Morgan Chase & Co.）		5,194	9	7,449	6	6,335	9
美国银行（Bank of America）		8,763	3	9,314	3	9,001	5
汇丰集团（HSBC Holdings）		10,008	2	9,568	2	9,218	4
花旗集团（Citigroup）		7,780	5	6,942	8	5,915	10
富国银行（Wells Fargo & Co.）		3,822	10	8,648	4	7,828	7
法国巴黎银行（BNP Paribas）		6,707	7	6,414	10	10,527	2
苏格兰皇家银行（Royal Bank of Scotland）		17,127	1	13,201	1	12,350	1
桑坦德（Banco Santander）		8,416	4	7,991	5	10,471	3
巴克莱（Barclays）		7,156	6	6,981	7	7,139	8
莱斯银行（Lloyds Banking Group）		n.a	n.a	n.a	n.a	n.a	n.a
德意志银行（Deutsche Bank）		2,940	11	3,420	11	3,909	11

贷款主要国际同业比较表（续表）
Total Loans of Major International Peer Banks

单位：亿美元
Unit：In USD 100 millions

银行 Bank	2010		2011	
年份 Year	金额 Amount	排名 Ranking	金额 Amount	排名 Ranking
工商银行（ICBC）	10,253	1	12,362	1
摩根大通（JP Morgan Chase & Co.）	6,929	10	7,237	9
美国银行（Bank of America）	9,404	6	9,262	4
汇丰集团（HSBC Holdings）	9,784	3	9,579	3
花旗集团（Citigroup）	6,488	11	6,472	11
富国银行（Wells Fargo & Co.）	7,573	8	7,696	7
法国巴黎银行（BNP Paribas）	9,536	5	9,241	5
苏格兰皇家银行（Royal Bank of Scotland）	8,242	7	7,329	8
桑坦德（Banco Santander）	9,971	2	10,243	2
巴克莱（Barclays）	6,969	9	6,844	10
莱斯银行（Lloyds Banking Group）	9,669	4	9,038	6
德意志银行（Deutsche Bank）	5,510	12	5,550	12

银行 Bank	2012		2013	
年份 Year	金额 Amount	排名 Ranking	金额 Amount	排名 Ranking
工商银行（ICBC）	14,123	1	16,369	1
摩根大通（JP Morgan Chase & Co.）	7,338	8	7,384	8
美国银行（Bank of America）	9,078	4	9,282	4
汇丰集团（HSBC Holdings）	10,137	2	10,954	2
花旗集团（Citigroup）	6,555	11	6,677	11
富国银行（Wells Fargo & Co.）	7,996	7	8,258	7
法国巴黎银行（BNP Paribas）	8,684	5	8,887	5
苏格兰皇家银行（Royal Bank of Scotland）	7,297	9	6,865	10
桑坦德（Banco Santander）	9,859	3	9,577	3
巴克莱（Barclays）	7,040	10	7,222	9
莱斯银行（Lloyds Banking Group）	8,610	6	8,371	6
德意志银行（Deutsche Bank）	5,313	12	5,273	12

数据来源：各行年报。
Data source: Annual Reports of banks.

存款主要国际同业比较表
Total Deposits of Major International Peer Banks

银行 Bank	2006		2007	
	金额 Amount	排名 Ranking	金额 Amount	排名 Ranking
工商银行（ICBC）	8,134	2	9,444	3
摩根大通（JP Morgan Chase & Co.）	6,388	5	7,407	6
美国银行（Bank of America）	6,935	4	8,052	5
汇丰集团（HSBC Holdings）	8,968	1	10,961	2
花旗集团（Citigroup）	7,120	3	8,262	4
富国银行（Wells Fargo & Co.）	3,102	8	3,445	11
法国巴黎银行（BNP Paribas）	2,987	9	5,082	9
苏格兰皇家银行（Royal Bank of Scotland）	n.a	n.a	13,984	1
桑坦德（Banco Santander）	n.a	n.a	5,214	8
巴克莱（Barclays）	5,040	6	6,045	7
莱斯银行（Lloyds Banking Group）	n.a	n.a	n.a	n.a
德意志银行（Deutsche Bank）	4,119	7	4,579	10

银行 Bank	2008		2009	
	金额 Amount	排名 Ranking	金额 Amount	排名 Ranking
工商银行（ICBC）	12,032	1	14,754	1
摩根大通（JP Morgan Chase & Co.）	10,093	3	9,384	5
美国银行（Bank of America）	8,830	5	9,916	4
汇丰集团（HSBC Holdings）	11,153	2	11,590	2
花旗集团（Citigroup）	7,742	7	8,359	7
富国银行（Wells Fargo & Co.）	7,814	6	8,240	8
法国巴黎银行（BNP Paribas）	5,219	9	9,043	6
苏格兰皇家银行（Royal Bank of Scotland）	9,533	4	10,174	3
桑坦德（Banco Santander）	5,293	8	7,579	9
巴克莱（Barclays）	5,001	10	5,341	10
莱斯银行（Lloyds Banking Group）	n.a	n.a	n.a	n.a
德意志银行（Deutsche Bank）	3,956	11	5,146	11

存款主要国际同业比较表（续表）　　　　　　　　　　　　　　单位：亿美元
Total Deposits of Major International Peer Banks　　　　　　Unit：In USD 100 millions

银行 Bank 　　　　　年份 Year	2010		2011	
	金额 Amount	排名 Ranking	金额 Amount	排名 Ranking
工商银行（ICBC）	16,829	1	19,459	1
摩根大通（JP Morgan Chase & Co.）	9,304	4	11,278	3
美国银行（Bank of America）	10,104	3	10,330	4
汇丰集团（HSBC Holdings）	12,277	2	12,539	2
花旗集团（Citigroup）	8,450	6	8,669	6
富国银行（Wells Fargo & Co.）	8,479	5	9,201	5
法国巴黎银行（BNP Paribas）	7,787	9	7,276	10
苏格兰皇家银行（Royal Bank of Scotland）	8,082	8	7,779	9
桑坦德（Banco Santander）	8,263	7	8,425	7
巴克莱（Barclays）	5,472	12	5,661	12
莱斯银行（Lloyds Banking Group）	6,229	11	6,402	11
德意志银行（Deutsche Bank）	7,158	10	8,014	8

银行 Bank 　　　　　年份 Year	2012		2013	
	金额 Amount	排名 Ranking	金额 Amount	排名 Ranking
工商银行（ICBC）	21,886	1	24,120	1
摩根大通（JP Morgan Chase & Co.）	11,936	3	12,878	3
美国银行（Bank of America）	11,053	4	11,193	4
汇丰集团（HSBC Holdings）	13,400	2	14,828	2
花旗集团（Citigroup）	9,306	6	9,683	6
富国银行（Wells Fargo & Co.）	10,028	5	10,792	5
法国巴黎银行（BNP Paribas）	7,130	10	7,702	9
苏格兰皇家银行（Royal Bank of Scotland）	8,429	7	7,770	8
桑坦德（Banco Santander）	8,282	8	8,391	7
巴克莱（Barclays）	6,237	12	7,061	12
莱斯银行（Lloyds Banking Group）	6,903	11	7,283	10
德意志银行（Deutsche Bank）	7,629	9	7,279	11

数据来源：　各行年报。
Data source: Annual Reports of banks.

税前利润国际同业比较
Pre-Tax Profits of Major International Peer Banks

单位：亿美元
Unit: In USD 100 millions

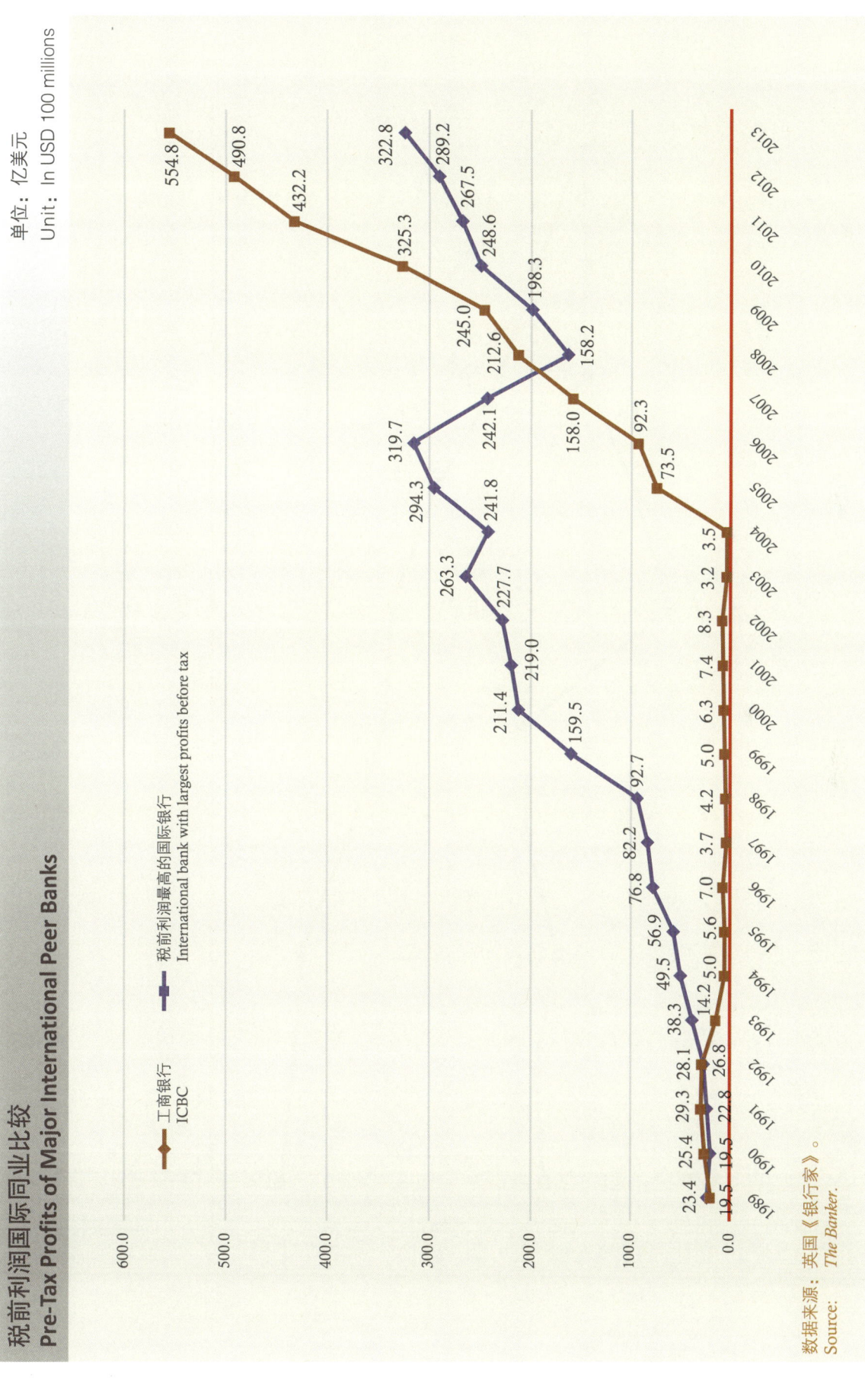

工商银行
ICBC

税前利润最高的国际银行
International bank with largest profits before tax

数据来源：英国《银行家》。
Source: *The Banker.*

营业收入主要国际同业比较
Operating Income of Major International Peer Banks

单位：亿美元
Unit: In USD 100 millions

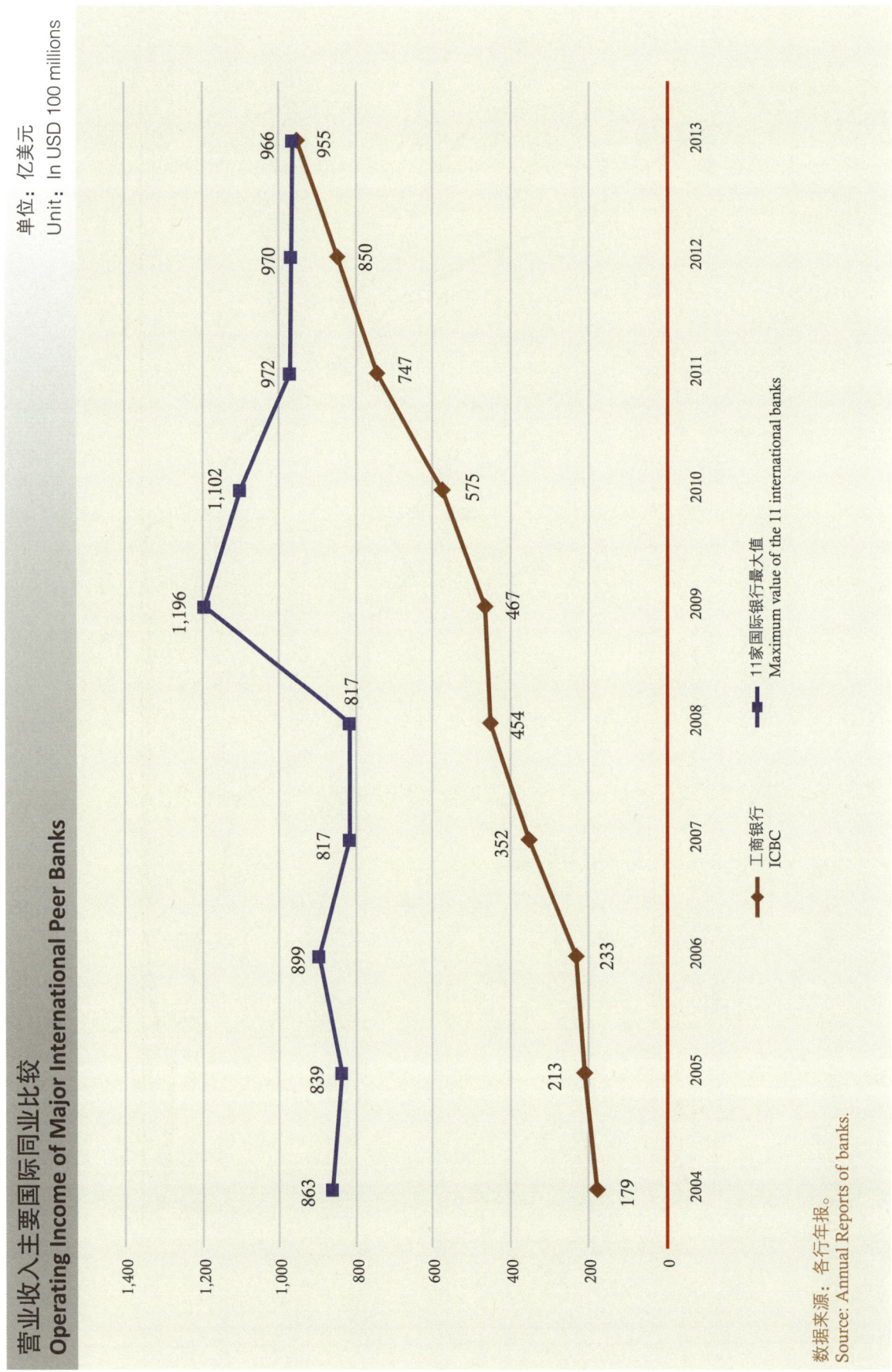

工商银行
ICBC

11家国际银行最大值
Maximum value of the 11 international banks

数据来源：各行年报。
Source: Annual Reports of banks.

税前利润最高的国际银行
International Bank with Largest Profit before Tax

年份 Year	项目 Item	税前利润最高的国际银行 International bank with largest profit before tax			工商银行 （ICBC）
		银行名称	税前利润（亿美元） Pre-tax profits (In USD 100 millions)	所属国家 Country	税前利润（亿美元） Pre-tax profits (In USD 100 millions)
1989		Sumitomo Bank	23.4	Japan	19.5
1990		Sumitomo Bank	19.5	Japan	25.4
1991		Deutsche Bank	22.8	Germany	29.3
1992		Bank of America	26.8	USA	28.1
1993		HSBC Holding	38.3	UK	14.2
1994		HSBC Holding	49.5	UK	5.0
1995		HSBC Holding	56.9	UK	5.6
1996		HSBC Holding	76.8	UK	7.0
1997		HSBC Holding	82.2	UK	3.7
1998		Citigroup	92.7	USA	4.2
1999		Citigroup	159.5	USA	5.0
2000		Citigroup	211.4	USA	6.3
2001		Citigroup	219.0	USA	7.4
2002		Citigroup	227.7	USA	8.3
2003		Citigroup	263.3	USA	3.2
2004		Citigroup	241.8	USA	3.5
2005		Citigroup	294.3	USA	73.5
2006		Bank of America	319.7	USA	92.3
2007		HSBC Holding	242.1	UK	158.0
2008		Banco Santander	158.2	Spain	212.6
2009		Goldman Sachs	198.3	USA	245.0
2010		JP Morgan Chase & Co.	248.6	USA	325.3
2011		JP Morgan Chase & Co.	267.5	USA	432.2
2012		JP Morgan Chase & Co.	289.2	USA	490.8
2013		Wells Fargo & Co.	322.8	USA	554.8

数据来源：英国《银行家》。
Source：*The Banker.*

税前利润主要国际同业比较表
Pre-Tax Profits of Major International Peer Banks

单位：亿美元
Unit：In USD 100 millions

银行 Bank / 年份 Year	1989 金额 Amount	1989 排名 Ranking	1990 金额 Amount	1990 排名 Ranking	1991 金额 Amount	1991 排名 Ranking
工商银行（ICBC）	19.5	2	25.4	1	29.3	1
摩根大通（JP Morgan Chase & Co.）	(4.7)	10	(1.4)	11	6.4	9
美国银行（Bank of America）	13.5	4	14.0	4	18.7	3
汇丰集团（HSBC Holdings）	n.a	n.a	n.a	n.a	16.5	4
花旗集团（Citigroup）	15.4	3	8.1	8	(2.2)	12
富国银行（Wells Fargo & Co.）	10.0	6	12.0	6	0.5	11
法国巴黎银行（BNP Paribas）	9.2	7	6.0	9	8.6	8
苏格兰皇家银行（Royal Bank of Scotland）	3.8	9	5.5	10	0.9	10
桑坦德（Banco Santander）	7.4	8	9.9	7	9.4	7
巴克莱（Barclays）	11.2	5	18.5	2	10.0	6
莱斯银行（Lloyds Banking Group）	(11.5)	11	14.0	5	12.9	5
德意志银行（Deutsche Bank）	20.8	1	16.3	3	22.8	2

银行 Bank / 年份 Year	1992 金额 Amount	1992 排名 Ranking	1993 金额 Amount	1993 排名 Ranking	1994 金额 Amount	1994 排名 Ranking
工商银行（ICBC）	28.1	1	14.2	6	5.0	12
摩根大通（JP Morgan Chase & Co.）	8.2	8	7.4	10	17.9	7
美国银行（Bank of America）	26.8	2	34.3	2	37.2	3
汇丰集团（HSBC Holdings）	25.9	3	38.3	1	49.5	1
花旗集团（Citigroup）	14.3	5	28.9	3	46.3	2
富国银行（Wells Fargo & Co.）	5.1	10	10.5	7	14.7	8
法国巴黎银行（BNP Paribas）	6.2	9	2.9	12	5.8	11
苏格兰皇家银行（Royal Bank of Scotland）	0.2	11	3.9	11	8.4	10
桑坦德（Banco Santander）	8.8	7	8.1	9	10.9	9
巴克莱（Barclays）	(3.7)	12	9.8	8	29.0	4
莱斯银行（Lloyds Banking Group）	12.1	6	15.3	5	20.4	6
德意志银行（Deutsche Bank）	23.1	4	26.6	4	22.8	5

税前利润主要国际同业比较表（续表）
Pre-Tax Profits of Major International Peer Banks

银行 Bank	年份 Year	1995		1996		1997	
		金额 Amount	排名 Ranking	金额 Amount	排名 Ranking	金额 Amount	排名 Ranking
工商银行（ICBC）		5.6	12	7.0	12	3.7	12
摩根大通（JP Morgan Chase & Co.）		18.8	7	38.7	6	59.8	2
美国银行（Bank of America）		45.7	3	47.7	3	53.4	4
汇丰集团（HSBC Holdings）		56.9	1	76.8	1	82.2	1
花旗集团（Citigroup）		56.1	2	61.0	2	57.4	3
富国银行（Wells Fargo & Co.）		18.0	8	19.8	8	21.6	7
法国巴黎银行（BNP Paribas）		6.3	11	9.8	11	13.7	9
苏格兰皇家银行（Royal Bank of Scotland）		9.5	10	10.9	10	12.4	10
桑坦德（Banco Santander）		12.0	9	12.4	9	14.3	8
巴克莱（Barclays）		32.3	4	40.0	5	28.4	6
莱斯银行（Lloyds Banking Group）		25.6	5	42.5	4	52.3	5
德意志银行（Deutsche Bank）		24.9	6	31.5	7	11.4	11

银行 Bank	年份 Year	1998		1999		2000	
		金额 Amount	排名 Ranking	金额 Amount	排名 Ranking	金额 Amount	排名 Ranking
工商银行（ICBC）		4.2	12	5.0	12	6.3	12
摩根大通（JP Morgan Chase & Co.）		59.8	4	84.2	3	87.3	4
美国银行（Bank of America）		80.5	2	122.2	2	117.9	2
汇丰集团（HSBC Holdings）		65.9	3	79.8	4	96.3	3
花旗集团（Citigroup）		92.7	1	159.5	1	211.4	1
富国银行（Wells Fargo & Co.）		33.0	7	59.5	5	65.5	5
法国巴黎银行（BNP Paribas）		17.4	10	52.0	7	57.5	8
苏格兰皇家银行（Royal Bank of Scotland）		16.8	11	19.9	11	50.3	10
桑坦德（Banco Santander）		17.8	9	27.3	10	35.1	11
巴克莱（Barclays）		31.9	8	39.8	9	52.2	9
莱斯银行（Lloyds Banking Group）		50.2	5	58.5	6	58.0	7
德意志银行（Deutsche Bank）		47.1	6	41.1	8	62.6	6

税前利润主要国际同业比较表（续表）

Pre-Tax Profits of Major International Peer Banks

单位：亿美元

Unit：In USD 100 millions

银行 Bank	年份 Year 2001 金额 Amount	2001 排名 Ranking	2002 金额 Amount	2002 排名 Ranking	2003 金额 Amount	2003 排名 Ranking
工商银行（ICBC）	7.4	12	8.3	12	3.2	12
摩根大通（JP Morgan Chase & Co.）	25.7	10	25.2	11	100.4	5
美国银行（Bank of America）	101.2	2	129.9	2	158.9	2
汇丰集团（HSBC Holdings）	80.6	3	96.5	3	128.2	3
花旗集团（Citigroup）	219.0	1	227.7	1	263.3	1
富国银行（Wells Fargo & Co.）	54.9	6	88.9	4	95.9	6
法国巴黎银行（BNP Paribas）	57.8	5	56.1	6	80.0	7
苏格兰皇家银行（Royal Bank of Scotland）	62.0	4	76.8	5	109.9	4
桑坦德（Banco Santander）	37.3	9	36.8	10	51.8	10
巴克莱（Barclays）	52.3	7	51.7	7	68.6	9
莱斯银行（Lloyds Banking Group）	51.5	8	42.0	8	77.6	8
德意志银行（Deutsche Bank）	15.9	11	37.2	9	34.8	11

银行 Bank	年份 Year 2004 金额 Amount	2004 排名 Ranking	2005 金额 Amount	2005 排名 Ranking
工商银行（ICBC）	3.5	12	73.5	9
摩根大通（JP Morgan Chase & Co.）	62.2	9	122.2	4
美国银行（Bank of America）	212.2	2	65.2	12
汇丰集团（HSBC Holdings）	176.1	3	209.7	2
花旗集团（Citigroup）	241.8	1	294.3	1
富国银行（Wells Fargo & Co.）	107.7	5	115.5	5
法国巴黎银行（BNP Paribas）	103.4	6	99.4	6
苏格兰皇家银行（Royal Bank of Scotland）	133.6	4	136.6	3
桑坦德（Banco Santander）	60.4	10	90.3	8
巴克莱（Barclays）	88.9	7	90.9	7
莱斯银行（Lloyds Banking Group）	67.5	8	65.8	11
德意志银行（Deutsche Bank）	54.9	11	72.1	10

税前利润主要国际同业比较表（续表）

Pre-Tax Profits of Major International Peer Banks

单位：亿美元
Unit：In USD 100 millions

银行 Bank	年份 Year	2006		2007	
		金额 Amount	排名 Ranking	金额 Amount	排名 Ranking
工商银行（ICBC）		92.3	11	158.0	7
摩根大通（JP Morgan Chase & Co.）		198.9	4	228.1	2
美国银行（Bank of America）		319.7	1	209.2	3
汇丰集团（HSBC Holdings）		220.9	3	242.1	1
花旗集团（Citigroup）		296.4	2	17.0	12
富国银行（Wells Fargo & Co.）		127.5	8	116.3	10
法国巴黎银行（BNP Paribas）		139.2	7	162.8	5
苏格兰皇家银行（Royal Bank of Scotland）		180.3	5	198.4	4
桑坦德（Banco Santander）		115.6	9	160.6	6
巴克莱（Barclays）		140.1	6	141.8	8
莱斯银行（Lloyds Banking Group）		83.4	12	80.1	11
德意志银行（Deutsche Bank）		107.0	10	128.8	9

银行 Bank	年份 Year	2008		2009	
		金额 Amount	排名 Ranking	金额 Amount	排名 Ranking
工商银行（ICBC）		212.6	1	245.0	1
摩根大通（JP Morgan Chase & Co.）		46.8	6	161.4	5
美国银行（Bank of America）		44.3	7	43.6	9
汇丰集团（HSBC Holdings）		93.1	3	70.8	8
花旗集团（Citigroup）		(480.9)	11	(84.5)	12
富国银行（Wells Fargo & Co.）		32.6	8	176.1	3
法国巴黎银行（BNP Paribas）		54.6	5	129.7	6
苏格兰皇家银行（Royal Bank of Scotland）		(531.5)	12	(43.7)	11
桑坦德（Banco Santander）		158.2	2	169.5	4
巴克莱（Barclays）		88.6	4	188.7	2
莱斯银行（Lloyds Banking Group）		11.8	9	16.9	10
德意志银行（Deutsche Bank）		-79.9	10	75.0	7

税前利润主要国际同业比较表（续表）
Pre-Tax Profits of Major International Peer Banks

单位：亿美元
Unit：In USD 100 millions

银行 Bank	年份 Year	2010		2011	
		金额 Amount	排名 Ranking	金额 Amount	排名 Ranking
工商银行（ICBC）		325.3	1	432.2	1
摩根大通（JP Morgan Chase & Co.）		248.6	2	267.5	2
美国银行（Bank of America）		(13.2)	11	(2.3)	10
汇丰集团（HSBC Holdings）		190.4	3	218.7	4
花旗集团（Citigroup）		122.7	7	146.5	5
富国银行（Wells Fargo & Co.）		187.0	4	233.1	3
法国巴黎银行（BNP Paribas）		174.1	5	124.9	6
苏格兰皇家银行（Royal Bank of Scotland）		(14.7)	12	(10.9)	11
桑坦德（Banco Santander）		160.8	6	102.4	7
巴克莱（Barclays）		94.9	8	90.9	8
莱斯银行（Lloyds Banking Group）		4.4	10	(54.8)	12
德意志银行（Deutsche Bank）		53.1	9	69.7	9

银行 Bank	年份 Year	2012		2013	
		金额 Amount	排名 Ranking	金额 Amount	排名 Ranking
工商银行（ICBC）		490.8	1	554.8	1
摩根大通（JP Morgan Chase & Co.）		289.2	2	259.1	3
美国银行（Bank of America）		30.7	8	161.8	6
汇丰集团（HSBC Holdings）		206.5	4	225.7	4
花旗集团（Citigroup）		75.0	6	196.6	5
富国银行（Wells Fargo & Co.）		280.0	3	322.8	2
法国巴黎银行（BNP Paribas）		136.8	5	113.0	7
苏格兰皇家银行（Royal Bank of Scotland）		(83.2)	12	(145.9)	12
桑坦德（Banco Santander）		46.7	7	105.3	8
巴克莱（Barclays）		3.9	10	47.2	9
莱斯银行（Lloyds Banking Group）		(9.0)	11	6.8	11
德意志银行（Deutsche Bank）		10.3	9	20.1	10

数据来源：英国《银行家》。
注：排名为基于表中列示的12家银行数据的排序结果，而非英国《银行家》杂志公布的基于全部银行的排名。
Source: *The Banker*.
Note: Ranking is a sequencing result of 12 banks' data presented in the table rather than the ranking issued by *The Banker* based on all banks.

营业收入主要国际同业比较表
Operating Income of Major International Peer Banks

单位：亿美元
Unit：In USD 100 millions

银行 Bank	年份 Year	2006		2007	
		金额 Amount	排名 Ranking	金额 Amount	排名 Ranking
工商银行（ICBC）		233	11	352	11
摩根大通（JP Morgan Chase & Co.）		619	4	714	3
美国银行（Bank of America）		727	2	663	4
汇丰集团（HSBC Holdings）		654	3	790	2
花旗集团（Citigroup）		899	1	817	1
富国银行（Wells Fargo & Co.）		357	9	394	10
法国巴黎银行（BNP Paribas）		359	8	455	7
苏格兰皇家银行（Royal Bank of Scotland）		530	5	638	5
桑坦德（Banco Santander）		287	10	397	9
巴克莱（Barclays）		409	6	471	6
莱斯银行（Lloyds Banking Group）		n.a	n.a	n.a	n.a
德意志银行（Deutsche Bank）		366	7	451	8

银行 Bank	年份 Year	2008		2009	
		金额 Amount	排名 Ranking	金额 Amount	排名 Ranking
工商银行（ICBC）		454	5	467	10
摩根大通（JP Morgan Chase & Co.）		673	3	1,004	2
美国银行（Bank of America）		728	2	1,196	1
汇丰集团（HSBC Holdings）		817	1	662	5
花旗集团（Citigroup）		528	4	803	4
富国银行（Wells Fargo & Co.）		419	6	887	3
法国巴黎银行（BNP Paribas）		345	9	601	7
苏格兰皇家银行（Royal Bank of Scotland）		386	8	641	6
桑坦德（Banco Santander）		391	7	589	8
巴克莱（Barclays）		345	10	513	9
莱斯银行（Lloyds Banking Group）		n.a	n.a	n.a	n.a
德意志银行（Deutsche Bank）		170	11	418	11

营业收入主要国际同业比较表（续表）
Operating Income of Major International Peer Banks

单位：亿美元
Unit：In USD 100 millions

银行 Bank / 年份 Year	2010		2011	
	金额 Amount	排名 Ranking	金额 Amount	排名 Ranking
工商银行（ICBC）	575	7	747	5
摩根大通（JP Morgan Chase & Co.）	1,027	2	972	1
美国银行（Bank of America）	1,102	1	935	2
汇丰集团（HSBC Holdings）	682	5	723	6
花旗集团（Citigroup）	866	3	784	4
富国银行（Wells Fargo & Co.）	852	4	809	3
法国巴黎银行（BNP Paribas）	588	6	565	8
苏格兰皇家银行（Royal Bank of Scotland）	504	9	448	10
桑坦德（Banco Santander）	564	8	590	7
巴克莱（Barclays）	498	10	499	9
莱斯银行（Lloyds Banking Group）	395	11	321	12
德意志银行（Deutsche Bank）	383	12	443	11

银行 Bank / 年份 Year	2012		2013	
	金额 Amount	排名 Ranking	金额 Amount	排名 Ranking
工商银行（ICBC）	850	3	955	2
摩根大通（JP Morgan Chase & Co.）	970	1	966	1
美国银行（Bank of America）	833	4	889	3
汇丰集团（HSBC Holdings）	683	6	646	6
花旗集团（Citigroup）	702	5	764	5
富国银行（Wells Fargo & Co.）	861	2	838	4
法国巴黎银行（BNP Paribas）	516	8	536	9
苏格兰皇家银行（Royal Bank of Scotland）	290	12	326	12
桑坦德（Banco Santander）	577	7	549	8
巴克莱（Barclays）	399	10	469	10
莱斯银行（Lloyds Banking Group）	332	11	627	7
德意志银行（Deutsche Bank）	446	9	441	11

数据来源： 各行年报。
Data source: Annual Reports of banks.

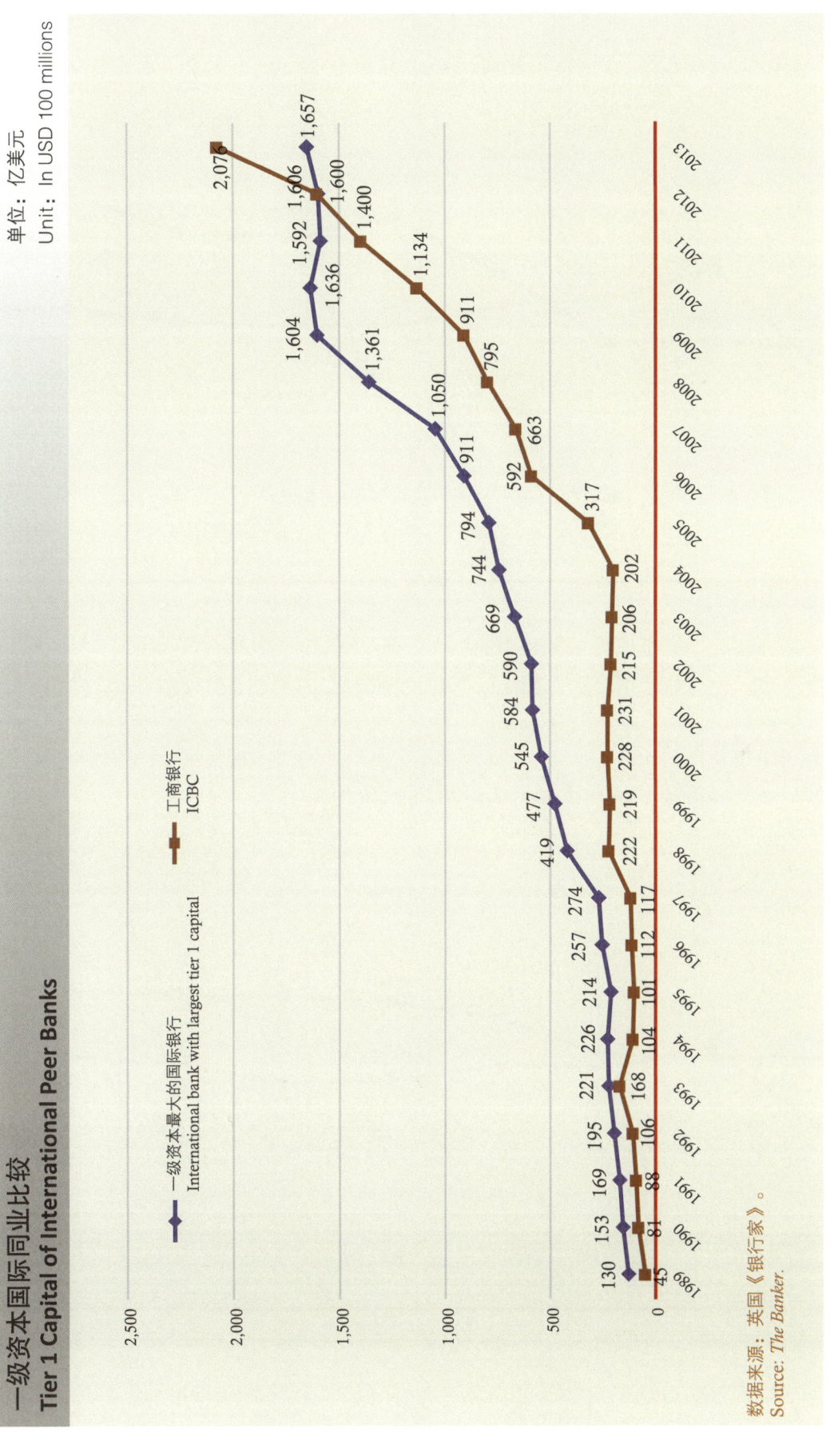

一级资本国际同业比较
Tier 1 Capital of International Peer Banks

单位：亿美元
Unit: In USD 100 millions

数据来源：英国《银行家》。
Source: The Banker.

核心资本充足率主要国际同业比较
Core Capital Adequacy Ratio of Major International Peer Banks

单位：%
Unit：%

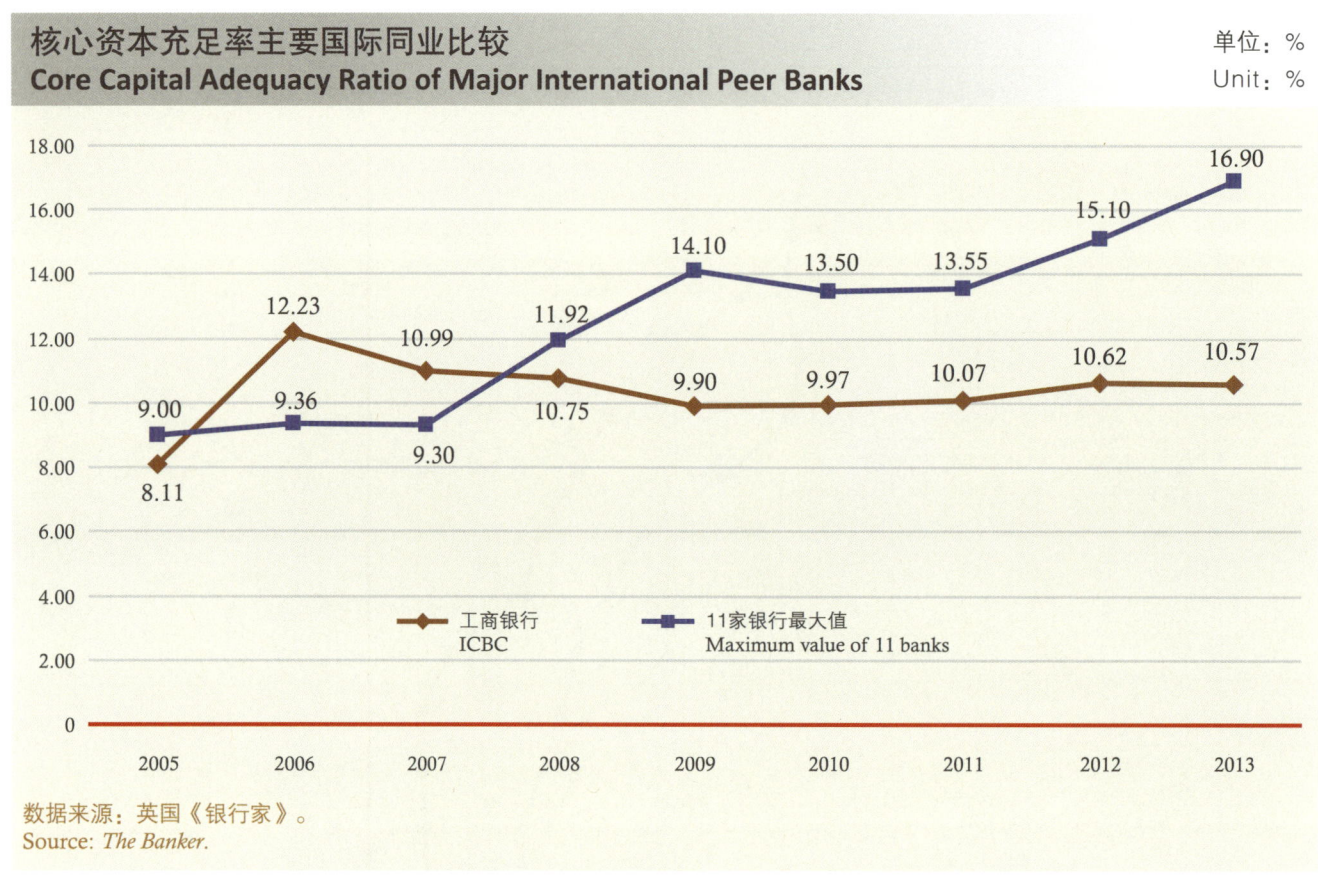

工商银行 ICBC

11家银行最大值 Maximum value of 11 banks

数据来源：英国《银行家》。
Source: *The Banker*.

资本充足率主要国际同业比较
Capital Adequacy Ratio of Major International Peer Banks

单位：%
Unit：%

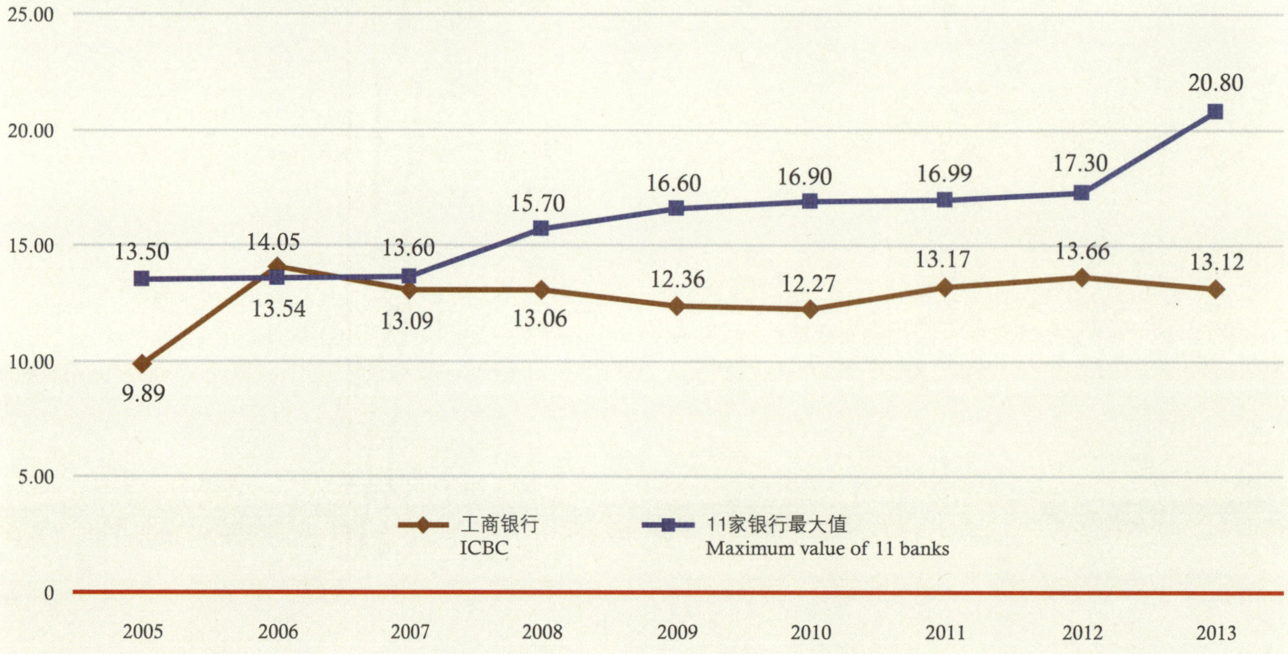

工商银行 ICBC

11家银行最大值 Maximum value of 11 banks

数据来源：英国《银行家》。
Source: *The Banker*.

一级资本最大的国际银行
International Bank with Largest Tier 1 Capital

年份 Year	项目 Item	一级资本最大的国际银行 International Bank with Largest Tier 1 Capital			工商银行 （ICBC）
		银行名称	一级资本（亿美元） Tier-1 Capital (In USD 100 millions)	所属国家 Country	一级资本（亿美元） Tier-1 Capital (In USD 100 millions)
1989		Sumitomo Bank	130	Japan	45
1990		Sumitomo Bank	153	Japan	81
1991		Sumitomo Bank	169	Japan	88
1992		Sumitomo Bank	195	Japan	106
1993		Sumitomo Bank	221	Japan	168
1994		UFJ Bank	226	Japan	104
1995		HSBC Holding	214	UK	101
1996		HSBC Holdings	257	UK	112
1997		HSBC Holdings	274	UK	117
1998		Citigroup	419	USA	222
1999		Citigroup	477	USA	219
2000		Citigroup	545	USA	228
2001		Citigroup	584	USA	231
2002		Citigroup	590	USA	215
2003		Citigroup	669	USA	206
2004		Citigroup	744	USA	202
2005		Citigroup	794	USA	317
2006		Bank of America	911	USA	592
2007		HSBC Holdings	1,050	UK	663
2008		JP Morgan Chase & Co.	1,361	USA	747
2009		Bank of America	1,604	USA	911
2010		Bank of America	1,636	USA	1,134
2011		Bank of America	1,592	USA	1,400
2012		JP Morgan Chase & Co.	1,600	USA	1,606
2013		JP Morgan Chase & Co.	1,657	USA	2,067

数据来源：英国《银行家》。
Source： *The Banker.*

一级资本主要国际同业比较表
Tier 1 Capital of Major International Peer Banks

单位：亿美元
Unit：In USD 100 millions

银行 Bank	1989 金额 Amount	1989 排名 Ranking	1990 金额 Amount	1990 排名 Ranking	1991 金额 Amount	1991 排名 Ranking
工商银行（ICBC）	45	6	81	4	88	5
摩根大通（JP Morgan Chase & Co.）	38	7	36	8	41	9
美国银行（Bank of America）	48	5	56	6	66	7
汇丰集团（HSBC Holdings）	n.a	12	n.a	12	93	4
花旗集团（Citigroup）	73	3	73	5	68	6
富国银行（Wells Fargo & Co.）	21	10	24	11	23	12
法国巴黎银行（BNP Paribas）	63	4	93	3	94	3
苏格兰皇家银行（Royal Bank of Scotland）	23	9	28	10	28	11
桑坦德（Banco Santander）	20	11	35	9	37	10
巴克莱（Barclays）	92	1	119	1	116	1
莱斯银行（Lloyds Banking Group）	35	8	46	7	48	8
德意志银行（Deutsche Bank）	85	2	104	2	113	2

银行 Bank	1992 金额 Amount	1992 排名 Ranking	1993 金额 Amount	1993 排名 Ranking	1994 金额 Amount	1994 排名 Ranking
工商银行（ICBC）	106	3	168	1	104	6
摩根大通（JP Morgan Chase & Co.）	48	8	80	8	81	8
美国银行（Bank of America）	86	6	121	4	139	4
汇丰集团（HSBC Holdings）	118	1	146	2	180	1
花旗集团（Citigroup）	78	7	136	3	172	2
富国银行（Wells Fargo & Co.）	26	12	38	10	36	11
法国巴黎银行（BNP Paribas）	93	4	107	6	104	5
苏格兰皇家银行（Royal Bank of Scotland）	31	11	27	11	29	12
桑坦德（Banco Santander）	37	10	26	12	53	10
巴克莱（Barclays）	88	5	89	7	102	7
莱斯银行（Lloyds Banking Group）	41	9	47	9	60	9
德意志银行（Deutsche Bank）	113	2	117	5	161	3

一级资本主要国际同业比较表（续表） 单位：亿美元

Tier 1 Capital of Major International Peer Banks Unit：In USD 100 millions

银行 Bank	年份 Year	1995		1996		1997	
		金额 Amount	排名 Ranking	金额 Amount	排名 Ranking	金额 Amount	排名 Ranking
工商银行（ICBC）		101	7	112	8	117	7
摩根大通（JP Morgan Chase & Co.）		84	8	211	2	226	2
美国银行（Bank of America）		148	4	172	5	173	5
汇丰集团（HSBC Holdings）		214	1	257	1	274	1
花旗集团（Citigroup）		192	2	201	3	212	3
富国银行（Wells Fargo & Co.）		35	11	66	10	61	11
法国巴黎银行（BNP Paribas）		115	5	116	7	115	8
苏格兰皇家银行（Royal Bank of Scotland）		33	12	40	12	50	12
桑坦德（Banco Santander）		60	10	60	11	80	10
巴克莱（Barclays）		111	6	126	6	130	6
莱斯银行（Lloyds Banking Group）		72	9	89	9	104	9
德意志银行（Deutsche Bank）		189	3	185	4	174	4

银行 Bank	年份 Year	1998		1999		2000	
		金额 Amount	排名 Ranking	金额 Amount	排名 Ranking	金额 Amount	排名 Ranking
工商银行（ICBC）		222	5	219	5	228	5
摩根大通（JP Morgan Chase & Co.）		241	4	255	4	376	3
美国银行（Bank of America）		369	2	382	2	407	2
汇丰集团（HSBC Holdings）		294	3	285	3	346	4
花旗集团（Citigroup）		419	1	477	1	545	1
富国银行（Wells Fargo & Co.）		124	9	133	10	161	9
法国巴黎银行（BNP Paribas）		136	7	199	6	189	7
苏格兰皇家银行（Royal Bank of Scotland）		54	12	76	12	180	8
桑坦德（Banco Santander）		107	11	125	11	142	11
巴克莱（Barclays）		135	8	141	8	157	10
莱斯银行（Lloyds Banking Group）		121	10	137	9	114	12
德意志银行（Deutsche Bank）		187	6	174	7	201	6

一级资本主要国际同业比较表（续表）
Tier 1 Capital of Major International Peer Banks

单位：亿美元
Unit：In USD 100 millions

银行 Bank 年份 Year	2001 金额 Amount	2001 排名 Ranking	2002 金额 Amount	2002 排名 Ranking	2003 金额 Amount	2003 排名 Ranking
工商银行（ICBC）	231	5	215	9	206	11
摩根大通（JP Morgan Chase & Co.）	377	3	376	4	432	4
美国银行（Bank of America）	420	2	430	2	440	3
汇丰集团（HSBC Holdings）	351	4	389	3	549	2
花旗集团（Citigroup）	584	1	590	1	669	1
富国银行（Wells Fargo & Co.）	182	9	215	10	251	9
法国巴黎银行（BNP Paribas）	193	8	241	6	325	6
苏格兰皇家银行（Royal Bank of Scotland）	218	7	277	5	346	5
桑坦德（Banco Santander）	152	11	156	11	214	10
巴克莱（Barclays）	180	10	229	8	268	8
莱斯银行（Lloyds Banking Group）	133	12	153	12	200	12
德意志银行（Deutsche Bank）	219	6	238	7	273	7

银行 Bank 年份 Year	2004 金额 Amount	2004 排名 Ranking	2005 金额 Amount	2005 排名 Ranking
工商银行（ICBC）	202	12	317	9
摩根大通（JP Morgan Chase & Co.）	686	2	725	4
美国银行（Bank of America）	643	4	740	3
汇丰集团（HSBC Holdings）	673	3	744	2
花旗集团（Citigroup）	744	1	794	1
富国银行（Wells Fargo & Co.）	291	9	299	10
法国巴黎银行（BNP Paribas）	357	6	340	7
苏格兰皇家银行（Royal Bank of Scotland）	438	5	486	5
桑坦德（Banco Santander）	333	7	384	6
巴克莱（Barclays）	322	8	325	8
莱斯银行（Lloyds Banking Group）	226	11	198	12
德意志银行（Deutsche Bank）	255	10	258	11

一级资本主要国际同业比较表（续表）
Tier 1 Capital of Major International Peer Banks

银行 Bank	年份 Year	2006		2007	
		金额 Amount	排名 Ranking	金额 Amount	排名 Ranking
工商银行（ICBC）		592	5	663	6
摩根大通（JP Morgan Chase & Co.）		811	4	887	4
美国银行（Bank of America）		911	1	834	5
汇丰集团（HSBC Holdings）		878	3	1050	1
花旗集团（Citigroup）		909	2	892	2
富国银行（Wells Fargo & Co.）		368	10	367	11
法国巴黎银行（BNP Paribas）		453	8	554	8
苏格兰皇家银行（Royal Bank of Scotland）		590	6	889	3
桑坦德（Banco Santander）		468	7	585	7
巴克莱（Barclays）		452	9	549	9
莱斯银行（Lloyds Banking Group）		252	12	280	12
德意志银行（Deutsche Bank）		323	11	417	10

银行 Bank	年份 Year	2008		2009	
		金额 Amount	排名 Ranking	金额 Amount	排名 Ranking
工商银行（ICBC）		795	7	911	7
摩根大通（JP Morgan Chase & Co.）		1,361	1	1,330	2
美国银行（Bank of America）		1,178	3	1,606	1
汇丰集团（HSBC Holdings）		953	5	1,222	5
花旗集团（Citigroup）		1,188	2	1,270	3
富国银行（Wells Fargo & Co.）		864	6	938	6
法国巴黎银行（BNP Paribas）		582	9	906	8
苏格兰皇家银行（Royal Bank of Scotland）		1,018	4	1,239	4
桑坦德（Banco Santander）		653	8	816	9
巴克莱（Barclays）		543	10	804	10
莱斯银行（Lloyds Banking Group）		200	12	770	11
德意志银行（Deutsche Bank）		433	11	496	12

一级资本主要国际同业比较表（续表）
Tier 1 Capital of Major International Peer Banks

单位：亿美元
Unit：In USD 100 millions

银行 Bank	年份 Year	2010		2011	
		金额 Amount	排名 Ranking	金额 Amount	排名 Ranking
工商银行（ICBC）		1,134	5	1,400	3
摩根大通（JP Morgan Chase & Co.）		1,425	2	1,504	2
美国银行（Bank of America）		1,636	1	1,592	1
汇丰集团（HSBC Holdings）		1,332	3	1,396	4
花旗集团（Citigroup）		1,262	4	1,319	5
富国银行（Wells Fargo & Co.）		1,094	6	1,140	6
法国巴黎银行（BNP Paribas）		916	8	919	7
苏格兰皇家银行（Royal Bank of Scotland）		941	7	881	8
桑坦德（Banco Santander）		810	10	799	9
巴克莱（Barclays）		838	9	760	10
莱斯银行（Lloyds Banking Group）		738	11	680	11
德意志银行（Deutsche Bank）		569	12	635	12

银行 Bank	年份 Year	2012		2013	
		金额 Amount	排名 Ranking	金额 Amount	排名 Ranking
工商银行（ICBC）		1,606	1	2,076	1
摩根大通（JP Morgan Chase & Co.）		1,600	2	1,657	2
美国银行（Bank of America）		1,555	3	1,615	3
汇丰集团（HSBC Holdings）		1,510	4	1,582	4
花旗集团（Citigroup）		1,365	5	1,498	5
富国银行（Wells Fargo & Co.）		1,266	6	1,407	6
法国巴黎银行（BNP Paribas）		992	7	992	7
苏格兰皇家银行（Royal Bank of Scotland）		882	8	832	10
桑坦德（Banco Santander）		813	9	842	9
巴克莱（Barclays）		801	10	920	8
莱斯银行（Lloyds Banking Group）		674	11	628	12
德意志银行（Deutsche Bank）		666	12	700	11

数据来源：英国《银行家》。
注：排名为基于表中列示的12家银行数据的排序结果，而非英国《银行家》杂志公布的基于全部银行的排名。
Source: *The Banker*.
Note: Ranking is a sequencing result of 12 banks' data presented in the table rather than the ranking issued by *The Banker* based on all banks.

核心资本充足率主要国际同业比较
Core Capital Adequacy Ratio of Major International Peer Banks

单位：%
Unit：%

银行 Bank / 年份 Year	2005 数值 Amount	2005 排名 Ranking	2006 数值 Amount	2006 排名 Ranking	2007 数值 Amount	2007 排名 Ranking
工商银行（ICBC）	8.11	7	12.23	1	10.99	1
摩根大通（JP Morgan Chase & Co.）	8.50	4	8.67	5	8.40	4
美国银行（Bank of America）	8.21	6	8.64	6	6.87	12
汇丰集团（HSBC Holdings）	9.00	1	9.36	2	9.30	2
花旗集团（Citigroup）	8.80	2	8.59	7	7.12	11
富国银行（Wells Fargo & Co.）	8.24	5	8.95	3	7.59	8
法国巴黎银行（BNP Paribas）	7.60	10	7.40	12	7.30	9
苏格兰皇家银行（Royal Bank of Scotland）	7.60	10	7.50	10	7.30	9
桑坦德（Banco Santander）	7.88	9	7.42	11	7.71	7
巴克莱（Barclays）	7.02	12	7.70	9	7.80	6
莱斯银行（Lloyds Banking Group）	7.90	8	8.20	8	8.10	5
德意志银行（Deutsche Bank）	8.70	3	8.90	4	8.60	3

银行 Bank / 年份 Year	2008 数值 Amount	2008 排名 Ranking	2009 数值 Amount	2009 排名 Ranking	2010 数值 Amount	2010 排名 Ranking
工商银行（ICBC）	10.75	3	9.90	10	9.97	12
摩根大通（JP Morgan Chase & Co.）	10.94	2	11.10	5	12.12	5
美国银行（Bank of America）	8.92	7	10.42	7	11.24	9
汇丰集团（HSBC Holdings）	8.30	9	10.80	6	12.10	6
花旗集团（Citigroup）	11.92	1	11.67	4	12.91	2
富国银行（Wells Fargo & Co.）	7.84	10	9.25	12	11.16	10
法国巴黎银行（BNP Paribas）	7.80	11	10.10	8	11.40	8
苏格兰皇家银行（Royal Bank of Scotland）	10.00	5	14.10	1	12.90	3
桑坦德（Banco Santander）	9.10	6	10.10	8	10.00	11
巴克莱（Barclays）	8.60	8	13.00	2	13.50	1
莱斯银行（Lloyds Banking Group）	5.60	12	9.60	11	11.60	7
德意志银行（Deutsche Bank）	10.10	4	12.60	3	12.30	4

核心资本充足率主要国际同业比较（续表）
Core Capital Adequacy Ratio of Major International Peer Banks

单位：%
Unit：%

银行 Bank	年份 Year	2011		2012		2013	
		数值 Amount	排名 Ranking	数值 Amount	排名 Ranking	数值 Amount	排名 Ranking
工商银行（ICBC）		10.07	12	10.62	12	10.57	12
摩根大通（JP Morgan Chase & Co.）		12.31	7	12.59	8	11.94	11
美国银行（Bank of America）		12.40	6	12.89	7	12.44	9
汇丰集团（HSBC Holdings）		11.50	9	13.40	5	14.50	3
花旗集团（Citigroup）		13.55	1	14.06	2	13.70	5
富国银行（Wells Fargo & Co.）		11.33	10	11.75	10	12.33	10
法国巴黎银行（BNP Paribas）		11.60	8	13.60	4	12.80	7
苏格兰皇家银行（Royal Bank of Scotland）		13.00	2	12.40	9	13.10	6
桑坦德（Banco Santander）		10.91	11	11.06	11	12.47	8
巴克莱（Barclays）		12.90	3	13.30	6	15.70	2
莱斯银行（Lloyds Banking Group）		12.50	5	13.80	3	14.50	3
德意志银行（Deutsche Bank）		12.90	3	15.10	1	16.90	1

数据来源：英国《银行家》。
注：排名为基于表中列示的12家银行数据的排序结果，而非英国《银行家》杂志公布的基于全部银行的排名。
Source: *The Banker*.
Note: Ranking is a sequencing result of 12 banks' data presented in the table rather than the ranking issued by *The Banker* based on all banks.

资本充足率主要国际同业比较
Capital Adequacy Ratio of Major International Peer Banks

单位：%
Unit：%

银行 Bank	年份 Year	2005		2006		2007	
		数值 Amount	排名 Ranking	数值 Amount	排名 Ranking	数值 Amount	排名 Ranking
工商银行（ICBC）		9.89	12	14.05	1	13.09	2
摩根大通（JP Morgan Chase & Co.）		12.10	4	12.32	6	12.60	4
美国银行（Bank of America）		11.04	9	11.88	7	11.02	8
汇丰集团（HSBC Holdings）		12.80	3	13.54	2	13.60	1
花旗集团（Citigroup）		12.00	5	11.65	10	10.70	10
富国银行（Wells Fargo & Co.）		11.61	7	12.50	4	10.68	11
法国巴黎银行（BNP Paribas）		11.00	10	10.50	12	10.00	12
苏格兰皇家银行（Royal Bank of Scotland）		11.69	6	11.73	8	11.20	7
桑坦德（Banco Santander）		12.94	2	12.49	5	12.66	3
巴克莱（Barclays）		11.33	8	11.70	9	12.10	5
莱斯银行（Lloyds Banking Group）		10.90	11	10.70	11	11.00	9
德意志银行（Deutsche Bank）		13.50	1	12.80	3	11.60	6

银行 Bank	年份 Year	2008		2009		2010	
		数值 Amount	排名 Ranking	数值 Amount	排名 Ranking	数值 Amount	排名 Ranking
工商银行（ICBC）		13.06	6	12.36	12	12.27	12
摩根大通（JP Morgan Chase & Co.）		14.84	2	14.78	4	15.51	4
美国银行（Bank of America）		12.77	7	14.68	5	15.77	3
汇丰集团（HSBC Holdings）		11.40	10	13.70	9	15.20	5
花旗集团（Citigroup）		15.70	1	15.25	3	16.59	2
富国银行（Wells Fargo & Co.）		11.83	9	13.26	10	15.01	7
法国巴黎银行（BNP Paribas）		11.10	12	14.20	6	14.50	8
苏格兰皇家银行（Royal Bank of Scotland）		14.10	3	16.10	2	14.00	10
桑坦德（Banco Santander）		13.30	5	14.20	6	13.10	11
巴克莱（Barclays）		13.60	4	16.60	1	16.90	1
莱斯银行（Lloyds Banking Group）		11.20	11	12.40	11	15.20	5
德意志银行（Deutsche Bank）		12.20	8	13.90	8	14.20	9

资本充足率主要国际同业比较（续表）
Capital Adequacy Ratio of Major International Peer Banks

单位：%
Unit：%

银行 Bank	年份 Year	2011		2012		2013	
		数值 Amount	排名 Ranking	数值 Amount	排名 Ranking	数值 Amount	排名 Ranking
工商银行（ICBC）		13.17	12	13.66	11	13.12	12
摩根大通（JP Morgan Chase & Co.）		15.40	5	15.27	8	14.36	10
美国银行（Bank of America）		16.75	2	16.31	5	15.44	7
汇丰集团（HSBC Holdings）		14.10	8	16.10	6	17.80	4
花旗集团（Citigroup）		16.99	1	17.26	2	16.68	5
富国银行（Wells Fargo & Co.）		14.76	6	14.63	9	15.43	8
法国巴黎银行（BNP Paribas）		14.00	9	15.60	7	14.30	11
苏格兰皇家银行（Royal Bank of Scotland）		13.80	10	14.50	10	16.50	6
桑坦德（Banco Santander）		13.56	11	13.09	12	14.59	9
巴克莱（Barclays）		16.40	3	17.20	3	19.90	2
莱斯银行（Lloyds Banking Group）		15.60	4	17.30	1	20.80	1
德意志银行（Deutsche Bank）		14.50	7	17.10	4	18.50	3

数据来源：英国《银行家》。
注： 排名为基于表中列示的12家银行数据的排序结果，而非英国《银行家》杂志公布的基于全部银行的排名。
Source: *The Banker*.
Note: Ranking is a sequencing result of 12 banks' data presented in the table rather than the ranking issued by *The Banker* based on all banks.

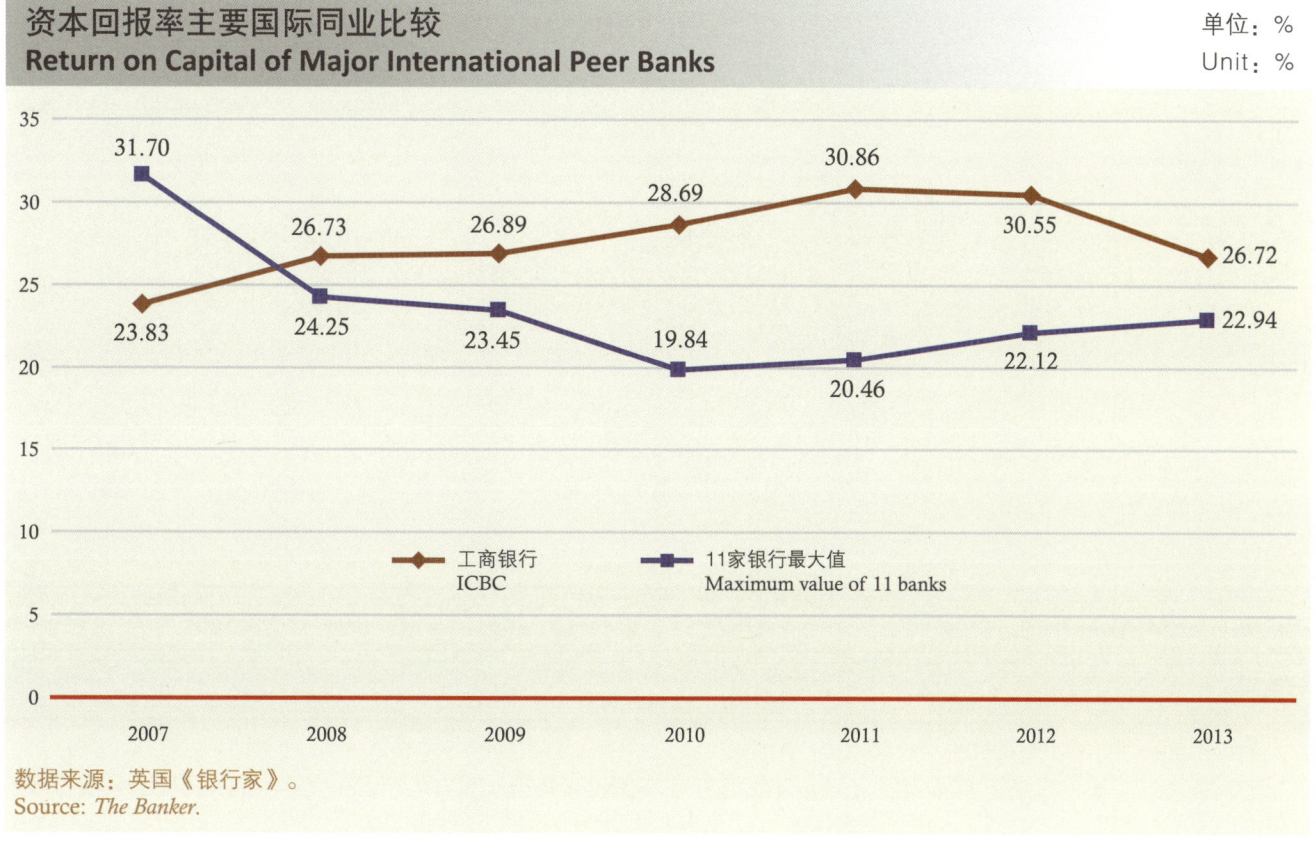

资产回报率主要国际同业比较
Return on Assets of Major International Peer Banks

单位：%
Unit：%

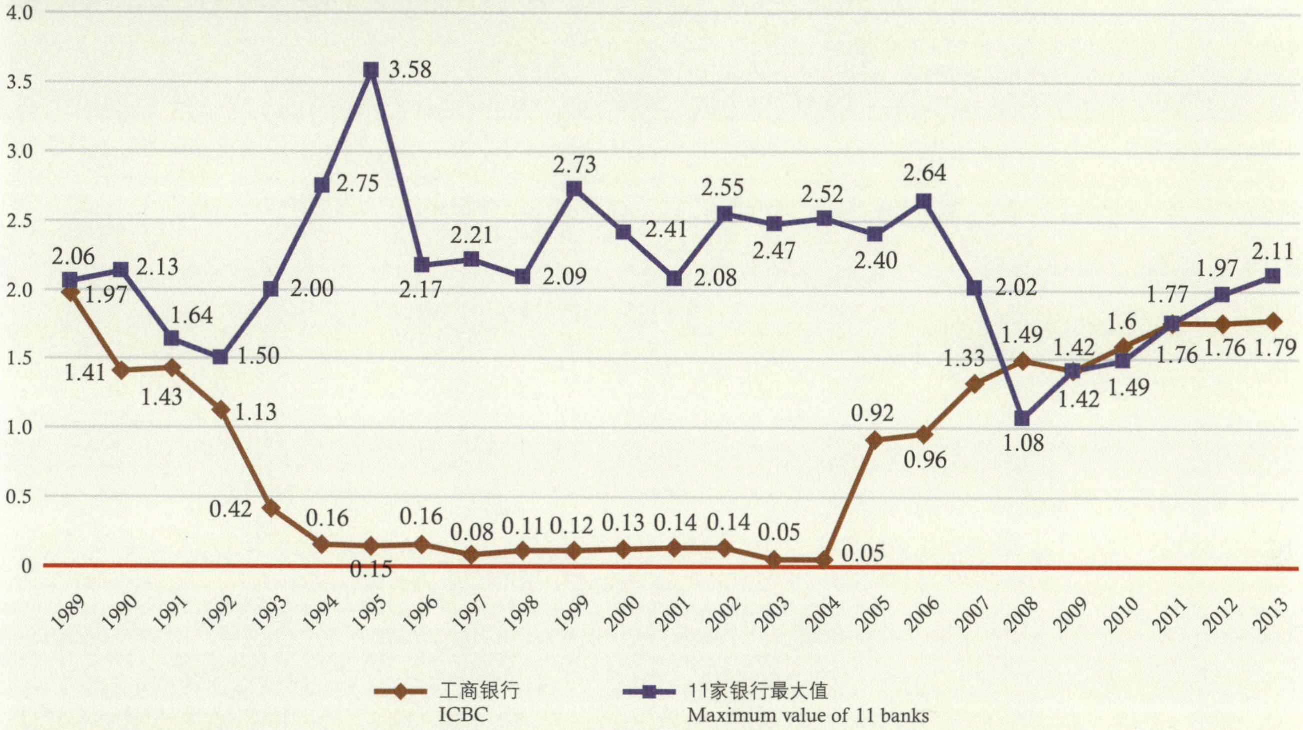

工商银行 ICBC

11家银行最大值 Maximum value of 11 banks

数据来源：英国《银行家》。
Source: *The Banker.*

资本回报率主要国际同业比较
Return on Capital of Major International Peer Banks

单位：%
Unit：%

工商银行 ICBC

11家银行最大值 Maximum value of 11 banks

数据来源：英国《银行家》。
Source: *The Banker.*

资产回报率主要国际同业比较
Return on Assets of Major International Peer Banks

单位：%
Unit：%

银行 Bank	年份 Year	1989		1990		1991	
		数值 Amount	排名 Ranking	数值 Amount	排名 Ranking	数值 Amount	排名 Ranking
工商银行（ICBC）		1.97	2	1.41	3	1.43	3
摩根大通（JP Morgan Chase & Co.）		(0.44)	10	(0.14)	11	0.66	7
美国银行（Bank of America）		1.39	4	1.28	5	1.64	1
汇丰集团（HSBC Holdings）		n.a	n.a	n.a	n.a	1.03	5
花旗集团（Citigroup）		0.68	7	0.38	9	(0.1)	12
富国银行（Wells Fargo & Co.）		2.06	1	2.13	1	0.10	11
法国巴黎银行（BNP Paribas）		0.40	9	0.21	10	0.31	9
苏格兰皇家银行（Royal Bank of Scotland）		0.83	6	0.98	6	0.16	10
桑坦德（Banco Santander）		1.79	3	1.80	2	1.56	2
巴克莱（Barclays）		0.54	8	0.71	7	0.39	8
莱斯银行（Lloyds Banking Group）		-1.24	11	1.31	4	1.34	4
德意志银行（Deutsche Bank）		1.03	5	0.61	8	0.79	6

银行 Bank	年份 Year	1992		1993		1994	
		数值 Amount	排名 Ranking	数值 Amount	排名 Ranking	数值 Amount	排名 Ranking
工商银行（ICBC）		1.13	4	0.42	10	0.16	12
摩根大通（JP Morgan Chase & Co.）		0.87	7	0.72	8	1.57	5
美国银行（Bank of America）		1.50	1	1.83	2	1.73	3
汇丰集团（HSBC Holdings）		0.92	6	1.25	5	1.57	5
花旗集团（Citigroup）		0.68	9	1.33	3	1.85	2
富国银行（Wells Fargo & Co.）		0.96	5	2.00	1	2.75	1
法国巴黎银行（BNP Paribas）		0.22	10	0.11	12	0.21	11
苏格兰皇家银行（Royal Bank of Scotland）		0.04	11	0.69	9	1.17	7
桑坦德（Banco Santander）		1.43	2	1.11	6	0.95	9
巴克莱（Barclays）		(0.15)	12	0.40	11	1.14	8
莱斯银行（Lloyds Banking Group）		1.16	3	1.29	4	1.60	4
德意志银行（Deutsche Bank）		0.76	8	0.83	7	0.60	10

资产回报率主要国际同业比较（续表）
Return on Assets of Major International Peer Banks

单位：%
Unit：%

银行 Bank	年份 Year	1995		1996		1997	
		数值 Amount	排名 Ranking	数值 Amount	排名 Ranking	数值 Amount	排名 Ranking
工商银行（ICBC）		0.15	12	0.16	12	0.08	12
摩根大通（JP Morgan Chase & Co.）		1.55	5	1.15	7	1.64	6
美国银行（Bank of America）		1.96	3	1.90	3	2.05	2
汇丰集团（HSBC Holdings）		1.62	4	1.91	2	1.74	5
花旗集团（Citigroup）		2.18	2	2.17	1	1.85	4
富国银行（Wells Fargo & Co.）		3.58	1	1.82	4	2.21	1
法国巴黎银行（BNP Paribas）		0.19	11	0.27	11	0.40	10
苏格兰皇家银行（Royal Bank of Scotland）		1.18	7	1.14	8	1.06	7
桑坦德（Banco Santander）		0.89	9	0.83	9	0.83	8
巴克莱（Barclays）		1.23	6	1.27	6	0.73	9
莱斯银行（Lloyds Banking Group）		1.11	8	1.70	5	2.00	3
德意志银行（Deutsche Bank）		0.49	10	0.55	10	0.20	11

银行 Bank	年份 Year	1998		1999		2000	
		数值 Amount	排名 Ranking	数值 Amount	排名 Ranking	数值 Amount	排名 Ranking
工商银行（ICBC）		0.11	12	0.12	12	0.13	12
摩根大通（JP Morgan Chase & Co.）		1.63	2	2.07	4	1.22	6
美国银行（Bank of America）		1.30	6	1.93	5	1.84	4
汇丰集团（HSBC Holdings）		1.36	5	1.40	6	1.43	5
花旗集团（Citigroup）		1.39	4	2.22	3	2.34	2
富国银行（Wells Fargo & Co.）		1.63	2	2.73	1	2.41	1
法国巴黎银行（BNP Paribas）		0.46	11	0.74	10	0.89	10
苏格兰皇家银行（Royal Bank of Scotland）		1.26	7	1.36	7	1.09	8
桑坦德（Banco Santander）		0.98	8	1.06	8	1.08	9
巴克莱（Barclays）		0.90	9	1.00	9	1.14	7
莱斯银行（Lloyds Banking Group）		2.09	1	2.42	2	2.33	3
德意志银行（Deutsche Bank）		0.64	10	0.49	11	0.72	11

资产回报率主要国际同业比较（续表）
Return on Assets of Major International Peer Banks

单位：%
Unit：%

银行 Bank	年份 Year	2001 数值 Amount	2001 排名 Ranking	2002 数值 Amount	2002 排名 Ranking	2003 数值 Amount	2003 排名 Ranking
工商银行（ICBC）		0.14	12	0.14	12	0.05	12
摩根大通（JP Morgan Chase & Co.）		0.37	10	0.33	11	1.30	6
美国银行（Bank of America）		1.63	4	1.97	3	2.16	2
汇丰集团（HSBC Holdings）		1.16	7	1.27	4	1.24	7
花旗集团（Citigroup）		2.08	1	2.08	2	2.08	3
富国银行（Wells Fargo & Co.）		1.78	3	2.55	1	2.47	1
法国巴黎银行（BNP Paribas）		0.79	9	0.75	9	0.81	10
苏格兰皇家银行（Royal Bank of Scotland）		1.19	5	1.18	6	1.36	5
桑坦德（Banco Santander）		1.18	6	1.08	7	1.17	8
巴克莱（Barclays）		1.04	8	0.81	8	0.87	9
莱斯银行（Lloyds Banking Group）		1.87	2	1.26	5	1.73	4
德意志银行（Deutsche Bank）		0.20	11	0.47	10	0.34	11

银行 Bank	年份 Year	2004 数值 Amount	2004 排名 Ranking	2005 数值 Amount	2005 排名 Ranking
工商银行（ICBC）		0.05	12	0.92	8
摩根大通（JP Morgan Chase & Co.）		0.54	10	1.02	5
美国银行（Bank of America）		1.91	2	0.50	12
汇丰集团（HSBC Holdings）		1.38	4	1.40	3
花旗集团（Citigroup）		1.63	3	1.97	2
富国银行（Wells Fargo & Co.）		2.52	1	2.40	1
法国巴黎银行（BNP Paribas）		0.84	8	0.67	9
苏格兰皇家银行（Royal Bank of Scotland）		1.19	6	1.02	5
桑坦德（Banco Santander）		0.77	9	0.95	7
巴克莱（Barclays）		0.90	7	0.57	11
莱斯银行（Lloyds Banking Group）		1.25	5	1.23	4
德意志银行（Deutsche Bank）		0.48	11	0.62	10

资产回报率主要国际同业比较（续表）
Return on Assets of Major International Peer Banks

单位：%
Unit：%

银行 Bank	2006 数值 Amount	2006 排名 Ranking	2007 数值 Amount	2007 排名 Ranking
工商银行（ICBC）	0.96	9	1.33	3
摩根大通（JP Morgan Chase & Co.）	1.47	4	1.46	2
美国银行（Bank of America）	2.19	2	1.22	4
汇丰集团（HSBC Holdings）	1.19	6	1.03	7
花旗集团（Citigroup）	1.57	3	0.08	12
富国银行（Wells Fargo & Co.）	2.64	1	2.02	1
法国巴黎银行（BNP Paribas）	0.73	10	0.65	8
苏格兰皇家银行（Royal Bank of Scotland）	1.05	7	0.52	10
桑坦德（Banco Santander）	1.05	7	1.20	5
巴克莱（Barclays）	0.72	11	0.58	9
莱斯银行（Lloyds Banking Group）	1.24	5	1.13	6
德意志银行（Deutsche Bank）	0.72	11	0.43	11

银行 Bank	2008 数值 Amount	2008 排名 Ranking	2009 数值 Amount	2009 排名 Ranking
工商银行（ICBC）	1.49	1	1.42	1
摩根大通（JP Morgan Chase & Co.）	0.22	7	0.79	5
美国银行（Bank of America）	0.24	6	0.20	9
汇丰集团（HSBC Holdings）	0.37	3	0.30	8
花旗集团（Citigroup）	(2.48)	12	(0.45)	12
富国银行（Wells Fargo & Co.）	0.25	5	1.42	1
法国巴黎银行（BNP Paribas）	0.19	8	0.44	6
苏格兰皇家银行（Royal Bank of Scotland）	(1.52)	11	(0.16)	11
桑坦德（Banco Santander）	1.08	2	1.06	3
巴克莱（Barclays）	0.30	4	0.84	4
莱斯银行（Lloyds Banking Group）	0.19	8	0.10	10
德意志银行（Deutsche Bank）	(0.26)	10	0.35	7

资产回报率主要国际同业比较（续表）
Return on Assets of Major International Peer Banks

单位：%
Unit：%

银行 Bank	年份 Year	2010		2011	
		数值 Amount	排名 Ranking	数值 Amount	排名 Ranking
工商银行（ICBC）		1.60	1	1.76	2
摩根大通（JP Morgan Chase & Co.）		1.17	3	1.18	3
美国银行（Bank of America）		(0.06)	11	(0.01)	10
汇丰集团（HSBC Holdings）		0.78	5	0.86	4
花旗集团（Citigroup）		0.64	7	0.78	5
富国银行（Wells Fargo & Co.）		1.49	2	1.77	1
法国巴黎银行（BNP Paribas）		0.65	6	0.49	7
苏格兰皇家银行（Royal Bank of Scotland）		(0.06)	11	(0.05)	11
桑坦德（Banco Santander）		0.99	4	0.63	6
巴克莱（Barclays）		0.41	8	0.38	8
莱斯银行（Lloyds Banking Group）		0.03	10	(0.36)	12
德意志银行（Deutsche Bank）		0.21	9	0.25	9

银行 Bank	年份 Year	2012		2013	
		数值 Amount	排名 Ranking	数值 Amount	排名 Ranking
工商银行（ICBC）		1.76	2	1.79	2
摩根大通（JP Morgan Chase & Co.）		1.23	3	1.07	3
美国银行（Bank of America）		0.14	8	0.77	6
汇丰集团（HSBC Holdings）		0.77	4	0.84	5
花旗集团（Citigroup）		0.40	6	1.05	4
富国银行（Wells Fargo & Co.）		1.97	1	2.11	1
法国巴黎银行（BNP Paribas）		0.54	5	0.45	8
苏格兰皇家银行（Royal Bank of Scotland）		(0.4)	12	(0.86)	12
桑坦德（Banco Santander）		0.28	7	0.68	7
巴克莱（Barclays）		0.02	10	0.22	9
莱斯银行（Lloyds Banking Group）		(0.06)	11	0.05	11
德意志银行（Deutsche Bank）		0.04	9	0.09	10

数据来源：英国《银行家》。
注：排名为基于表中列示的12家银行数据的排序结果，而非英国《银行家》杂志公布的基于全部银行的排名。
Source: *The Banker*.
Note: Ranking is a sequencing result of 12 banks' data presented in the table rather than the ranking issued by *The Banker* based on all banks.

资本回报率主要国际同业比较
Return on Capital of Major International Peer Banks

单位：%
Unit：%

银行 Bank	2007 数值 Amount	2007 排名 Ranking	2008 数值 Amount	2008 排名 Ranking	2009 数值 Amount	2009 排名 Ranking
工商银行（ICBC）	23.83	9	26.73	1	26.89	1
摩根大通（JP Morgan Chase & Co.）	25.70	7	3.44	9	12.14	7
美国银行（Bank of America）	25.10	8	3.76	8	2.72	9
汇丰集团（HSBC Holdings）	23.07	10	9.76	4	5.80	8
花旗集团（Citigroup）	1.91	12	(40.49)	11	(6.65)	12
富国银行（Wells Fargo & Co.）	31.70	1	3.77	7	18.77	4
法国巴黎银行（BNP Paribas）	29.41	3	9.39	5	14.31	6
苏格兰皇家银行（Royal Bank of Scotland）	22.32	11	(52.2)	12	(3.53)	11
桑坦德（Banco Santander）	27.46	5	24.25	2	20.78	3
巴克莱（Barclays）	25.82	6	16.31	3	23.45	2
莱斯银行（Lloyds Banking Group）	28.67	4	5.89	6	2.19	10
德意志银行（Deutsche Bank）	30.89	2	(18.46)	10	15.12	5

银行 Bank	2010 数值 Amount	2010 排名 Ranking	2011 数值 Amount	2011 排名 Ranking
工商银行（ICBC）	28.69	1	30.86	1
摩根大通（JP Morgan Chase & Co.）	17.45	4	17.79	3
美国银行（Bank of America）	(0.81)	11	(0.14)	10
汇丰集团（HSBC Holdings）	14.29	6	15.67	4
花旗集团（Citigroup）	9.73	8	11.11	8
富国银行（Wells Fargo & Co.）	17.10	5	20.46	2
法国巴黎银行（BNP Paribas）	19.00	3	13.59	5
苏格兰皇家银行（Royal Bank of Scotland）	(1.56)	12	(1.24)	11
桑坦德（Banco Santander）	19.84	2	12.82	6
巴克莱（Barclays）	11.33	7	11.95	7
莱斯银行（Lloyds Banking Group）	0.60	10	(8.05)	12
德意志银行（Deutsche Bank）	9.34	9	10.99	9

资本回报率主要国际同业比较（续表）
Return on Capital of Major International Peer Banks

单位：%
Unit：%

银行 Bank	2012		2013	
年份 Year	数值 Amount	排名 Ranking	数值 Amount	排名 Ranking
工商银行（ICBC）	30.55	1	26.72	1
摩根大通（JP Morgan Chase & Co.）	18.07	3	15.64	3
美国银行（Bank of America）	1.98	8	10.02	8
汇丰集团（HSBC Holdings）	13.67	5	14.27	4
花旗集团（Citigroup）	5.49	7	13.12	5
富国银行（Wells Fargo & Co.）	22.12	2	22.94	2
法国巴黎银行（BNP Paribas）	13.79	4	11.39	7
苏格兰皇家银行（Royal Bank of Scotland）	(9.44)	12	(17.55)	12
桑坦德（Banco Santander）	5.75	6	12.51	6
巴克莱（Barclays）	0.48	10	5.14	9
莱斯银行（Lloyds Banking Group）	(1.33)	11	1.09	11
德意志银行（Deutsche Bank）	1.55	9	2.87	10

数据来源：英国《银行家》。
注：排名为基于表中列示的12家银行数据的排序结果，而非英国《银行家》杂志公布的基于全部银行的排名。
Source: *The Banker*.
Note: Ranking is a sequencing result of 12 banks' data presented in the table rather than the ranking issued by *The Banker* based on all banks.

不良贷款率主要国际同业比较
NPL Ratio of Major International Peer Banks

单位：%
Unit：%

35.00
30.00
25.00
20.00
15.00
10.00
5.00
0
29.78
25.69
24.24
21.16
4.69
3.79
2.74
2.29
2.25
2.06
1.63
1.67
1.76
1.00
0.85
1.13
0.42
0.49
0.69
0.16
1.36
1.54
1.08
0.94
0.85
0.94
2001
2002
2003
2004
2005
2006
2007
2008
2009
2010
2011
2012
2013
11家国际银行最低值
Minimum value of 11 international banks
工商银行
ICBC

数据来源：英国《银行家》。
Source: *The Banker*.

成本收入比主要国际同业比较
Cost to Income Ratio of Major International Peer Banks

单位：%
Unit：%

60.00
50.00
40.00
30.00
20.00
52.60
51.71
54.13
54.73
50.23
53.45
52.39
54.19
50.00
50.40
51.69
46.32
42.85
46.66
48.99
47.93
42.21
42.16
37.80
33.80
37.70
35.68
37.22
34.84
44.14
29.54
37.65
32.87
40.53
30.61
42.63
29.38
42.17
28.56
44.73
28.03
1996
1997
1998
1999
2000
2001
2002
2003
2004
2005
2006
2007
2008
2009
2010
2011
2012
2013
11家国际银行最低值
Minimum value of 11 international banks
工商银行
ICBC

数据来源：英国《银行家》。
Source: *The Banker*.

财务数据 FINANCIAL DATA
同业数据 DATA OF PEER BANKS
业务数据 BUSINESS DATA
排名及评级 MAIN RANKINGS AND CREDIT RATINGS
资产负债表与利润表 FINANCIAL STATEMENTS

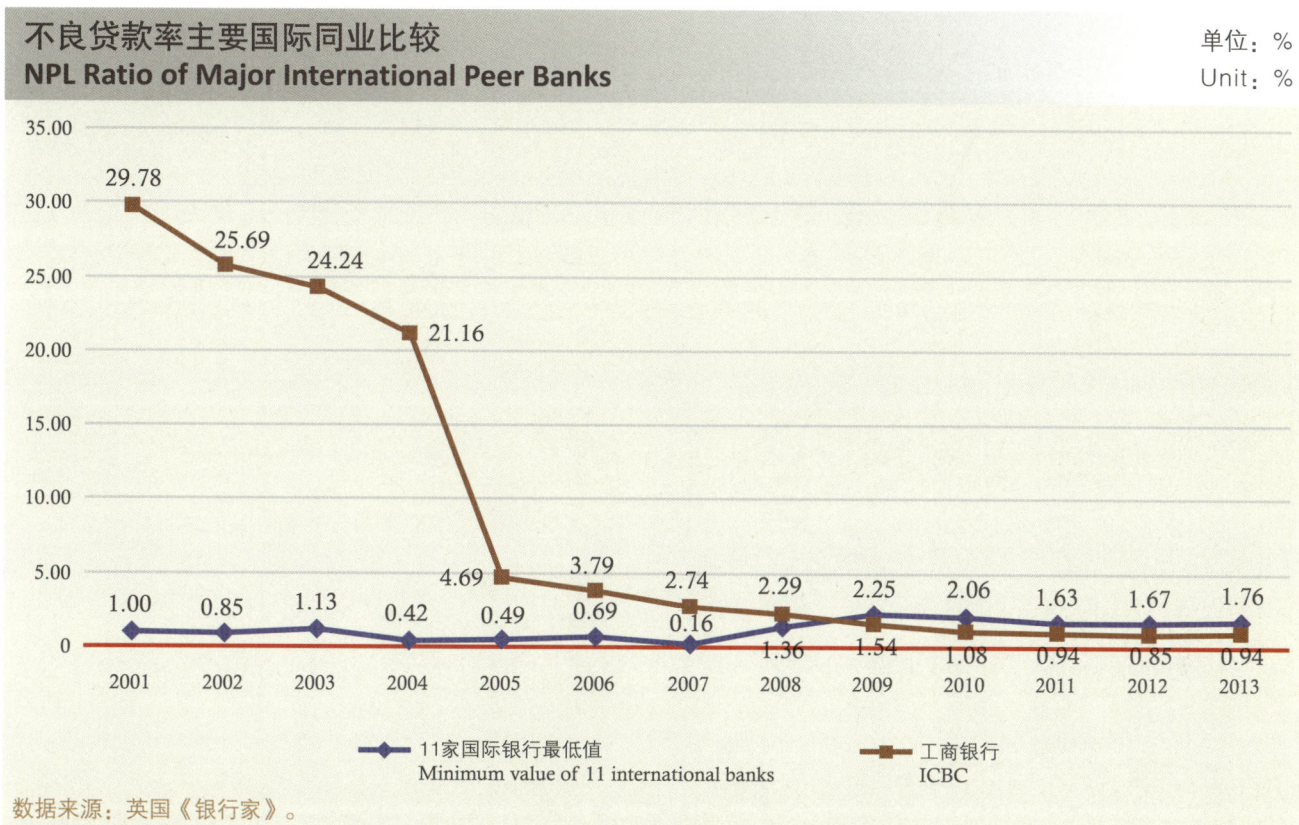

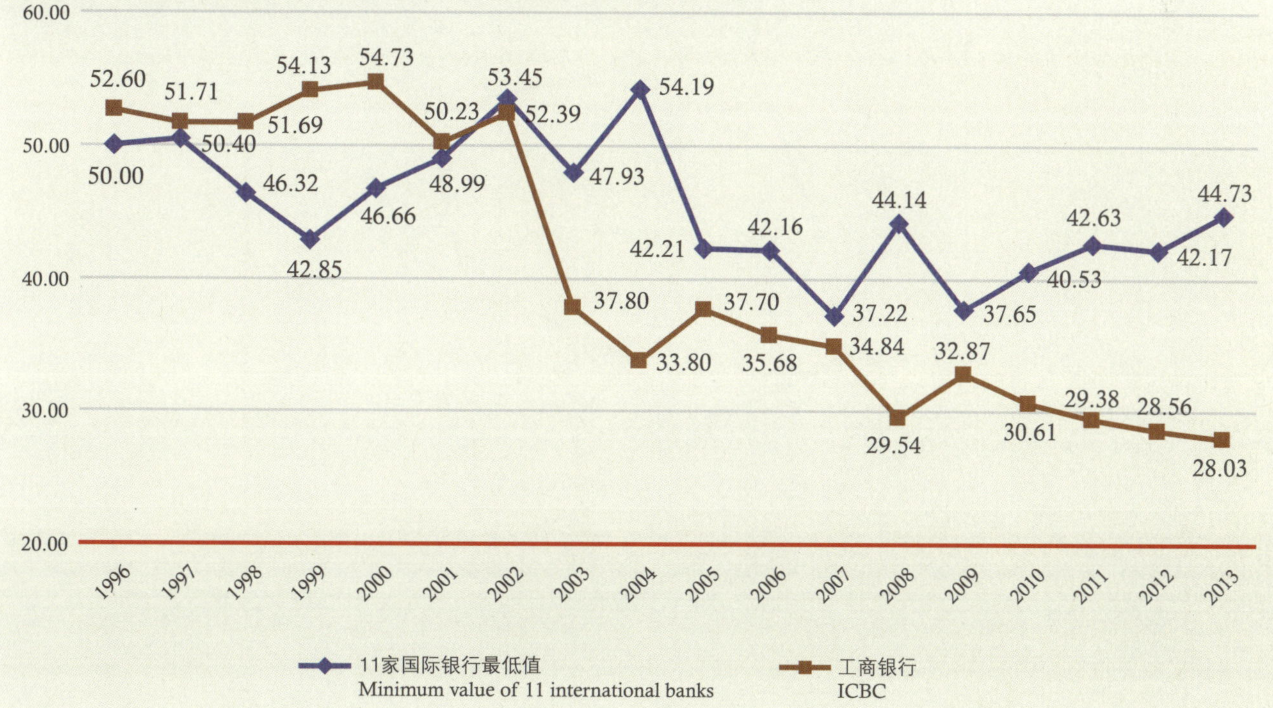

单位：%
Unit：%

资本资产比例主要国际同业比较
Capital-to-Assets Ratio of Major International Peer Banks

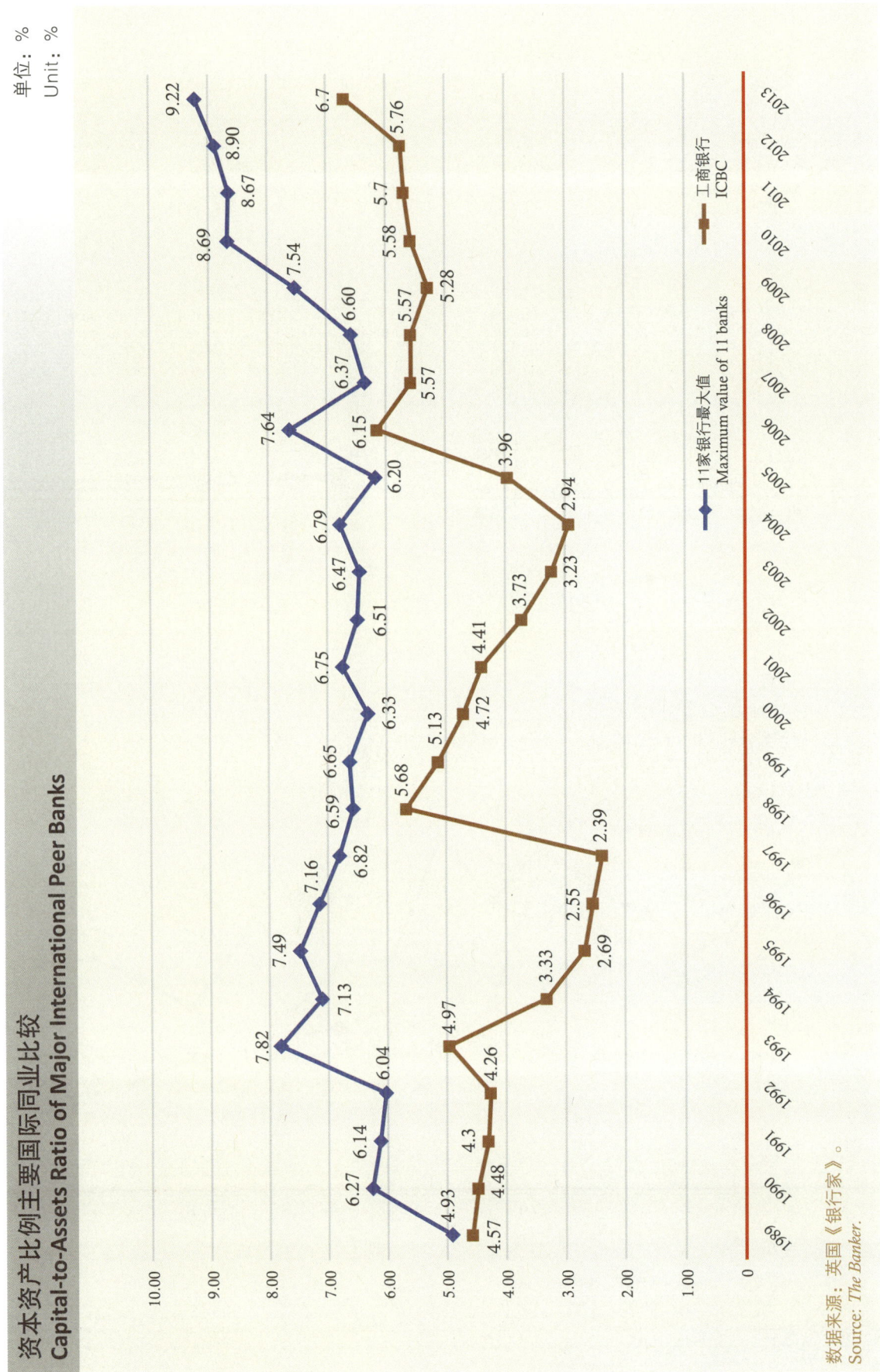

工商银行
ICBC

11家银行最大值
Maximum value of 11 banks

数据来源：英国《银行家》。
Source: *The Banker.*

不良贷款率主要国际同业比较表

Non-Performing Loans (NPL) Ratio of Major International Peer Banks

单位：%

Unit：%

银行 Bank	年份 Year	2001		2002		2003		2004	
		数值 Amount	排名 Ranking	数值 Amount	排名 Ranking	数值 Amount	排名 Ranking	数值 Amount	排名 Ranking
工商银行（ICBC）		29.78	12	25.69	12	24.24	11	21.16	11
摩根大通（JP Morgan Chase & Co.）		2.21	5	1.69	4	1.50	3	0.78	3
美国银行（Bank of America）		1.92	3	1.56	3	1.13	1	0.47	2
汇丰集团（HSBC Holdings）		3.00	9	2.99	9	2.77	8	1.94	6
花旗集团（Citigroup）		2.67	8	1.85	5	2.69	7	2.06	7
富国银行（Wells Fargo & Co.）		1.39	2	0.85	1	1.31	2	0.42	1
法国巴黎银行（BNP Paribas）		5.70	11	3.90	10	3.70	9	4.49	10
苏格兰皇家银行（Royal Bank of Scotland）		2.24	6	2.14	6	2.01	6	1.58	5
桑坦德（Banco Santander）		2.17	4	2.19	7	1.87	5	1.05	4
巴克莱（Barclays）		2.44	7	2.24	8	1.82	4	2.07	8
莱斯银行（Lloyds Banking Group）		1.00	1	1.04	2	n.a	n.a	n.a	n.a
德意志银行（Deutsche Bank）		4.80	10	6.29	11	4.47	10	3.47	9

银行 Bank	年份 Year	2005		2006		2007	
		数值 Amount	排名 Ranking	数值 Amount	排名 Ranking	数值 Amount	排名 Ranking
工商银行（ICBC）		4.69	11	3.79	12	2.74	9
摩根大通（JP Morgan Chase & Co.）		0.56	3	0.99	3	0.16	1
美国银行（Bank of America）		0.53	2	0.69	1	0.64	2
汇丰集团（HSBC Holdings）		1.74	7	1.60	7	1.83	7
花旗集团（Citigroup）		1.71	6	1.20	5	1.02	3
富国银行（Wells Fargo & Co.）		0.49	1	1.90	9	2.37	8
法国巴黎银行（BNP Paribas）		4.08	10	3.12	11	3.10	11
苏格兰皇家银行（Royal Bank of Scotland）		1.41	5	1.35	6	1.28	5
桑坦德（Banco Santander）		0.89	4	0.78	2	1.08	4
巴克莱（Barclays）		1.91	8	1.80	8	2.76	10
莱斯银行（Lloyds Banking Group）		n.a	n.a	2.10	10	4.27	12
德意志银行（Deutsche Bank）		2.48	9	1.19	4	1.32	6

173

不良贷款率主要国际同业比较表（续表）
Non-Performing Loans (NPL) Ratio of Major International Peer Banks

单位：%
Unit：%

银行 Bank	年份 Year	2008		2009		2010	
		数值 Amount	排名 Ranking	数值 Amount	排名 Ranking	数值 Amount	排名 Ranking
工商银行（ICBC）		2.29	3	1.54	1	1.08	1
摩根大通（JP Morgan Chase & Co.）		3.41	9	7.62	11	6.42	9
美国银行（Bank of America）		3.43	10	7.60	10	3.27	3
汇丰集团（HSBC Holdings）		2.60	5	2.84	3	4.80	7
花旗集团（Citigroup）		4.53	11	7.04	8	4.76	6
富国银行（Wells Fargo & Co.）		3.38	8	7.58	9	6.96	11
法国巴黎银行（BNP Paribas）		3.22	6	2.25	2	4.40	5
苏格兰皇家银行（Royal Bank of Scotland）		2.52	4	3.89	6	6.66	10
桑坦德（Banco Santander）		2.04	2	3.24	4	3.55	4
巴克莱（Barclays）		3.34	7	4.80	7	5.10	8
莱斯银行（Lloyds Banking Group）		n.a	n.a	8.90	12	10.90	12
德意志银行（Deutsche Bank）		1.36	1	3.40	5	2.06	2

银行 Bank	年份 Year	2011		2012		2013	
		数值 Amount	排名 Ranking	数值 Amount	排名 Ranking	数值 Amount	排名 Ranking
工商银行（ICBC）		0.94	1	0.85	1	0.94	1
摩根大通（JP Morgan Chase & Co.）		5.06	8	4.57	7	3.15	5
美国银行（Bank of America）		7.63	10	7.22	10	4.66	7
汇丰集团（HSBC Holdings）		4.30	5	3.30	4	3.22	6
花旗集团（Citigroup）		3.04	3	2.93	3	2.39	3
富国银行（Wells Fargo & Co.）		6.43	9	5.93	9	5.19	9
法国巴黎银行（BNP Paribas）		4.30	5	4.60	8	4.70	8
苏格兰皇家银行（Royal Bank of Scotland）		7.88	11	8.48	11	8.61	12
桑坦德（Banco Santander）		3.81	4	4.54	6	5.64	10
巴克莱（Barclays）		4.40	7	3.80	5	2.80	4
莱斯银行（Lloyds Banking Group）		10.10	12	8.60	12	6.88	11
德意志银行（Deutsche Bank）		1.63	2	1.67	2	1.76	2

成本收入比主要国际同业比较表
Cost to Income Ratio of Major International Peer Banks

银行 Bank	年份 Year	1996		1997		1998	
		数值 Amount	排名 Ranking	数值 Amount	排名 Ranking	数值 Amount	排名 Ranking
工商银行（ICBC）		52.60	2	51.71	2	51.69	3
摩根大通（JP Morgan Chase & Co.）		70.56	9	60.68	6	62.07	5
美国银行（Bank of America）		61.32	5	59.88	5	67.36	7
汇丰集团（HSBC Holdings）		52.90	3	54.00	4	54.87	4
花旗集团（Citigroup）		61.37	6	66.76	9	76.79	11
富国银行（Wells Fargo & Co.）		71.45	10	63.64	8	70.04	10
法国巴黎银行（BNP Paribas）		72.50	12	69.50	12	68.14	8
苏格兰皇家银行（Royal Bank of Scotland）		50.00	1	52.47	3	50.65	2
桑坦德（Banco Santander）		62.88	7	63.08	7	69.58	9
巴克莱（Barclays）		66.90	8	68.50	10	65.47	6
莱斯银行（Lloyds Banking Group）		57.00	4	50.40	1	46.32	1
德意志银行（Deutsche Bank）		71.70	11	68.51	11	78.10	12

银行 Bank	年份 Year	1999		2000		2001	
		数值 Amount	排名 Ranking	数值 Amount	排名 Ranking	数值 Amount	排名 Ranking
工商银行（ICBC）		54.13	4	54.73	2	50.23	2
摩根大通（JP Morgan Chase & Co.）		55.04	5	69.30	11	80.20	11
美国银行（Bank of America）		56.88	6	54.91	3	59.77	5
汇丰集团（HSBC Holdings）		54.04	3	55.25	4	56.42	3
花旗集团（Citigroup）		67.63	11	65.54	9	64.15	9
富国银行（Wells Fargo & Co.）		58.28	7	58.14	6	65.45	10
法国巴黎银行（BNP Paribas）		66.60	10	64.20	8	62.65	7
苏格兰皇家银行（Royal Bank of Scotland）		49.49	2	67.43	10	63.88	8
桑坦德（Banco Santander）		65.65	9	63.95	7	62.09	6
巴克莱（Barclays）		61.50	8	57.22	5	57.87	4
莱斯银行（Lloyds Banking Group）		42.85	1	46.66	1	48.99	1
德意志银行（Deutsche Bank）		72.01	12	74.50	12	90.45	12

成本收入比主要国际同业比较表（续表）
Cost to Income Ratio of Major International Peer Banks

单位：%
Unit：%

银行 Bank	2002		2003		2004	
年份 Year	数值 Amount	排名 Ranking	数值 Amount	排名 Ranking	数值 Amount	排名 Ranking
工商银行（ICBC）	52.39	1	37.80	1	33.80	1
摩根大通（JP Morgan Chase & Co.）	76.87	11	68.03	11	79.68	11
美国银行（Bank of America）	53.45	2	53.13	5	55.07	5
汇丰集团（HSBC Holdings）	59.44	7	47.93	2	54.74	4
花旗集团（Citigroup）	54.99	3	52.50	4	65.38	10
富国银行（Wells Fargo & Co.）	56.78	5	60.16	8	58.21	7
法国巴黎银行（BNP Paribas）	65.20	10	62.90	9	60.71	9
苏格兰皇家银行（Royal Bank of Scotland）	60.50	8	55.07	6	56.27	6
桑坦德（Banco Santander）	61.75	9	63.10	10	54.19	2
巴克莱（Barclays）	58.48	6	58.44	7	59.88	8
莱斯银行（Lloyds Banking Group）	55.40	4	52.21	3	54.44	3
德意志银行（Deutsche Bank）	78.75	12	81.81	12	79.92	12

银行 Bank	2005		2006		2007	
年份 Year	数值 Amount	排名 Ranking	数值 Amount	排名 Ranking	数值 Amount	排名 Ranking
工商银行（ICBC）	37.70	1	35.68	1	34.84	1
摩根大通（JP Morgan Chase & Co.）	71.38	11	60.90	10	56.48	7
美国银行（Bank of America）	49.58	4	48.75	5	55.81	6
汇丰集团（HSBC Holdings）	47.41	3	47.92	4	46.37	3
花旗集团（Citigroup）	54.56	6	56.13	7	75.26	12
富国银行（Wells Fargo & Co.）	57.72	8	58.12	8	57.94	9
法国巴黎银行（BNP Paribas）	61.17	10	61.07	11	60.46	10
苏格兰皇家银行（Royal Bank of Scotland）	42.21	2	42.16	2	37.22	2
桑坦德（Banco Santander）	53.00	5	49.57	6	46.60	4
巴克莱（Barclays）	60.73	9	58.69	9	57.39	8
莱斯银行（Lloyds Banking Group）	56.40	7	47.74	3	52.00	5
德意志银行（Deutsche Bank）	74.70	12	70.16	12	69.60	11

成本收入比主要国际同业比较表（续表）
Cost to Income Ratio of Major International Peer Banks

单位：%
Unit：%

银行 Bank	年份 Year	2008		2009		2010	
		数值 Amount	排名 Ranking	数值 Amount	排名 Ranking	数值 Amount	排名 Ranking
工商银行（ICBC）		29.54	1	32.87	1	30.61	1
摩根大通（JP Morgan Chase & Co.）		62.19	8	51.52	6	58.63	9
美国银行（Bank of America）		54.40	5	54.09	9	64.15	11
汇丰集团（HSBC Holdings）		44.14	3	48.14	5	51.27	5
花旗集团（Citigroup）		113.65	10	60.54	11	54.95	6
富国银行（Wells Fargo & Co.）		54.66	6	52.16	8	56.55	8
法国巴黎银行（BNP Paribas）		63.28	9	54.28	10	56.11	7
苏格兰皇家银行（Royal Bank of Scotland）		208.90	12	44.00	3	50.42	4
桑坦德（Banco Santander）		41.86	2	37.65	2	40.53	2
巴克莱（Barclays）		61.52	7	51.78	7	63.52	10
莱斯银行（Lloyds Banking Group）		53.35	4	47.43	4	42.77	3
德意志银行（Deutsche Bank）		134.58	11	71.98	12	81.53	12

银行 Bank	年份 Year	2011		2012		2013	
		数值 Amount	排名 Ranking	数值 Amount	排名 Ranking	数值 Amount	排名 Ranking
工商银行（ICBC）		29.38	1	28.56	1	28.03	1
摩根大通（JP Morgan Chase & Co.）		63.76	9	65.77	6	72.39	9
美国银行（Bank of America）		80.62	12	84.86	11	76.65	10
汇丰集团（HSBC Holdings）		51.13	3	59.63	5	54.15	4
花旗集团（Citigroup）		65.84	10	72.58	9	63.80	6
富国银行（Wells Fargo & Co.）		58.52	7	56.78	4	56.76	5
法国巴黎银行（BNP Paribas）		57.67	6	67.95	7	67.33	8
苏格兰皇家银行（Royal Bank of Scotland）		61.84	8	88.63	12	86.31	11
桑坦德（Banco Santander）		42.63	2	42.17	2	44.73	2
巴克莱（Barclays）		56.07	5	69.79	8	67.24	7
莱斯银行（Lloyds Banking Group）		51.97	4	46.95	3	53.72	3
德意志银行（Deutsche Bank）		76.80	11	84.59	10	87.21	12

数据来源：英国《银行家》。
注：排名为基于表中列示的12家银行数据的排序结果，而非英国《银行家》杂志公布的基于全部银行的排名。
Source: *The Banker*.
Note: Ranking is a sequencing result of 12 banks' data presented in the table rather than the ranking issued by *The Banker* based on all banks.

资本资产比例主要国际同业比较
Capital-to-Assets Ratio of Major International Peer Banks

单位：%
Unit：%

银行 Bank	1989	1990	1991	1992	1993	1994	1995
工商银行（ICBC）	4.57	4.48	4.30	4.26	4.97	3.33	2.69
摩根大通（JP Morgan Chase & Co.）	3.59	3.73	4.17	5.07	7.82	7.13	6.97
美国银行（Bank of America）	4.90	5.14	5.78	4.78	6.45	6.43	6.38
汇丰集团（HSBC Holdings）	n.a	n.a	5.79	4.21	4.75	5.71	6.10
花旗集团（Citigroup）	3.22	3.42	3.16	3.66	6.29	6.87	7.49
富国银行（Wells Fargo & Co.）	4.33	4.33	4.22	5.05	7.30	6.72	6.97
法国巴黎银行（BNP Paribas）	2.71	3.23	3.40	3.26	3.89	3.84	3.52
苏格兰皇家银行（Royal Bank of Scotland）	4.93	5.04	4.94	5.01	4.79	4.10	4.10
桑坦德（Banco Santander）	4.92	6.27	6.14	6.04	3.60	4.65	4.44
巴克莱（Barclays）	4.49	4.59	4.50	3.66	3.62	4.00	4.23
莱斯银行（Lloyds Banking Group）	3.81	4.31	5.02	3.94	3.96	4.73	3.12
德意志银行（Deutsche Bank）	4.18	3.89	3.88	3.72	3.65	4.21	3.76

银行 Bank	1996	1997	1998	1999	2000	2001
工商银行（ICBC）	2.55	2.39	5.68	5.13	4.72	4.41
摩根大通（JP Morgan Chase & Co.）	6.28	6.18	6.59	6.28	5.25	5.44
美国银行（Bank of America）	6.85	6.65	5.97	6.04	6.33	6.75
汇丰集团（HSBC Holdings）	6.40	5.78	6.06	5.01	5.14	5.04
花旗集团（Citigroup）	7.16	6.82	6.26	6.65	6.04	5.56
富国银行（Wells Fargo & Co.）	6.04	6.29	6.14	6.11	5.91	5.93
法国巴黎银行（BNP Paribas）	3.27	3.39	3.58	2.84	2.92	2.65
苏格兰皇家银行（Royal Bank of Scotland）	4.15	4.28	4.06	5.18	3.90	4.20
桑坦德（Banco Santander）	4.01	4.65	5.89	4.86	4.36	4.82
巴克莱（Barclays）	4.00	3.36	3.82	3.52	3.43	3.57
莱斯银行（Lloyds Banking Group）	3.57	3.98	5.04	5.66	4.59	4.82
德意志银行（Deutsche Bank）	3.25	2.98	2.55	2.06	2.30	2.70

资本资产比例主要国际同业比较（续表）
Capital-to-Assets Ratio of Major International Peer Banks

银行 Bank	年份 Year	2002	2003	2004	2005	2006	2007
工商银行（ICBC）		3.73	3.23	2.94	3.96	6.15	5.57
摩根大通（JP Morgan Chase & Co.）		4.95	5.60	5.93	6.04	6.00	5.68
美国银行（Bank of America）		6.51	5.98	5.79	5.73	6.24	4.86
汇丰集团（HSBC Holdings）		5.13	5.30	5.27	4.95	4.72	4.46
花旗集团（Citigroup）		5.38	5.29	5.01	5.32	4.83	4.08
富国银行（Wells Fargo & Co.）		6.16	6.47	6.79	6.20	7.64	6.37
法国巴黎银行（BNP Paribas）		3.24	3.28	2.89	2.29	2.39	2.22
苏格兰皇家银行（Royal Bank of Scotland）		4.26	4.29	3.92	3.63	3.45	2.33
桑坦德（Banco Santander）		4.58	4.82	4.24	4.02	4.26	4.35
巴克莱（Barclays）		3.59	3.38	3.24	2.04	2.31	2.23
莱斯银行（Lloyds Banking Group）		4.58	4.45	4.19	3.71	3.73	3.95
德意志银行（Deutsche Bank）		3.00	2.69	2.23	2.21	2.18	1.40

银行 Bank	年份 Year	2008	2009	2010	2011	2012	2013
工商银行（ICBC）		5.57	5.28	5.58	5.70	5.76	6.70
摩根大通（JP Morgan Chase & Co.）		6.26	6.54	6.73	6.64	6.78	6.86
美国银行（Bank of America）		6.47	7.22	7.22	7.45	7.03	7.67
汇丰集团（HSBC Holdings）		3.77	5.17	5.43	5.46	5.61	5.92
花旗集团（Citigroup）		6.13	6.82	6.59	7.04	7.32	7.97
富国银行（Wells Fargo & Co.）		6.60	7.54	8.69	8.67	8.90	9.22
法国巴黎银行（BNP Paribas）		2.01	3.06	3.43	3.61	3.94	3.99
苏格兰皇家银行（Royal Bank of Scotland）		2.91	4.50	4.14	3.78	4.26	4.91
桑坦德（Banco Santander）		4.47	5.10	4.98	4.93	4.85	5.47
巴克莱（Barclays）		1.81	3.60	3.59	3.15	3.41	4.25
莱斯银行（Lloyds Banking Group）		3.14	4.63	4.75	4.53	4.62	4.50
德意志银行（Deutsche Bank）		1.41	2.29	2.23	2.27	2.51	3.15

数据来源：英国《银行家》。
注：排名为基于表中列示的12家银行数据的排序结果，而非英国《银行家》杂志公布的基于全部银行的排名。
Source: *The Banker*.
Note: Ranking is a sequencing result of 12 banks' data presented in the table rather than the ranking issued by *The Banker* based on all banks.

市盈率主要国际同业比较
PE Ratio of Major International Peer Banks

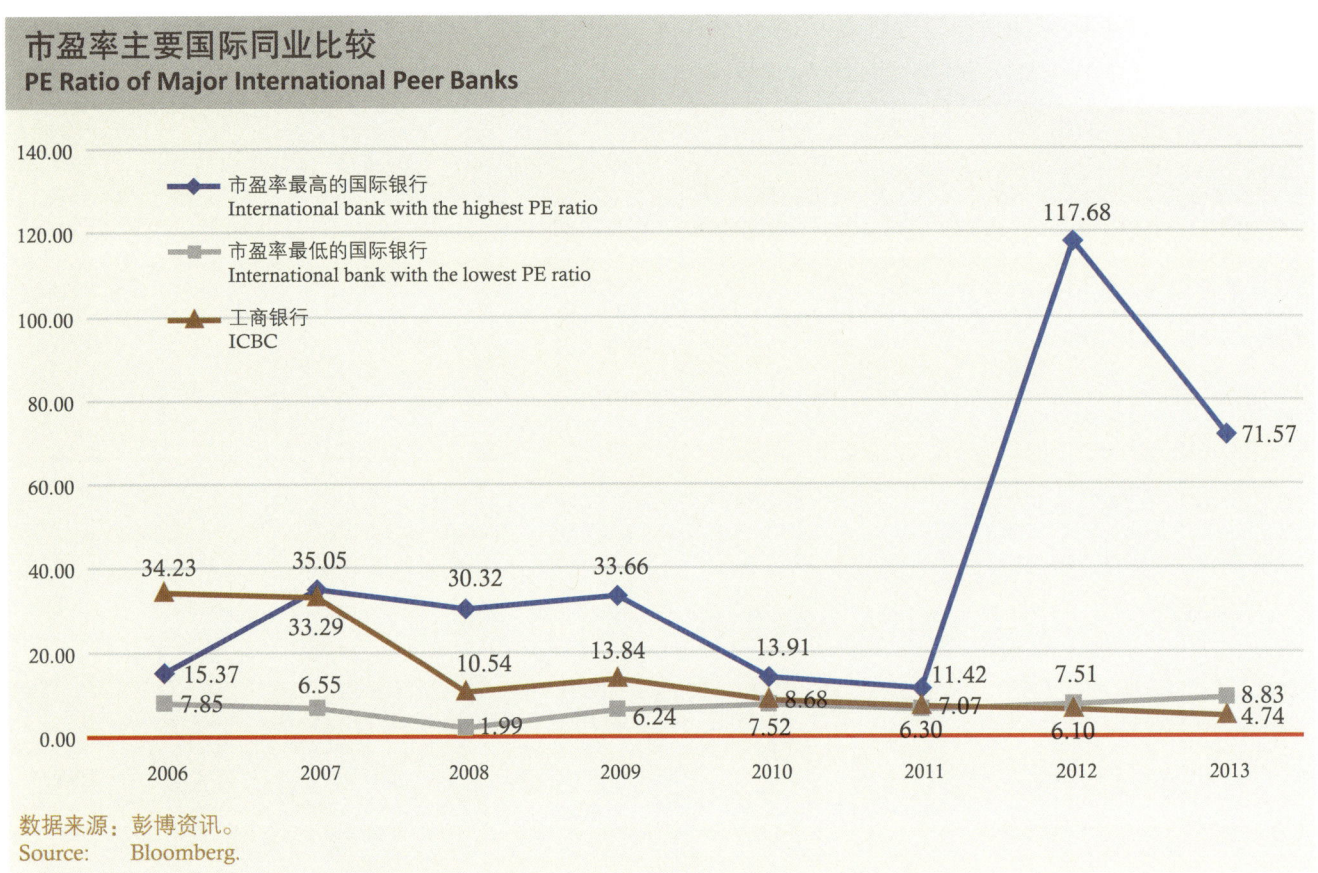

数据来源：彭博资讯。
Source: Bloomberg.

市净率主要国际同业比较
PB Ratio of Major International Peer Banks

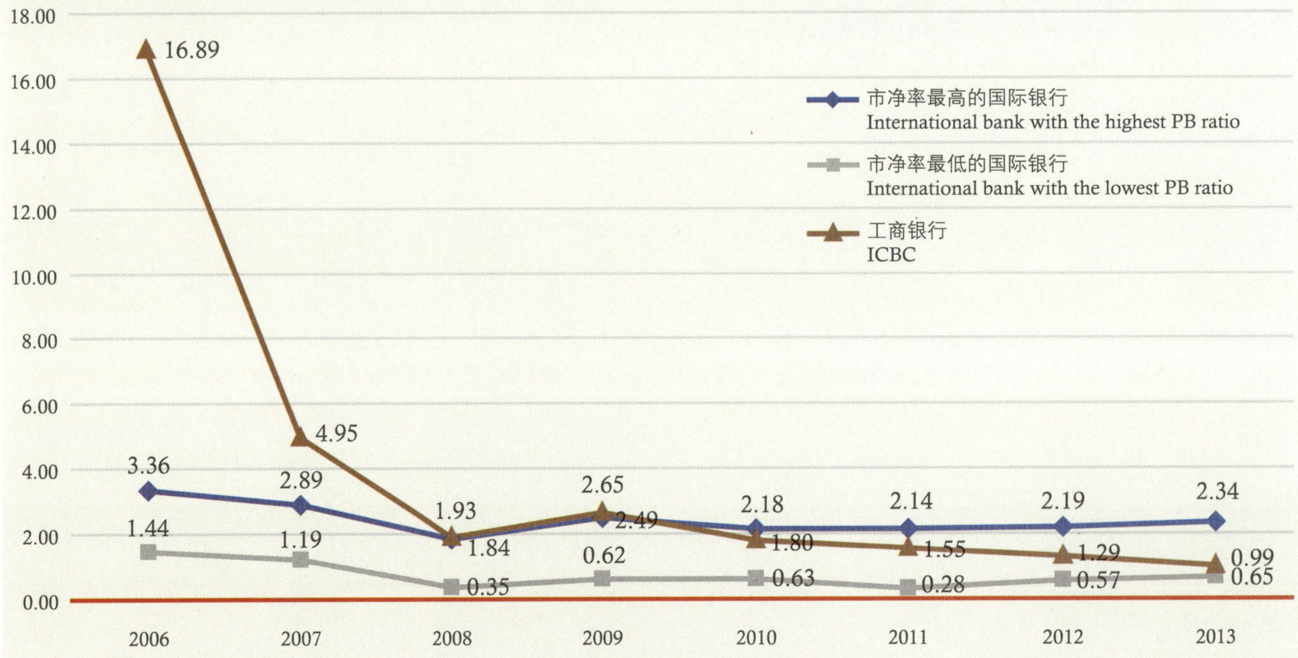

数据来源：彭博资讯。
Source: Bloomberg.

市值最大的十家银行
Top 10 Banks in Market Capitalizations

排名 Rank	年份 Year	2006		2007	
		银行 Bank	市值 Market capitalization	银行 Bank	市值 Market capitalization
1		花旗集团 Citigroup	2,746	工商银行 ICBC	3,390
2		工商银行 ICBC	2,509	建设银行 China Construction Bank	2,030
3		美国银行 Bank of America	2,409	汇丰控股 HSBC Holdings	2,000
4		汇丰控股 HSBC Holdings	2,123	中国银行 Bank of China	1,980
5		摩根大通 JP Morgan Chase & Co.	1,697	美国银行 Bank of America	1,830
6		中国银行 Bank of China	1,653	花旗集团 Citigroup	1,470
7		建设银行 China Construction Bank	1,431	摩根大通 JP Morgan Chase & Co.	1,470
8		三菱UFJ Mitsubishi UFJ Financial Group	1,339	桑坦德 Banco Santander	1,360
9		瑞士银行 UBS	1,272	意大利联合信贷 UniCredit	1,110
10		富国银行 Wells Fargo & Co.	1,213	富国银行 Wells Fargo & Co.	1,010

排名 Rank	年份 Year	2008		2009	
		银行 Bank	市值 Market capitalization	银行 Bank	市值 Market capitalization
1		工商银行 ICBC	1,739	工商银行 ICBC	2,690
2		建设银行 China Construction Bank	1,282	建设银行 China Construction Bank	2,015
3		摩根大通 JP Morgan Chase & Co.	1,177	汇丰控股 HSBC Holdings	2,007
4		汇丰控股 HSBC Holdings	1,168	摩根大通 JP Morgan Chase & Co.	1,711
5		富国银行 Wells Fargo & Co.	1,118	中国银行 Bank of China	1,540
6		中国银行 Bank of China	982	美国银行 Bank of America	1,496
7		桑坦德 Banco Santander	762	富国银行 Wells Fargo & Co.	1,380
8		美国银行 Bank of America	706	桑坦德 Banco Santander	1,360
9		三菱UFJ Mitsubishi UFJ Financial Group	703	法国巴黎银行 BNP Paribas	949
10		西班牙对外银行 Banco Bilbao Vizcaya Argentaria	458	花旗集团 Citigroup	935

市值最大的十家银行（续表）
Top 10 Banks in Market Capitalizations

单位：亿美元
Unit：In USD 100 millions

排名 Rank	年份 Year	2010		2011	
		银行 Bank	市值 Market capitalization	银行 Bank	市值 Market capitalization
1		工商银行 ICBC	2,335	工商银行 ICBC	2,280
2		建设银行 China Construction Bank	2,223	建设银行 China Construction Bank	1,748
3		汇丰控股 HSBC Holdings	1,813	富国银行 Wells Fargo & Co.	1,453
4		摩根大通 JP Morgan Chase & Co.	1,658	汇丰控股 HSBC Holdings	1,361
5		富国银行 Wells Fargo & Co.	1,627	农业银行 Agricultural Bank of China	1,355
6		中国银行 Bank of China	1,400	摩根大通 JP Morgan Chase & Co.	1,263
7		花旗集团 Citigroup	1,347	中国银行 Bank of China	1,214
8		农业银行 Agricultural Bank of China	1,350	澳大利亚联邦银行 Commonwealth Bank	798
9		美国银行 Bank of America	1,345	花旗集团 Citigroup	769
10		巴西伊塔联合银行 Itau Unibanco Holding	974	巴西伊塔联合银行 Itau Unibanco Holding	747

排名 Rank	年份 Year	2012		2013	
		银行 Bank	市值 Market capitalization	银行 Bank	市值 Market capitalization
1		工商银行 ICBC	2,364	富国银行 Wells Fargo & Co.	2,391
2		建设银行 China Construction Bank	2,000	摩根大通 JP Morgan Chase & Co.	2,198
3		汇丰控股 HSBC Holdings	1,941	工商银行 ICBC	2,147
4		富国银行 Wells Fargo & Co.	1,799	汇丰控股 HSBC Holdings	2,044
5		摩根大通 JP Morgan Chase & Co.	1,671	建设银行 China Construction Bank	1,880
6		农业银行 Agricultural Bank of China	1,473	美国银行 Bank of America	1,661
7		中国银行 Bank of China	1,289	花旗集团 Citigroup	1,581
8		美国银行 Bank of America	1,251	农业银行 Agricultural Bank of China	1,356
9		花旗集团 Citigroup	1,160	中国银行 Bank of China	1,232
10		澳大利亚联邦银行 Commonwealth Bank	1,039	澳大利亚联邦银行 Commonwealth Bank	1,120

数据来源：彭博资讯。
Source： Bloonberg.

市盈率主要国际同业比较
PE of Major International Peer Banks

银行 Bank	2006	2007	2008	2009
工商银行（ICBC）	34.23	33.29	10.54	13.84
花旗集团（Citigroup）	13.20	35.05	8.10	n.a
巴克莱（Barclays）	10.15	7.31	2.98	11.45
德意志银行（Deutsche Bank）	7.85	6.55	1.99	6.24
摩根大通（JP Morgan Chase & Co.）	12.81	10.13	30.32	14.96
莱斯银行（Lloyds Banking Group）	11.45	8.09	18.81	6.76
美国银行（Bank of America）	11.31	12.06	19.29	16.22
富国银行（Wells Fargo & Co.）	14.28	12.48	17.14	13.15
苏格兰皇家银行（Royal Bank of Scotland）	15.37	12.56	11.25	17.20
法国巴黎银行（BNP Paribas）	10.29	8.74	9.85	10.75
桑坦德（Banco Santander）	14.23	11.35	5.74	11.09
汇丰集团（HSBC Holdings）	13.01	10.12	20.53	33.66

银行 Bank	2010	2011	2012	2013
工商银行（ICBC）	8.68	7.07	6.10	4.74
花旗集团（Citigroup）	12.95	6.89	8.74	10.59
巴克莱（Barclays）	8.72	7.22	10.73	71.57
德意志银行（Deutsche Bank）	12.74	6.61	117.68	51.75
摩根大通（JP Morgan Chase & Co.）	8.42	6.78	7.51	8.83
莱斯银行（Lloyds Banking Group）	8.93	n.a	n.a	n.a
美国银行（Bank of America）	12.35	9.25	9.00	11.74
富国银行（Wells Fargo & Co.）	12.68	9.11	9.97	11.67
苏格兰皇家银行（Royal Bank of Scotland）	13.39	11.42	11.90	12.82
法国巴黎银行（BNP Paribas）	7.52	6.30	8.24	15.35
桑坦德（Banco Santander）	7.93	9.18	27.37	16.21
汇丰集团（HSBC Holdings）	13.91	8.28	14.20	13.06

数据来源：彭博资讯。
注：部分银行的市盈率出现n.a是由于银行当年净利润为负数。
Source: Bloomberg.
Note: Some banks' PE is n.a because net profit of these banks for that year is negative.

市净率主要国际同业比较
PB of Major International Peer Banks

单位：%
Unit：%

银行 Bank	年份 Year	2006	2007	2008	2009
工商银行（ICBC）		16.89	4.95	1.93	2.65
花旗集团（Citigroup）		2.30	1.30	0.52	0.62
巴克莱（Barclays）		2.41	1.43	0.35	0.67
德意志银行（Deutsche Bank）		1.55	1.21	0.52	0.84
摩根大通（JP Morgan Chase & Co.）		1.44	1.19	0.87	1.04
莱斯银行（Lloyds Banking Group）		2.89	2.20	0.80	0.75
美国银行（Bank of America）		1.80	1.29	0.51	0.67
富国银行（Wells Fargo & Co.）		2.64	2.11	1.84	1.35
苏格兰皇家银行（Royal Bank of Scotland）		3.36	2.89	1.72	2.49
法国巴黎银行（BNP Paribas）		1.61	1.41	0.64	1.08
桑坦德（Banco Santander）		1.97	1.68	0.96	1.38
汇丰集团（HSBC Holdings）		1.95	1.57	1.28	1.59

银行 Bank	年份 Year	2010	2011	2012	2013
工商银行（ICBC）		1.80	1.55	1.29	0.99
花旗集团（Citigroup）		0.84	0.43	0.64	0.80
巴克莱（Barclays）		0.63	0.40	0.63	0.82
德意志银行（Deutsche Bank）		0.74	0.50	0.57	0.65
摩根大通（JP Morgan Chase & Co.）		0.99	0.71	0.86	1.10
莱斯银行（Lloyds Banking Group）		0.97	0.39	0.81	1.45
美国银行（Bank of America）		0.64	0.28	0.57	0.75
富国银行（Wells Fargo & Co.）		1.39	1.13	1.24	1.55
苏格兰皇家银行（Royal Bank of Scotland）		2.18	2.14	2.19	2.34
法国巴黎银行（BNP Paribas）		0.86	0.53	0.68	0.87
桑坦德（Banco Santander）		0.88	0.68	0.88	1.04
汇丰集团（HSBC Holdings）		1.24	0.87	1.13	1.15

数据来源：彭博资讯。
Source:　　Bloomberg.

各项存款主要国内同业比较
Deposits of Major Domestic Peer Banks

单位：人民币亿元，%
Unit：In RMB 100 millions，%

年份 Year	项目 Item	工商银行 ICBC		农业银行 ABC		中国银行 BOC		建设银行 CCB		四行合计 Total
		金额 Amount	占比 （%） Percen- tage (%)	金额 Amount	占比 （%） Percen- tage (%)	金额 Amount	占比 （%） Percen- tage (%)	金额 Amount	占比 （%） Percen- tage (%)	
1993		9,304	45.81	5,184	25.53	2,049	10.09	3,772	18.57	20,309
1994		11,317	45.57	5,172	20.83	2,949	11.87	5,397	21.73	24,834
1995		14,443	43.93	6,939	21.11	3,904	11.88	7,589	23.08	32,875
1996		17,975	42.67	8,950	21.25	4,864	11.55	10,333	24.53	42,122
1997		21,612	42.19	11,189	21.85	5,864	11.45	12,555	24.51	51,221
1998		25,032	41.46	13,349	22.11	7,309	12.10	14,689	24.33	60,379
1999		29,806	39.12	16,012	21.02	12,776	16.77	17,595	23.09	76,188
2000		32,448	37.97	18,162	21.25	14,930	17.47	19,921	23.31	85,461
2001		35,798	37.13	20,934	21.71	17,151	17.79	22,534	23.37	96,417
2002		40,557	36.43	24,830	22.31	20,012	17.98	25,917	23.28	111,316
2003		45,656	35.51	29,941	23.10	23,385	18.18	29,620	23.03	128,601
2004		49,971	34.60	34,930	24.19	26,534	18.37	32,982	22.92	144,417
2005		57,369	32.82	40,369	23.81	36,995	21.16	40,060	23.76	174,793
2006		63,264	31.84	47,304	23.81	40,911	20.89	47,213	23.74	198,692
2007		68,984	31.36	52,872	24.04	44,806	20.37	53,295	24.23	219,957
2008		82,234	31.78	60,974	23.57	51,734	20.00	63,759	24.65	258,701
2009		97,713	30.55	74,976	23.44	67,168	21.00	80,013	25.01	319,870
2010		111,456	30.26	88,879	24.12	77,335	20.99	90,754	24.63	368,424
2011		122,612	30.13	96,220	23.65	88,180	21.67	99,875	24.55	406,887
2012		136,429	30.30	108,629	24.13	91,740	20.38	113,431	25.19	450,229
2013		146,208	29.99	118,114	24.23	100,978	20.71	122,230	25.07	487,531

注： ① 1993—2004年数据来源于中国金融年鉴，2005-2013年数据来源于各银行年报。
② 1993—1998年数据为人民币数据，1999-2013年数据为本外币合计数据；占比指在四行合计中的比重，下同。

Notes: ① Data for 1993-2004 are derived from the *Almanac of China Finance and Banking*,Data for 2005-2013 are derived from the annual reports of each bank.
② Data for 1993-1998 are RMB data and data for 1999-2013 are the total of RMB and foreign currency data.

个人存款主要国内同业比较
Personal Deposits of Major Domestic Peer Banks

单位：人民币亿元，%
Unit：In RMB 100 millions，%

年份 Year	项目 Item	工商银行 ICBC		农业银行 ABC		中国银行 BOC		建设银行 CCB		四行合计 Total
		金额 Amount	占比 （%） Percen- tage (%)	金额 Amount	占比 （%） Percen- tage (%)	金额 Amount	占比 （%） Percen- tage (%)	金额 Amount	占比 （%） Percen- tage (%)	
1993		5,214	50.03	2,526	24.24	1,081	10.38	1,599	15.35	10,420
1994		6,940	47.69	3,561	24.47	1,648	11.33	2,403	16.51	14,553
1995		9,065	45.71	4,813	24.27	2,373	11.97	3,580	18.05	19,831
1996		11,313	44.05	6,175	24.04	3,107	12.10	5,089	19.81	25,684
1997		13,433	43.72	7,523	24.49	3,673	11.95	6,095	19.84	30,724
1998		14,847	41.97	8,880	25.10	4,558	12.89	7,091	20.04	35,377
1999		17,340	39.38	10,416	23.65	7,904	17.95	8,374	19.02	44,034
2000		18,233	37.90	11,446	23.79	9,085	18.89	9,343	19.42	48,108
2001		20,156	37.11	12,982	23.90	10,442	19.22	10,736	19.77	54,316
2002		22,729	36.04	15,174	24.06	12,294	19.50	12,866	20.40	63,063
2003		25,770	35.34	18,336	25.14	13,926	19.10	14,891	20.42	72,923
2004		28,054	34.57	21,267	26.20	15,483	19.07	16,368	20.16	81,172
2005		31,063	n.a	n.a	n.a	22,223	n.a	18,974	n.a	n.a
2006		32,944	n.a	n.a	n.a	24,165	n.a	22,074	n.a	n.a
2007		32,441	29.76	29,814	27.36	23,557	21.62	23,163	21.26	108,976
2008		40,102	29.84	37,369	27.81	27,235	20.27	29,677	22.08	134,384
2009		46,604	29.44	43,654	27.57	31,943	20.18	36,109	22.81	158,310
2010		52,437	29.24	50,652	28.25	35,689	19.90	40,551	22.61	179,329
2011		59,014	29.62	56,261	28.24	39,351	19.75	44,613	22.39	199,239
2012		65,543	29.54	64,225	28.94	40,811	18.39	51,340	23.13	221,919
2013		68,958	28.97	69,279	29.11	43,806	18.40	55,983	23.52	238,025

注：　① 1993—2004年数据来源于中国金融年鉴，2005-2013年数据来源于各银行年报。
　　　② 1993—1998年数据为人民币数据，1999-2013年数据为本外币合计数据。
Notes: ① Data for 1993-2004 are derived from the *Almanac of China Finance and Banking*, Data for 2005-2013 are derived from the annual reports of each bank.
　　　② Data for 1993-1998 are RMB data and data for 1999-2013 are the total of RMB and foreign currency data.

单位存款主要国内同业比较
Corporate Deposits of Major Domestic Peer Banks

单位：人民币亿元，%
Unit：In RMB 100 millions，%

年份 Year	项目 Item	工商银行 ICBC		农业银行 ABC		中国银行 BOC		建设银行 CCB		四行合计 Total
		金额 Amount	占比 （%） Percen- tage (%)	金额 Amount	占比 （%） Percen- tage (%)	金额 Amount	占比 （%） Percen- tage (%)	金额 Amount	占比 （%） Percen- tage (%)	
1993		4,091	41.38	2,657	26.87	967	9.78	2,173	21.97	9,888
1994		4,376	42.57	1,611	15.66	1,300	12.65	2,994	29.12	10,281
1995		5,378	41.23	2,126	16.30	1,531	11.74	4,009	30.74	13,044
1996		6,662	40.53	2,775	16.88	1,757	10.69	5,244	31.90	16,438
1997		8,179	39.90	3,666	17.89	2,191	10.69	6,460	31.52	20,496
1998		10,185	40.74	4,468	17.87	2,750	11.00	7,599	30.39	25,002
1999		12,465	38.77	5,596	17.40	4,872	15.15	9,220	28.68	32,154
2000		14,214	38.05	6,716	17.98	5,845	15.65	10,579	28.32	37,353
2001		15,642	37.16	7,952	18.89	6,709	15.93	11,798	28.02	42,101
2002		17,828	36.95	9,656	20.01	7,718	15.99	13,051	27.05	48,254
2003		19,886	35.71	11,604	20.84	9,458	16.99	14,730	26.46	55,678
2004		15,959	31.89	11,182	22.35	9,315	18.62	13,578	27.14	50,033
2005		24,837	n.a	n.a	n.a	13,487	n.a	20,940	n.a	n.a
2006		28,335	n.a	n.a	n.a	15,288	n.a	24,663	n.a	n.a
2007		34,027	32.94	21,108	20.44	18,697	18.10	29,453	28.52	103,285
2008		39,390	33.95	21,639	18.65	21,621	18.64	33,370	28.76	116,020
2009		47,885	30.81	29,012	18.67	34,580	22.26	43,904	28.26	155,382
2010		54,713	30.25	35,330	19.53	40,635	22.47	50,202	27.75	180,880
2011		61,819	30.83	36,436	18.18	46,943	23.42	55,261	27.57	200,459
2012		69,082	31.47	40,211	18.32	48,135	21.93	62,091	28.28	219,520
2013		75,035	31.38	43,608	18.24	54,209	22.67	66,248	27.71	239,100

注： ① 1993—2004年数据来源于中国金融年鉴，2005-2013年数据来源于各银行年报。
② 1993—1998年数据为人民币数据，1999-2013年数据为本外币合计数据。
Notes: ① Data for 1993-2004 are derived from the *Almanac of China Finance and Banking*, Data for 2005-2013 are derived from the annual reports of each bank.
② Data for 1993-1998 are RMB data and data for 1999-2013 are the total of RMB and foreign currency data.

各项贷款主要国内同业比较
Loans of Major Domestic Peer Banks

单位：人民币亿元，%
Unit：In RMB 100 millions，%

年份 Year	项目 Item	工商银行 ICBC		农业银行 ABC		中国银行 BOC		建设银行 CCB		四行合计 Total
		金额 Amount	占比（%）Percentage (%)	金额 Amount	占比（%）Percentage (%)	金额 Amount	占比（%）Percentage (%)	金额 Amount	占比（%）Percentage (%)	
1993		11,102	44.47	6,529	26.15	3,091	12.38	4,244	17.00	24,966
1994		12,130	46.20	5,524	21.04	3,605	13.73	4,998	19.04	26,257
1995		14,045	45.43	6,554	21.20	4,179	13.52	6,135	19.85	30,913
1996		16,331	45.04	7,713	21.28	4,752	13.11	7,457	20.57	36,253
1997		19,093	42.60	9,809	21.88	5,630	12.56	10,292	22.96	44,824
1998		21,705	40.49	13,666	25.49	6,504	12.13	11,736	21.89	53,611
1999		24,071	38.52	16,019	25.63	10,895	17.43	11,509	18.42	62,494
2000		23,938	38.62	14,791	23.87	9,895	15.97	13,348	21.54	61,972
2001		26,391	37.92	16,349	23.49	11,934	17.15	14,922	21.44	69,597
2002		29,182	36.70	18,994	23.89	13,920	17.51	17,413	21.90	79,510
2003		33,118	35.19	22,627	24.04	17,471	18.56	20,908	22.21	94,123
2004		36,067	35.64	25,791	25.49	17,369	17.17	21,956	21.70	101,183
2005		32,896	30.42	28,293	26.17	22,353	20.67	24,584	22.74	108,125
2006		36,312	30.06	31,394	26.00	24,320	20.14	28,736	23.80	120,762
2007		40,732	29.80	34,742	25.41	28,506	20.85	32,722	23.94	136,701
2008		45,720	30.97	31,002	21.00	32,961	22.33	37,939	25.70	147,622
2009		57,286	29.23	41,382	21.12	49,104	25.06	48,198	24.59	195,969
2010		67,905	29.42	49,567	21.48	56,606	24.53	56,691	24.57	230,770
2011		77,889	29.66	56,287	21.44	63,428	24.16	64,964	24.74	262,568
2012		88,037	29.73	64,334	21.72	68,647	23.18	75,123	25.37	296,141
2013		99,224	29.75	72,247	21.67	76,078	22.82	85,901	25.76	333,449

注： ① 1993—2004年数据来源于中国金融年鉴，2005-2013年数据来源于各银行年报。
　　② 1993—1998年数据为人民币数据，1999-2013年数据为本外币合计数据。

Notes: ① Data for 1993-2004 are derived from the *Almanac of China Finance and Banking*, Data for 2005-2013 are derived from the annual reports of each bank.
　　② Data for 1993-1998 are RMB data and data for 1999-2013 are the total of RMB and foreign currency data.

短期贷款主要国内同业比较
Short-term Loans of Major Domestic Peer Banks

单位：人民币亿元，%
Unit：In RMB 100 millions，%

年份 Year	项目 Item	工商银行 ICBC		农业银行 ABC		中国银行 BOC		建设银行 CCB		四行合计 Total
		金额 Amount	占比 （%） Percen- tage (%)	金额 Amount	占比 （%） Percen- tage (%)	金额 Amount	占比 （%） Percen- tage (%)	金额 Amount	占比 （%） Percen- tage (%)	
1993		9,131	50.45	5,081	28.08	2,906	16.06	980	5.41	18,097
1994		9,861	51.30	4,811	25.03	3,291	17.12	1,259	6.55	19,222
1995		11,311	49.14	5,778	25.10	3,779	16.42	2,150	9.34	23,019
1996		13,088	47.88	6,921	25.32	4,269	15.62	3,057	11.18	27,334
1997		15,706	44.67	8,884	25.26	4,957	14.09	5,621	15.98	35,168
1998		16,783	42.90	10,672	27.27	5,600	14.31	6,073	15.52	39,128
1999		17,756	41.24	11,551	26.83	7,611	17.68	6,135	14.25	43,053
2000		16,595	40.74	9,878	24.26	6,764	16.61	7,487	18.39	40,724
2001		15,880	40.21	9,958	25.22	6,993	17.71	6,658	16.86	39,489
2002		16,835	37.95	10,959	24.70	8,813	19.86	7,762	17.49	44,369
2003		18,046	36.17	12,439	24.94	10,665	21.38	8,732	17.51	49,882
2004		15,149	37.31	12,297	30.28	6,657	16.40	6,503	16.01	40,606

注： ① 1993—2004年数据来源于中国金融年鉴。
　　 ② 1993—1998年数据为人民币数据，1999—2004年数据为本外币合计数据。
Notes: ① Data for 1993-2004 are derived from the *Almanac of China Finance and Banking*.
　　 ② Data for 1993-1998 are RMB data and data for 1999-2013 are the total of RMB and foreign currency data.

中长期贷款主要国内同业比较
Medium and Long-term Loans of Major Domestic Peer Banks

单位：人民币亿元，%
Unit：In RMB 100 millions，%

年份 Year	项目 Item	工商银行 ICBC		农业银行 ABC		中国银行 BOC		建设银行 CCB		四行合计 Total
		金额 Amount	占比（%）Percentage (%)	金额 Amount	占比（%）Percentage (%)	金额 Amount	占比（%）Percentage (%)	金额 Amount	占比（%）Percentage (%)	
1993		1,971	28.69	1,448	21.08	186	2.70	3,264	47.53	6,868
1994		2,269	32.25	713	10.13	314	4.46	3,739	53.16	7,035
1995		2,734	34.63	775	9.82	400	5.07	3,986	50.48	7,895
1996		3,244	36.37	792	8.88	483	5.41	4,400	49.34	8,919
1997		3,387	35.08	925	9.58	674	6.98	4,671	48.36	9,655
1998		4,922	33.99	2,994	20.68	903	6.24	5,663	39.09	14,483
1999		6,315	32.49	4,468	22.98	3,285	16.89	5,374	27.64	19,441
2000		7,343	34.56	4,913	23.12	3,132	14.74	5,860	27.58	21,248
2001		10,511	34.91	6,392	21.23	4,941	16.41	8,264	27.45	30,108
2002		12,347	35.14	8,036	22.87	5,107	14.53	9,651	27.46	35,141
2003		15,072	34.07	10,188	23.03	6,806	15.38	12,176	27.52	44,241
2004		17,503	34.12	11,696	22.80	8,502	16.58	13,593	26.50	51,295

注： ① 1993—2004年数据来源于中国金融年鉴。
② 1993—1998年数据为人民币数据，1999—2004年数据为本外币合计数据。
Notes: ① Data for 1993-2004 are derived from the *Almanac of China Finance and Banking*.
② Data for 1993-1998 are RMB data and data for 1999-2013 are the total of RMB and foreign currency data.

公司贷款主要国内同业比较
Corporate Loans of Major Domestic Peer Banks

年份 Year	项目 Item	工商银行 ICBC		农业银行 ABC		中国银行 BOC		建设银行 CCB		四行合计 Total
		金额 Amount	占比 （%） Percentage (%)	金额 Amount	占比 （%） Percentage (%)	金额 Amount	占比 （%） Percentage (%)	金额 Amount	占比 （%） Percentage (%)	
2005		22,774	n.a	n.a	n.a	17,123	n.a	17,758	n.a	n.a
2006		25,307	n.a	n.a	n.a	18,493	n.a	20,580	n.a	n.a
2007		29,150	28.75	27,612	27.23	21,180	20.89	23,448	23.13	101,389
2008		32,321	29.99	23,593	21.90	24,927	23.14	26,898	24.97	107,739
2009		39,578	28.66	29,687	21.49	35,347	25.59	33,513	24.26	138,125
2010		47,003	28.64	35,954	21.90	41,438	25.24	39,769	24.22	164,164
2011		52,156	28.60	39,896	21.88	46,288	25.39	44,004	24.13	182,344
2012		63,326	31.30	46,127	22.81	43,174	21.35	49,631	24.54	202,257
2013		70,465	31.72	50,311	22.64	47,405	21.34	53,996	24.30	222,178

注： ① 2005—2013年数据来源于各银行年报。
② 2005—2013年数据为本外币合计数据。
Notes: ① Data for 2005-2013 are derived from the annual reports of each bank.
② Data for 2005-2013 are the total of RMB and foreign currency data.

个人贷款主要国内同业比较
Personal Loans of Major Domestic Peer Banks

年份 Year	项目 Item	工商银行 ICBC		农业银行 ABC		中国银行 BOC		建设银行 CCB		四行合计 Total
		金额 Amount	占比 （%） Percentage (%)	金额 Amount	占比 （%） Percentage (%)	金额 Amount	占比 （%） Percentage (%)	金额 Amount	占比 （%） Percentage (%)	
2005		5,150	n.a	n.a	n.a	5,230	n.a	4,539	n.a	n.a
2006		5,761	n.a	n.a	n.a	5,827	n.a	5,851	n.a	n.a
2007		7,521	27.86	4,912	18.19	7,326	27.14	7,238	26.81	26,997
2008		8,293	28.41	4,645	15.91	8,034	27.53	8,215	28.15	29,188
2009		12,069	28.52	7,893	18.65	11,475	27.11	10,885	25.72	42,321
2010		16,332	29.36	11,445	20.57	14,162	25.46	13,688	24.61	55,627
2011		19,913	29.64	14,305	21.30	16,175	24.08	16,779	24.98	67,172
2012		22,871	30.40	17,080	22.71	15,090	20.06	20,178	26.83	75,219
2013		27,276	30.29	20,956	23.28	17,153	19.05	24,647	27.38	90,032

注： ① 2005—2013年数据来源于各银行年报。
② 2005—2013年数据为本外币合计数据。
Notes: ① Data for 2005-2013 are derived from the annual reports of each bank.
② Data for 2005-2013 are the total of RMB and foreign currency data.

业务类数据

BUSINESS DATA

公司客户数
Corporate Customers

单位：万户
Unit：10 thousand

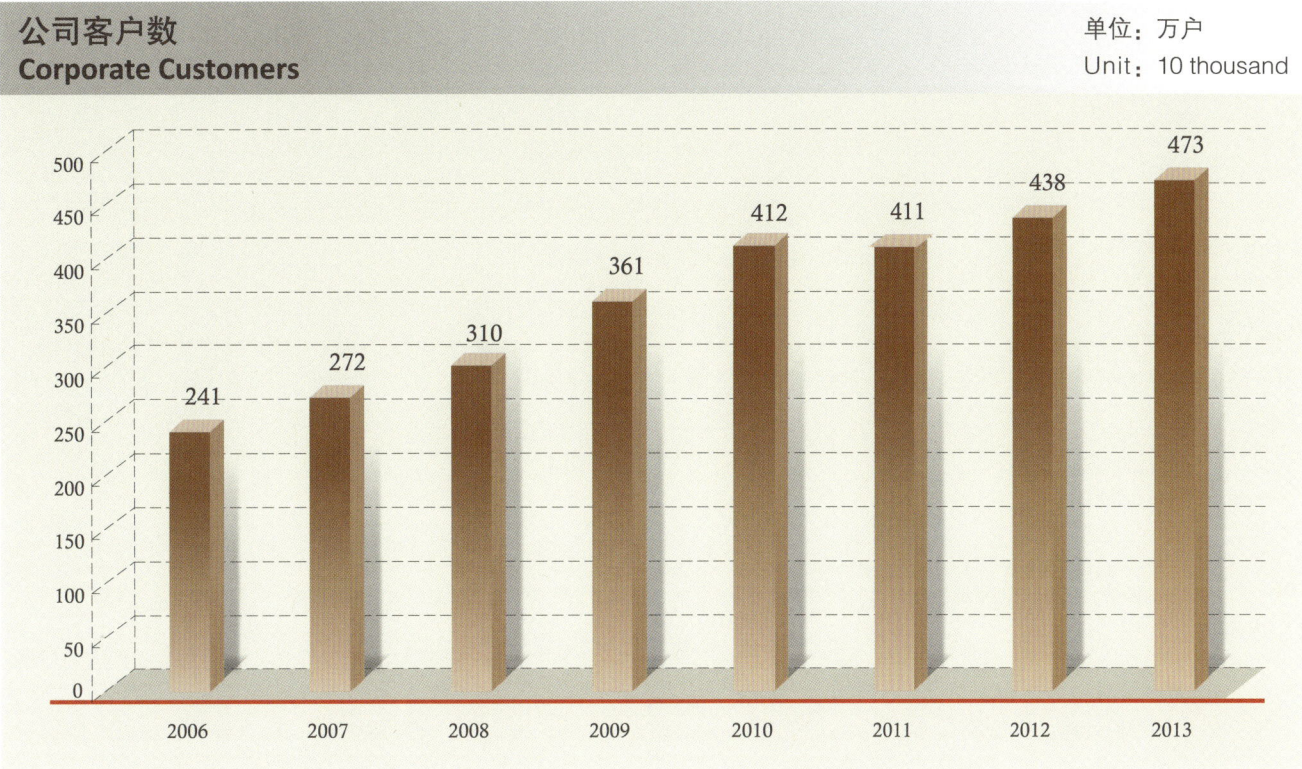

个人客户数
Personal Customers

单位：亿个
Unit：100 million

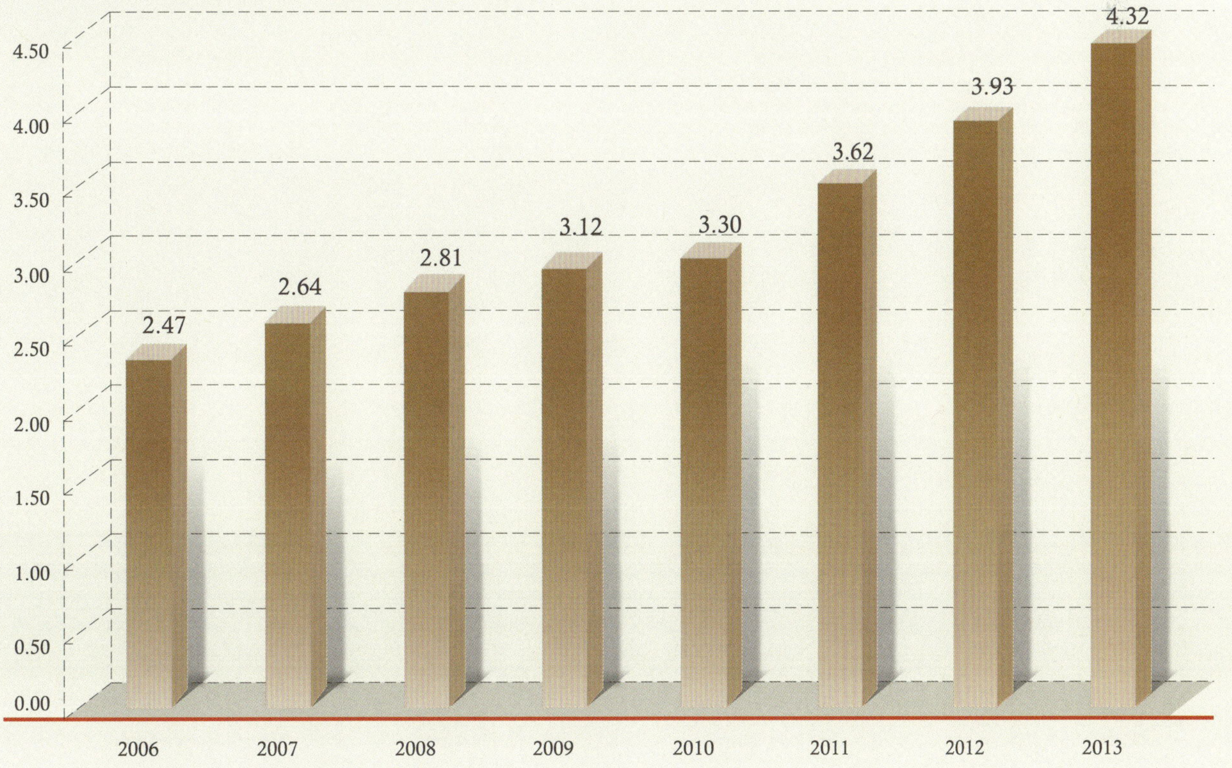

客户基础类业务数据表
Customer Base

项目 Item \ 年份 Year	2006	2007	2008	2009
个人客户数（亿个） Personal customers (100 million)	2.47	2.64	2.81	3.12
个人贷款客户数（万个） Personal loan customers (10,000)	409	455	482	580
个人消费贷款客户数（万个） Personal consumption loan customers (10,000)	135	108	105	120
个人住房按揭贷款客户数（万个） Personal housing mortgage loan customers (10,000)	271	315	345	433
个人经营贷款客户数（万个） Personal business loan customers (10,000)	2	32	32	33
公司客户总数(万个) Corporate customers (10,000)	241	272	310	361
公司存款账户数（万个） Corporate deposit accounts (10,000)	331	388	461	451
公司贷款客户数（万个） Corporate loan customers (10,000)	6	6	6	6
有融资余额公司客户数（个） Corporate customers with financing balance	-	71,387	74,685	83,612
有融资余额的小企业客户数（个） SME customers with financing balance	36,473	44,963	48,068	44,243
小企业贷款客户数（个） SME loan customers	25,537	31,802	31,962	37,857

项目 Item	年份 Year	2010	2011	2012	2013
个人客户数（亿个） Personal customers (100 million)		3.30	3.62	3.93	4.32
个人贷款客户数（万个） Personal loan customers (10,000)		685	739	779	874
个人消费贷款客户数（万个） Personal consumption loan customers (10,000)		149	162	151	147
个人住房按揭贷款客户数（万个） Personal housing mortgage loan customers (10,000)		508	543	589	684
个人经营贷款客户数（万个） Personal business loan customers (10,000)		37	43	49	51
公司客户总数(万个) Corporate customers (10,000)		412	411	438	473
公司存款账户数（万个） Corporate deposit accounts (10,000)		511	514	594	636
公司贷款客户数（万个） Corporate loan customers (10,000)		8	11	12	12
有融资余额公司客户数（个） Corporate customers with financing balance		101,674	126,874	142,985	141,273
有融资余额的小企业客户数（个） SME customers with financing balance		63,081	85,324	95,546	93,634
小企业贷款客户数（个） SME loan customers		53,962	77,430	85,076	84,694

注： ① 上表列示指标为年末时点数据。
　　 ② 有融资余额客户不仅包括贷款客户，还包括表外承诺等业务的客户。
Notes: ① The indicators presented in the above table are data at the end of each year.
　　 ② The number of customers with financing balance includes not only loan customers but also customers under off-balance-sheet commitment and other business.

境内机构数
Number of Domestic Institutions

单位：个

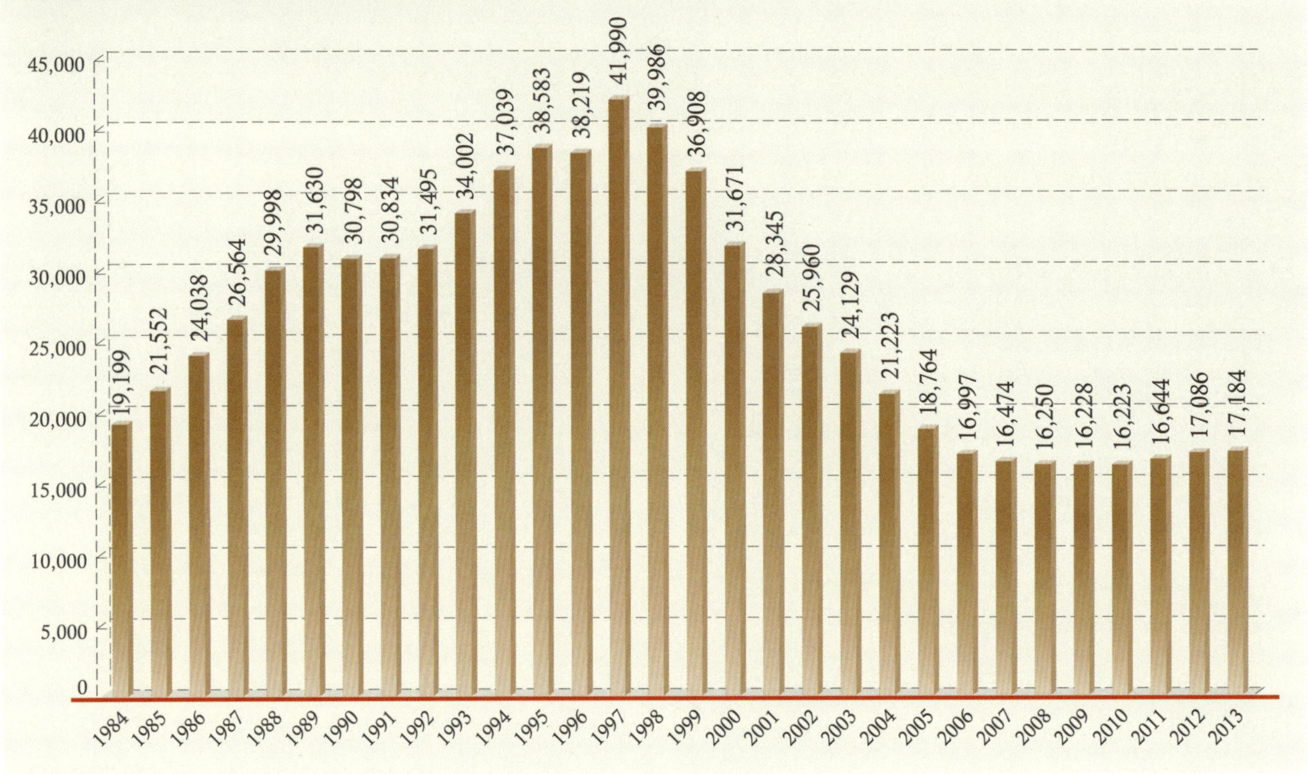

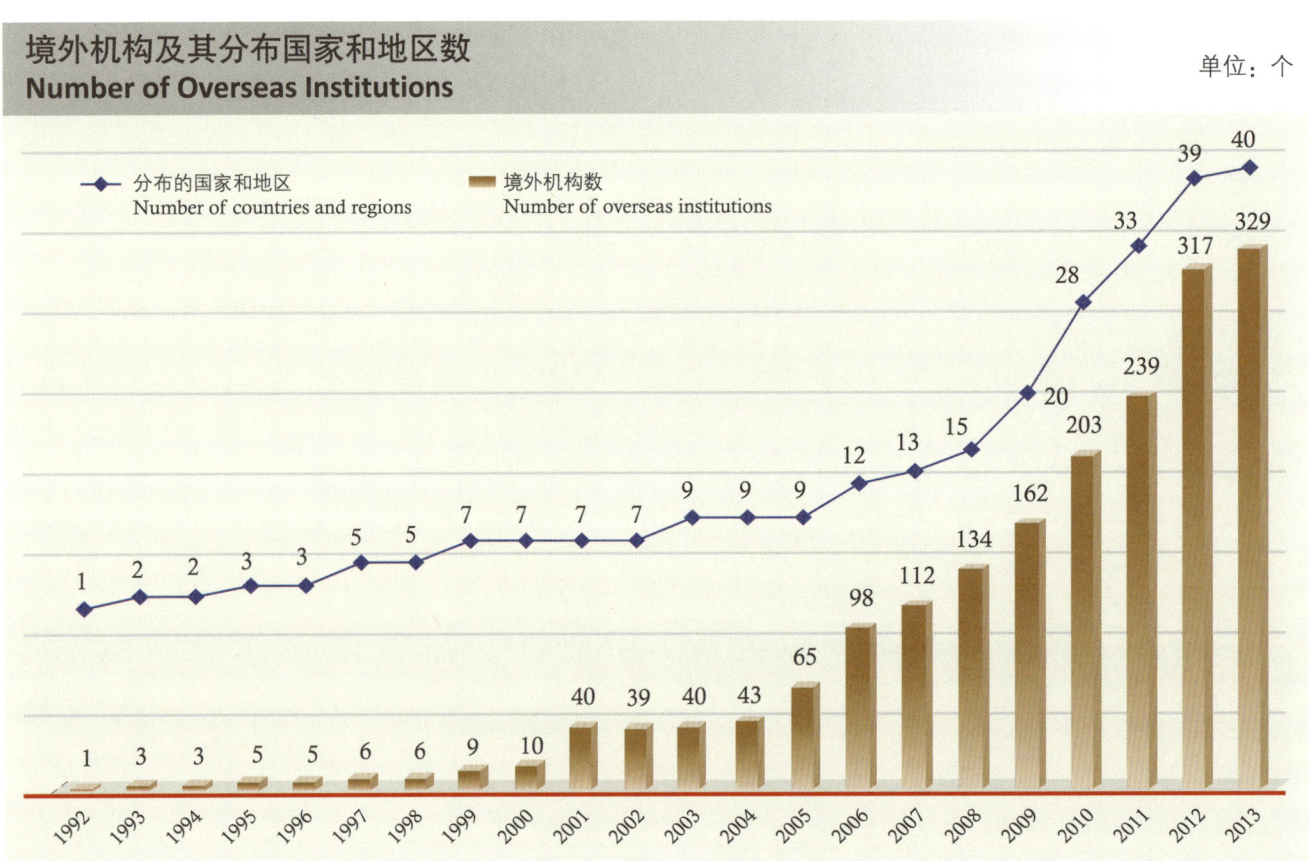

境内机构数据（单位：个）：

年份	数量
1984	19,199
1985	21,552
1986	24,038
1987	26,564
1988	29,998
1989	31,630
1990	30,798
1991	30,834
1992	31,495
1993	34,002
1994	37,039
1995	38,583
1996	38,219
1997	41,990
1998	39,986
1999	36,908
2000	31,671
2001	28,345
2002	25,960
2003	24,129
2004	21,223
2005	18,764
2006	16,997
2007	16,474
2008	16,250
2009	16,228
2010	16,223
2011	16,644
2012	17,086
2013	17,184

境外机构及其分布国家和地区数
Number of Overseas Institutions

单位：个

- 分布的国家和地区 Number of countries and regions
- 境外机构数 Number of overseas institutions

年份	分布的国家和地区	境外机构数
1992	1	1
1993	2	3
1994	2	3
1995	3	5
1996	3	5
1997	5	6
1998	5	6
1999	7	9
2000	7	10
2001	7	40
2002	7	39
2003	9	40
2004	9	43
2005	9	65
2006	12	98
2007	13	112
2008	15	134
2009	20	162
2010	28	203
2011	33	239
2012	39	317
2013	40	329

分销渠道类业务数据表
Distribution Channels

表1

项目 Item	年份 Year	1984	1985	1986	1987	1988
境内机构总数（个） Domestic institutions		19,199	21,552	24,038	26,564	29,998
境内机构员工（人） Employees of domestic institutions		366,248	405,161	422,729	449,668	469,805
境外机构数（个） Overseas institutions		-	-	-	-	-
境外机构分布的国家和地区（个） Countries and regions of overseas institutions		-	-	-	-	-

项目 Item	年份 Year	1989	1990	1991	1992	1993
境内机构总数（个） Domestic institutions		31,630	30,798	30,834	31,495	34,002
境内机构员工（人） Employees of domestic institutions		480,476	491,507	504,554	525,297	554,931
境外机构数（个） Overseas institutions		-	-	-	1	3
境外机构分布的国家和地区（个） Countries and regions of overseas institutions		-	-	-	1	2

项目 Item	年份 Year	1994	1995	1996	1997	1998
境内机构总数（个） Domestic institutions		37,039	38,583	38,219	41,990	39,986
境内机构员工（人） Employees of domestic institutions		561,887	569,983	560,548	676,107	667,725
境外机构数（个） Overseas institutions		3	5	5	6	6
境外机构分布的国家和地区（个） Countries and regions of overseas institutions		2	3	3	5	5

续表
Continued

项目 Item	年份 Year	1999	2000	2001	2002	2003
境内机构总数（个） Domestic institutions		36,908	31,671	28,345	25,960	24,129
境内机构员工（人） Employees of domestic institutions		654,762	586,909	523,955	488,924	461,139
境外机构数（个） Overseas institutions		9	10	40	39	40
境外机构分布的国家和地区（个） Countries and regions of overseas institutions		7	7	7	7	9

项目 Item	年份 Year	2004	2005	2006	2007	2008
境内机构总数（个） Domestic institutions		21,223	18,765	16,998	16,476	16,252
境内机构员工（人） Employees of domestic institutions		431,034	402,148	385,726	379,546	382,912
境外机构数（个） Overseas institutions		43	65	98	112	134
境外机构分布的国家和地区（个） Countries and regions of overseas institutions		9	9	12	13	15

项目 Item	年份 Year	2009	2010	2011	2012	2013
境内机构总数（个） Domestic institutions		16,232	16,227	16,648	17,125	17,245
境内机构员工（人） Employees of domestic institutions		387,036	392,960	403,724	418,146	431,292
境外机构数（个） Overseas institutions		162	203	239	317	329
境外机构分布的国家和地区（个） Countries and regions of overseas institutions		20	28	33	39	40

注： 上表列示指标为年末时点数据。
Note: The indicators presented in the above table are data at the end of each year.

表2

项目 Item	年份 Year	2005	2006	2007	2008	2009
境内机构总数（个） Domestic institutions		18,765	16,998	16,476	16,252	16,232
境内总行（个） Domestic head office		1	1	1	1	1
境内一级分行（个） Domestic tier-one branches		30	30	30	31	31
境内直属分行（个） Domestic branches directly controlled by the Head Office		5	5	5	5	5
境内二级分行（个） Domestic tier-two branches		382	383	385	385	390
境内一级分行营业部（个） Domestic banking departments of tier-one branches		30	29	27	27	27
境内一级支行（个） Domestic tier-one sub-branches		3,090	3,068	3,055	3,054	3,054
境内基层营业网点（个） Domestic outlets		15,137	13,412	12,952	12,722	12,687
境内总行直属机构及其分支机构（个） Domestic institutions directly controlled by the Head Office and their branches		18	18	19	25	33
境内非经营性机构（个） Domestic non-operating institutions		71	51	-	-	-
境内控股公司（个） Domestic controlling companies		1	1	2	2	4
境内机构员工（人） Employees of domestic institutions		402,148	385,726	379,546	382,912	387,036
境外机构数（个） Overseas institutions		65	98	112	134	162
按机构类别分：						
境外分行（个） Overseas branches		8	8	8	10	12
境外控股机构（个） Overseas controlling institutions		1	1	2	3	3
境外全资子银行（个） Overseas wholly-owned subsidiaries		2	3	4	6	6
境外代表处（个） Overseas representative offices		2	2	2		-
境外中心（个） Overseas centers		-	1	1	1	1

续表
Continued

项目 Item	年份 Year	2005	2006	2007	2008	2009
按地域分：						
港澳地区机构数（个） Institutions in Hong Kong and Macau		-	-	-	102	126
亚太地区（港澳除外）机构数（个） Institutions in Asia Pacific (except Hong Kong and Macau)		-	-	-	24	28
欧洲机构数（个） Institutions in Europe		-	-	-	6	7
美洲机构数（个） Institutions in America		-	-	-	2	1
非洲机构数（个） Institutions in Africa		-	-	-	-	-
其他境外地区机构数（个） Institutions in other overseas regions		-	-	-	-	-
境外机构分布的国家和地区（个） Countries and regions of overseas institutions		9	12	13	15	20
境外机构当地雇员总数（人） Local employees of overseas institutions		1,769	1,808	2,167	2,697	2,791
境内外机构总数（个） Domestic and overseas institutions		18,830	17,096	16,588	16,386	16,394
境内外机构员工总数（人） Employees of domestic and overseas institutions		403,917	387,534	381,713	385,609	389,827

项目 Item	年份 Year	2010	2011	2012	2013
境内机构总数（个） Domestic institutions		16,227	16,648	17,125	17,245
境内总行（个） Domestic head office		1	1	1	1
境内一级分行（个） Domestic tier-one branches		31	31	31	31
境内直属分行（个） Domestic branches directly controlled by the Head Office		5	5	5	5
境内二级分行（个） Domestic tier-two branches		396	396	400	401
境内一级分行营业部（个） Domestic banking departments of tier-one branches		26	26	26	26
境内一级支行（个） Domestic tier-one sub-branches		3,077	3,076	3,069	3,075
境内基层营业网点（个） Domestic outlets		12,653	13,075	13,520	13,605
境内总行直属机构及其分支机构（个） Domestic institutions directly controlled by the Head Office and their branches		34	34	34	40
境内非经营性机构（个） Domestic non-operating institutions		-	-	-	-
境内控股公司（个） Domestic controlling companies		4	4	39	61
境内机构员工（人） Employees of domestic institutions		392,960	403,724	418,146	431,292
境外机构数（个） Overseas institutions		203	239	317	329
按机构类别分：					
境外分行（个） Overseas branches		12	16	18	19
境外控股机构（个） Overseas controlling institutions		4	4	6	6
境外全资子银行（个） Overseas wholly-owned subsidiaries		9	9	11	11
境外代表处（个） Overseas representative offices		-	2	2	2
境外中心（个） Overseas centers		1	1	1	1

续表
Continued

项目 Item	年份 Year 2010	2011	2012	2013
按地域分：				
港澳地区机构数（个） Institutions in Hong Kong and Macau	126	150	103	104
亚太地区（港澳除外）机构数（个） Institutions in Asia Pacific (except Hong Kong and Macau)	56	65	71	78
欧洲机构数（个） Institutions in Europe	12	13	15	15
美洲机构数（个） Institutions in America	9	10	127	131
非洲机构数（个） Institutions in Africa	-	1	1	1
其他境外地区机构数（个） Institutions in other overseas regions	-	-	-	-
境外机构分布的国家和地区（个） Countries and regions of overseas institutions	28	33	39	40
境外机构当地雇员总数（人） Local employees of overseas institutions	4,379	5,135	9,210	10,610
境内外机构总数（个） Domestic and overseas institutions	16,430	16,887	17,442	17,574
境内外机构员工总数（人） Employees of domestic and overseas institutions	397,339	408,859	427,356	441,902

注：上表列示指标为年末时点数据。
Note: The indicators presented in the above table are data at the end of each year.

表3

项目 Item	年份 Year	1985	1986	1987	1988	1989
代理行总数（个） Correspondent banks		-	-	-	-	-
国内建立代理行关系的银行数（个） Domestic branches with correspondent relationship		-	-	-	-	-
境外银行代理行总数（个） Correspondent banks of overseas branches		1	7	44	76	106
代理行分布的国家和地区数（个） Countries and regions of correspondent banks		1	3	15	20	27

项目 Item	年份 Year	1990	1991	1992	1993	1994
代理行总数（个） Correspondent banks		-	-	-	-	-
国内建立代理行关系的银行数（个） Domestic branches with correspondent relationship		-	-	-	-	-
境外银行代理行总数（个） Correspondent banks of overseas branches		136	149	172	215	230
代理行分布的国家和地区数（个） Countries and regions of correspondent banks		32	33	38	40	40

项目 Item	年份 Year	1995	1996	1997	1998	1999
代理行总数（个） Correspondent banks		-	-	-	-	-
国内建立代理行关系的银行数（个） Domestic branches with correspondent relationship		-	-	-	-	-
境外银行代理行总数（个） Correspondent banks of overseas branches		241	255	289	292	315
代理行分布的国家和地区数（个） Countries and regions of correspondent banks		40	43	49	50	57

续表
Continued

项目 Item	年份 Year	2000	2001	2002	2003	2004
代理行总数（个） Correspondent banks		-	-	-	1,003	1,051
国内建立代理行关系的银行数（个） Domestic branches with correspondent relationship		-	-	-	25	33
境外银行代理行总数（个） Correspondent banks of overseas branches		438	646	930	978	1,018
代理行分布的国家和地区数（个） Countries and regions of correspondent banks		68	88	105	107	107

项目 Item	年份 Year	2005	2006	2007	2008	2009
代理行总数（个） Correspondent banks		1,210	1,326	1,422	1,443	1,504
国内建立代理行关系的银行数（个） Domestic branches with correspondent relationship		45	60	73	85	101
境外银行代理行总数（个） Correspondent banks of overseas branches		1,165	1,266	1,349	1,358	1,403
代理行分布的国家和地区数（个） Countries and regions of correspondent banks		114	117	122	122	125

项目 Item	年份 Year	2010	2011	2012	2013
代理行总数（个） Correspondent banks		1,562	1,669	1,771	1,903
国内建立代理行关系的银行数（个） Domestic branches with correspondent relationship		109	116	141	173
境外银行代理行总数（个） Correspondent banks of overseas branches		1,453	1,553	1,630	1,730
代理行分布的国家和地区数（个） Countries and regions of correspondent banks		132	136	138	145

注： 上表列示指标为年末时点数据。
Note: The indicators presented in the above table are data at the end of each year.

人民币结算业务量
RMB Settlement Volume

单位：人民币万亿元
Unit：In RMB 100 billions

人民币结算业务量增长**346**倍至**1,732**万
亿元，是中国最大的结算银行。

RMB settlement volume increased by 346 folds to RMB1,732
trillion, indicating ICBC is the largest settlement bank.

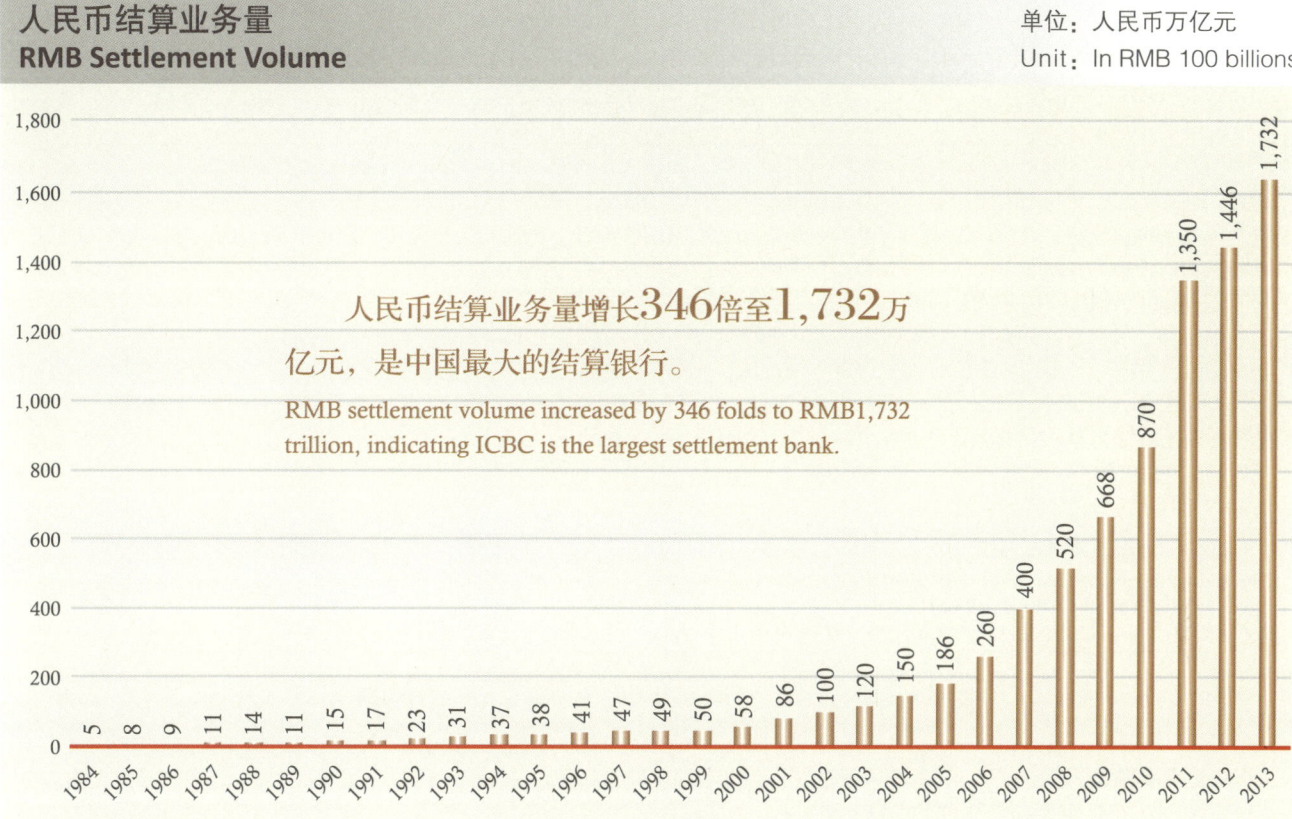

国际业务结算量
International Settlement Amount

单位：亿美元
Unit：In USD 100 millions

国际业务结算量从1989年的211亿美元增加到
2013年的**23,338**亿美元，大幅增长**110**倍。

International settlement amount increased from RMB21.1
billion in 1989 to RMB2,333.8 billion in 2013, representing a
large increase of 110 folds.

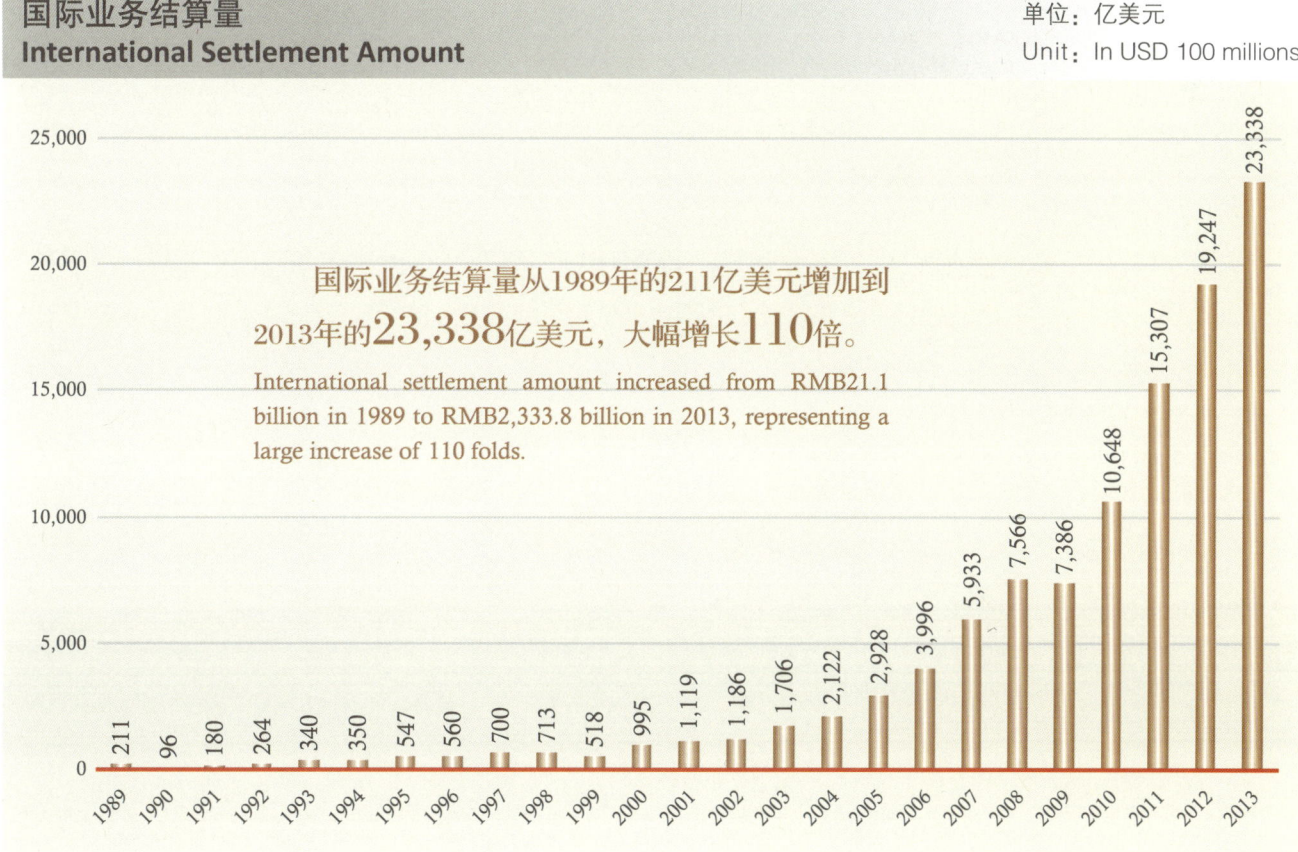

结算清算业务数据表
Settlement and Clearing

表1

项目 Item	年份 Year 1984	1985	1986	1987	1988
人民币结算业务量（万亿元） RMB settlement volume (In RMB trillions)	5	8	9	11	14
国际结算业务量（亿美元） International settlement volume (In USD100 millions)	-	-	-	-	-
境内机构国际结算量（亿美元） International settlement volume of domestic institutions (In USD100 millions)	-	-	-	-	-
境外机构国际结算量（亿美元） International settlement volume of overseas institutions (In USD100 millions)	-	-	-	-	-

项目 Item	年份 Year 1989	1990	1991	1992	1993
人民币结算业务量（万亿元） RMB settlement volume (In RMB trillions)	11	15	17	23	31
国际结算业务量（亿美元） International settlement volume (In USD100 millions)	211	96	180	264	340
境内机构国际结算量（亿美元） International settlement volume of domestic institutions (In USD100 millions)	-	-	-	-	-
境外机构国际结算量（亿美元） International settlement volume of overseas institutions (In USD100 millions)	-	-	-	-	-

项目 Item	年份 Year 1994	1995	1996	1997	1998
人民币结算业务量（万亿元） RMB settlement volume (In RMB trillions)	37	38	41	47	49
国际结算业务量（亿美元） International settlement volume (In USD100 millions)	350	547	560	700	713
境内机构国际结算量（亿美元） International settlement volume of domestic institutions (In USD100 millions)	-	-	-	-	-
境外机构国际结算量（亿美元） International settlement volume of overseas institutions (In USD100 millions)	-	-	-	-	-

续表
Continued

财务数据 FINANCIAL DATA

同业数据 DATA OF PEER BANKS

业务数据 BUSINESS DATA

排名及评级 MAIN RANKINGS AND CREDIT RATINGS

资产负债表与利润表 FINANCIAL STATEMENTS

项目 Item　　年份 Year	1999	2000	2001	2002	2003
人民币结算业务量（万亿元） RMB settlement volume (In RMB trillions)	50	58	86	100	120
国际结算业务量（亿美元） International settlement volume (In USD100 millions)	518	995	1,119	1,186	1,706
境内机构国际结算量（亿美元） International settlement volume of domestic institutions (In USD100 millions)	-	-	-	-	-
境外机构国际结算量（亿美元） International settlement volume of overseas institutions (In USD100 millions)	-	-	-	-	-

项目 Item　　年份 Year	2004	2005	2006	2007	2008
人民币结算业务量（万亿元） RMB settlement volume (In RMB trillions)	150	186	260	400	520
国际结算业务量（亿美元） International settlement volume (In USD100 millions)	2,122	2,928	3,996	5,933	7,566
境内机构国际结算量（亿美元） International settlement volume of domestic institutions (In USD100 millions)	-	-	2,902	4,223	5,794
境外机构国际结算量（亿美元） International settlement volume of overseas institutions (In USD100 millions)	-	-	1,094	1,710	1,772

项目 Item　　年份 Year	2009	2010	2011	2012	2013
人民币结算业务量（万亿元） RMB settlement volume (In RMB trillions)	668	870	1,350	1,446	1,732
国际结算业务量（亿美元） International settlement volume (In USD100 millions)	7,386	10,648	15,307	19,247	23,338
境内机构国际结算量（亿美元） International settlement volume of domestic institutions (In USD100 millions)	5,459	7,827	10,728	13,909	15,971
境外机构国际结算量（亿美元） International settlement volume of overseas institutions (In USD100 millions)	1,927	2,821	4,580	5,338	7,367

表2

项目 Item / 年份 Year	2002	2003	2004	2005	2006	2007
现金管理客户数（户） Cash management customers	155	1,898	3,721	17,663	31,408	58,563

项目 Item / 年份 Year	2008	2009	2010	2011	2012	2013
现金管理客户数（户） Cash management customers	118,751	287,026	508,367	660,579	813,010	965,042

注：上表列示指标为年末时点数据。
Note: The indicators presented in the above table are data at the end of each year.

表3

项目 Item / 年份 Year	2006	2007	2008	2009
对公结算账户（万户） Corporate settlement accounts (10,000)	278	321	376	440
外汇担保余额（亿美元） FX guarantee balance (In USD 100 millions)	68	83	114	109
国际融资转贷款余额（亿美元） On-lending balance of international financing (In USD 100 millions)	8	9	10	10
小企业贷款余额（亿元） SME loan balance (In RMB 100 millions)	1,429	2,139	2,364	3,105

项目 Item / 年份 Year	2010	2011	2012	2013
对公结算账户（万户） Corporate settlement accounts (10,000)	479	502	536	571
外汇担保余额（亿美元） FX guarantee balance (In USD 100 millions)	139	193	226	377
国际融资转贷款余额（亿美元） On-lending balance of international financing (In USD 100 millions)	10	10	9	9
小企业贷款余额（亿元） SME loan balance (In RMB 100 millions)	4,688	6,958	7,891	8,339

注： 上表列示指标为年末时点数据。
Note: The indicators presented in the above table are data at the end of each year.

表4

项目　　　　　　　　　　年份 Item　　　　　　　　　　Year	2006	2007	2008	2009
贸易融资累计发放额（亿元） Trade finance volume (In RMB 100 millions)	960	2,236	3,623	6,797
国际贸易融资累计发放额（亿美元） 　International trade finance volume 　(In USD 100 millions)	99	255	337	447
国内贸易融资累计发放额（亿元） 　Domestic trade finance volume 　(In RMB 100 millions)	185	375	1,319	3,744
委托贷款余额（亿元） Entrusted loan balance (In RMB 100 millions)	1,242	1,534	2,368	2,801
跨境人民币业务量（亿元） Cross-border RMB trading volume (In RMB 100 millions)	-	-	-	4
跨境人民币结算业务量（亿元） 　Cross-border RMB settlement volume 　(In RMB 100 millions)	-	-	-	4
跨境人民币贸易融资业务量（亿元） 　Cross-border RMB trade finance volume 　(In RMB 100 millions)	-	-	-	-
境内银团贷款项目数（个） Projects of syndicated loans and M&A loans	-	-	65	147
境内银团贷款承贷金额（亿元） Amount of syndicated loans and M&A loans (In RMB 100 millions)	-	-	826	1,520
银团贷款分销（亿元） Syndicated loan underwriting and management (In RMB 100 millions)	-	-	451	2,153
公司存款市场份额 Market share of corporate deposit	16.6%	15.7%	15.3%	13.8%
个人存款市场份额 Market share of personal deposit	19.9%	18.5%	18.1%	17.6%
公司贷款市场份额 Market share of corporate loan	13.6%	13.4%	12.7%	11.9%
个人贷款市场份额 Market share of personal loan	20.5%	19.4%	19.2%	19.3%

续表
Continued

项目 Item	年份 Year	2010	2011	2012	2013
贸易融资累计发放额（亿元） Trade finance volume (In RMB 100 millions)		9,747	15,185	20,345	21,868
国际贸易融资累计发放额（亿美元） International trade finance volume (In USD 100 millions)		529	960	1,461	1,737
国内贸易融资累计发放额（亿元） Domestic trade finance volume (In RMB 100 millions)		6,244	9,137	11,236	11,691
委托贷款余额（亿元） Entrusted loan balance (In RMB 100 millions)		3,944	6,407	7,295	8,655
跨境人民币业务量（亿元） Cross-border RMB trading volume (In RMB 100 millions)		1,216	9,891	15,861	21,666
跨境人民币结算业务量（亿元） Cross-border RMB settlement volume (In RMB 100 millions)		1,212	6,829	13,069	19,024
跨境人民币贸易融资业务量（亿元） Cross-border RMB trade finance volume (In RMB 100 millions)		4	2,545	2,443	2,641
境内银团贷款项目数（个） Projects of syndicated loans and M&A loans		96	76	271	323
境内银团贷款承贷金额（亿元） Amount of syndicated loans and M&A loans (In RMB 100 millions)		887	730	1,133	1,283
银团贷款分销（亿元） Syndicated loan underwriting and management (In RMB 100 millions)		800	717	1,263	1,689
公司存款市场份额 Market share of corporate deposit		12.8%	12.7%	12.6%	12.0%
个人存款市场份额 Market share of personal deposit		17.1%	16.7%	16.3%	15.5%
公司贷款市场份额 Market share of corporate loan		12.2%	12.0%	11.8%	11.5%
个人贷款市场份额 Market share of personal loan		14.5%	14.5%	13.9%	13.5%

资金业务
Treasury Operations

货币市场累计融入融出人民币资金量
Accumulated Trading Amount in the Inter-bank Market

单位：人民币亿元
Unit：In RMB 100 millions

债券主承销金额
Bond Underwriting Volume as Lead Underwriter

单位：人民币亿元
Unit：In RMB 100 millions

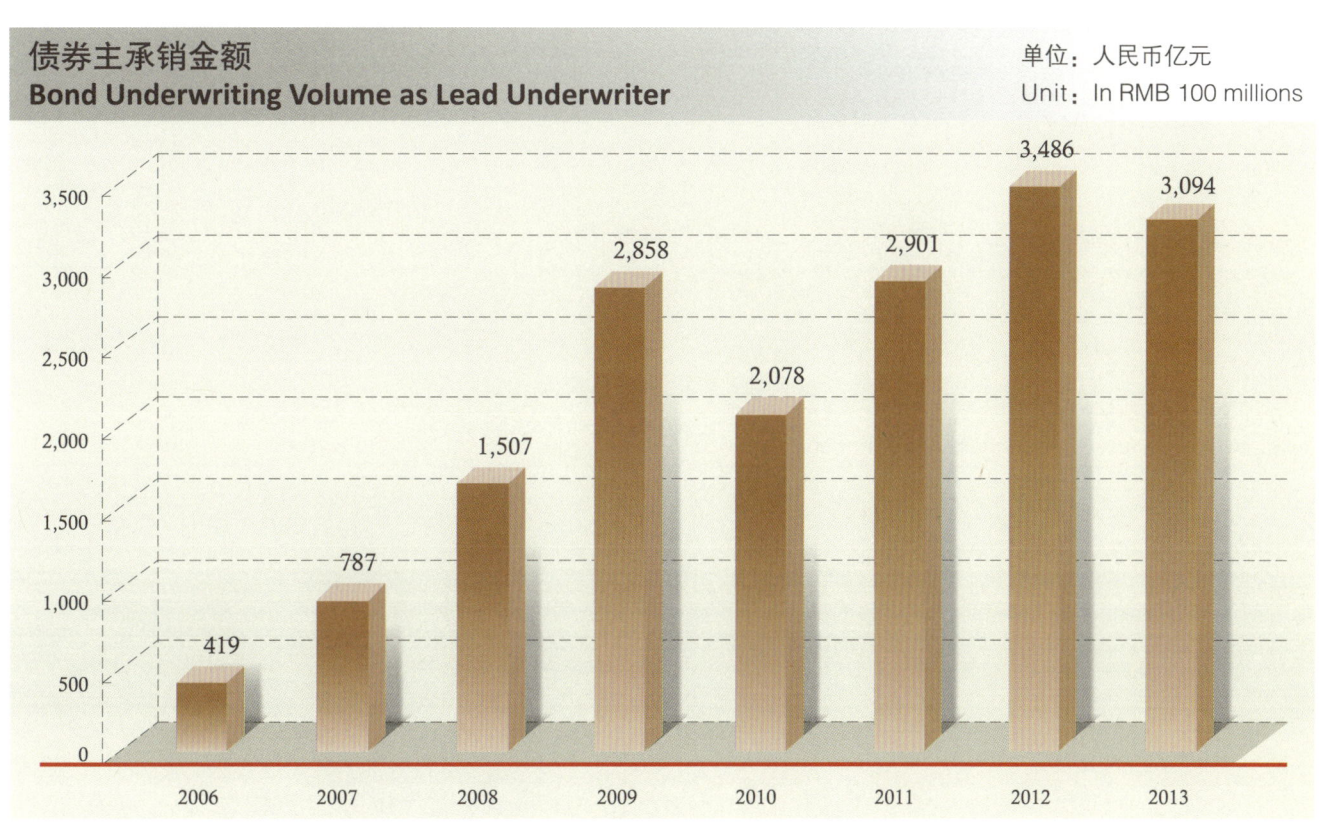

资金业务类数据表
Treasury Operation

项目 Item	年份 Year 2003	2004	2005	2006	2007	2008
累计融出和融入人民币资金量（亿元） Total (In RMB 100 millions)	-	-	-	47,798	60,967	76,183
累计融出人民币资金量（亿元） Accumulated RMB lendings (In RMB 100 millions)	-	-	-	43,256	41,133	21,389
累计融入人民币资金量（亿元） Accumulated RMB borrowings (In RMB 100 millions)	-	-	-	4,542	19,834	54,794
累计（转）贴现买入量（亿元） Accumulated (re)discounting buying volume (In RMB 100 millions)	5,872	7,631	9,772	11,535	9,010	10,720
贴现余额市场份额（%） Market share of discounting balance (%)	19.3%	30.6%	28.7%	24.1%	19.9%	17.0%
外币货币市场交易量（亿美元） Foreign-currency money market trading volume (In USD 100 millions)	-	-	-	6,050	8,682	12,104
本币债券交易量（亿元） Local-currency bond trading volume (In RMB 100 millions)	2,496	2,647	1,875	14,436	20,835	24,294
柜台记账式债券交易量（亿元） OTC book-entry bond trading volume (In RMB 100 millions)	12	37	33	20	15	14
外币债券交易量（亿美元） Foreign-currency bond trading volume (In USD 100 millions)	-	-	-	-	51	517
代客外汇资金交易量（亿美元） Agency foreign exchange trading volume (In USD 100 millions)	-	-	-	1,960	2,776	3,583
代客结售汇业务量（亿美元） Agency foreign exchange trading volume (In USD 100 millions)	-	-	-	1,462	2,307	3,023
代客外汇买卖交易量（亿美元） Agency foreign exchange purchase and sale volume (In USD 100 millions)	-	-	-	478	304	421
代客衍生产品交易业务量（亿美元） Agency derivatives trading volume (In USD 100 millions)				20	165	138
债券主承销金额（亿元） Underwriting of bonds as lead underwriter (In RMB 100 millions)	-	-	-	419	787	1,507
短期融资券主承销金额（亿元） Short-term financing bond underwriting amount (In RMB 100 millions)	-	-	-	411	536	823
中期票据主承销金额（亿元） Medium-term notes underwriting amount (In RMB 100 millions)	-	-	-	-	-	609
金融债券主承销金额（亿元） Financial bond underwriting amount (In RMB 100 millions)	-	-	-	8	251	75
账户贵金属交易量（亿元） Paper precious metals trading volume (In RMB 100 millions)	-	-	-	-	-	-
人民币利率互换业务交易量（亿元） RMB Swap trading volume (In RMB 100 millions)	-	-	-	-	50	333

项目 Item	年份 Year	2009	2010	2011	2012	2013
累计融出和融入人民币资金量（亿元） Total (In RMB 100 millions)		134,993	172,746	166,342	218,985	153,271
累计融出人民币资金量（亿元） Accumulated RMB lendings (In RMB 100 millions)		126,226	135,085	82,005	134,227	89,815
累计融入人民币资金量（亿元） Accumulated RMB borrowings (In RMB 100 millions)		8,767	37,661	84,337	84,758	63,456
累计（转）贴现买入量（亿元） Accumulated (re)discounting buying volume (In RMB 100 millions)		13,149	7,769	6,046	9,333	9,086
贴现余额市场份额（%） Market share of discounting balance (%)		13.9%	8.0%	7.2%	9.0%	7.5%
外币货币市场交易量（亿美元） Foreign-currency money market trading volume (In USD 100 millions)		6,892	5,348	4,092	2,918	2,828
本币债券交易量（亿元） Local-currency bond trading volume (In RMB 100 millions)		25,981	6,987	5,692	3,117	2,335
柜台记账式债券交易量（亿元） OTC book-entry bond trading volume (In RMB 100 millions)		15	15	15	9	12
外币债券交易量（亿美元） Foreign-currency bond trading volume (In USD 100 millions)		401	366	54	82	77
代客外汇资金交易量（亿美元） Agency foreign exchange trading volume (In USD 100 millions)		3,756	4,203	6,758	7,137	7,087

代客结售汇业务量（亿美元）
  Agency foreign exchange trading volume
  (In USD 100 millions)
		2,107	2,721	3,821	4,271	4,775

代客外汇买卖交易量（亿美元）
  Agency foreign exchange purchase and sale volume
  (In USD 100 millions)
		755	718	1,838	1,413	1,218

代客衍生产品交易业务量（亿美元） Agency derivatives trading volume (In USD 100 millions)		894	764	1,100	1,453	1,093
债券主承销金额（亿元） Underwriting of bonds as lead underwriter (In RMB 100 millions)		2,858	2,078	2,901	3,486	3,094

短期融资券主承销金额（亿元）
  Short-term financing bond underwriting amount
  (In RMB 100 millions)
		1,167	1,259	1,511	2,030	1,542

中期票据主承销金额（亿元）
  Medium-term notes underwriting amount
  (In RMB 100 millions)
		1,623	811	1,200	1,090	1,289

金融债券主承销金额（亿元） Financial bond underwriting amount (In RMB 100 millions)		68	8	190	366	263
账户贵金属交易量（亿元） Paper precious metals trading volume (In RMB 100 millions)		890	2,121	9,611	5,333	4,150
人民币利率互换业务交易量（亿元） RMB Swap trading volume (In RMB 100 millions)		605	2,149	4,120	1,404	538

注： 代客外汇买卖交易量包含代客账户贵金属交易量。
Note: Foreign exchange purchase and sale volume includes agency paper precious metals trading volume.

托管资产规模
Asset under Custody

单位：人民币亿元
Unit：In RMB 100 millions

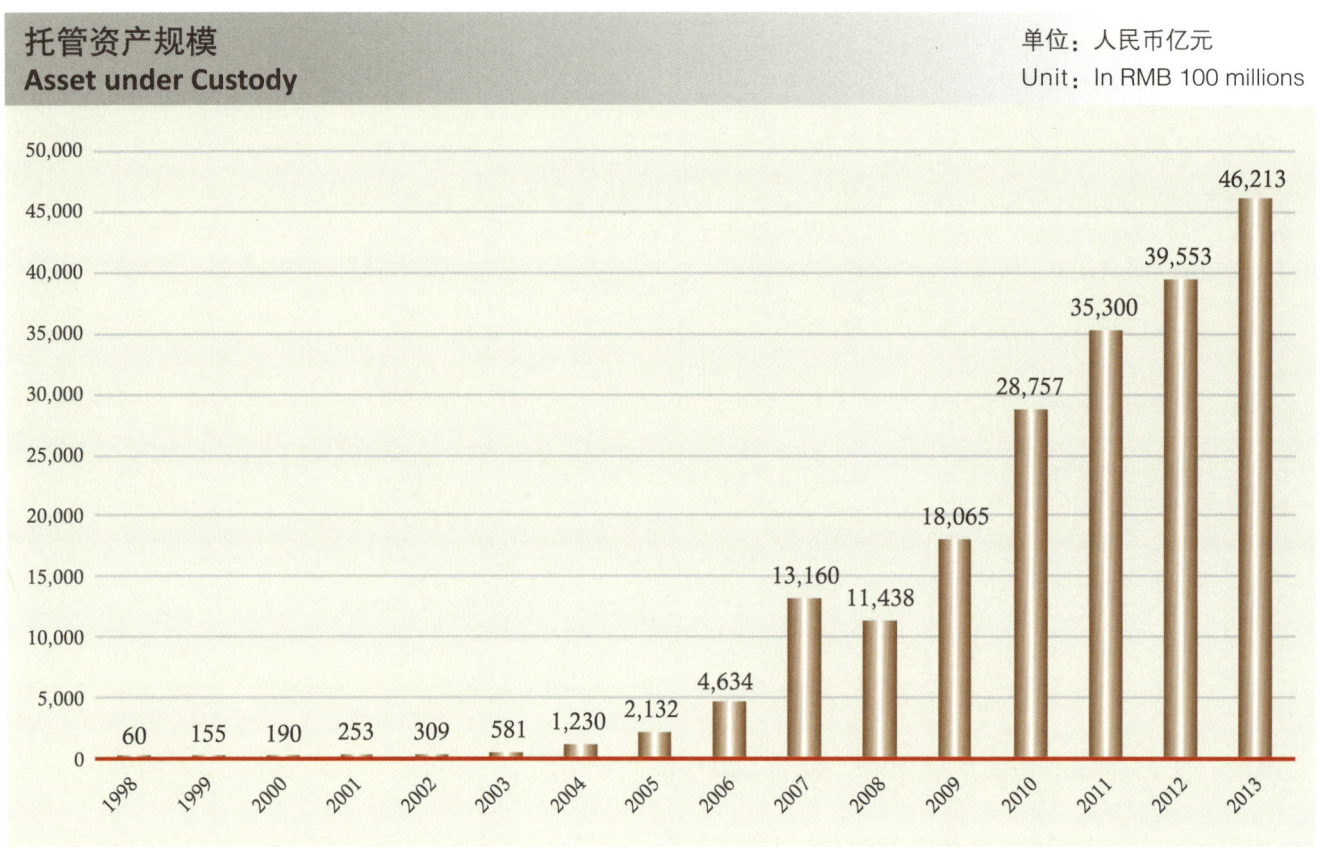

托管证券投资基金资产规模与基金只数
Balance and number of Securities-investment Funds under Custody

单位：人民币亿元，只
Unit：In RMB 100 millions

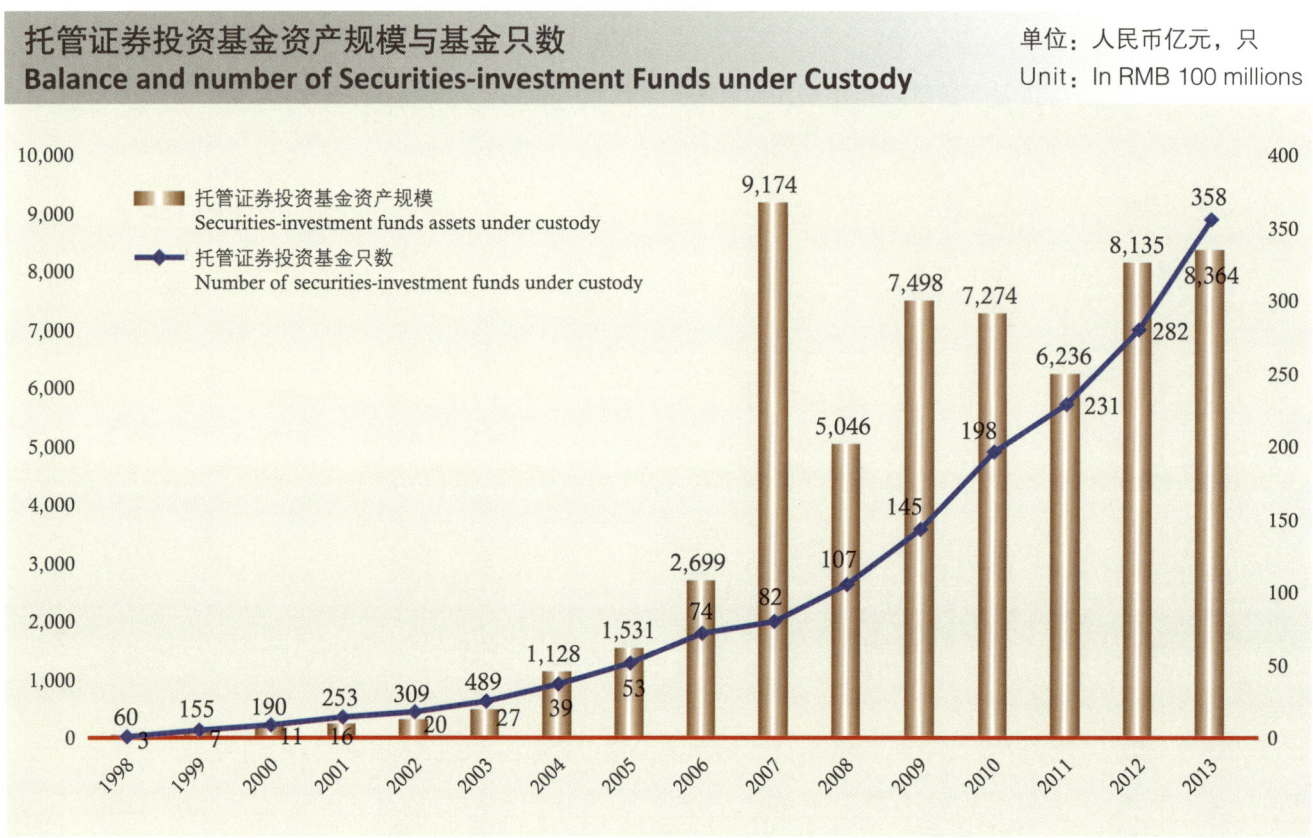

托管资产结构占比图
Structure Chart of Assets under Custody

单位：%
Unit：%

1998年

证券投资基金
Securities investment fund
100%

2003年

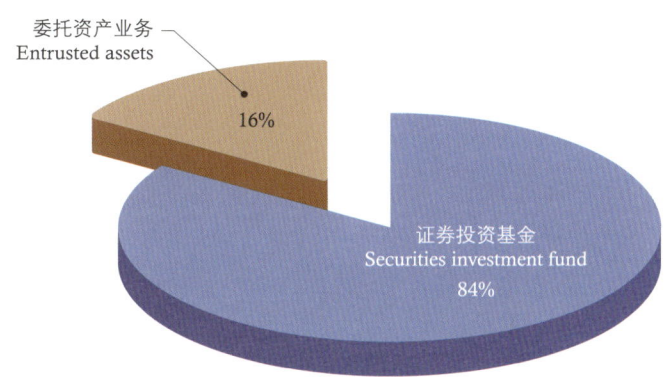

委托资产业务
Entrusted assets
16%

证券投资基金
Securities investment fund
84%

2008年

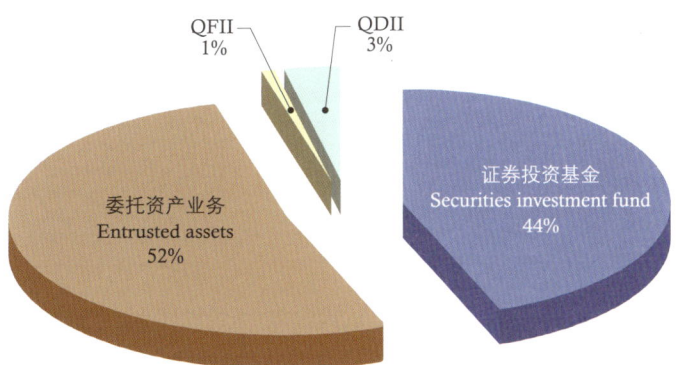

QFII
1%

QDII
3%

委托资产业务
Entrusted assets
52%

证券投资基金
Securities investment fund
44%

2013年

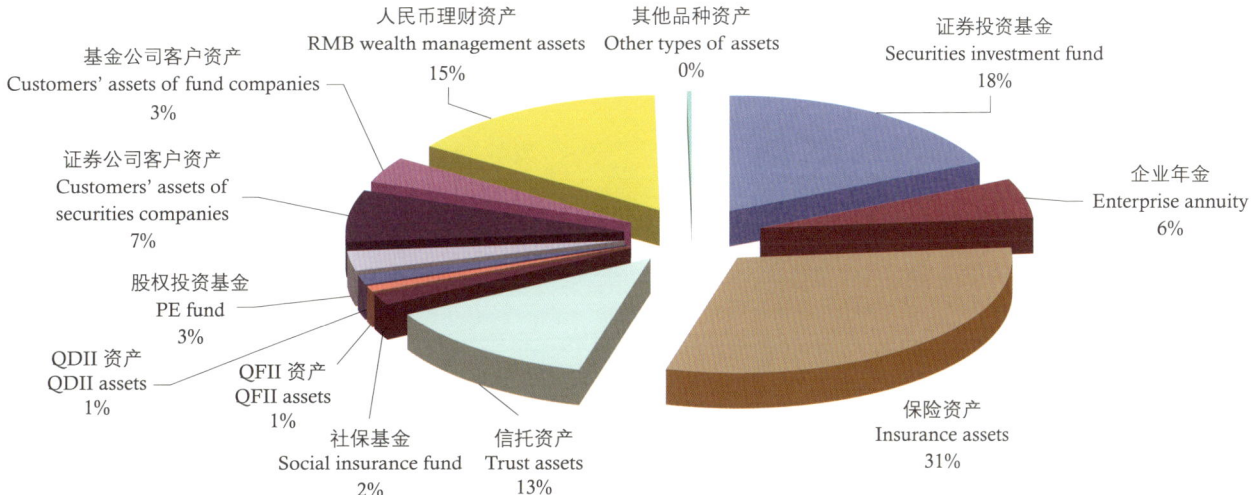

基金公司客户资产
Customers' assets of fund companies
3%

人民币理财资产
RMB wealth management assets
15%

其他品种资产
Other types of assets
0%

证券投资基金
Securities investment fund
18%

证券公司客户资产
Customers' assets of securities companies
7%

企业年金
Enterprise annuity
6%

股权投资基金
PE fund
3%

QDII 资产
QDII assets
1%

QFII 资产
QFII assets
1%

社保基金
Social insurance fund
2%

信托资产
Trust assets
13%

保险资产
Insurance assets
31%

资产管理类业务数据表
Asset Management

表1

项目 Item	年份 Year 1998	1999	2000	2001
托管证券投资基金总数（只） Total securities investment funds under custody	3	7	11	16
托管基金单位份数（亿份） Units of funds under custody (100 million)	60	155	175	233
托管QFII资产客户数（家） Customers of QFII assets under custody	-	-	-	-
托管QDII资产组合数（个） QDII asset portfolios under custody	-	-	-	-
托管资产规模（或净值）（亿元） Assets under custody (or net value) (In RMB 100 millions)	60	155	190	253
托管证券投资基金资产（亿元） Securities investment fund assets under custody (In RMB 100 millions)	60	155	190	253
托管保险资产（亿元） Insurance assets under custody (In RMB 100 millions)	-	-	-	-
托管QFII资产金额（亿元） Amount of QFII assets under custody (In RMB 100 millions)	-	-	-	-
托管QDII资产金额（亿元） Amount of QDII assets under custody (In RMB 100 millions)	-	-	-	-
托管养老金基金（亿元） Pension fund under custody (In RMB 100 millions)	-	-	-	-
托管企业年金基金资产（亿元） Enterprise annuity fund assets under custody (In RMB 100 millions)				

项目 Item	年份 Year 2002	2003	2004	2005
托管证券投资基金总数（只） Total securities investment funds under custody	20	27	39	53
托管基金单位份数（亿份） Units of funds under custody (100 million)	345	476	1,147	1,547
托管QFII资产客户数（家） Customers of QFII assets under custody	-	-	2	3
托管QDII资产组合数（个） QDII asset portfolios under custody	-	-	-	-
托管资产规模（或净值）（亿元） Assets under custody (or net value) (In RMB 100 millions)	309	581	1,230	2,132
托管证券投资基金资产（亿元） Securities investment fund assets under custody (In RMB 100 millions)	309	489	1,128	1,531
托管保险资产（亿元） Insurance assets under custody (In RMB 100 millions)	-	-	12	148
托管QFII资产金额（亿元） Amount of QFII assets under custody (In RMB 100 millions)	-	-	8	24
托管QDII资产金额（亿元） Amount of QDII assets under custody (In RMB 100 millions)	-	-	-	-
托管养老金基金（亿元） Pension fund under custody (In RMB 100 millions)				43
托管企业年金基金资产（亿元） Enterprise annuity fund assets under custody (In RMB 100 millions)			-	43

项目 Item	年份 Year	2006	2007	2008	2009
托管证券投资基金总数（只） Total securities investment funds under custody		74	82	107	145
托管基金单位份数（亿份） Units of funds under custody (100 million)		2,000	5,954	6,583	6,644
托管QFII资产客户数（家） Customers of QFII assets under custody		4	4	5	11
托管QDII资产组合数（个） QDII asset portfolios under custody		3	13	25	30
托管资产规模（或净值）（亿元） Assets under custody (or net value) (In RMB 100 millions)		4,634	13,160	11,438	18,065
托管证券投资基金资产（亿元） Securities investment fund assets under custody (In RMB 100 millions)		2,699	9,174	5,046	7,498
托管保险资产（亿元） Insurance assets under custody (In RMB 100 millions)		922	2,409	2,252	3,364
托管QFII资产金额（亿元） Amount of QFII assets under custody (In RMB 100 millions)		78	165	106	225
托管QDII资产金额（亿元） Amount of QDII assets under custody (In RMB 100 millions)		25	701	377	487
托管养老金基金（亿元） Pension fund under custody (In RMB 100 millions)		84	188	851	1,158
托管企业年金基金资产（亿元） Enterprise annuity fund assets under custody (In RMB 100 millions)		84	188	540	845

项目 Item	年份 Year	2010	2011	2012	2013
托管证券投资基金总数（只） Total securities investment funds under custody		198	231	282	358
托管基金单位份数（亿份） Units of funds under custody (100 million)		6,731	7,287	8,757	8,572
托管QFII资产客户数（家） Customers of QFII assets under custody		17	18	23	34
托管QDII资产组合数（个） QDII asset portfolios under custody		56	75	100	381
托管资产规模（或净值）（亿元） Assets under custody (or net value) (In RMB 100 millions)		28,757	35,300	39,553	46,213
托管证券投资基金资产（亿元） Securities investment fund assets under custody (In RMB 100 millions)		7,274	6,236	8,135	8,364
托管保险资产（亿元） Insurance assets under custody (In RMB 100 millions)		9,160	11,537	11,882	14,063
托管QFII资产金额（亿元） Amount of QFII assets under custody (In RMB 100 millions)		260	209	251	435
托管QDII资产金额（亿元） Amount of QDII assets under custody (In RMB 100 millions)		500	394	507	588
托管养老金基金（亿元） Pension fund under custody (In RMB 100 millions)		1,487	1,846	2,293	2,848
托管企业年金基金资产（亿元） Enterprise annuity fund assets under custody (In RMB 100 millions)		1,179	1,566	1,998	2,584

注： 上表列示指标为年末时点数据。
Note: The indicators presented in the above table are data at the end of each year.

表2

项目 Item	年份 Year	2005	2006	2007	2008	2009
受托管理养老金基金（亿元） Pension fund under trusteeship (In RMB 100 millions)		-	-	-	351	383
受托管理企业年金基金（亿元） Enterprise annuity fund under trusteeship (In RMB 100 millions)		-	-	-	40	70
管理养老金个人账户（万户） Personal pension accounts managed (10,000)		30	151	365	535	738
管理企业年金个人账户数（万户） Personal enterprise annuity accounts managed (10,000)		30	150	348	505	678
养老金服务企业客户（户） Corporate customers of pension service		60	363	13,269	15,534	18,320
代理黄金交易所会员数（家） Agency service for Gold Exchange members		-	87	91	91	97
代理黄金交易所非会员数（户） Agency service for non-Gold Exchange members		-	124	160	150,000	170,000

项目 Item	年份 Year	2010	2011	2012	2013
受托管理养老金基金（亿元） Pension fund under trusteeship (In RMB 100 millions)		427	446	512	546
受托管理企业年金基金（亿元） Enterprise annuity fund under trusteeship (In RMB 100 millions)		249	396	461	515
管理养老金个人账户（万户） Personal pension accounts managed (10,000)		912	990	1,167	1,238
管理企业年金个人账户数（万户） Personal enterprise annuity accounts managed (10,000)		835	886	1,052	1,106
养老金服务企业客户（户） Corporate customers of pension service		22,790	29,424	34,140	39,275
代理黄金交易所会员数（家） Agency service for Gold Exchange members		121	128	149	151
代理黄金交易所非会员数（户） Agency service for non-Gold Exchange members		229	282	354	386

注： 上表列示指标为年末时点数据。
Note: The indicators presented in the above table are data at the end of each year.

贵金属业务数据表
Precious Metal Business

项目 Item	年份 Year	2006	2007	2008	2009
贵金属自营及代理业务量（万吨） Proprietary and agency precious metal business volume (10,000 tons)		-	0.0	0.1	0.1
其中：上海黄金交易所场内自营交易量（吨） of which: Proprietary trading volume in Shanghai Gold Exchange (tons)		-	-	-	215
代理金交所贵金属业务交易量（万吨） Precious metals trading volume on behalf of Gold Exchange (10,000 tons)		-	-	0.0	0.0
代理实物结算额总量（吨） Agency physical settlement volume (tons)		14	23	53	54
代理黄金交易所清算量（亿元） Agency clearing volume for gold exchanges (In RMB 100 millions)		632	907	1,455	1,835

项目 Item	年份 Year	2010	2011	2012	2013
贵金属自营及代理业务量（万吨） Proprietary and agency precious metal business volume (10,000 tons)		2.4	16.2	10.1	13.7
其中：上海黄金交易所场内自营交易量（吨） of which: Proprietary trading volume in Shanghai Gold Exchange (tons)		1,184	1,060	475	491
代理金交所贵金属业务交易量（万吨） Precious metals trading volume on behalf of Gold Exchange (10,000 tons)		1.1	6.6	4.7	9.7
代理实物结算额总量（吨） Agency physical settlement volume (tons)		240	389	364	778
代理黄金交易所清算量（亿元） Agency clearing volume for gold exchanges (In RMB 100 millions)		1,288	1,846	2,546	3,873

理财产品销售总额
Wealth Management Products Sales Volume

单位：人民币亿元
Unit：In RMB 100 millions

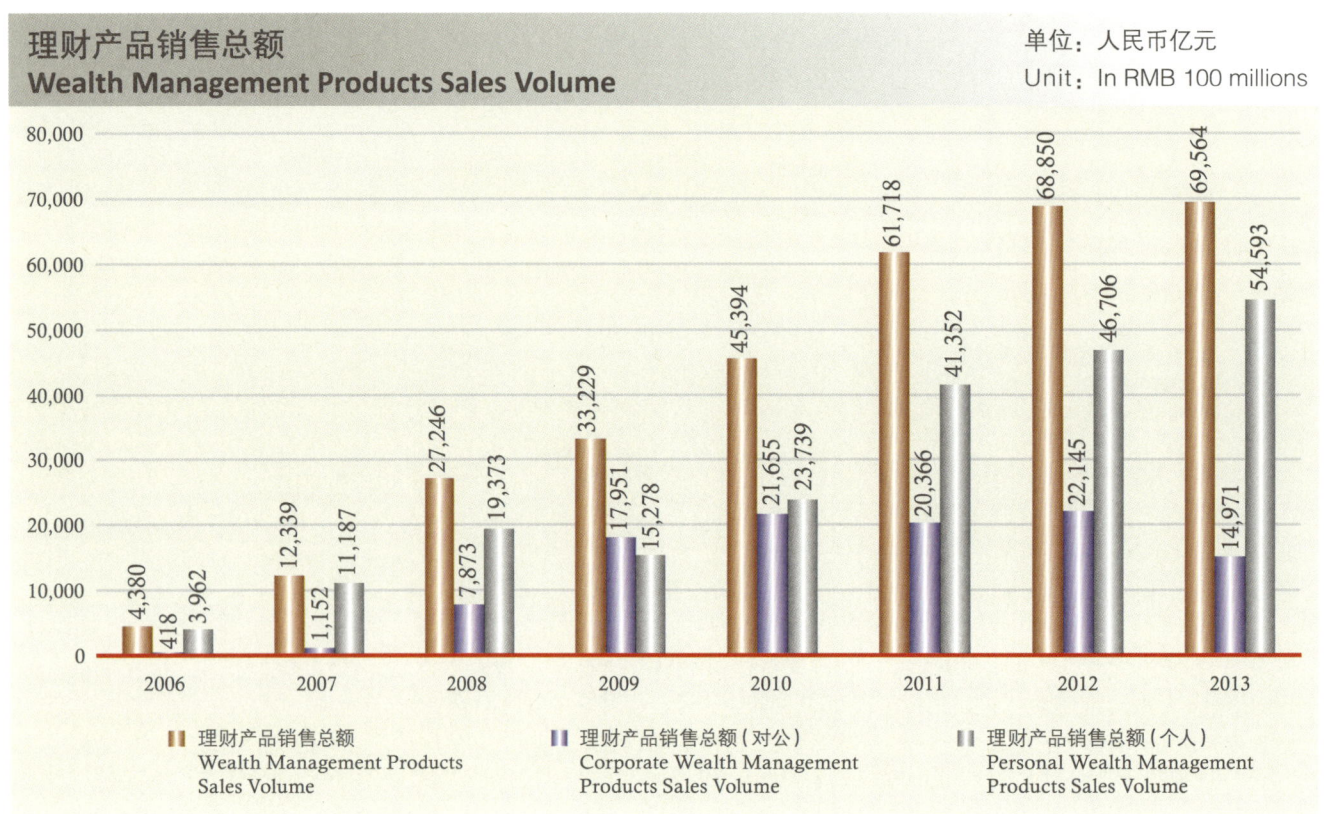

■ 理财产品销售总额
Wealth Management Products
Sales Volume

■ 理财产品销售总额（对公）
Corporate Wealth Management
Products Sales Volume

■ 理财产品销售总额（个人）
Personal Wealth Management
Products Sales Volume

本行发行理财产品销售额
Sales Volume of Wealth Management Products Issued by ICBC

单位：人民币亿元
Unit：In RMB 100 millions

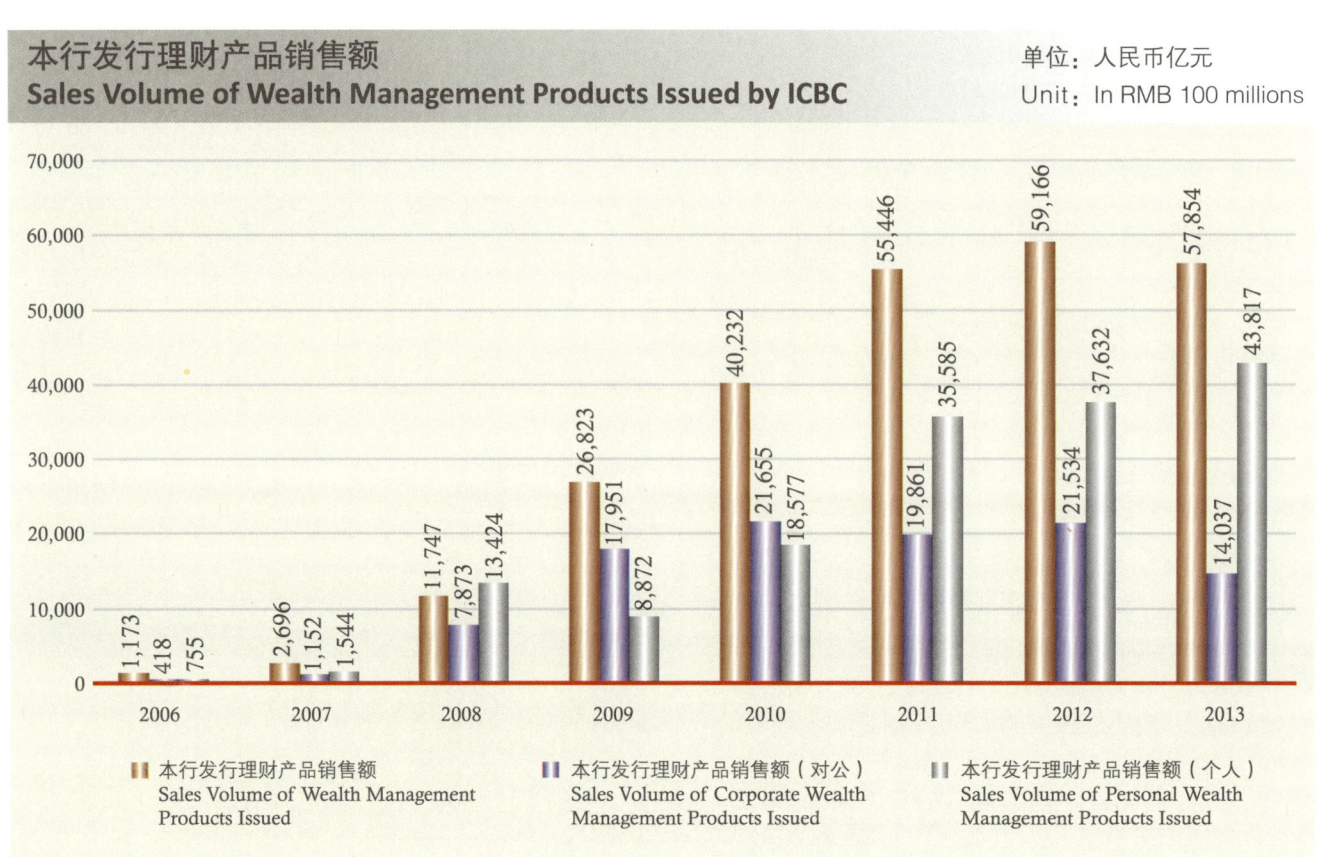

■ 本行发行理财产品销售额
Sales Volume of Wealth Management
Products Issued

■ 本行发行理财产品销售额（对公）
Sales Volume of Corporate Wealth
Management Products Issued

■ 本行发行理财产品销售额（个人）
Sales Volume of Personal Wealth
Management Products Issued

私人银行客户数
Numbers of Private Banking Customers

单位：户

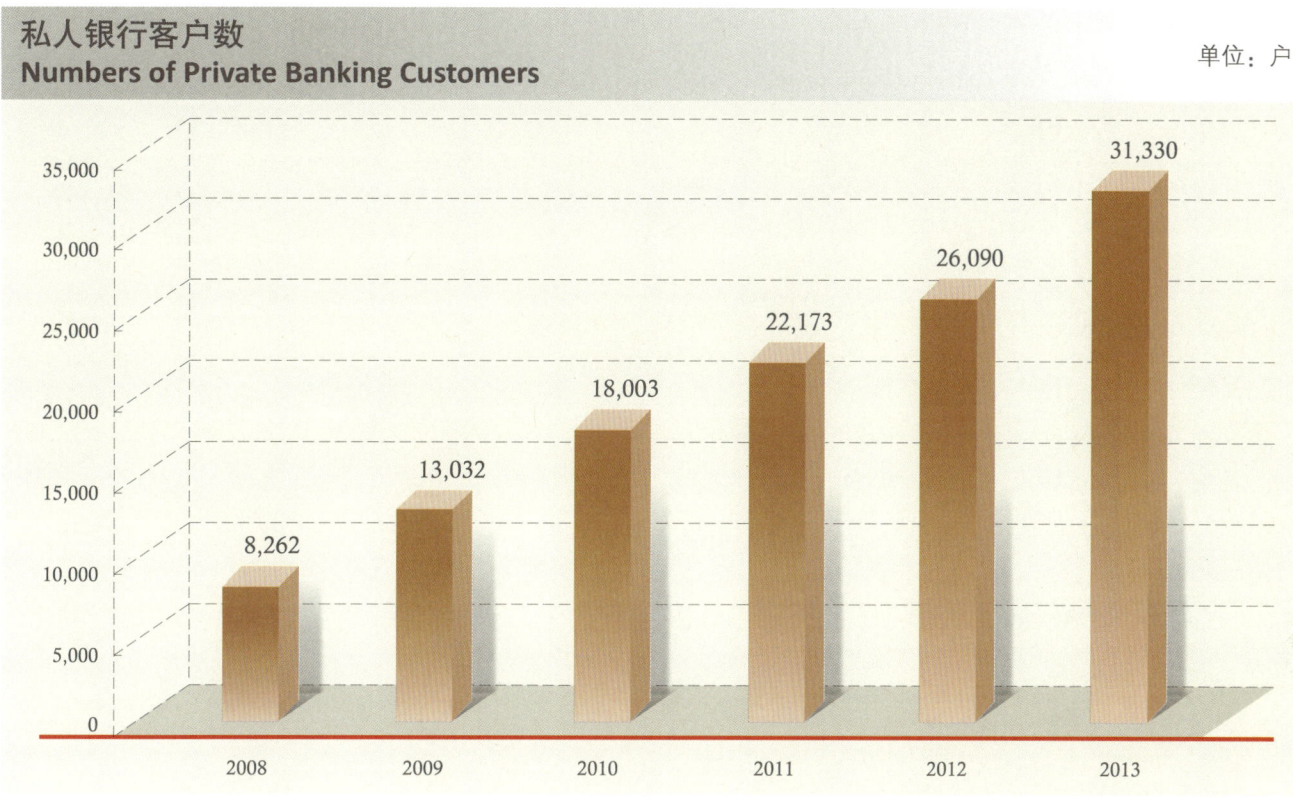

	2008	2009	2010	2011	2012	2013
	8,262	13,032	18,003	22,173	26,090	31,330

理财金账户个数
Number of Elite Club Accounts

单位：万户
Unit：10 thousand

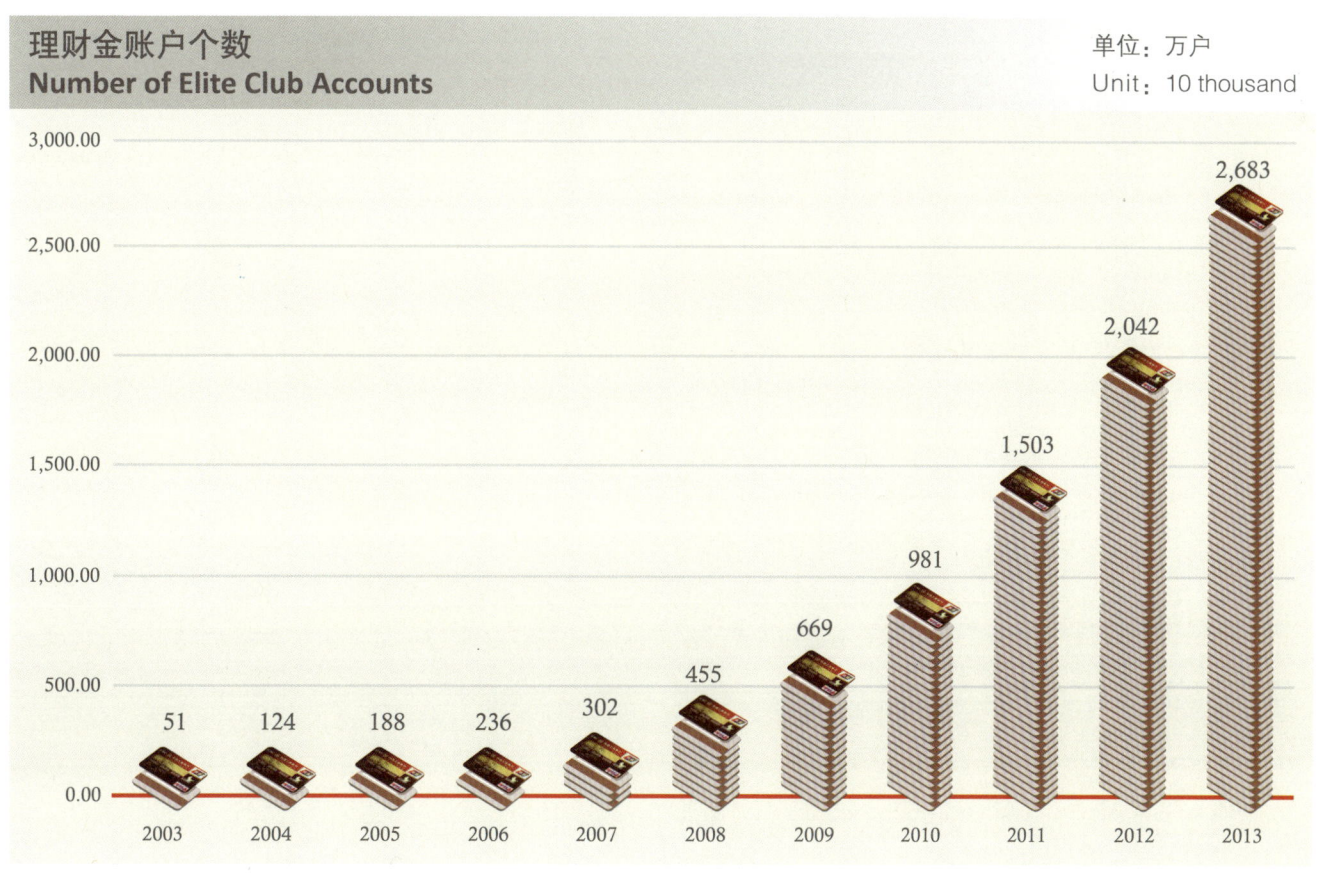

2003	2004	2005	2006	2007	2008	2009	2010	2011	2012	2013
51	124	188	236	302	455	669	981	1,503	2,042	2,683

理财业务类数据表
Wealth Management Business

表1

项目 Item	年份 Year	2006	2007	2008	2009
个人理财产品销售额（亿元） Sales volume of personal wealth management products (In RMB 100 millions)		3,962	11,187	19,373	15,278
本行发行个人理财产品销售金额（含私人银行，亿元） Sales volume of personal wealth management products issued by ICBC (including private banking, In RMB100 millions)		755	1,544	13,424	8,872
本行发行非私人银行类个人理财产品销售金额（亿元） Sales volume of personal wealth management products issued by ICBC (excluding private banking, In RMB100 millions)		755	1,544	13,388	8,702
人民币理财产品销售金额（亿元） Sales volume of RMB wealth management products (In RMB 100 millions)		408	1,284	13,339	8,682
——保本类人民币理财产品销售金额（亿元） -Sales volume of principal-guaranteed RMB wealth management products (In RMB 100 millions)		-	-	-	-
——非保本类人民币理财产品销售金额（亿元） -Sales volume of non-principal-guaranteed RMB wealth management products (In RMB 100 millions)		-	-	-	-
外币理财产品销售金额（亿美元） Sales volume of foreign-currency wealth management products (In USD 100 millions)		34	33	7	3
——保本类外币理财产品销售金额（亿元） -Sales volume of principal-guaranteed foreign-currency wealth management products (In RMB 100 millions)		-	-	-	-
——非保本类外币理财产品销售金额（亿元） -Sales volume of non-principal-guaranteed foreign-currency wealth management business (In RMB 100 millions)		-	-	-	-
本行发行私人银行理财产品销售金额（亿元） Sales volume of private banking wealth management products issued by ICBC (In RMB 100 millions)		-	-	36	170
代理个人理财产品销售总额（亿元） Sales volume of agency personal wealth management products (In RMB 100 millions)		3,207	9,643	5,949	6,406
代理个人保险产品销售金额（亿元） Sales volume of agency personal insurance products (In RMB 100 millions)		459	579	1,028	724
代理个人财险产品销售金额（亿元） Sales volume of agency personal property insurance products (In RMB 100 millions)		-	-	-	-
代理凭证式国债销售金额（亿元） Sales volume of agency certificate T-bond (In RMB 100 millions)		607	480	390	594

项目 Item	年份 Year	2006	2007	2008	2009
代理储蓄(电子式)国债销售金额（亿元） Sales volume of agency savings (electronic) T-bond (In RMB 100 millions)		169	14	222	210
代理证券投资基金销售金额（亿元） Sales volume of agency securities investment fund (In RMB 100 millions)		1,973	8,570	4,310	4,878
代理其他理财产品销售金额（亿元） Sales volume of other agency wealth management products (In RMB 100 millions)		-	-	-	-
法人理财产品销售金额（亿元） Sales volume of corporate wealth management products (In RMB 100 millions)		418	1,152	7,873	17,951
本行发行法人理财产品销售金额（亿元） Sales volume of corporate wealth management products issued by ICBC (In RMB 100 millions)		418	1,152	7,873	17,951
本行发行法人结构性存款理财产品销售金额（亿元） Sales volume of corporate structured deposit wealth management products issued by ICBC (In RMB 100 millions)		257	473	646	5,362
——人民币结构性存款理财产品销售金额（亿元） -Sales volume of RMB structured deposit wealth management products (In RMB 100 millions)		1	38	328	5,047
——外币结构性存款理财产品销售金额（亿元） -Sales volume of foreign currency structured deposit wealth management products (In RMB 100 millions)		256	436	318	315
保本理财产品销售金额（亿元） Sales volume of principal-guaranteed wealth management products (In RMB 100 millions)		-	-	-	-
非保本理财产品销售金额（亿元） Sales volume of non-principal-guaranteed wealth management products (In RMB 100 millions)		160	679	7,227	12,589
代理销售法人理财产品金额（亿元） Sales volume of corporate wealth management products (In RMB 100 millions)		-	-	-	-
代理销售证券投资基金总额（亿元） Sales volume of agency securities investment fund (In RMB 100 millions)		-	-	-	-
理财产品销售总额（亿元） Sales volume of wealth management products (In RMB 100 millions)		4,380	12,339	27,246	33,229
本行发行理财产品销售总额（亿元） Sales volume of wealth management products issued by ICBC (In RMB 100 millions)		1,173	2,696	21,297	26,823

财务数据 FINANCIAL DATA

同业数据 DATA OF PEER BANKS

业务数据 BUSINESS DATA

排名及评级 MAIN RANKINGS AND CREDIT RATINGS

资产负债表与利润表 FINANCIAL STATEMENTS

续表
Continued

项目 Item	年份 Year 2010	2011	2012	2013
个人理财产品销售额（亿元） Sales volume of personal wealth management products (In RMB 100 millions)	23,739	41,352	46,706	54,593
本行发行个人理财产品销售金额（含私人银行，亿元） Sales volume of personal wealth management products issued by ICBC (including private banking, In RMB100 millions)	18,577	35,585	37,632	43,817
本行发行非私人银行类个人理财产品销售金额（亿元） Sales volume of personal wealth management products issued by ICBC (excluding private banking, In RMB100 millions)	17,963	34,797	34,998	40,534
人民币理财产品销售金额（亿元） Sales volume of RMB wealth management products (In RMB 100 millions)	17,941	34,773	34,949	40,468
——保本类人民币理财产品销售金额（亿元） -Sales volume of principal-guaranteed RMB wealth management products (In RMB 100 millions)	-	5,162	5,921	13,951
——非保本类人民币理财产品销售金额（亿元） -Sales volume of non-principal-guaranteed RMB wealth management products (In RMB 100 millions)	-	29,611	29,028	26,517
外币理财产品销售金额（亿美元） Sales volume of foreign-currency wealth management products (In USD 100 millions)	3	4	8	11
——保本类外币理财产品销售金额（亿元） -Sales volume of principal-guaranteed foreign-currency wealth management products (In RMB 100 millions)	-	-	2	-
——非保本类外币理财产品销售金额（亿元） -Sales volume of non-principal-guaranteed foreign-currency wealth management products (In RMB 100 millions)	-	4	6	11
本行发行私人银行理财产品销售金额（亿元） Sales volume of private banking wealth management products issued by ICBC (In RMB 100 millions)	614	788	2,634	3,283
代理个人理财产品销售总额（亿元） Sales volume of agency personal wealth management products (In RMB 100 millions)	5,162	5,767	9,074	10,776
代理个人保险产品销售金额（亿元） Sales volume of agency personal insurance products (In RMB 100 millions)	885	735	860	845
代理个人财险产品销售金额（亿元） Sales volume of agency personal property insurance products (In RMB 100 millions)	1	153	352	220
代理凭证式国债销售金额（亿元） Sales volume of agency certificate T-bond (In RMB 100 millions)	564	416	210	306

项目 Item	年份 Year	2010	2011	2012	2013
代理储蓄(电子式)国债销售金额（亿元） Sales volume of agency savings (electronic) T-bond (In RMB 100 millions)		383	393	390	525
代理证券投资基金销售金额（亿元） Sales volume of agency securities investment fund (In RMB 100 millions)		3,561	4,223	7,614	8,881
代理其他理财产品销售金额（亿元） Sales volume of other agency wealth management products (In RMB 100 millions)		-	-	-	-
法人理财产品销售金额（亿元） Sales volume of corporate wealth management products (In RMB 100 millions)		21,655	20,366	22,145	14,971
本行发行法人理财产品销售金额（亿元） Sales volume of corporate wealth management products issued by ICBC (In RMB 100 millions)		21,655	19,861	21,534	14,037
本行发行法人结构性存款理财产品销售金额（亿元） Sales volume of corporate structured deposit wealth management products issued by ICBC (In RMB 100 millions)		4,551	6,672	8,476	-
——人民币结构性存款理财产品销售金额（亿元） -Sales volume of RMB structured deposit wealth management products (In RMB 100 millions)		4,453	6,460	8,448	-
——外币结构性存款理财产品销售金额（亿元） -Sales volume of foreign currency structured deposit wealth management products (In RMB 100 millions)		97	211	29	-
保本理财产品销售金额（亿元） Sales volume of principal-guaranteed wealth management products (In RMB 100 millions)		-	179	728	2,101
非保本理财产品销售金额（亿元） Sales volume of non-principal-guaranteed wealth management products (In RMB 100 millions)		17,104	13,010	12,330	11,937
代理销售法人理财产品金额（亿元） Sales volume of corporate wealth management products (In RMB 100 millions)		-	505	611	934
代理销售证券投资基金总额（亿元） Sales volume of agency securities investment fund (In RMB 100 millions)		-	505	611	934
理财产品销售总额（亿元） Sales volume of wealth management products (In RMB 100 millions)		45,394	61,718	68,850	69,564
本行发行理财产品销售总额（亿元） Sales volume of wealth management products issued by ICBC (In RMB 100 millions)		40,232	55,446	59,166	57,854

表2

项目 Item	年份 Year	2006	2007	2008	2009
金融理财师人数（位） Financial planner		2,078	5,944	8,361	13,399
国际金融理财师（位） International financial planner		394	861	1,086	1,876
国内金融理财师（位） Domestic financial planner		1,684	5,083	7,275	11,523
项目 Item	年份 Year	2010	2011	2012	2013
金融理财师人数（位） Financial planner		15,577	20,484	24,958	29,203
国际金融理财师（位） International financial planner		2,528	3,285	3,533	3,875
国内金融理财师（位） Domestic financial planner		13,049	17,199	21,425	25,328

注： 上表列示指标为年末时点数据。
Note: The indicators presented in the above table are data at the end of each year.

表3

项目 Item	年份 Year	2003	2004	2005	2006	2007	2008
理财金账户客户数（万户） Elite Club Account customers (10,000)		51	124	188	236	302	455
指标 Item	年份 Year	2009	2010	2011	2012	2013	
理财金账户客户数（万户） Elite Club Account customers (10,000)		669	981	1,503	2,042	2,683	

注： 上表列示指标为年末时点数据。
Note: The indicators presented in the above table are data at the end of each year.

表4

项目 Item	年份 Year	2008	2009	2010
财富客户数（万户） Premier wealth management customers (10,000)		-	51	254
财富客户金融资产（亿元） Financial assets of premier wealth management customers (In RMB 100 millions)		-	11,000	18,762
个人客户经理（位） Personal customer managers		-	38,663	49,078
对公客户经理（位） Corporate customer managers		-	22,947	27,522
私人银行客户（名） Private banking customers		8,262	13,032	18,003
管理私人银行客户金融资产（亿元） Financial assets of private banking customers (In RMB 100 millions)		1,701	2,550	3,543

项目 Item	年份 Year	2011	2012	2013
财富客户数（万户） Premier wealth management customers (10,000)		383	402	440
财富客户金融资产（亿元） Financial assets of premier wealth management customers (In RMB 100 millions)		22,985	26,631	30,714
个人客户经理（位） Personal customer managers		54,930	56,281	58,885
对公客户经理（位） Corporate customer managers		30,689	33,421	35,579
私人银行客户（名） Private banking customers		22,173	26,090	31,330
管理私人银行客户金融资产（亿元） Financial assets of private banking customers (In RMB 100 millions)		4,345	4,732	5,413

注： 上表列示指标为年末时点数据。
Note: The indicators presented in the above table are data at the end of each year.

单位：万张
Unit：In 10 thousands

银行卡发卡量
Bank Cards Issued

银行卡发卡量达5.8亿张，较1992
年大幅增长577倍。

580 million bank cards were issued, an increase of
577 times over 1992.

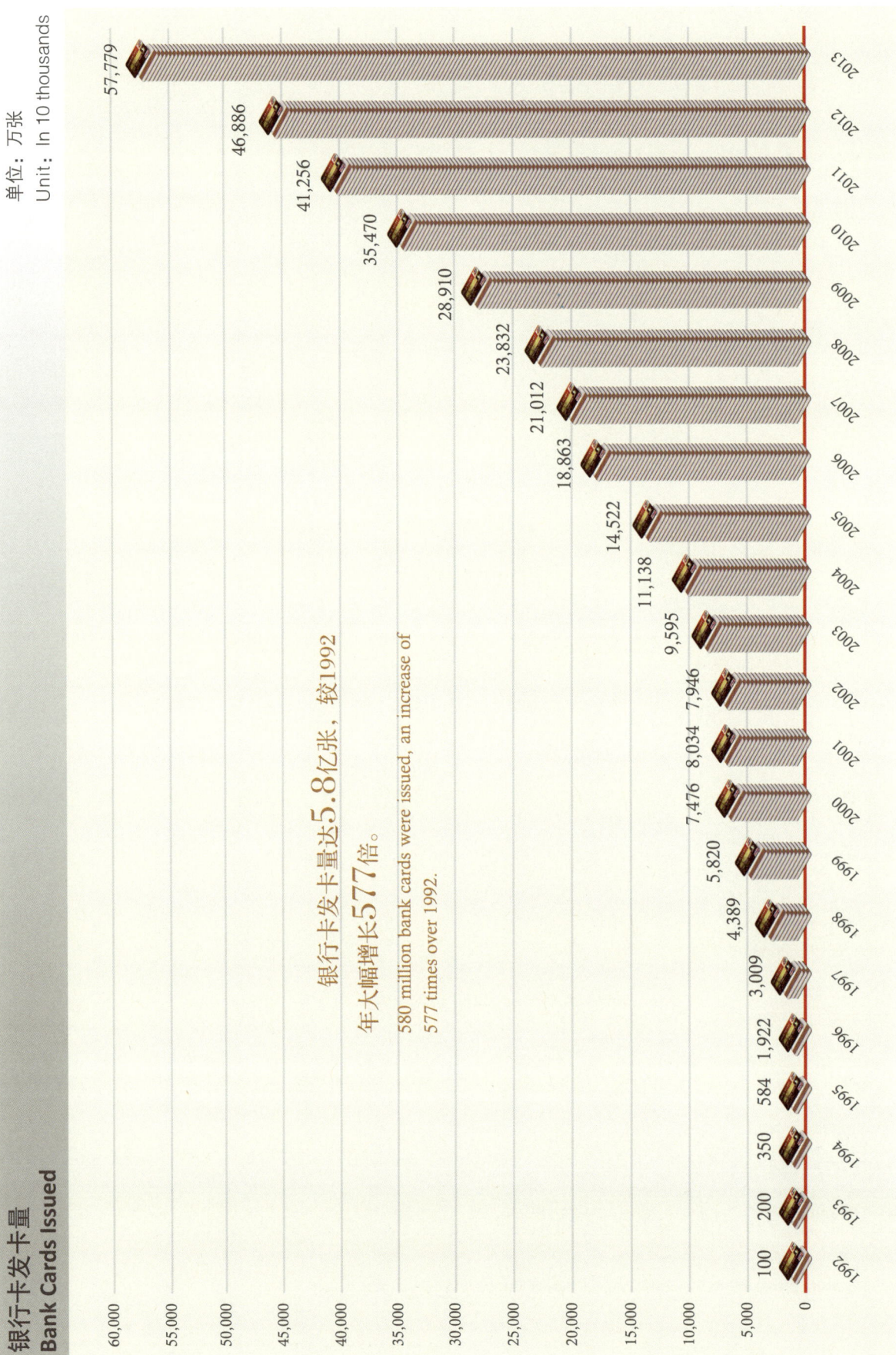

年份	数值
2013	57,779
2012	46,886
2011	41,256
2010	35,470
2009	28,910
2008	23,832
2007	21,012
2006	18,863
2005	14,522
2004	11,138
2003	9,595
2002	7,946
2001	8,034
2000	7,476
1999	5,820
1998	4,389
1997	3,009
1996	1,922
1995	584
1994	350
1993	200
1992	100

银行卡年消费额
Bank Cards Consumption Volume

单位：人民币亿元
Unit：In RMB 100 millions

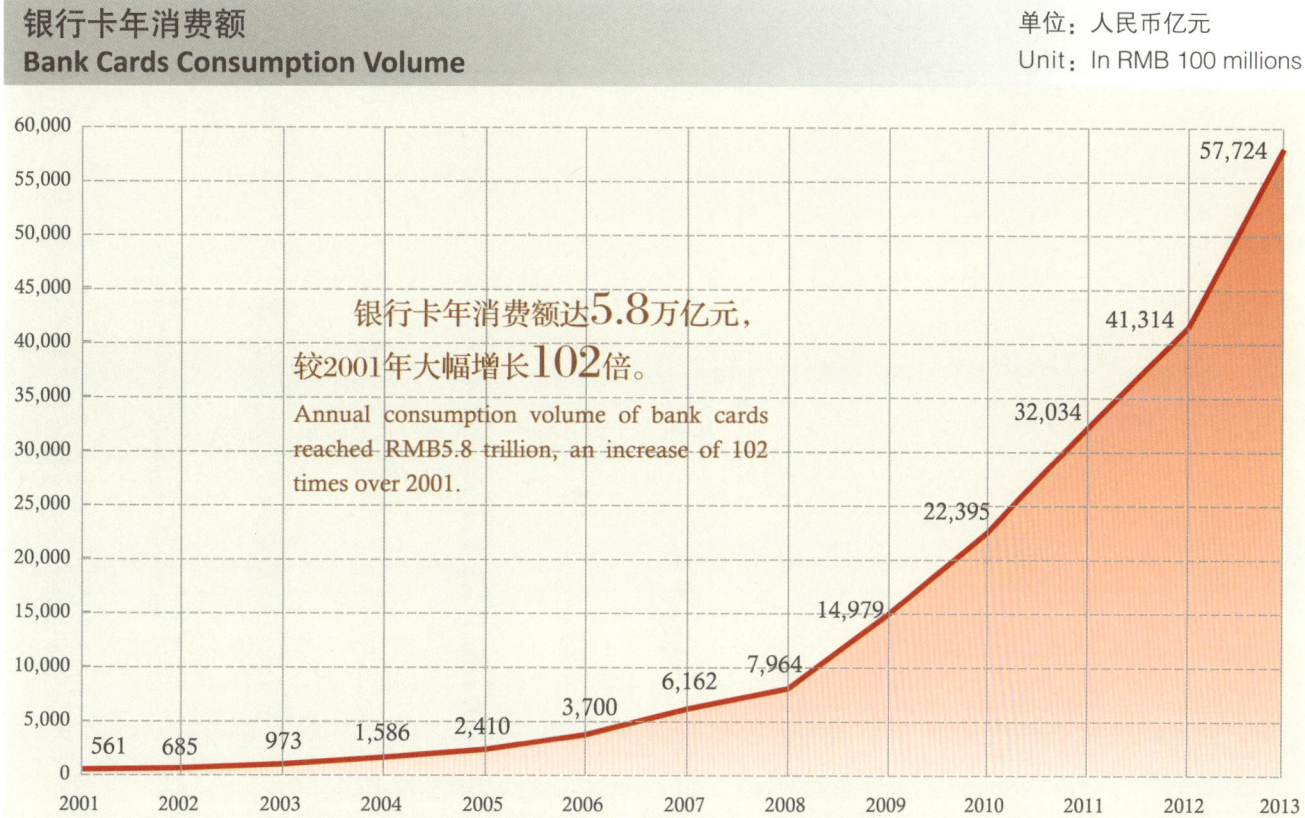

银行卡年消费额达**5.8**万亿元，较2001年大幅增长**102**倍。

Annual consumption volume of bank cards reached RMB5.8 trillion, an increase of 102 times over 2001.

工商银行银行卡年消费额与社会消费品零售总额比率
ICBC Cards Annual Consumption Volume to Total Retail Sales of Consumers Goods

单位：%
Unit：%

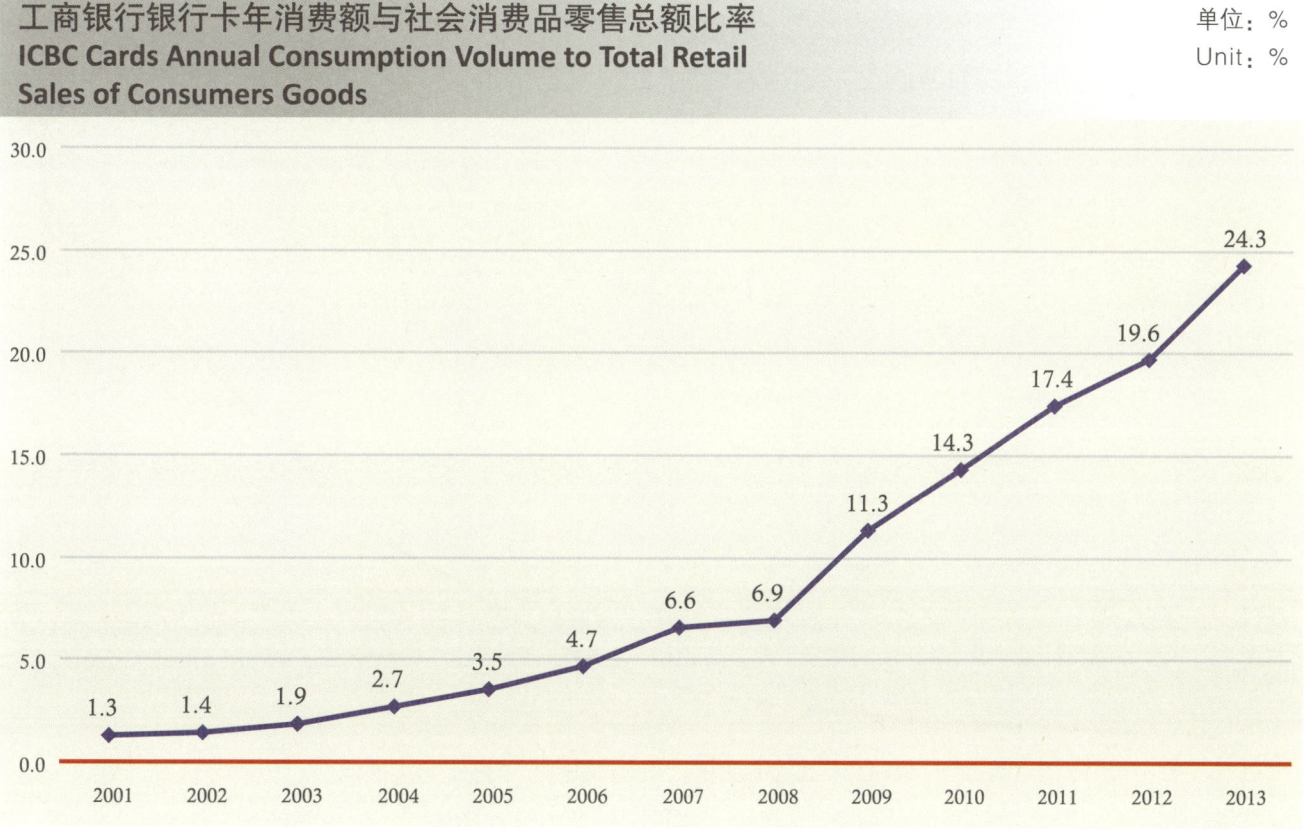

信用卡发卡量
Credit Cards Issued

单位：万张
Unit：In 10 thousands

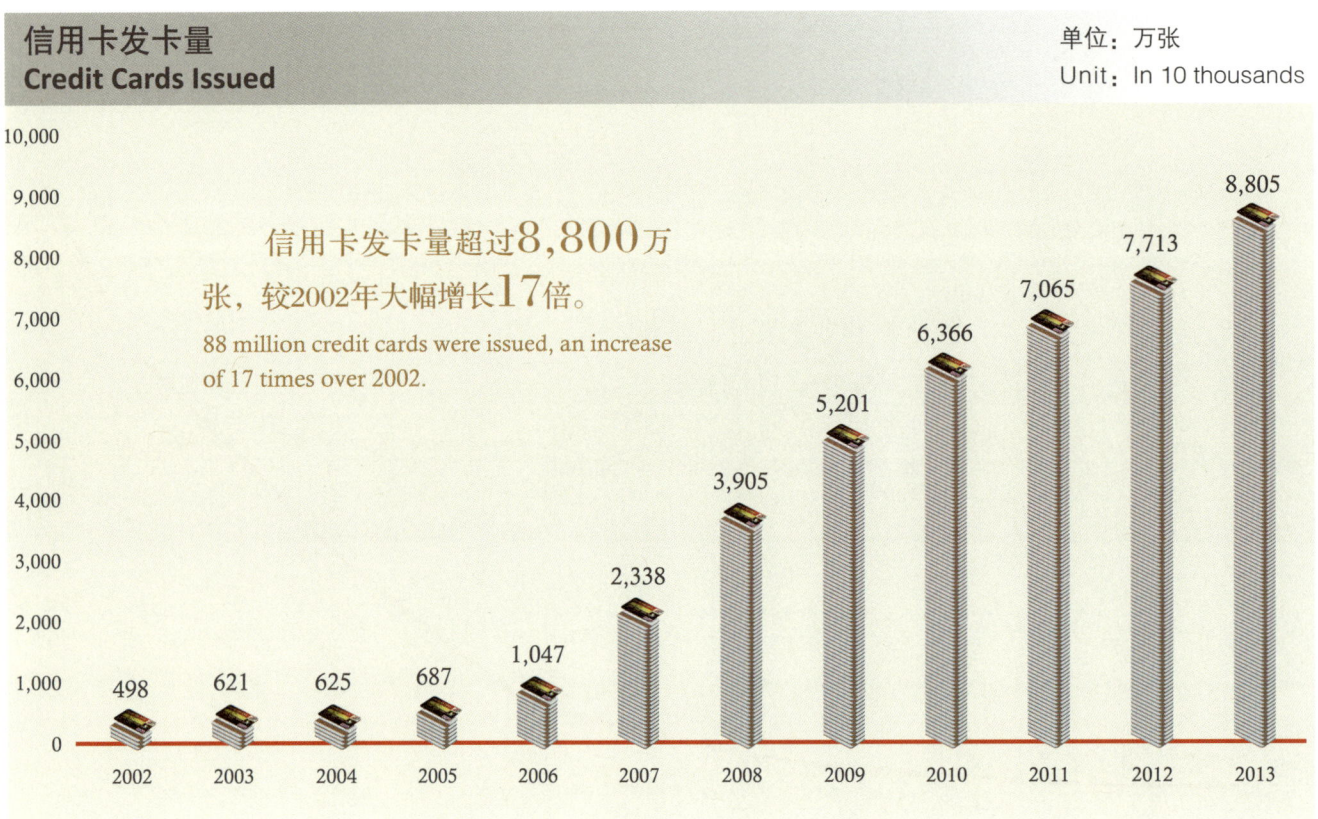

信用卡发卡量超过**8,800**万张，较2002年大幅增长**17**倍。

88 million credit cards were issued, an increase of 17 times over 2002.

信用卡年消费额
Annual Consumption Volume of Credit Cards

单位：人民币亿元
Unit：In RMB 100 millions

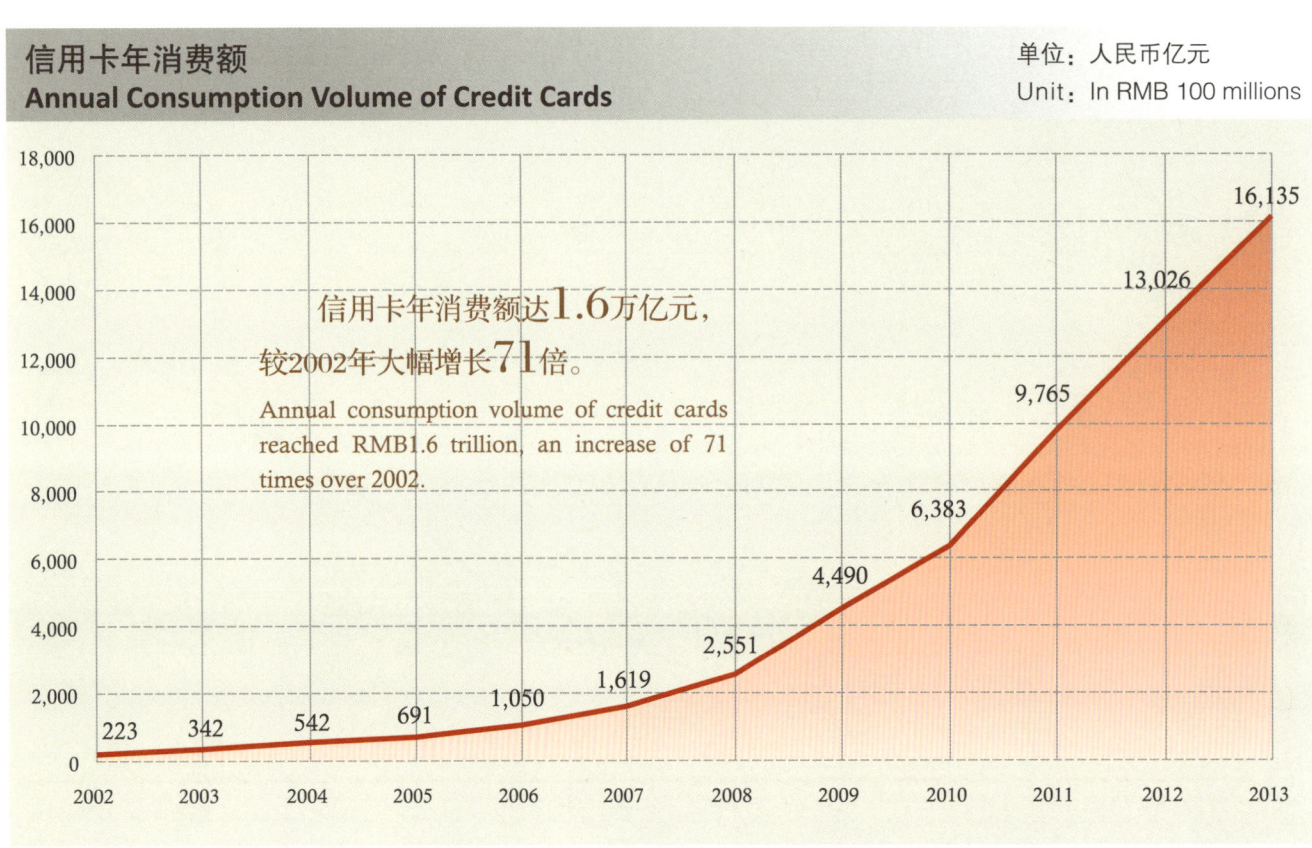

信用卡年消费额达**1.6**万亿元，较2002年大幅增长**71**倍。

Annual consumption volume of credit cards reached RMB1.6 trillion, an increase of 71 times over 2002.

银行卡类业务数据表
Bank Card Business

表1

项目 Item / 年份 Year	1992	1993	1994	1995	1996	1997
银行卡发卡量（万张） Bank cards issued (10,000)	100	200	350	584	1,922	3,009

项目 Item / 年份 Year	1998	1999	2000	2001	2002	2003
银行卡发卡量（万张） Bank cards issued (10,000)	4,389	5,820	7,476	8,034	7,946	9,595

项目 Item / 年份 Year	2004	2005	2006	2007	2008
银行卡发卡量（万张） Bank cards issued (10,000)	11,138	14,522	18,863	21,012	23,832

项目 Item / 年份 Year	2009	2010	2011	2012	2013
银行卡发卡量（万张） Bank cards issued (10,000)	28,910	35,470	41,256	46,886	57,779

注： 上表列示指标为年末时点数据。
Note: The indicators presented in the above table are data at the end of each year.

銀行卡
Bank Card

表2

项目 Item	年份 Year	2001	2002	2003	2004	2005
银行卡发卡量（万张） Bank cards issued (10,000)		8,034	7,946	9,595	11,138	14,522
信用卡发卡量（万张） Credit cards issued (10,000)		-	498	621	625	687
借记卡发卡量（万张） Debit cards issued (10,000)		-	7,448	8,974	10,513	13,835

项目 Item	年份 Year	2006	2007	2008	2009
银行卡发卡量（万张） Bank cards issued (10,000)		18,863	21,012	23,832	28,910
信用卡发卡量（万张） Credit cards issued (10,000)		1,047	2,338	3,905	5,201
借记卡发卡量（万张） Debit cards issued (10,000)		17,816	18,674	19,927	23,709

项目 Item	年份 Year	2010	2011	2012	2013
银行卡发卡量（万张） Bank cards issued (10,000)		35,470	41,256	46,886	57,780
信用卡发卡量（万张） Credit cards issued (10,000)		6,366	7,065	7,713	8,805
借记卡发卡量（万张） Debit cards issued (10,000)		29,104	34,191	39,173	48,975

注：上表列示指标为年末时点数据。
Note: The indicators presented in the above table are data at the end of each year.

表3

项目 Item	年份 Year	2001	2002	2003	2004	2005
银行卡年消费额（亿元） Annual consumption amount with bank cards (In RMB 100 millions)		561	685	973	1,586	2,410
银行卡卡均消费额（元） Consumption amount per bank card (RMB)		725	857	1,109	1,530	1,660
社会消费品零售总额（亿元） Total retail sales of consumer goods (In RMB 100 millions)		43,055.4	48,135.9	52,516.3	59,501.0	68,352.6
银行卡年消费额与社会消费品零售总额比率（%） Percentage of bank-card annual consumption volume to total retail sales of consumer goods (%)		1.3%	1.4%	1.9%	2.7%	3.5%

项目 Item	年份 Year	2006	2007	2008	2009
银行卡年消费额（亿元） Annual consumption amount with bank cards (In RMB 100 millions)		3,700	6,162	7,964	14,979
银行卡卡均消费额（元） Consumption amount per bank card (RMB)		2,217	3,091	3,552	5,615
社会消费品零售总额（亿元） Total retail sales of consumer goods (In RMB 100 millions)		79,145.2	93,571.6	114,830.1	132,678.4
银行卡年消费额与社会消费品零售总额比率（%） Percentage of bank-card annual consumption volume to total retail sales of consumer goods (%)		4.7%	6.6%	6.9%	11.3%

项目 Item	年份 Year	2010	2011	2012	2013
银行卡年消费额（亿元） Annual consumption amount with bank cards (In RMB 100 millions)		22,395	32,034	41,314	57,724
银行卡卡均消费额（元） Consumption amount per bank card (RMB)		6,926	8,240	9,354	11,477
社会消费品零售总额（亿元） Total retail sales of consumer goods (In RMB 100 millions)		156,998.4	183,918.6	210,307.0	237,810.0
银行卡年消费额与社会消费品零售总额比率（%） ICBC cards annual consumption volume to total retail sales of consumer goods (%)		14.3%	17.4%	19.6%	24.3%

注： 社会消费品零售总额来源于国家统计局

Note: Data of total retail sales of consumer goods are derived from the National Bureau of Statistics of the People's Republic of China.

电子银行交易额及电子银行业务量占比
E-banking Transaction Volume and Its Proportion in Total Transaction Volume

单位：人民币万亿元，%
Unit：In RMB 100 Trillions，%

电子银行交易额较2000年大幅增长 **196倍**，电子银行业务量占全行业务量的比重达到**80.2%**。

E-banking transaction volume increased sharply by 196 times as compared to 2000, and accounted for 80.2% of the Bank's total transaction volume.

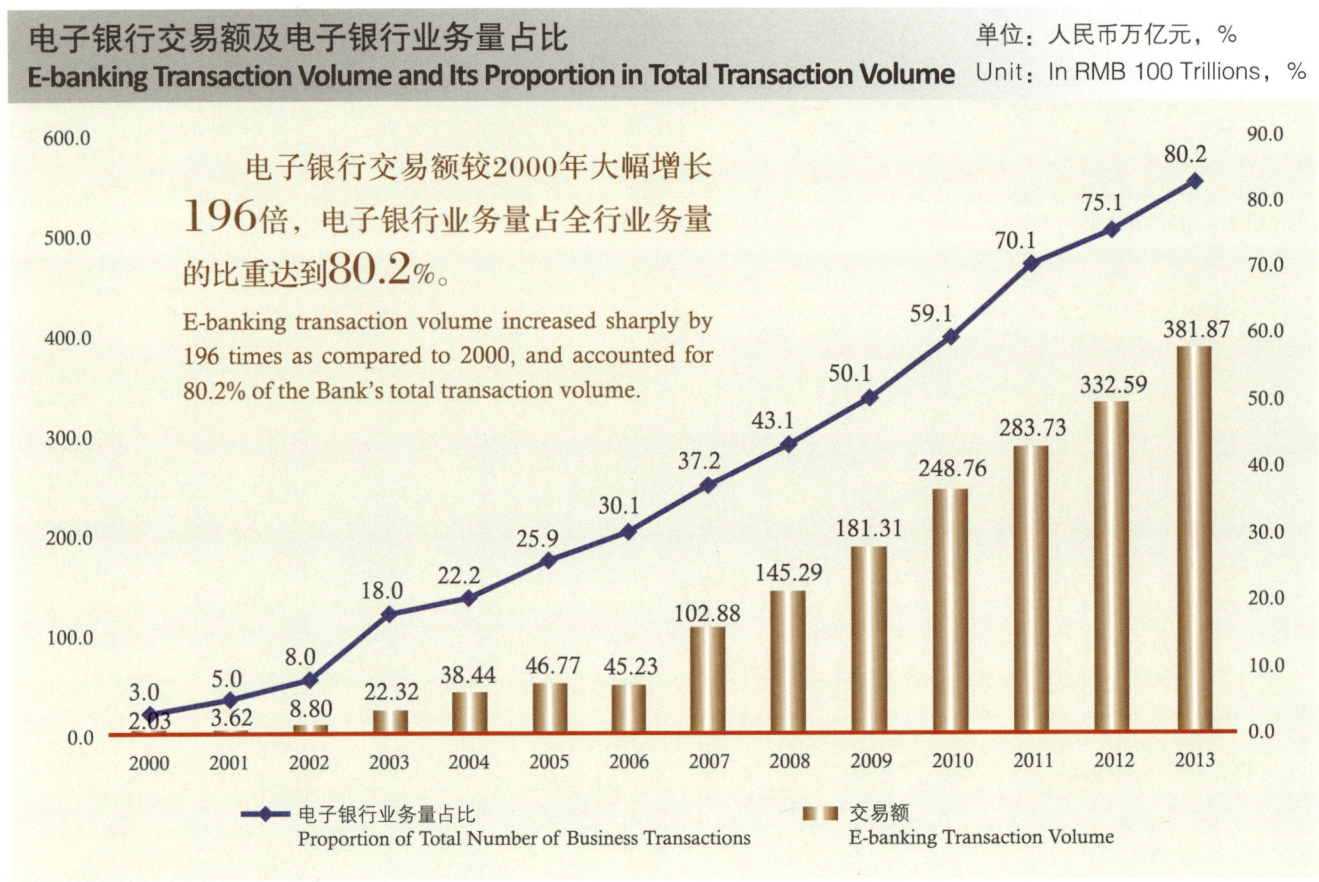

电子银行业务量占比
Proportion of Total Number of Business Transactions

交易额
E-banking Transaction Volume

网上银行交易额
Transaction Volume of Internet Banking

单位：人民币亿元
Unit：In RMB 100 millions

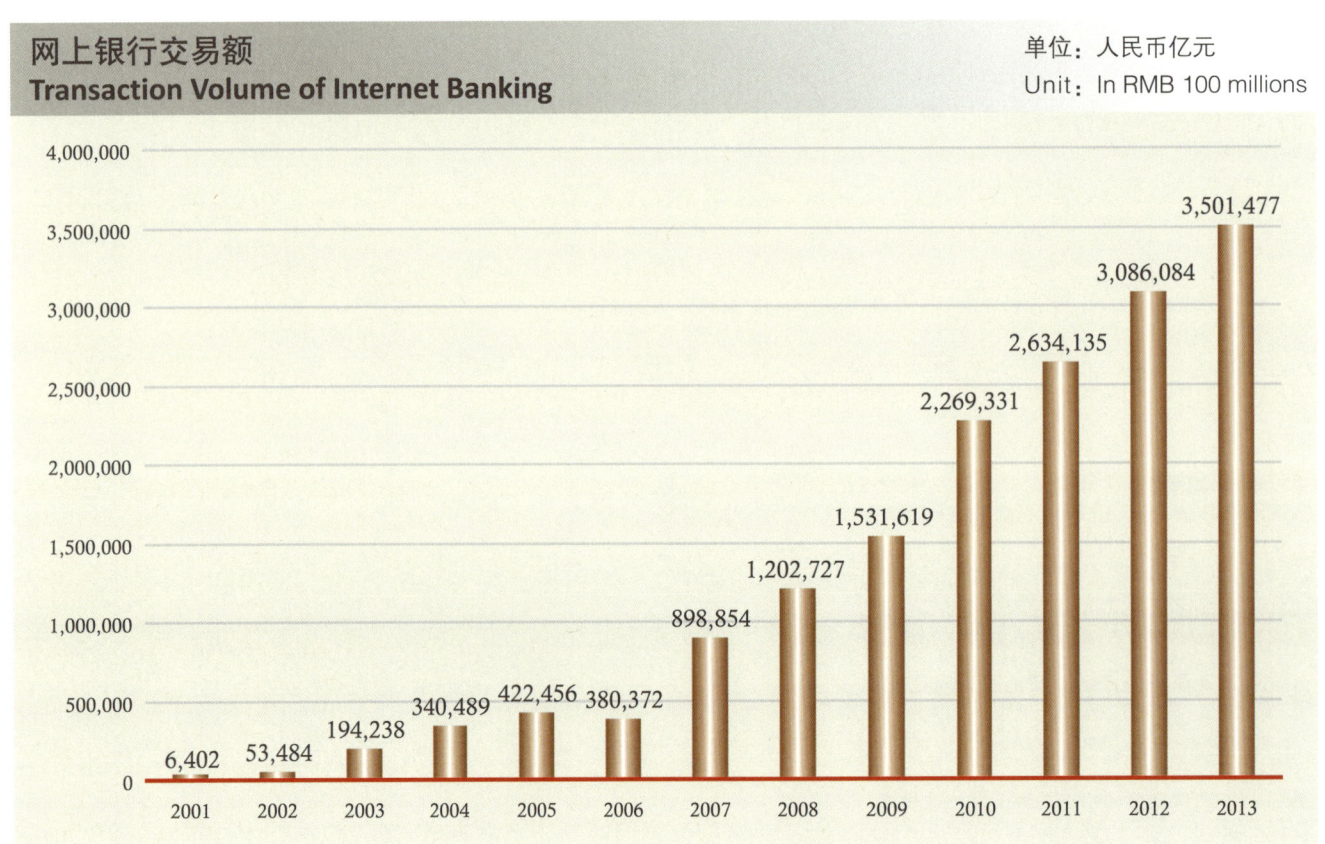

ATM年末台数
Number of ATMs

单位：台

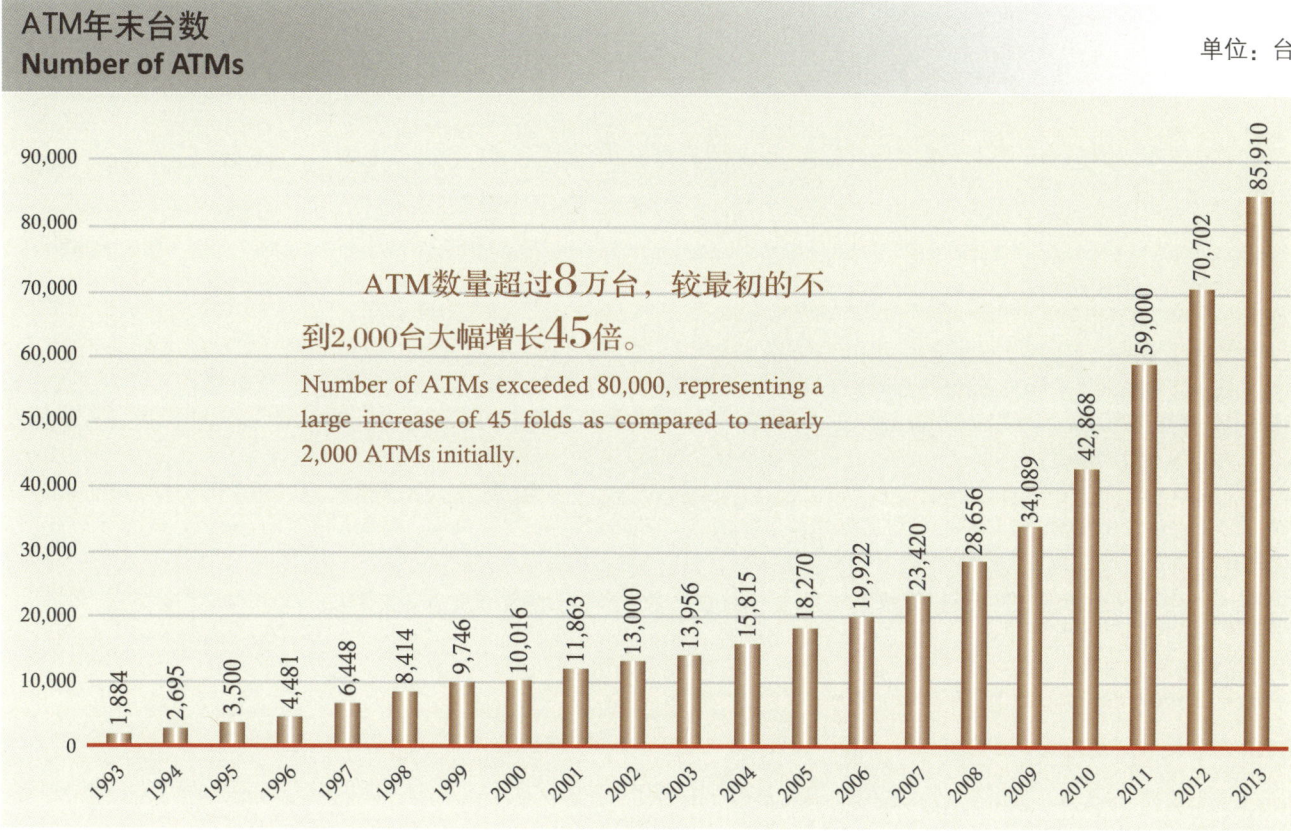

ATM数量超过8万台，较最初的不到2,000台大幅增长45倍。

Number of ATMs exceeded 80,000, representing a large increase of 45 folds as compared to nearly 2,000 ATMs initially.

ATM年增量
Annal Growth of ATMs

单位：台

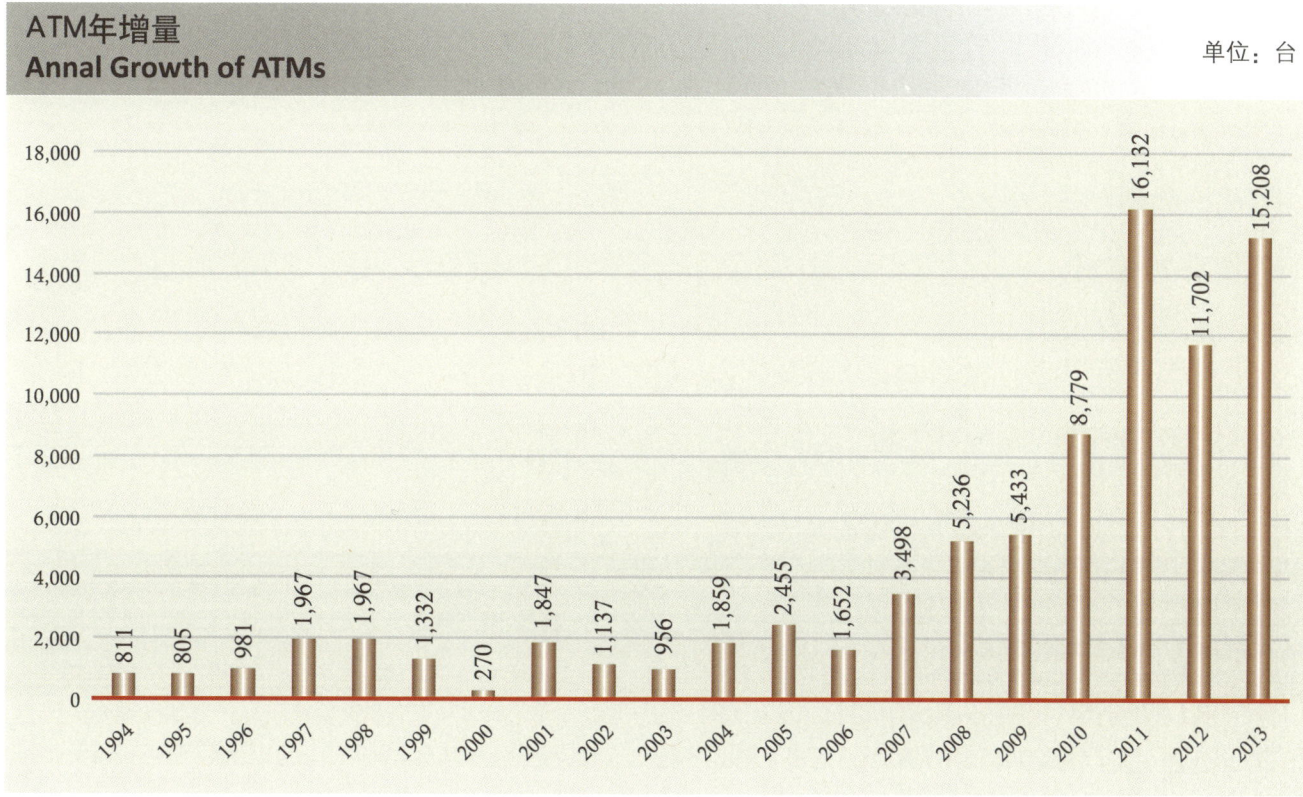

电子银行业务数据表
E-banking Business

表1

项目 Item	年份 Year 2000	2001	2002	2003	2004
电子银行总交易额（万亿元） E-banking transaction amount (In RMB trillions)	2	4	9	22	38
电子银行业务笔数占全行业务笔数（%） Percentage of e-banking transactions in bank-wide transactions (%)	0.03	0.05	0.08	0.18	0.22
网上银行交易额（亿元） Internet banking transaction amount (In RMB 100 millions)	-	6,402	53,484	194,238	340,489
电话银行和手机银行交易金额（万亿元） Telephone and mobile banking transaction amount (In RMB trillions)	-	-	-	-	-
ATM交易额（亿元） ATM transaction amount (In RMB 100 millions)	-	-	-	-	-
多媒体自助终端交易笔数（万笔） Self-service banking transactions (10,000)	-	-	-	-	-
多媒体自助终端交易金额（亿元） Self-service banking transaction amount (In RMB 100 millions)	-	-	-	-	-
自助银行（个） Self-service banks	-	-	-	-	-

项目 Item	年份 Year 2005	2006	2007	2008	2009
电子银行总交易额（万亿元） E-banking transaction amount (In RMB trillions)	47	45	103	145	181
电子银行业务笔数占全行业务笔数（%） Percentage of e-banking transactions in bank-wide transactions (%)	0.26	0.30	0.37	0.43	0.50
网上银行交易额（亿元） Internet banking transaction amount (In RMB 100 millions)	422,456	380,372	898,854	1,202,727	1,531,619
电话银行和手机银行交易金额（万亿元） Telephone and mobile banking transaction amount (In RMB trillions)	-	16,988	18,143	29,440	51,327
ATM交易额（亿元） ATM transaction amount (In RMB 100 millions)	-	6,255	10,696	15,557	20,469
多媒体自助终端交易笔数（万笔） Self-service banking transactions (10,000)	-	-	9,693	15,021	22,643
多媒体自助终端交易金额（亿元） Self-service banking transaction amount (In RMB 100 millions)	-	816	2,172	6,035	11,703
自助银行（个） Self-service banks	-	2,704	4,890	7,085	8,726

项目 Item	年份 Year 2010	2011	2012	2013
电子银行总交易额（万亿元） E-banking transaction amount (In RMB trillions)	249	284	333	382
电子银行业务笔数占全行业务笔数（%） Percentage of e-banking transactions in bank- wide transactions (%)	0.59	0.70	0.75	0.80
网上银行交易额（亿元） Internet banking transaction amount (In RMB 100 millions)	2,269,331	2,634,135	3,086,084	3,501,477
电话银行和手机银行交易金额（万亿元） Telephone and mobile banking transaction amount (In RMB trillions)	83,828	58,176	33,872	31,947
ATM交易额（亿元） ATM transaction amount (In RMB 100 millions)	33,753	48,634	66,052	87,900
多媒体自助终端交易笔数（万笔） Self-service banking transactions (10,000)	25,947	10,297	17,188	19,083
多媒体自助终端交易金额（亿元） Self-service banking transaction amount (In RMB 100 millions)	17,120	26,370	25,604	23,860
自助银行（个） Self-service banks	11,414	13,772	17,437	21,825

注： "自助银行"指标为年末时点数据。
Note: "Self-service banks" presented in the above table are data at the end of each year.

表2

项目 Item ＼ 年份 Year	1993	1994	1995	1996	1997	1998
ATM（台） ATMs	1,884	2,695	3,500	4,481	6,448	8,414

项目 Item ＼ 年份 Year	1999	2000	2001	2002	2003
ATM（台） ATMs	9,746	10,016	11,863	13,000	13,956

项目 Item ＼ 年份 Year	2004	2005	2006	2007	2008
ATM（台） ATMs	15,815	18,270	19,922	23,420	28,656

项目 Item ＼ 年份 Year	2009	2010	2011	2012	2013
ATM（台） ATMs	34,089	42,868	59,140	70,702	80,501

注： 上表列示指标为年末时点数据。
Note: The indicators presented in the above table are data at the end of each year.

第三方存管合作证券公司家数与第三方存管客户数
Numbers of Cooperating Securities Companies and Customers of third-party Depository Service

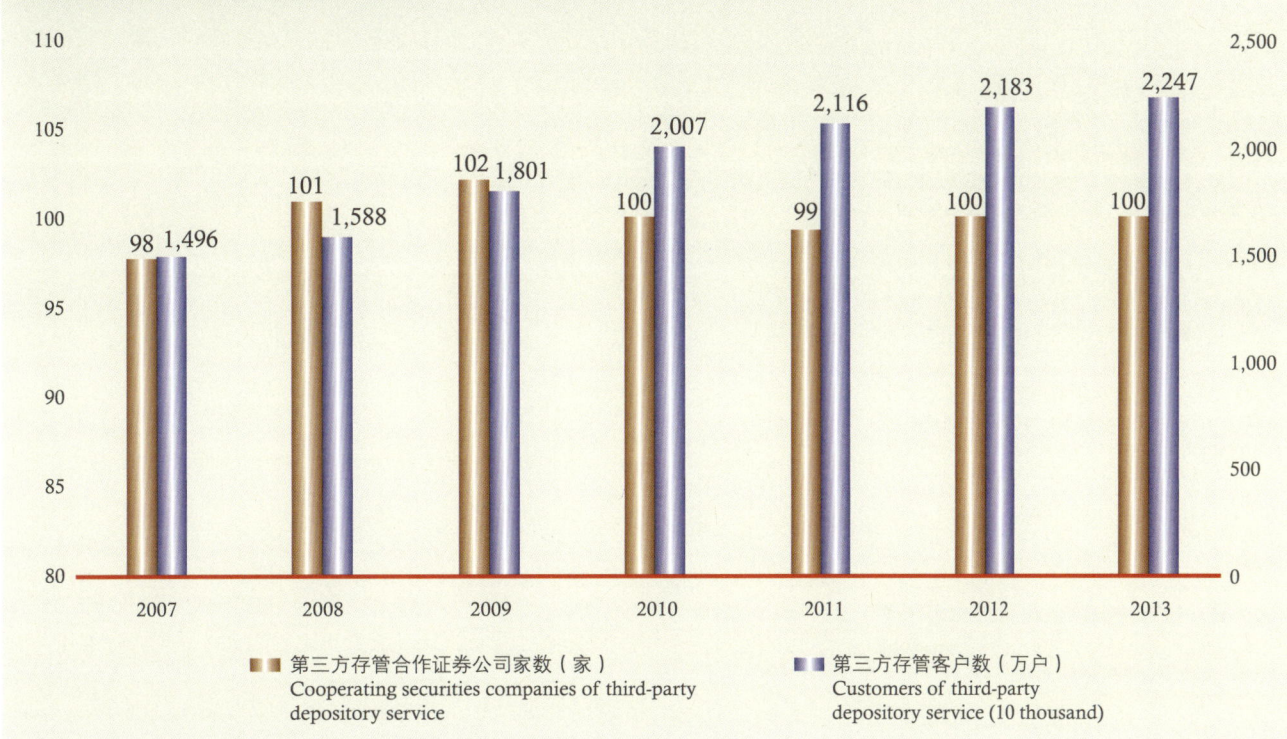

第三方存管合作证券公司家数（家）
Cooperating securities companies of third-party depository service

第三方存管客户数（万户）
Customers of third-party depository service (10 thousand)

代理销售保险业务量
Insurance Policy Sales Volume

单位：人民币亿元
Unit：In RMB 100 millions

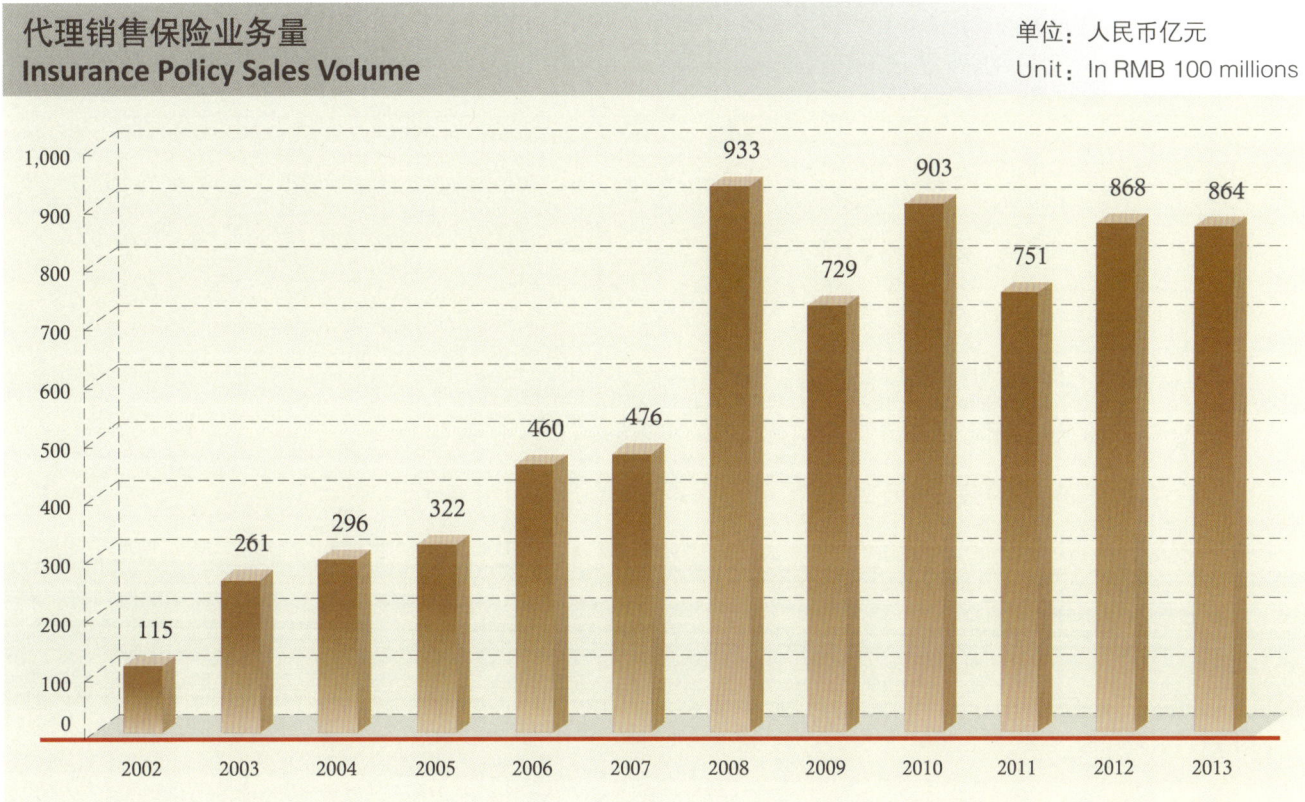

机构业务数据表
Institutional Banking

表1

项目 Item	年份 Year	2000	2001	2002	2003	2004
签署全面合作协议的国内保险公司数（个） Domestic insurance companies signing the comprehensive cooperation agreement		4	6	8	8	12
签署全面合作协议的财险公司数（个） Property insurance companies signing the comprehensive cooperation agreement		-	-	-	-	-
签署全面合作协议的寿险公司数（个） Life insurance companies signing the comprehensive cooperation agreement		-	-	-	-	-

项目 Item	年份 Year	2005	2006	2007	2008	2009
签署全面合作协议的国内保险公司数（个） Domestic insurance companies signing the comprehensive cooperation agreement		12	22	28	42	52
签署全面合作协议的财险公司数（个） Property insurance companies signing the comprehensive cooperation agreement		-	-	-	12	15
签署全面合作协议的寿险公司数（个） Life insurance companies signing the comprehensive cooperation agreement		-	-	-	30	37

项目 Item	年份 Year	2010	2011	2012	2013
签署全面合作协议的国内保险公司数（个） Domestic insurance companies signing the comprehensive cooperation agreement		55	50	56	67
签署全面合作协议的财险公司数（个） Property insurance companies signing the comprehensive cooperation agreement		16	14	16	19
签署全面合作协议的寿险公司数（个） Life insurance companies signing the comprehensive cooperation agreement		39	36	40	48

注： 上表列示指标为年末时点数据。
Note: The indicators presented in the above table are data at the end of each year.

表2

项目 Item	年份 Year	2002	2003	2004	2005
代理保险销售业务量（亿元） Insurance policy agency sales volume (In RMB 100 millions)		115	261	296	322
代理寿险销售业务量（亿元） Life insurance policy agency sales volume (In RMB 100 millions)		89	180	250	286
代理财险销售业务量（亿元） Property insurance policy agency sales volume (In RMB 100 millions)		26	81	46	36

项目 Item	年份 Year	2006	2007	2008	2009
代理保险销售业务量（亿元） Insurance policy agency sales volume (In RMB 100 millions)		460	476	933	729
代理寿险销售业务量（亿元） Life insurance policy agency sales volume (In RMB 100 millions)		369	370	715	718
代理财险销售业务量（亿元） Property insurance policy agency sales volume (In RMB 100 millions)		91	107	218	11

项目 Item	年份 Year	2010	2011	2012	2013
代理保险销售业务量（亿元） Insurance policy agency sales volume (In RMB 100 millions)		903	751	886	864
代理寿险销售业务量（亿元） Life insurance policy agency sales volume (In RMB 100 millions)		891	584	516	630
代理财险销售业务量（亿元） Property insurance policy agency sales volume (In RMB 100 millions)		12	167	369	234

表3

项目 Item	年份 Year	2007	2008	2009	2010
第三方存管合作证券公司数（家） Cooperative securities companies for third-party depository service		98	101	102	100
第三方存管业务主办存管协议签订数（个） Depository agreements of third-party depository service on a lead basis		35	38	38	39
第三方存管业务协办存管协议签订数（个） Depository agreements of third-party depository service on a participating basis		63	63	64	61
第三方存管客户数（万户） Third-party depository customers (10,000)		1,496	1,588	1,801	2,007
第三方存管业务主办资金余额（亿元） Balance of third-party depository service on a lead basis (In RMB 100 millions)		1,530	883	1,777	1,124
第三方存管业务协办资金余额（亿元） Balance of third-party depository service on a participating basis (In RMB 100 millions)		1,802	1,032	2,102	1,129

项目 Item	年份 Year	2011	2012	2013
第三方存管合作证券公司数（家） Cooperative securities companies for third-party depository service		99	100	100
第三方存管业务主办存管协议签订数（个） Depository agreements of third-party depository service on a lead basis		38	39	40
第三方存管业务协办存管协议签订数（个） Depository agreements of third-party depository service on a participating basis		61	61	60
第三方存管客户数（万户） Third-party depository customers (10,000)		2,116	2,183	2,247
第三方存管业务主办资金余额（亿元） Balance of third-party depository service on a lead basis (In RMB 100 millions)		789	635	498
第三方存管业务协办资金余额（亿元） Balance of third-party depository service on a participating basis (In RMB 100 millions)		896	653	447

注： 上表列示指标为年末时点数据。
Note: The indicators presented in the above table are data at the end of each year.

信息科技与产品创新
Information Technology and Product Innovation

信息科技类业务数据
IT data

项目 Item	年份 Year	2003	2004	2005	2006
生产主机容量（MIPS） Capacity of Production System (MIPS)		7,306	15,864	15,864	22,632
每秒交易率峰值（个/秒） Peak value of transaction per second (transaction/second)		1,537	1,884	2,007	2,360
研发测试效率（功能点/人月） Developing & Testing efficiency (function point/person/month)		-	-	-	-
拥有专利数目（项） Patents owned		-	49	53	58

项目 Item	年份 Year	2007	2008	2009	2010
生产主机容量（MIPS） Capacity of Production System (MIPS)		32,064	43,520	52,136	86,308
每秒交易率峰值（个/秒） Peak value of transaction per second (transaction/second)		3,247	3,804	3,965	5,465
研发测试效率（功能点/人月） Developing & Testing efficiency (function point/person/month)		15.2	16.4	18.2	19.4
拥有专利数目（项） Patents owned		63	72	91	115

项目 Item	年份 Year	2011	2012	2013
生产主机容量（MIPS） Capacity of Production System (MIPS)		106,176	115,640	137,616
每秒交易率峰值（个/秒） Peak value of transaction per second (transaction/second)		5,938	6,385	7,000
研发测试效率（功能点/人月） Developing & Testing efficiency (function point/person/month)		18.7	18.9	18.9
拥有专利数目（项） Patents owned		163	224	307

注： ①上表列示指标为年末时点数据。
　　 ② 生产主机容量是指每秒处理百万级的机器语言指令数，反映了生产主机的信息处理能力。
　　 ③ 每秒交易率峰值是指信息系统每秒处理交易的最大笔数，反映了信息系统的业务处理水平。
　　 ④ 研发测试效率是指开发、测试人员在单位时间内能够完成的研发测试工作量，反映了应用软件开发和测试工作的效率。
Notes: ① The indicators presented in the above table are data at the end of each year.
　　 ② Capacity of production system refers to the number of machine language instructions at the million level processed per second, reflecting the information processing capacity of the production system.
　　 ③ Transaction per second refers to the largest number of transactions processed by information system per second and reflects the business processing ability of the system.
　　 ④ Developing & testing efficiency refers to the developing and testing workload that can be completed by developing and testing personnel within the unit time, reflecting the efficiency of application software development and testing.

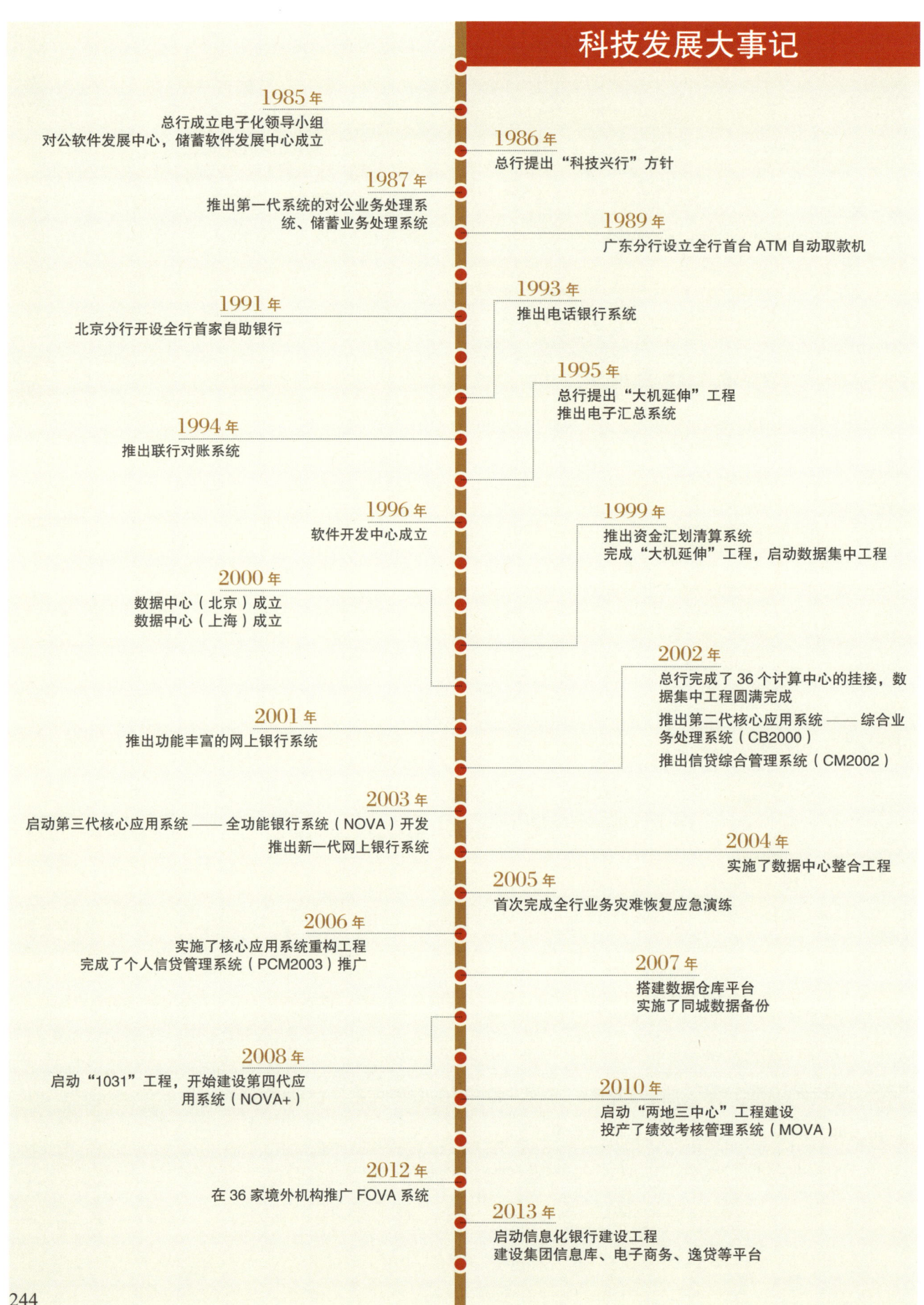

科技发展大事记

1985 年
总行成立电子化领导小组
对公软件发展中心，储蓄软件发展中心成立

1986 年
总行提出"科技兴行"方针

1987 年
推出第一代系统的对公业务处理系统、储蓄业务处理系统

1989 年
广东分行设立全行首台 ATM 自动取款机

1993 年
推出电话银行系统

1991 年
北京分行开设全行首家自助银行

1995 年
总行提出"大机延伸"工程
推出电子汇总系统

1994 年
推出联行对账系统

1996 年
软件开发中心成立

1999 年
推出资金汇划清算系统
完成"大机延伸"工程，启动数据集中工程

2000 年
数据中心（北京）成立
数据中心（上海）成立

2002 年
总行完成了 36 个计算中心的挂接，数据集中工程圆满完成
推出第二代核心应用系统——综合业务处理系统（CB2000）
推出信贷综合管理系统（CM2002）

2001 年
推出功能丰富的网上银行系统

2003 年
启动第三代核心应用系统——全功能银行系统（NOVA）开发
推出新一代网上银行系统

2004 年
实施了数据中心整合工程

2005 年
首次完成全行业务灾难恢复应急演练

2006 年
实施了核心应用系统重构工程
完成了个人信贷管理系统（PCM2003）推广

2007 年
搭建数据仓库平台
实施了同城数据备份

2008 年
启动"1031"工程，开始建设第四代应用系统（NOVA+）

2010 年
启动"两地三中心"工程建设
投产了绩效考核管理系统（MOVA）

2012 年
在 36 家境外机构推广 FOVA 系统

2013 年
启动信息化银行建设工程
建设集团信息库、电子商务、逸贷等平台

Chronicle of Events of Technological Development

1985
The Head Office established Electronization Steering Group
Corporate Software Development Center and Savings
Software Development Center were established

1986
The Head Office proposed the "High-tech Driven Development" strategy

1987
The Bank launched corporate business processing system and savings business processing system for the first-generation system

1989
Guangdong Branch installed the first ATM of the Bank

1991
Beijing Branch installed the first self-service banking outlet of the Bank

1993
The Bank launched telephone banking system

1995
The Head Office put forward the "Large Machine Extension" program
The Bank launched electronic summary system

1994
The Bank launched inter-branch reconciliation system

1999
The Bank introduced fund transfer & clearing system
Completed "Large Machine Extension" project and launched data concentration project

1996
The Software Development Center was established

2000
Data Center (Beijing) was established
Data Center (Shanghai) was established

2002
The Head Office completed the connection of 36 computing centers, accomplishing the data concentration project
Launched second-generation core application system – integrated business processing system (CB2000)
Launched integrated credit management system (CM2002)

2001
The Bank launched multi-functional Internet banking system

2003
The Bank launched the development of third-generation core application system – multi-functional banking system (NOVA)
Launched the new-generation Internet banking system

2004
The Bank started the integration of data centers

2005
The Bank completed the first Bank-wide emergency drill of business disaster recovery

2006
The Bank conducted reconstruction of core application system
Completed the promotion of personal credit management system (PCM2003)

2007
The Bank built a data storage platform
Completed intra-city data backup

2008
The Bank launched "1031" project and started to build the fourth-generation application system (NOVA+)

2010
The Bank launched the construction of "three centers in two areas"
Launched performance appraisal management system (MOVA)

2012
The Bank applied FOVA system in 36 overseas institutions

2013
The Bank launched IT-based bank building
Established the Group's platforms of information database, e-commerce and "Easy Loan"

245

排名及外部评级
MAIN RANKINGS AND CREDIT RATINGS

工商银行全球银行1000强排名（英国《银行家》）
ICBC's Ranking in Top 1000 World Banks (*The Banker*)

单位：百万美元
Unit: In USD millions

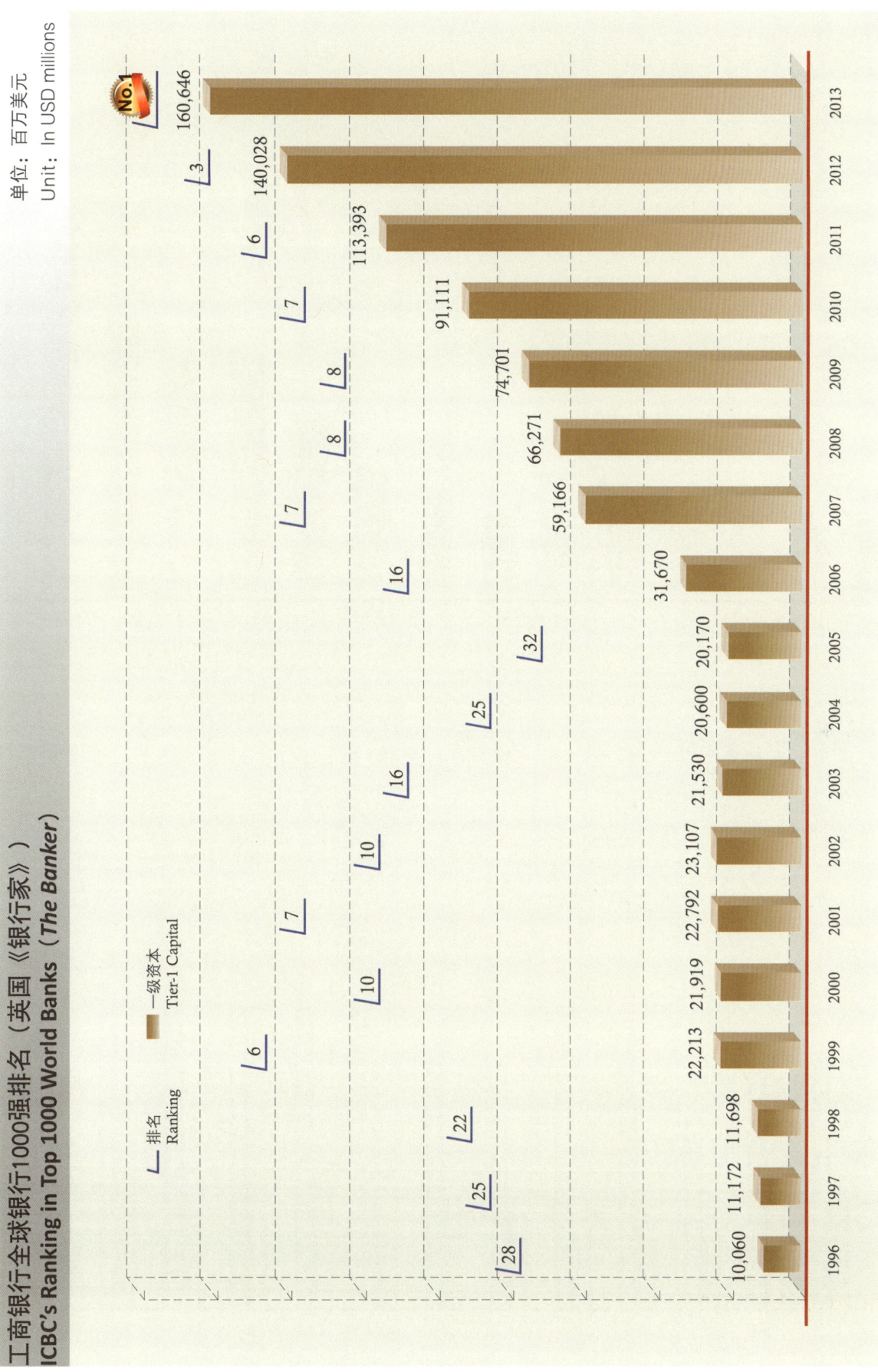

排名
Ranking

一级资本
Tier-1 Capital

	1996	1997	1998	1999	2000	2001	2002	2003	2004	2005	2006	2007	2008	2009	2010	2011	2012	2013
Tier-1 Capital	10,060	11,172	11,698	22,213	21,919	22,792	23,107	21,530	20,600	20,170	31,670	59,166	66,271	74,701	91,111	113,393	140,028	160,646
Ranking	28	25	22	6	10	7	10	16	25	32	16	7	8	8	7	6	3	No.1

《财富》世界500强工商银行营业总收入
ICBC's Total Revenue in Global 500 (*Fortune*)

单位：百万美元
Unit：In USD millions

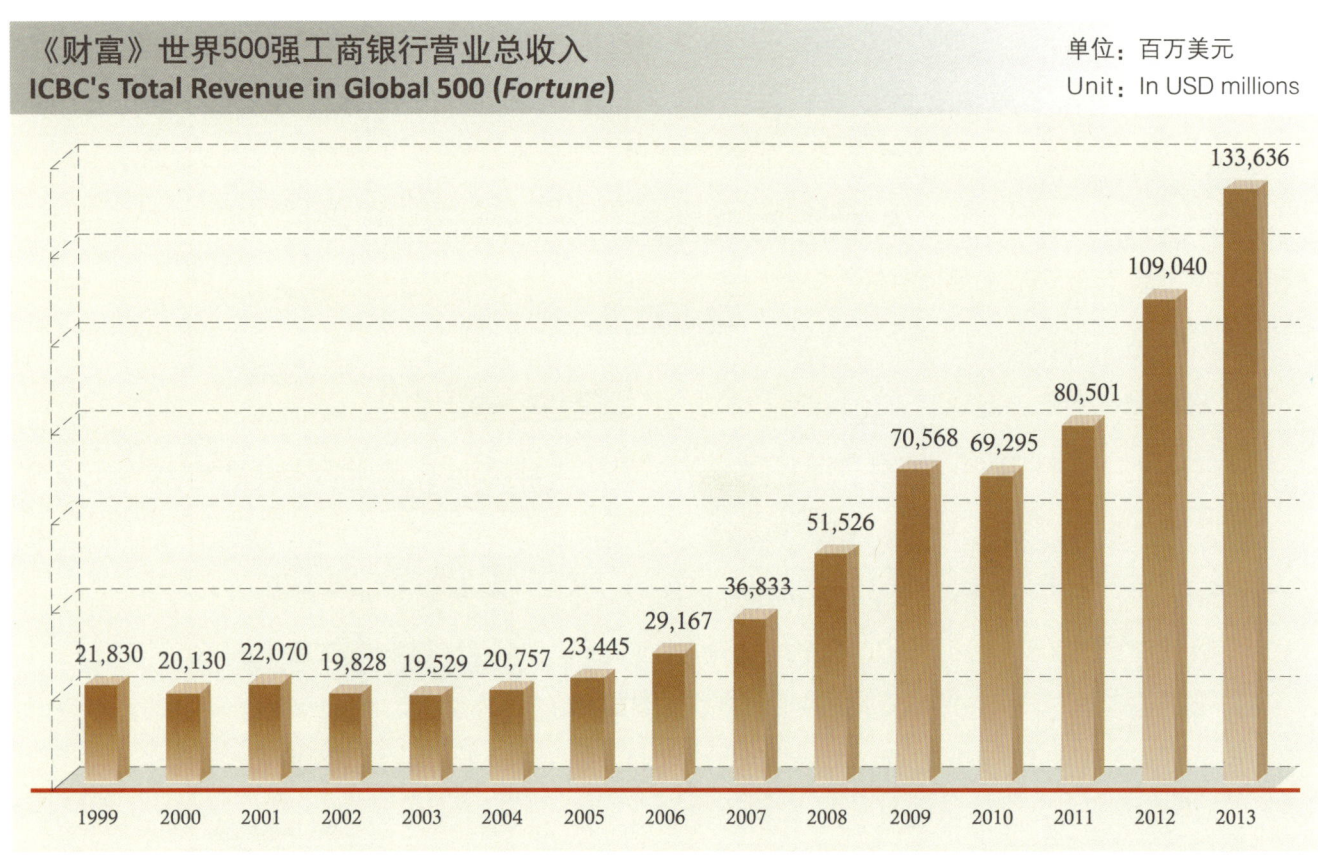

工商银行世界500强排名(《财富》)
ICBC in the Global 500 Ranking (*Fortune*)

单位：排名
Unit：Ranking

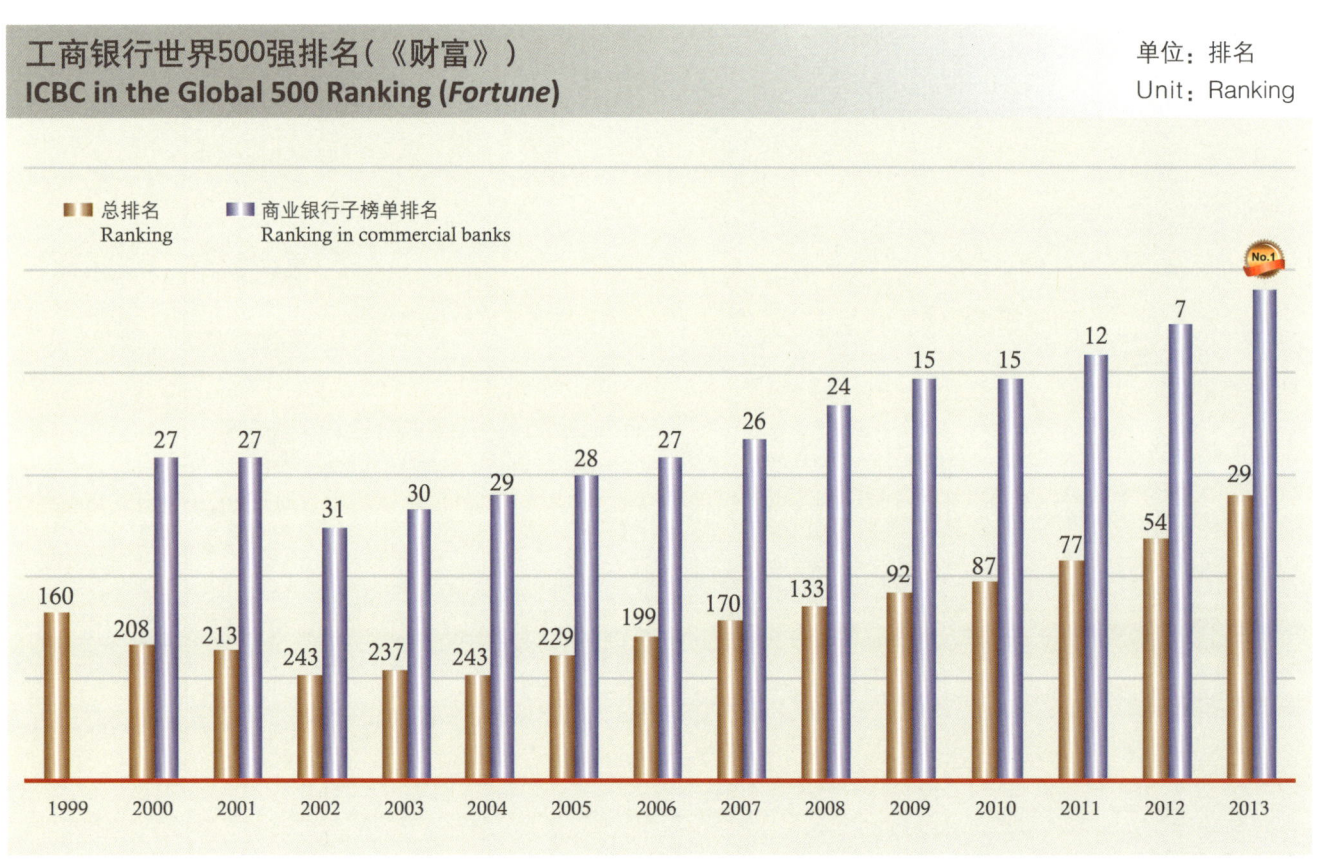

工商银行在《福布斯》全球企业2000强中的排名
ICBC in Global 2000 Ranking (*Forbes*)

单位：排名
Unit：Ranking

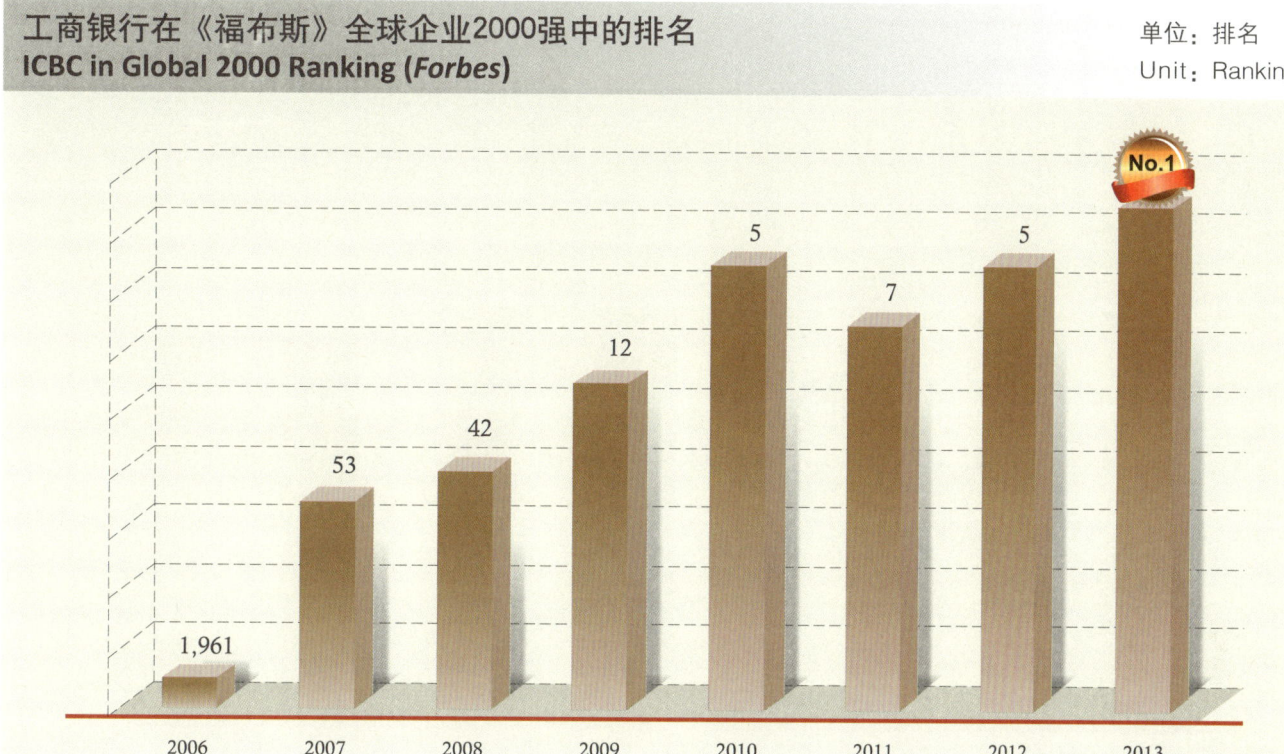

工商银行市值全球银行同业排名（彭博资讯）
ICBC's Ranking by Market Capitalization (Bloomberg)

单位：排名，百万美元
Unit：Ranking，In USD millions

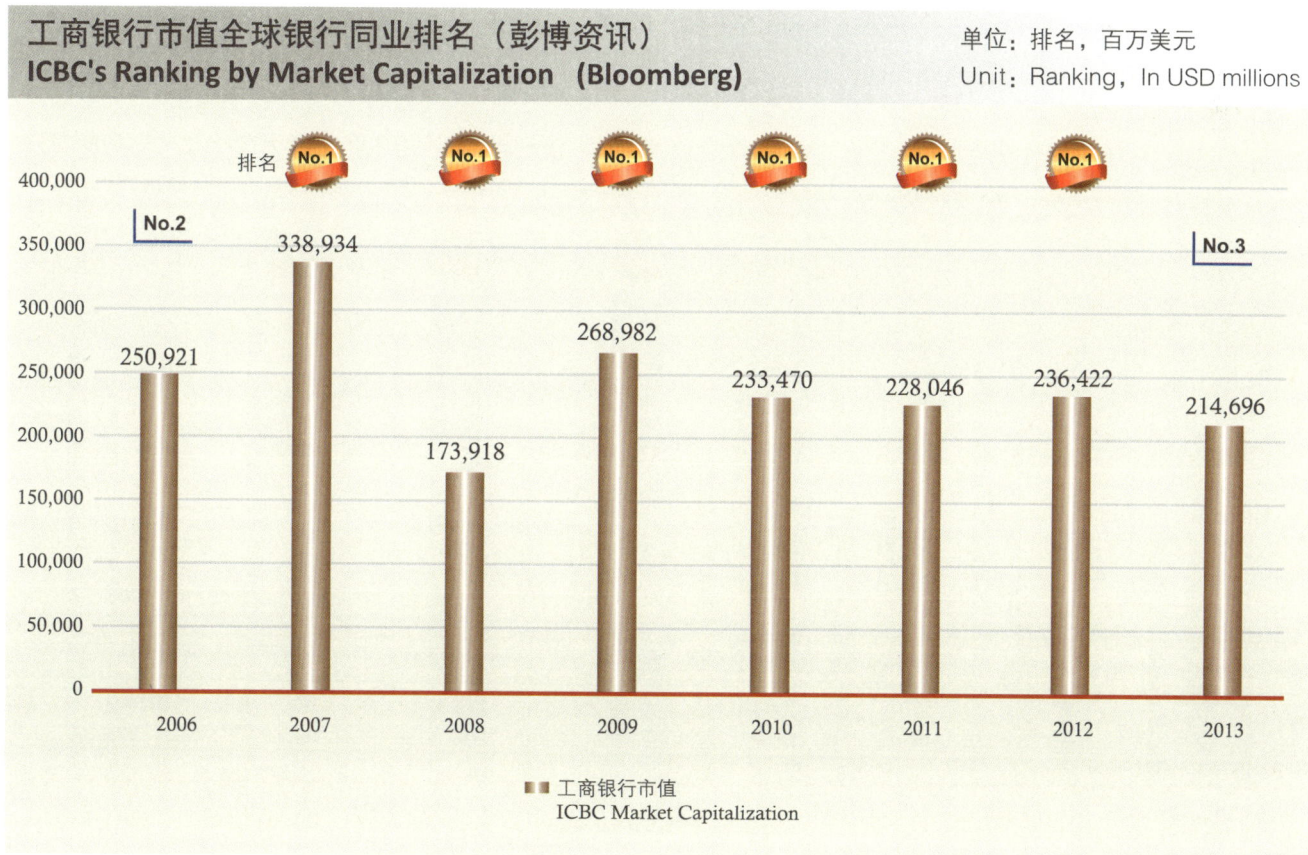

工商银行市值
ICBC Market Capitalization

工商银行品牌价值（名略行）
ICBC's Brand Value (Millward Brown Optimor)

单位：排名
Unit：Ranking

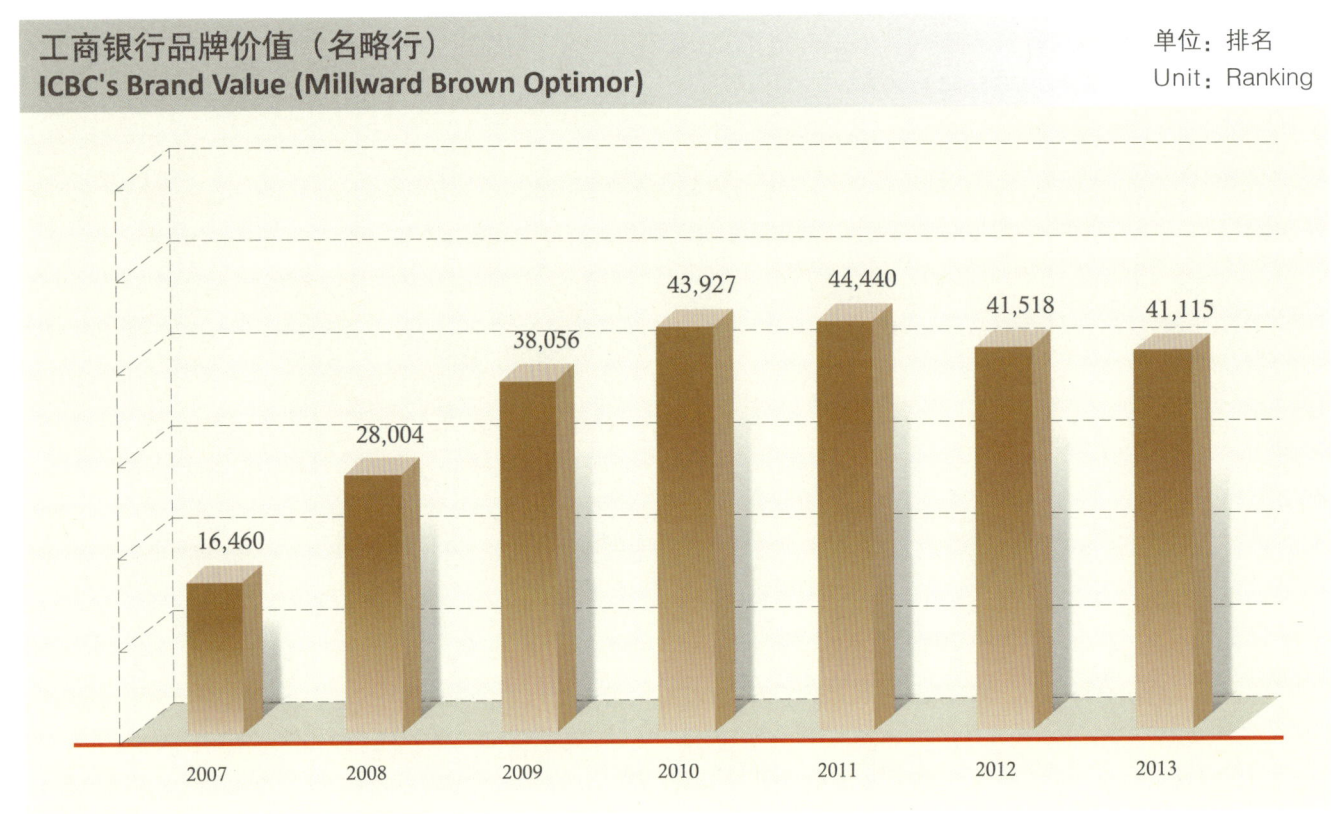

工商银行品牌价值排名（名略行）
ICBC's BrandZ Ranking (Millward Brown Optimor)

单位：排名
Unit：Ranking

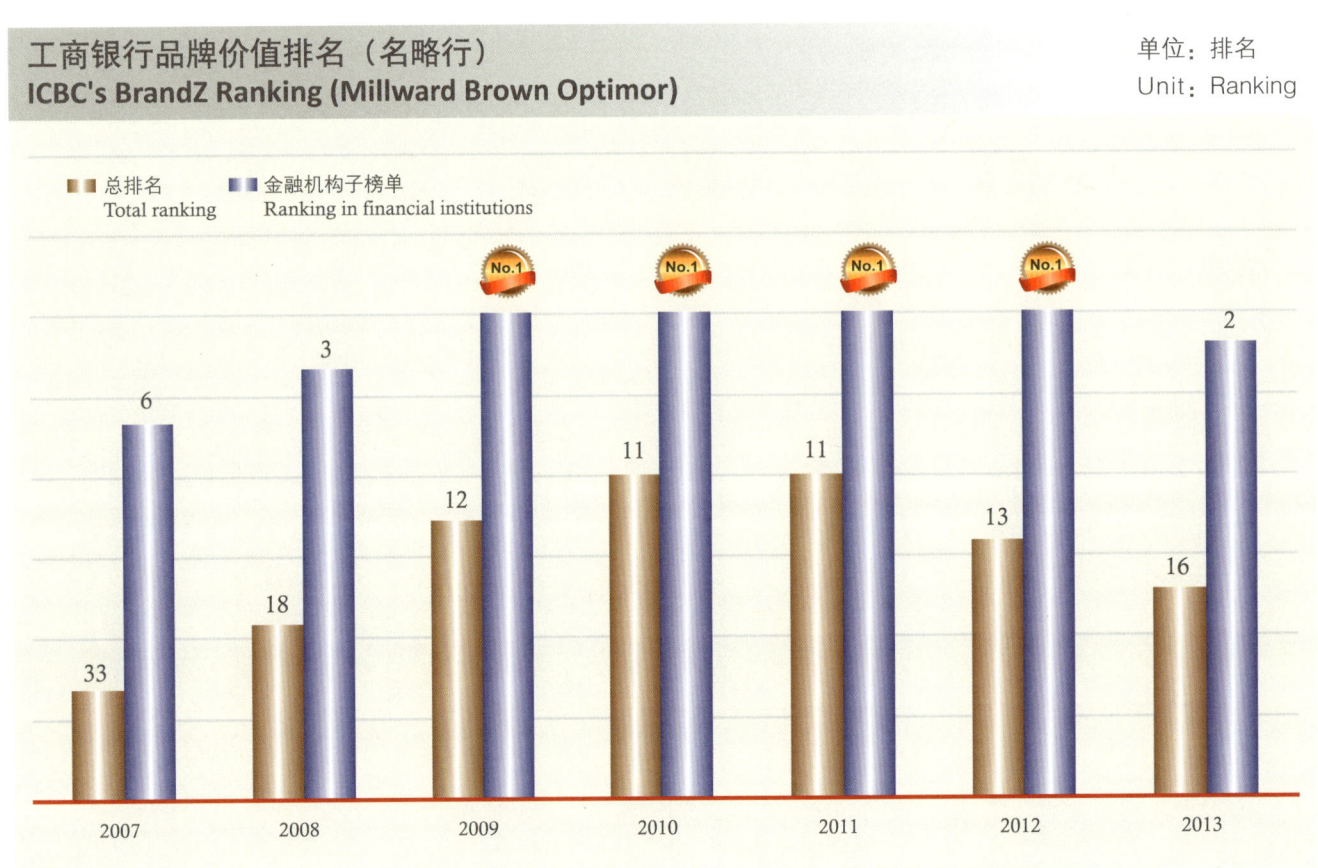

外部信用评级
Credit Ratings

标普历史评级结果（长期外币存款）
S&P Rating History (Long Term Foreign Deposits)

单位：评级
Unit：Rating

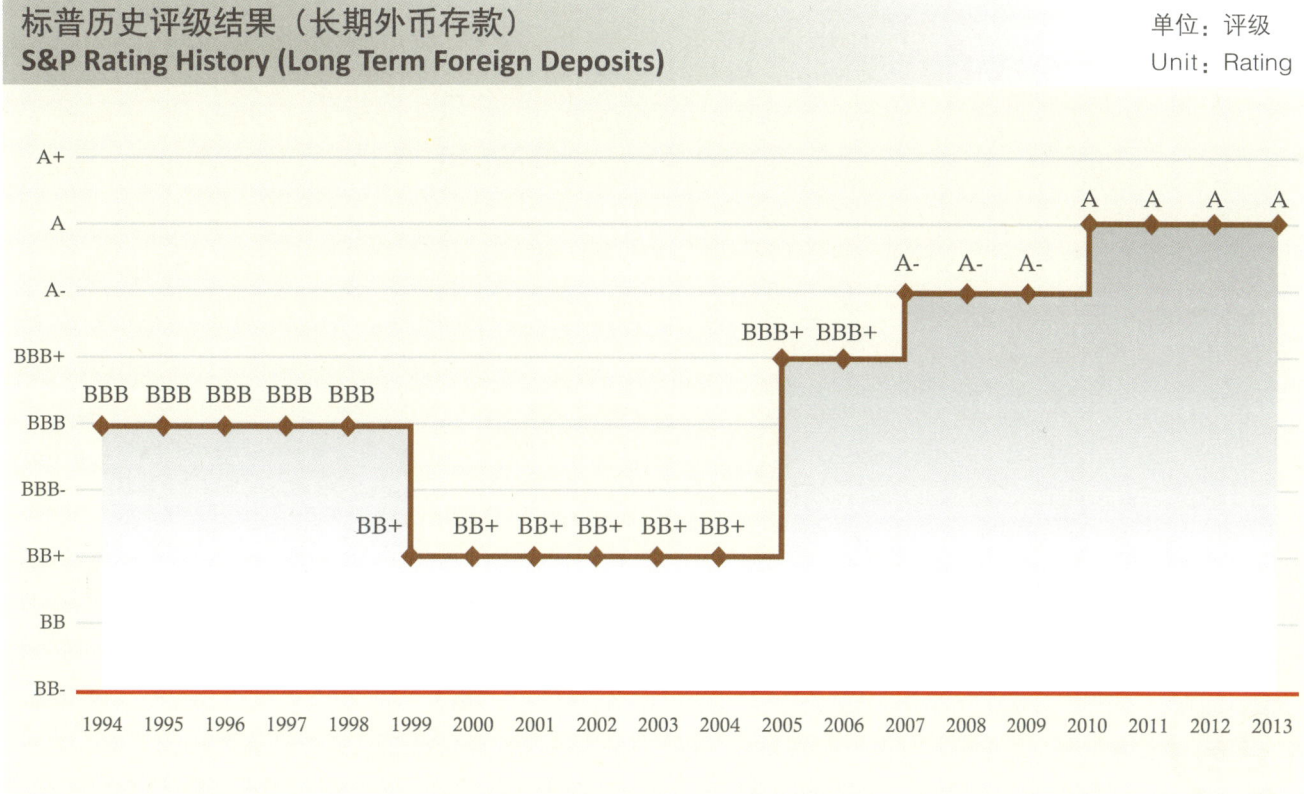

穆迪历史评级结果（长期外币存款）
Moody's Rating History (Long Term Foreign Deposits)

单位：评级
Unit：Rating

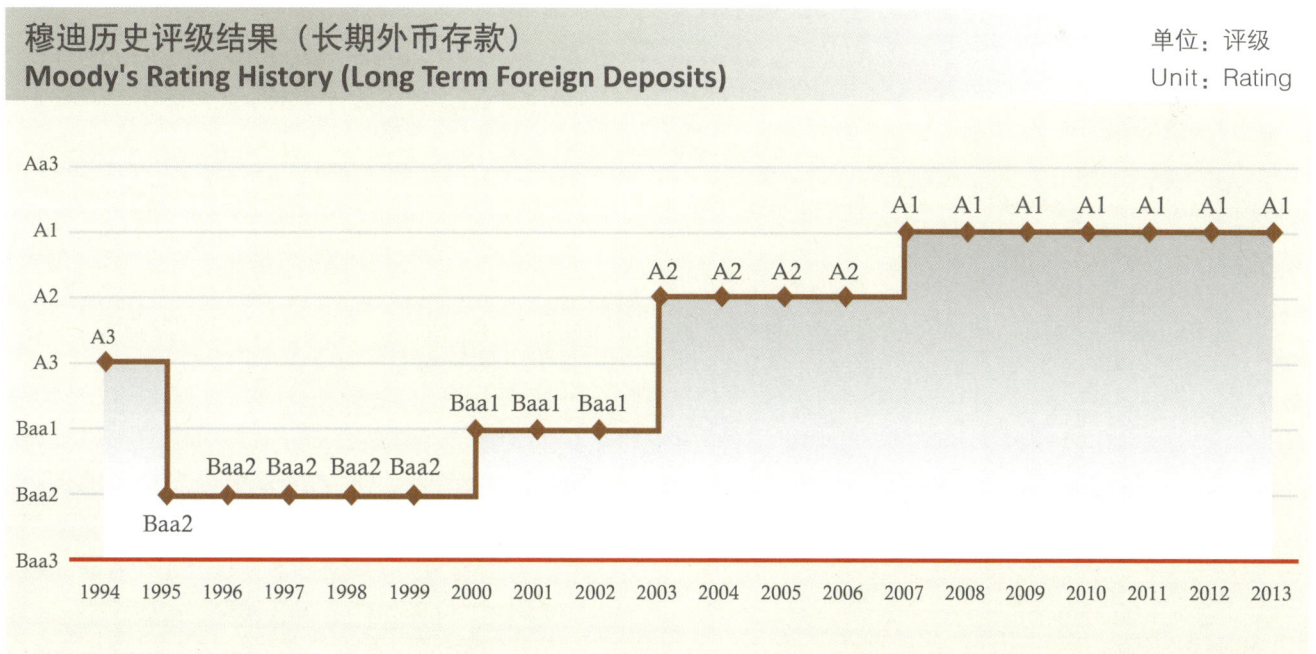

资产负债表与利润表
FINANCIAL STATEMENTS

中国工商银行资产负债表（1984—1988）
Balance Sheets (1984-1988)

单位：人民币百万元
Unit：In RMB millions

项目 Item	1984	1985	1986	1987	1988
资产项目 **Assets**					
库存现金 Cash on hand	2,699	2,380	2,827	2,854	4,014
在人民银行存款 Due from the central bank	6,290	11,613	13,713	9,823	9,761
缴存准备金 Deposit reserve	16,795	18,483	24,293	36,372	44,192
各项贷款合计 Total loans	247,022	300,801	384,895	444,817	496,976
工业贷款 Industrial loans	108,414	133,750	185,035	216,885	242,298
商业贷款 Commercial loans	85,194	94,200	104,484	116,866	137,622
城镇集体企业及个体工商业贷款 Loans to urban collective enterprises and privately owned enterprises	22,151	24,623	32,081	37,112	47,900
固定资产贷款 Fixed assets loans	24,616	35,646	48,130	57,230	57,530
特种贷款 Special loans		331	1,568	2,942	3,802
其他贷款 Other loans	6,647	12,251	13,597	13,782	7,824
其他资产 Other assets					6,709
资产总计 **Total assets**	**272,806**	**333,277**	**425,728**	**493,866**	**561,652**
负债及所有者权益项目 **Equity and liabilities**					
各项存款合计 Total deposits	169,616	193,880	255,374	317,238	356,169
其中：企业存款 of which: Corporate deposits	93,627	88,024	115,525	134,631	144,389
城镇储蓄存款 Urban savings deposits	67,093	89,558	119,666	155,550	180,737
其中：定期储蓄存款 of which: Time savings deposits	53,245	71,483	97,339	125,856	142,956
活期储蓄存款 Demand savings deposits	13,848	18,075	22,327	29,694	37,781
发行金融债券 Financial bonds issued		352	1,659	2,779	3,085
其他存款 Other deposits	8,896	15,946	18,524	24,278	31,043
向人民银行借款 Due to the central bank	69,760	94,675	112,686	115,769	140,783
其他负债 Other liabilities	14,981	26,297	39,233	42,424	29,461
资本 Capital	18,449	18,425	18,435	18,435	32,154
负债及所有者权益总计 **Total equity and liabilities**	**272,806**	**333,277**	**425,728**	**493,866**	**561,652**

中国工商银行资产负债表（1989—1993）

Balance Sheets (1989-1993)

单位：人民币百万元

Unit：In RMB millions

项目 Item	年份 Year 1989	1990	1991	1992	1993
资产项目　Assets					
库存现金　Cash	4,710	5,244	5,696	9,658	17,409
在人民银行存款　Due from the central bank	17,421	35,769	53,720	30,989	59,892
缴存准备金　Deposit reserve	52,478	66,143	83,059	100,796	118,172
存放同业　Due from banks	2,612	4,305	2,886	6,433	28,385
各项贷款合计　Total loans	575,190	687,190	797,120	933,709	1,112,823
其中：流动资金贷款　of which: Working capital loans	507,776	608,737	691,612	795,283	939,381
固定资产贷款 Fixed assets loans	63,689	74,998	100,093	130,756	173,442
特种贷款 Special loans	3,725	3,455	5,415	7,670	
购买债券　Bonds purchase	7,358	10,247	13,492	18,941	23,574
外汇、信托投资及代理业务 Foreign exchange, trust imvestment and agency business	96,462	114,377	140,542	169,636	233,331
固定资产（净值）　Net fixed assets	6,486	7,951	10,170	12,977	17,518
其他资产　Other assets	9,818	7,142	10,784	150,514	347,954
资产总计　**Total assets**	**772,535**	**938,368**	**1,117,469**	**1,433,653**	**1,959,058**
负债及所有者权益项目 **Equity and liabilities**					
各项存款合计　Total deposits	413,109	517,349	640,503	796,230	884,444
其中：企业存款 of which: Corporate deposits	183,112	223,039	277,386	365,064	362,881
城镇储蓄存款 Urban savings deposits	229,997	294,310	363,117	431,166	521,563
发行金融债券 Fiancial bonds issued	2,464	3,239	6,357	9,513	7,220
同业存放　Due to banks	3,174	3,785	1,475	2,606	60,309
向人民银行借款　Due to the central bank	173,654	202,436	217,825	239,512	351,412
外汇、信托投资及代理业务 Foreign exchange, trust imvestment and agency business	93,198	112,622	137,420	152,207	213,817
其他负债　Other liabilities	36,380	43,617	49,901	163,139	353,885
资本　Capital	35,342	42,070	48,047	54,299	79,753
其中：信贷基金 of which: Credit funds	18,449	18,449	18,449	18,449	18,449
自有资金 Self-owned funds	16,893	23,621	29,598	35,850	61,304
本年纯益　Profits	15,214	13,250	15,941	16,147	8,218
负债及所有者权益总计 **Total equity and liabilities**	**772,535**	**938,368**	**1,117,469**	**1,433,653**	**1,959,058**

中国工商银行资产负债表（1994—1998）　　　　　　　　　　　　　　　　单位：人民币百万元

Balance Sheets (1994-1998)　　　　　　　　　　　　　　　　　　　　Unit：In RMB millions

项目 Item	年份 Year 1994	1995	1996	1997	1998
资产项目　Assets					
库存现金　Cash	297,652	367,559	453,854	23,459	24,952
在人民银行存款　Due from the central bank				479,277	350,672
存放同业　Due from banks	804,039	976,897	1,026,210	97,430	74,578
拆放同业　Placements with banks	29,887	30,967	23,866	16,873	24,095
各项贷款　Loans	1,276,809	1,481,104	1,800,071	1,995,056	2,271,539
减：呆账准备　Less: bad loan provision	6,173	11,269	12,576	7,856	7,916
购买债券　Secutities investment	60,588	87,456	113,237	117,971	273,552
减：投资风险准备　Less: investment risk provisions			208	88	82
信托投资　Trust investment	93,552	59,792			
固定资产　Fixed assets	26,119	37,776	50,970	54,385	60,110
减：累计折旧　Less: accumulated depreciation	7,369	11,023	12,806	14,363	15,488
其他资产　Other assets	58,834	88,237	186,952	174,641	182,726
资产总计　Total assets	**2,633,938**	**3,107,504**	**3,629,570**	**2,936,785**	**3,238,738**
负债及所有者权益项目 **Equity and liabilities**					
各项存款合计　Total deposits	1,191,019	1,512,737	1,900,885	2,251,050	2,631,768
其中：短期 of which: Short-term deposits	545,008	640,237	783,109	994,886	1,172,570
长期 　　　Long-term deposits	646,011	872,500	1,117,776	1,256,164	1,459,198
同业存放　Due to banks	795,783	973,695	1,093,269	156,421	197,615
同业拆放　Placements from banks	15,515	13,976	18,539	14,834	11,496
向人民银行借款　Due to the central bank	279,888	263,829	231,305	178,012	40,762
信托投资业务　Trust investment	83,651	54,150			
发行债券　Bonds issued	5,694	5,568	5,721	991	102
其他负债　Other liabilities	174,724	190,830	285,697	238,621	173,102
负债合计　Total liabilities	**2,546,274**	**3,014,785**	**3,535,416**	**2,839,929**	**3,054,845**
所有者权益　Equity	**87,664**	**92,711**	**94,154**	**96,856**	**183,893**
资本　Capital	75,105	75,105	86,024	86,024	171,422
资本公积　Capital reserve	6,959	9,948	264	416	987
盈余公积　Surplus reserve	957	1,858	4,024	6,843	8,200
未分配利润 　Retained profits	4,643	5,800	3,842	3,573	3,284
负债及所有者权益总计 **Total equity and liabilities**	**2,633,938**	**3,107,496**	**3,629,570**	**2,936,785**	**3,238,738**

中国工商银行资产负债表（1999—2002）　　　　　　　　　单位：人民币百万元
Balance Sheets (1999-2002)　　　　　　　　　　　　　　Unit：In RMB millions

项目 Item	年份 Year	1999	2000	2001	2002
资产项目　Assets					
库存现金　Cash		42,989	30,186	25,845	28,105
在人民银行存款　Deposits with the central bank		304,912	295,812	347,945	411,563
存放同业　Due from banks		69,691	25,391	35,483	17,846
拆放同业　Lending to other banks		35,634	123,900	129,875	98,355
各项贷款　Loans		2,427,122	2,431,944	2,688,877	3,002,283
减：呆账准备　Less: bad loan provision		16,609	12,979	8,686	13,528
购买债券　Secutities investment		323,947	789,311	799,818	988,391
减：投资风险准备　Less: invest loss provision		187			
减：不良资产处置损失专项准备 Less: Special provision for disposal of bad assets					10,850
固定资产　Fixed assets		76,140	93,761	64,616	70,631
减：累计折旧　Less: accumulated depreciation		16,755	20,190		
在建工程　Construction in progress				14,162	10,103
应收账款　Account receivable			59,173	120,068	74,817
其他资产　Other assets		292,982	181,536	120,982	99,057
资产总计　Total assets		**3,539,866**	**3,997,845**	**4,338,985**	**4,776,773**
负债及所有者权益项目 **Equity and liabilities**					
各项存款合计　Total deposits		2,982,378	3,266,792	3,612,194	4,100,517
同业存放　Due to banks		188,081	311,905	289,054	232,597
同业拆放　Money market taking		8,110	15,792	21,093	38,496
向人民银行借款　Due to the central bank		26,599	23,908	33,404	21,646
发行债券　Bond issued		67	21		
其他负债　Other liabilities		153,156	190,771	190,313	201,511
负债合计　Total liabilities		**3,358,391**	**3,809,189**	**4,146,058**	**4,594,767**
少数股东权益　Minority interests			1,150	1,674	3,798
所有者权益　Total Equities		**181,475**	**187,506**	**191,253**	**178,208**
资本　Capital		167,417	167,417	167,417	160,730
资本公积 Capital reserve		947	1,207	1,148	1,282
盈余公积 Surplus reserve		10,354	13,509	14,761	14,768
未分配利润 Retained profits		2,757	5,373	7,927	1,428
负债及所有者权益总计 **Total equity and liabilities**		**3,539,866**	**3,997,845**	**4,338,985**	**4,776,773**

中国工商银行资产负债表（2003—2008）
Balance Sheets (2003-2008)

项目 Item	年份 Year	2003	2004	2005	2006	2007	2008
现金及存放中央银行款项 Cash and balances with central banks		457,816	508,616	553,873	703,657	1,142,346	1,693,024
存放同业款项及其他金融机构款项 Nostro accounts		10,437	12,024	16,431	15,637	29,406	41,571
拆出资金 Placements with banks and other financial institutions		55,572	57,406	115,731	190,869	170,352	126,792
贵金属 Precious metals							2,819
衍生金融资产 Derivative financial assets		1,623	2,129	9,957	10,539	22,769	15,721
买入返售款项 Reverse repurchase agreements		71,239	21,764	89,235	39,218	75,880	163,493
客户贷款及垫款净额 Loans and advances to customers		2,766,055	3,109,191	3,205,861	3,533,978	3,957,542	4,436,011
投资 Investments		1,045,716	1,231,448	2,307,454	2,860,865	3,107,414	3,048,330
可供出售金融资产 Available-for-sale financial assets		-	-	-	504,609	531,241	537,600
持有至到期投资 Held-to-maturity investments		-	-	-	1,228,937	1,330,085	1,314,320
应收款项类投资 Receivables		-	-	-	1,106,163	1,211,767	1,162,769

以公允价值计量且其变动计入当期损益的金融资产
  Financial assets designated at fair value through
    profit or loss
					21,156	34,321	33,641

长期股权投资 Long-term equity investments		-	-	-	127	172	28,421
固定资产 Fixed assets		78,086	76,576	109,976	78,974	76,628	79,759
在建工程 Construction in progress		3,352	2,674	2,665	2,563	2,518	5,189
递延所得税资产 Deferred income tax assets		27,381	8,805			5,865	10,775
其他资产 Other assets		42,897	42,241	46,056	73,062	93,396	105,749
资产合计 **Total assets**		**4,560,174**	**5,072,874**	**6,457,239**	**7,509,489**	**8,684,288**	**9,757,654**

续表
Continued

项目 Item	年份 Year	2003	2004	2005	2006	2007	2008
中央银行借款 Due to central banks		32,383	28,402				
同业及其他金融机构存放款项 Due to banks and other financial institutions		193,809	180,707	201,550	367,494	727,609	592,607
拆入资金 Money market takings		25,200	24,988	31,360	32,824	77,565	53,647
以公允价值计量且其变动计入当期损益的金融负债 Financial liabilities designated at fair value through profit or loss					32,731	15,590	11,834
衍生金融负债 Derivative financial liabilities		2,798	3,556	3,530	2,613	7,127	13,612
卖出回购款项 Repurchase agreements		16,253	26,339	32,301	48,610	193,508	4,648
客户存款 Due to customers		4,706,861	5,176,282	5,736,866	6,326,390	6,898,413	8,223,446
应付职工薪酬 Payroll payable		2,970	3,637	5,126	7,073	19,206	19,942
应交税费 Tax and surcharges payable		2,824	6,418	19,236	22,004	40,867	44,979
递延所得税负债 Deferred income tax liabilities				1,418	1,384	337	16
其他负债 Other liabilties		109,184	120,066	121,088	159,855	124,252	150,059
负债合计 **Total liabilities**		**5,095,658**	**5,577,369**	**6,196,255**	**7,037,685**	**8,140,036**	**9,150,516**
股东权益 **Equity**							
股本 Share capital		160,671	160,669	248,000	334,019	334,019	334,019
资本公积 Capital reserve		5,757	3,818	2,032	109,701	106,207	112,243
盈余公积 Surplus reserve		14,810	14,818	37,500	5,464	13,536	24,650
一般准备 General reserve				1,700	12,719	40,834	69,355
未分配利润 Retained profits		(718,592)	(687,837)	5,009	5,715	45,440	72,146
外币报表折算差额 Foreign currency translation reserve		255	369	(169)	(351)	(1,089)	(9,230)
归属于母公司股东的权益 **Equity attributable to equity holders of the parent company**						538,947	603,183
少数股东权益 Minority interests		1,615	3,668	4,037	4,537	5,305	3,955
股东权益合计 **Total equity**		**(537,099)**	**(508,163)**	**256,947**	**471,804**	**544,252**	**607,138**
负债及股东权益合计 **Total equity and liabilities**		**4,560,174**	**5,072,874**	**6,457,239**	**7,509,489**	**8,684,288**	**9,757,654**

中国工商银行资产负债表（2009—2013）
Balance Sheets (2009-2013)

项目 Item	2009	2010	2011	2012	2013
现金及存放中央银行款项 Cash and balances with central banks	1,693,048	2,282,999	2,762,156	3,174,943	3,294,007
存放同业款项及其他金融机构款项 Nostro accounts	157,395	183,942	317,486	411,937	306,366
拆出资金 Placements with banks and other financial institutions	77,906	64,918	160,516	224,513	411,618
贵金属 Precious metals	2,699	10,226	38,971	55,358	61,821
衍生金融资产 Derivative financial assets	5,758	13,332	17,460	14,756	25,020
买入返售款项 Reverse repurchase agreements	408,826	262,227	349,437	544,579	331,903
客户贷款及垫款净额 Loans and advances to customers	5,583,174	6,623,372	7,594,019	8,583,289	9,681,415
可供出售金融资产 Available-for-sale financial assets	949,909	904,795	840,105	920,939	1,000,800
持有至到期投资 Held-to-maturity investments	1,496,738	2,312,781	2,424,785	2,576,562	2,624,400
应收款项类投资 Receivables	1,132,379	501,706	498,804	364,715	324,488
以公允价值计量且其变动计入当期损益的金融资产 Financial Assets designated at fair value through profit or loss	20,147	12,986	152,208	221,671	372,556
长期股权投资 Long-term equity investments	36,278	40,325	32,750	33,284	28,515
固定资产 Fixed assets	84,626	90,569	100,246	110,275	135,863
在建工程 Construction in progress	8,693	10,270	16,054	22,604	24,841
递延所得税资产 Deferred income tax assets	18,696	21,712	21,938	22,789	28,860
其他资产 Other assets	108,781	122,462	149,933	260,003	265,279
资产合计 **Total assets**	**11,785,053**	**13,458,622**	**15,476,868**	**17,542,217**	**18,917,752**

续表
Continued

项目 Item	年份 Year 2009	2010	2011	2012	2013
中央银行借款 Due to central banks		51	100	1,133	724
同业及其他金融机构存放款项 Due to banks and other financial institutions	931,010	922,369	1,091,494	1,232,623	867,094
拆入资金 Money market takings	70,624	125,633	249,796	254,182	402,161
以公允价值计量且其变动计入当期损益的金融负债 Financial liabilities designated at fair value through profit or loss	15,831	6,670	171,973	319,742	553,607
衍生金融负债 Derivative financial liabilities	7,773	10,564	12,617	13,261	19,168
卖出回购款项 Repurchase agreements	36,060	84,888	206,254	237,764	299,304
存款证 Certificates of deposit	1,472	9,314	41,426	38,009	130,558
客户存款 Due to customers	9,771,277	11,145,557	12,261,219	13,642,910	14,620,825
应付职工薪酬 Payroll payable	20,772	20,305	23,819	25,013	24,529
应交税费 Tax and surcharges payable	28,626	40,917	61,046	68,162	67,051
递延所得税负债 Deferred income tax liabilities	178	318	103	552	420
其他负债 Other liabilties	147,496	168,115	195,037	348,221	400,830
负债合计 **Total liabilities**	**11,106,119**	**12,636,965**	**14,519,045**	**16,413,758**	**17,639,289**
股东权益 **Equity**					
股本 Share capital	334,019	349,019	349,084	349,620	351,390
资本公积 Capital reserve	102,156	122,820	126,395	128,524	108,023
盈余公积 Surplus reserve	37,484	53,782	74,420	98,063	123,870
一般准备 General reserve	84,222	93,071	104,301	189,071	202,940
未分配利润 Retained profits	117,931	201,157	313,334	372,541	511,949
外币报表折算差额 Foreign currency translation reserve	(1,919)	581	(10,792)	(12,822)	(24,038)
归属于母公司股东的权益 **Equity attributable to equity holders of the parent company**	**673,893**	**820,430**	**956,742**	**1,124,997**	**1,274,134**
少数股东权益 Minority interests	5,041	1,227	1,081	3,462	4,329
股东权益合计 **Total equity**	**678,934**	**821,657**	**957,823**	**1,128,459**	**1,278,463**
负债及股东权益合计 **Total equity and liabilities**	**11,785,053**	**13,458,622**	**15,476,868**	**17,542,217**	**18,917,752**

中国工商银行利润表（1987—1993）
Income Statement (1987-1993)

单位：人民币百万元
Unit：In RMB millions

项目 Item	年份 Year 1987	1988	1989	1990	1991	1992	1993
利息收入 Interest income	29,667	37,454	60,270	63,479	64,883	72,661	97,051
手续费及其他收入 Fee and other income	297	366	1,689	1,797	2,030	1,974	3,130
合计 Total	29,964	37,820	61,959	65,276	66,913	74,635	100,181
利息支出 Interest expense	15,147	21,400	31,899	43,487	41,253	46,308	72,667
手续费及其他支出 Non-interest expense	3,851	5,774	14,784	4,663	4,965	6,223	6,275
管理费用 Administrative expenses	65	80	62	3,876	4,754	5,957	13,021
本年结益 Net profit for the year	10,901	10,566	15,214	13,250	15,941	16,147	8,218
合计 Total	29,964	37,820	61,959	65,276	66,913	74,635	100,181

中国工商银行利润表（1994—1998）
Income Statement (1994-1998)

单位：人民币百万元
Unit：In RMB millions

项目 Item	年份 Year 1994	1995	1996	1997	1998
贷款利息收入 Loan interest income	129,883	150,098	177,652	168,297	149,709
金融企业往来收入 Interbank income	444,850	493,055	561,494	613,138	28,708
手续费收入 Fee and commission income	418	669	1,191	1,496	1,451
汇兑收益 Gains from remittances	550	473	480	546	615
投资收益 Investment income	2,996	7,337	8,926	12,381	13,722
营业外收入 Non-operating income	994	541	351	533	408
其他营业收入 Other operating income	360	376	266	426	344
收入合计 Total income	580,051	652,549	750,359	796,817	194,957
利息支出 Interest expense	78,390	102,996	128,006	116,285	99,651
金融企业往来支出 Interbank expenses	459,682	498,142	561,781	612,387	22,542
手续费支出 Non interest expense	2,042	2,647	3,387	3,931	4,149
营业费用 Operating expenses	19,446	22,153	26,263	29,523	31,799
其他营业支出 Other operating expenses	8,080	12,581	13,897	15,834	19,018
汇兑损失 Losses on remittances	238	163	69	22	40
营业税金及附加 Business tax and surcharges	7,038	8,319	9,959	14,482	13,037
营业外支出 Non-operating expenses	895	879	1,187	1,302	1,269
支出合计 Total expenses	575,811	647,880	744,549	793,766	191,505
纯益 Net profit	4,240	4,669	5,810	3,051	3,452
合计 Total	580,051	652,549	750,359	796,817	194,957

中国工商银行利润表（1999—2002）

Income Statement (1999-2002)

单位：人民币百万元
Unit：In RMB millions

项目 Item	年份 Year	1999	2000	2001	2002
贷款利息收入 Loan interest income		147,173	142,314	116,260	119,272
金融企业往来收入 Interbank income		17,092	16,115	19,208	11,396
手续费收入 Fee income		1,614	3,525	3,551	4,761
债券收入 Bond interest income			20,091	24,164	24,207
汇兑收益 Gains from remittances		441	386	671	789
投资收益 Investment income		21,315	171	110	883
营业外收入 Non-operating income		7,029	2,386	2,450	1,843
其他营业收入 Other operating income		352	271	261	316
收入合计 Total income		195,016	185,259	166,675	163,467
利息支出 Interest expense		114,056	100,304	73,528	62,381
金融企业往来支出 Interbank expenses		7,984	11,652	13,054	7,732
手续费支出 Non interest expense		2,329	333	286	
营业费用 Operating expenses		34,436	38,631	38,860	41,326
其他营业支出 Other operating expenses		18,545	15,846	24,001	
汇兑损失 Losses on remittances		-	-		
营业税金及附加 Business tax and surcharges		12,768	12,288	8,928	8,024
营业外支出 Non-operating expenses		772	916	1,774	4,681
固定资产折旧 Depreciation of fixed assets					6,617
提取呆账准备 Bad loan provision					25,804
支出合计 Total expenses		190,890	179,970	160,431	156,565
纯益 Net profit		4,126	5,289	6,244	6,902
合计 Total		195,016	185,259	166,675	163,467

中国工商银行利润表（2003—2006）
Income Statement (2003-2006)

单位：人民币百万元
Unit：In RMB millions

项目 Item	年份 Year 2003	2004	2005	2006
利息收入 Interest income	182,949	198,769	234,592	271,649
利息支出 Interest expense	(66,361)	(70,161)	(86,599)	(108,107)
净利息收入 Net interest income	116,588	128,608	147,993	163,542
手续费及佣金收入 Fee and commision income	7,059	9,780	12,376	18,529
手续费及佣金支出 Fee and commision expense	(1,435)	(1,572)	(1,830)	(2,185)
手续费及佣金净收入 Net fee and commision income	5,624	8,208	10,546	16,344
其他经营净收入 Other operating income,net	1,243	2,287	3,452	(932)
投资收益 Investment income	632	239	387	1,376
营业费用 Operating expenses	(46,936)	(47,067)	(61,293)	(64,469)
营业税金及附加 Business tax and surcharges	(7,279)	(8,270)	(9,419)	(11,419)
汇兑及汇率产品净损失 Loss from foreign exchange products, net				(1,329)
公允价值变动净损失 Net loss on fair value change				(12)
营业利润 Operating profit	69,872	84,005	91,666	103,101
加：营业外收支净额 Plus: Net gain on non-operating business	207	1,165	(1,776)	709
计提资产损失准备前利润总额 Total profit before allowance for impairment losses	70,079	85,170	89,890	103,810
减：资产损失准备 Less: Allowance for impairment losses	36,293	30,859	27,014	32,189
计提资产损失准备后利润总额 Total profit after allowance for impairment losses	33,786	54,311	62,876	71,621
减：所得税 Less: Income tax expense	11,292	23,193	25,007	22,185
减：少数股东收益 Less: Non-controling interest	120	355	464	617
净利润 Net profit	22,374	30,763	37,405	48,819

中国工商银行利润表（2007—2010）
Income Statement (2007-2010)

项目 Item / 年份 Year	2007	2008	2009	2010
利息净收入 Net interest income	224,465	263,037	245,821	303,749
利息收入 Interest income	357,287	440,574	405,878	462,762
利息支出 Interest expense	(132,822)	(177,537)	(160,057)	(159,013)
手续费及佣金净收入 Net fee and commision income	38,359	44,002	55,147	72,840
手续费及佣金收入 Fee and commision income	40,015	46,711	59,042	78,008
手续费及佣金支出 Fee and commision expense	(1,656)	(2,709)	(3,895)	(5,168)
投资收益 Investment income	2,040	3,348	9,904	3,275
其中: 对联营及合营公司的投资收益 Of which Income of ivestments in associates and jointly-controlled entities	16	1,978	1,987	2,146
公允价值变动净损失 Net loss on fair value change	(128)	(71)	(101)	108
汇兑及汇率产品净损失 Net loss on foreign exchange products	(9,457)	(851)	(1,246)	735
其他业务收入 Other business income	277	293	(71)	114
营业收入 Operating income	255,556	309,758	309,454	380,821
营业税金及附加 Business tax and surcharges	(14,511)	(18,765)	(18,157)	(21,484)
业务及管理费 General and administrative expenses	(89,030)	(91,506)	(101,703)	(116,578)
资产减值损失 Impairment losses	(37,406)	(55,528)	(23,219)	(27,988)
其他业务成本 Other business cost	(1,424)	(428)	(381)	(284)
营业支出 Operating expenses	(142,371)	(166,227)	(143,460)	(166,334)
营业利润 Operating profit	113,185	143,531	165,994	214,487
加：营业外收入 Plus: Non-operating income	3,260	2,834	2,213	2,357
减：营业外支出 Less: Non-operating expense	(1,331)	(1,064)	(959)	(1,418)
税前利润 Profit before tax	115,114	145,301	167,248	215,426
减：所得税费用 Less: Income tax expense	(33,124)	(34,150)	(37,898)	(49,401)
净利润 Net profit	81,990	111,151	129,350	166,025
净利润归属于 Net profit attributable to:				
母公司股东 Equity holders of the parent company	81,256	110,766	128,599	165,156
少数股东 Minority interests	734	385	751	869

项目 Item	年份 Year	2007	2008	2009	2010
每股收益 Earnings per share					
基本每股收益（元） Basic earning per share (RMB yuan)		0.24	0.33	0.38	0.48
稀释每股收益（元） Diluted earning per share (RMB yuan)		0.24	0.33	0.38	0.48
其他综合收益 Other comprehensive income			(2,979)	(2,435)	(4,072)
综合收益总额 Total comprehensive income			108,172	126,915	161,953
综合收益总额归属于 Total comprehensive income attributable to:					
母公司股东 Equity holders of the parent company			108,661	125,724	161,316
少数股东 Minority interests			(489)	1,191	637

中国工商银行利润表（2011—2013）
Income Statement (2011-2013)

项目 Item	年份 Year 2011	2012	2013
利息净收入 Net interest income	362,764	417,828	443,335
利息收入 Interest income	589,580	721,439	767,111
利息支出 Interest expense	(226,816)	(303,611)	(323,776)
手续费及佣金净收入 Net fee and commision income	101,550	106,064	122,326
手续费及佣金收入 Fee and commision income	109,077	115,881	134,550
手续费及佣金支出 Fee and commision expense	(7,527)	(9,817)	(12,224)
投资收益 Investment income	8,337	4,707	3,078
其中：对联营及合营公司的投资收益 Of which Income of ivestments in associates and jointly-controlled entities	2,444	2,652	2,097
公允价值变动净损失 Net loss on fair value change	(211)	(371)	(151)
汇兑及汇率产品净损失 Net loss on foreign exchange products	1,400	4,095	6,593
其他业务收入 Other business income	1,374	4,622	14,456
营业收入 Operating income	475,214	536,945	589,637
营业税金及附加 Business tax and surcharges	(28,875)	(35,066)	(37,441)
业务及管理费 General and administrative expenses	(139,598)	(153,336)	(165,280)
资产减值损失 Impairment losses	(31,121)	(33,745)	(38,321)
其他业务成本 Other business cost	(4,620)	(7,340)	(11,549)
营业支出 Operating expenses	(204,214)	(229,487)	(252,591)
营业利润 Operating profit	271,000	307,458	337,046
加：营业外收入 Plus: Non-operating income	2,451	2,767	2,910
减：营业外支出 Less: Non-operating expense	(1,140)	(1,538)	(1,419)
税前利润 Profit before tax	272,311	308,687	338,537
减：所得税费用 Less: Income tax expense	(63,866)	(69,996)	(75,572)
净利润 Net profit	208,445	238,691	262,965
净利润归属于 Net profit attributable to:			
母公司股东 Equity holders of the parent company	208,265	238,532	262,649
少数股东 Minority interests	180	159	316

项目 Item	年份 Year	2011	2012	2013
每股收益 Earnings per share				
基本每股收益（元） Basic earning per share (RMB yuan)		0.60	0.68	0.75
稀释每股收益（元） Diluted earning per share (RMB yuan)		0.59	0.67	0.74
其他综合收益 Other comprehensive income		(7,951)	(1,178)	(36,629)
综合收益总额 Total comprehensive income		200,494	237,513	226,336
综合收益总额归属于 Total comprehensive income attributable to:				
母公司股东 Equity holders of the parent company		200,368	237,245	226,375
少数股东 Minority interests		126	268	(39)